这样读左传

龙镇 著

河南文艺出版社
·郑州·

图书在版编目（CIP）数据

这样读《左传》/龙镇著. —郑州：河南文艺出版社，2021.5
ISBN 978-7-5559-1045-9

Ⅰ.①这… Ⅱ.①龙… Ⅲ.①中国历史-春秋时代-编年体②《左传》-研究 Ⅳ.①K225.04

中国版本图书馆 CIP 数据核字（2020）第 265472 号

策划编辑	杨彦玲　李亚楠
责任编辑	杨彦玲　李亚楠
责任校对	赵红宙　梁　晓
书籍设计	书籍/设计/工坊 刘运来工作室
责任印制	陈少强
出版发行	河南文艺出版社
本社地址	郑州市郑东新区祥盛街 27 号 C 座 5 楼
邮政编码	450018
承印单位	郑州印之星印务有限公司
经销单位	新华书店
纸张规格	700 毫米×1000 毫米　1/16
印　　张	27.75
字　　数	384 000
版　　次	2021 年 5 月第 1 版
印　　次	2021 年 5 月第 1 次印刷
定　　价	58.00 元

版权所有　盗版必究
图书如有印装错误，请寄回印厂调换。
印厂地址　郑州市高新区冬青西街 101 号
邮政编码　450000　　电话　0371-63330696

序

今日痛饮庆功酒，

　　壮志未酬誓不休。

　　来日方长显身手，

　　甘洒热血写春秋。

这是现代京剧《智取威虎山》中的著名唱段，上了年纪的人应该能哼上一两句。杨子荣来到土匪窝，获得了座山雕的信任，荣升老九，土匪参谋长下令拿酒庆贺，杨子荣袍子一撩，眉角一挑，就来了这么一段。

这里有个问题：为什么是写春秋呢？

字面上解释，春秋是季节。春华秋实，春花秋月，春种秋收，中国人给这两个季节赋予了很多美好的意愿。

引申的含义，春秋是历史。

写春秋，即是写历史。

穿林海，跨雪原，智取威虎山，为党为人民立奇功，正是杨子荣甘洒热血去谱写的历史。

于是又有问题来了：为什么写春秋即是写历史？

其一，春秋是古代史书的通名。

这里的古代，是指秦始皇统一中国之前。据唐朝史学家刘知幾推论，夏、商、周三代，官方的史书都叫作《春秋》——当然，也有些诸侯国的史书另有其名。比如在周朝，晋国的史书为《乘》，楚国的史书为《梼杌》，但是笼统地称为《春秋》，是不至于错的。

由于长达数百年的战乱，夏、商、周三代各国的"春秋"，基本上都失传了。流传于世的,唯有周朝鲁国的《春秋》。

而这本《春秋》也不完整,仅仅是记载了自鲁隐公至鲁哀公年间发生的事情,历经十二代君主,时间跨度约为二百四十年。

后人所说的"春秋时期",即因此而得名。

其二,(据说)孔子是《春秋》的修订者。

后人看到的《春秋》,并不是原版,而是孔子修订过的。

关于孔子修订《春秋》这件事的真实性,史上争论颇多。正方反方的论述,皆有可取之处,在此不作讨论。

姑且站在正方的立场上来理解这件事——

首先,《春秋》经手的史官众多,文风不一。孔子作为鲁国的文化达人,对《春秋》进行修订,使之一气贯通,不足为奇。

其次,孔子曾以《春秋》为教材,讲授他的政治哲学。在授课的过程中,他可能觉得原始的记载并不完全符合他的政治理念,于是加以修正。

既然有至圣先师加持,《春秋》便不是一本简单的史书,而成为儒家的经典著作了。它被列入五经之中,供奉在太学和国子监里,成为后世读书人考取功名的必读书目。

孔子本人对《春秋》极其重视,甚至说:"知我者,其惟《春秋》乎!罪我者,其惟《春秋》乎!"

意思是,只要《春秋》传世,我便得偿所愿。理解我也罢,不理解我也罢,都无所谓了!

大有将一生学说都寄托于《春秋》之意。

其三,《春秋》是有态度的历史。

没有所谓客观的历史。

孔子生活的年代,正值春秋乱世,礼崩乐坏,战乱频仍。他强烈地希望改造社会,恢复秩序,并由此而建立了一整套理论体系。

修订《春秋》,便是将自己的政治立场移植于历史事件中,借事说理,惩恶扬善。

由此而形成的"春秋笔法",即每一句话,甚至每一个字,都有其特定的价值判断。

貌似客观的陈述,其实包含了深刻的道理。

然而,一万六千多字的《春秋》,竟然记载了约二百四十年的历史。平均算来,每年不到七十个字,可谓言简意赅。"微言大义"之说,由此产生。

以如此之少的文字,承载如此之重的道理,对读者的理解能力提出了极高的要求。事实上,如果没有专人传授,读者基本上不可能明白《春秋》究竟说了些啥。

于是,为了诠释《春秋》这本难懂的"经",又出现了所谓的"传",也就是《春秋》的解读本。

其中流传于世的有三本:《左传》《公羊传》和《穀梁传》,合称"春秋三传"。

其四,《左传》是解读《春秋》的权威版本。

《左传》的作者,一般认为是春秋晚期鲁国的史官左丘明。关于这件事,后世史学界众说纷纭,很多人认为老左不可能是《左传》的作者,在此不作讨论。

不可否认的是,二十余万字的《左传》,史料翔实,文字优美,逻辑通顺,立场鲜明,既有史学价值,又有文学价值,也有政治价值。

后人学习《春秋》,首选《左传》。

据《三国志》注引《江表传》:"(关)羽好左氏传,讽诵略皆上口。"连一介武夫都爱读《左传》,可见《左传》在汉朝有多流行。

相比之下,成书于西汉的《公羊传》《穀梁传》,当然也有其价值,但是缺少《左传》的鲜活和厚重。

东汉儒学大师郑玄总结："左氏善于礼,公羊善于谶,穀梁善于经。"

先秦儒家,强调以礼治天下,礼即各种规范的总和。在《左传》中,随处可以看到"礼也"或者"非礼也"的评论。合不合"礼",是《左传》评判历史最重要的标准。

自秦始皇统一天下,建立皇权,儒家便逐渐蜕变为专制统治的官方学说。"礼"的精神被淡化了,取而代之的是对皇权的极度维护和对思想的严格控制。如谭嗣同所言："二千年来之政,秦政也,皆大盗也;二千年来之学,荀学也,皆乡愿也。"内法而外儒,既是中国传统政治的特色,也是自秦以后中国传统儒学的嬗变与宿命。在这种大环境下对《春秋》进行解读的《公羊传》和《穀梁传》,自然与《左传》是完全不同的味道。

在后世某些学者看来,《左传》的观点已经不合时宜,甚至是有问题的。朱熹便曾经说过："左氏之病,是以成败论是非,而不本于义理之正。"言下之意,《左传》不讲皇权政治!

然而,正因为《左传》不讲皇权政治,少了许多迎合统治者的虚与委蛇,它才原汁原味地保留了儒家最初的思想和本来面目,称之为"儒家的初心",也未尝不可。

其五,《左传》也在不断地被解释。

你站在桥上看风景,看风景的人在楼上看你。

左丘明解读《春秋》,自成一家;后人研读《左传》,又读出许多心得。千百年来,注解《左传》的专著层出不穷,汗牛充栋。

西晋杜预的《春秋左传集解》、唐朝孔颖达的《春秋左传正义》、清朝高士奇的《左传纪事本末》、现代杨伯峻的《春秋左传注》、日本竹添光鸿的《左氏会笺》等,为世人阅读《左传》,提供了很好的指引与帮助。

一千位读者便有一千个哈姆雷特。注解多了,很难区分这些作品究竟是"我注左传",还是"左传注我",抑或兼而有之。

但这并不重要。

重要的是，阅读即浇灌。《春秋》的原义和《左传》的思想，在注解与碰撞中，被延续与深化了。一粒精神的种子，历经千百年来的培育，逐渐成长为参天大树。

它甚至成为中国人精神气质中不可磨灭的印记，就算是外族入侵、大神震怒、基因重组，也不能将它化为无形。

即便在那个史无前例的年代，人们横扫一切牛鬼蛇神，孔子被戴上"头号大混蛋"的帽子，连塑像都被拉出来游街批斗。可是您看，样板戏开演了，革命演员一开腔，还是"甘洒热血写春秋"。一不留神，又回到孔子那里去了。

是为序。

目　录

第一章

鲁隐公

1—78

第二章

鲁桓公

79—149

第三章

鲁庄公

151—231

第四章
鲁闵公
233—254

第五章
鲁僖公
255—433

第一章

鲁隐公

《春秋》是鲁国的史书。

因此,《春秋》记载历史,用的是鲁国的纪年——从鲁隐公到鲁哀公,共计十二代君主,历经约二百四十年。

鲁国姬姓,是周朝初年分封的重要诸侯国。其先祖周公旦,是周武王的弟弟,他是周朝历史上的圣人,也是中国历史上的圣人。

鲁隐公名息姑,是鲁国的第十四任君主。

《左传》开篇,对鲁隐公的身世作了简要介绍。

惠公元妃孟子。孟子卒,继室以声子,生隐公。宋武公生仲子。仲子生而有文在其手,曰为鲁夫人,故仲子归于我。生桓公而惠公薨,是以隐公立而奉之。

元妃即原配夫人。

鲁惠公的元妃娶自宋国,史称孟子(孟是排行,子是娘家的姓,与儒家那位孟子没有一毛钱关系)。孟子死后,鲁惠公让声子继承了正室之位。

声子是谁呢?史料上没有明确记载。司马迁认为她是"贱妾",应该比较靠谱。周朝的诸侯娶妻,往往"有买有送"。孟子嫁到鲁国,很有可能带来几位堂妹、侄女作为媵妾,声子便是媵妾之一。鲁惠公"继室以声子",其实就是"以声子继室",并不是升她为夫人,只是让她主管内事。

鲁隐公息姑,便是声子的儿子。

鲁惠公晚年,又从宋国续娶了一位公主——宋武公的女儿仲子。

说来也是咄咄怪事,仲子出生的时候,一双小手握得紧紧的。打开来看,其中一只手掌上竟然有清晰可见的"为鲁夫人"四个字。

夫人这个称谓,后世用得随意,张三李四王五麻子乃至《西游记》里妖怪的老婆,都能叫作夫人。但在春秋时期,夫人(或者君夫人)仅仅是诸侯正室的称谓,原则上一国只此一人,绝不含糊(当然也有个别诸侯同时娶了几位夫人,以后会讲到)。

既然是天意,仲子便嫁到鲁国当夫人了。临时夫人声子,只能退居其次。

仲子也为鲁惠公生了一个儿子,名允。

正室的儿子称为嫡子,嫡子中的长子称为嫡长子。

按照"嫡长子继承制"的原则,允作为鲁惠公唯一的嫡子,将来是要继承君位的。

可问题在于,当鲁惠公去世的时候,允还很小,不能上台执政。

后人看到这样的情节,很容易联想到四个字——

垂帘听政。

不好意思,这在春秋时期是行不通的。

女人干预政治,春秋时期不是没有,但是明目张胆地在朝堂上处理政务,还不现实。

鲁国人的解决办法,是拥戴已经成年的息姑行使国君的权力。

换句话说,他们立息姑做了代理国君。

这就埋下了一个伏笔:息姑的君位,迟早是要还给允的。

息姑死后的谥号"隐",便是这个意思:摄其政而不居其位。

或者说,有实无名。

鲁隐公元年

公元前722年,鲁隐公元年。《春秋》记事,从这一年开始。

元年春,王周正月。不书即位,摄也。

按规矩,先君去世的次年正月,新君正式即位。

但是,《春秋》并没有记载鲁隐公即位这件事。这可是鲁国的头等大事,按理说,要上头版头条加套红才对啊!为什么不作任何记载?

老左对此解释:因为鲁隐公只是摄政而已。

这就有点尴尬了。

有名无实,是件难受的事;有实无名,同样不舒服。

打个不恰当的比方,这跟当小三有什么区别?

三月,公及邾仪父盟于蔑——邾子克也。未王命,故不书爵。曰"仪父",贵之也。公摄位而欲求好于邾,故为蔑之盟。

三月,鲁隐公有外交活动。

鲁国的周边小国——邾国,国君名克,字仪父,不顾春寒料峭,来到鲁国朝贺。鲁隐公和他在蔑地举行了会盟。

邾国曹姓,子爵。

春秋时期,诸侯有公、侯、伯、子、男五等之分,从理论上讲都是周天子的臣下。因此，无论是谁即位为君，都必须得到"王命"，也就是周天子的册封。

邾子克，当时还没有得到王命。所以在《春秋》的记载中，还不能称之为"邾子"，而是"邾仪父"。当然，称其字是对他表示尊敬。不尊敬的话，就直呼其名了。

外交有外交的礼仪，接待什么样的客人，执行什么样的标准。

像邾子这种小国之君来访，鲁隐公和他见个面，吃个饭，看个演出，打发点土特产就行了，哪里用得着专门跑到蔑地去举行会盟？

太郑重其事了。

老左分析：鲁隐公因为是摄政，所以要特别"求好"于邾国，显示他的主人地位。

一个"求"字，充分体现了鲁隐公内心的虚弱与不自信。

我们能理解鲁隐公的尴尬。毕竟，名不正则言不顺，言不顺则事不成。但是，越是面对尴尬，越是需要摆正心态，这叫定力。做人要有定力，从政更要有定力。

心静自然凉。通过踏踏实实做事来证明自己的价值，是最好的办法。

虚张声势，不但得不到人心，反而让人看不起。

夏四月，费伯帅师城郎。不书，非公命也。

费伯是鲁国的大夫。

这一年四月，费伯带着人马在郎地筑城。《春秋》对此不作记载，因为这不是鲁隐公的命令。

修筑城池这样的大事，大夫怎么能够自作主张呢？分明是没把鲁隐公放在眼里。

而鲁隐公对此没有任何反应，睁一只眼闭一只眼，不了了之。

说到底，他不是一个强势的人。

三月份的外交戏,充分暴露了他内心的虚弱,所以四月份便有人公然蔑视他。

初,郑武公娶于申,曰武姜,生庄公及共叔段。庄公寤生,惊姜氏,故名曰"寤生",遂恶之。爱共叔段,欲立之。亟请于武公,公弗许。

《左传》记事,基本上是按时间来排序的。接下来的五月,先聊聊郑国发生的事情。

这段原文中的"初",是指追述以前发生的事。

当初,郑国的国君郑武公,娶了申国的公主为夫人,史称武姜。

武姜生了两个儿子,大儿子叫寤生,小儿子叫段。

关于寤生这个名字的来历,有两种解释:

其一,寤生即寐寤而生,也就是武姜在梦中生下了这个儿子。

其二,寤是牾的假借字,寤生即牾生,也就是婴儿的脚先出来,医学上叫作逆产。

那个年代的人,取名字不太讲究。比如说,孩子屁股上有块胎记,便叫黑臀;肩上有胎记,便叫黑肩。王公贵族中,叫黑屁股、黑胳膊者大有人在。相比之下,寤生这个名字,算文雅的了。

不管寤生这个名字是什么意思,对于武姜来说,都是一段可怕的经历。她受到了惊吓,甚至有可能在鬼门关前走了一回,因而对这个来之不易的儿子十分厌恶。这种感情,现代人多少有些难以理解。按理说,她应该和这个儿子有一种患难与共的母子之情才对,怎么反而会厌恶呢?

相比之下,武姜对小儿子段,则只能称为溺爱了。她甚至多次对郑武公提出,要置换两个儿子的身份——改立段为世子,将来继承郑国的君位。

郑武公不答应。

嫡长子继承制下，除非嫡长子失德，或者有非常明显的生理疾病，否则谁也不能剥夺他的继承权。

这是规矩。

如果规矩可以随意更改变通的话，便不叫规矩了。

及庄公即位，为之请制。公曰："制，岩邑也，虢叔死焉。佗邑唯命。"请京，使居之，谓之京城大叔。祭仲曰："都，城过百雉，国之害也。先王之制：大都，不过参国之一；中，五之一；小，九之一。今京不度，非制也，君将不堪。"公曰："姜氏欲之，焉辟害？"对曰："姜氏何厌之有？不如早为之所，无使滋蔓！蔓，难图也。蔓草犹不可除，况君之宠弟乎？"公曰："多行不义，必自毙，子姑待之。"

郑武公死后，寤生即位，是为郑庄公。

武姜向郑庄公提要求，要把制封给段。

郑庄公吓了一跳。制是郑国的军事重镇，它有一个别名，叫作虎牢，也就是《三国演义》中"三英战吕布"的地方，其重要性可想而知。郑庄公对武姜说：制太险要了，当年虢叔就死在那里。还是要其他地方吧，我唯命是从。

虢叔是东虢国的国君，制的原主人。当年虢叔仗着制地势险要，城高池深，以为谁都治不了他，不修德政，胡作非为，结果被郑武公消灭。

郑庄公话里有话：我担心段得到了制，和虢叔一样不得好死。这句相当狠，武姜却没有听明白，转而要求：既然不肯给制，那就给他京吧。

郑庄公答应了。

从此，段便居住在京城，被郑国人称为京城大叔。叔是段的排行，前面加个大（同太）字，不是郑国人看韩剧看多了，而是指他是郑庄公的第一个弟弟。

郑国的大臣对此很有意见。

大夫祭足(字仲)指出:京城的城墙超过了一百雉(三百丈)。先王有规定,大都的城墙不能超过国都的三分之一,中都的城墙不能超过国都的五分之一,小都的城墙不能超过国都的九分之一。京城已经大大超标了,不合规矩,国君会受不了哦!

有必要解释一下,原文中"参国之一"的"国",是国都的意思。国都之外的城池,或称为"都",或称为"邑",二者的意思差不多。但是严格地说,还是有区别:都里建有祭祀先君的宗庙,邑是没有的。

祭足的话说得有道理,先王规定"都"的城墙最大不能超过"国"的三分之一,是为了突出国君的统治地位,防止地方势力过于强大。郑庄公说:姜氏一定要这样,我有什么办法躲避祸害?

言下之意,受不了也得受啊!

祭足说:姜氏贪得无厌,哪有满足的时候?不如趁早找个地方安置大叔,不要滋长她的非分之想。一旦蔓延,就难以对付了。蔓延的野草尚且不可除掉,何况是您那位自小受到宠爱的兄弟呢?

郑庄公说:多行不义必自毙,等着瞧吧。

这又是一句狠话,但是说得很含蓄。

既而大叔命西鄙、北鄙贰于己。公子吕曰:"国不堪贰,君将若之何?欲与大叔,臣请事之;若弗与,则请除之,无生民心。"公曰:"无庸,将自及。"大叔又收贰以为己邑,至于廪延。子封曰:"可矣。厚将得众。"公曰:"不义,不昵。厚将崩。"

"贰"的意思,是背叛,变节,有二心。

大叔到了京城不久,便威逼西境、北境的两座城池,表面上听命于郑庄公,实际上听命于自己。

这显然是大逆不道的。

大夫公子吕(字子封)对郑庄公说:天无二日,国无二主。大叔这样做,等于郑国有了两个主人,谁受得了啊!您是不是想让位给大叔?如果是,请让我现在就去投奔他。如果不是,那就赶紧除掉他,不要让民心产生动摇。

公子吕用了激将法,郑庄公还是无动于衷,说:不用着急,他会倒霉的。

这样一来,大叔的胆子更大了,干脆占领了两座边城,继续扩张势力,达到廪延。

公子吕又坐不住了,对郑庄公说:是时候啦!再坐视不理的话,他的力量会越来越强大,投靠他的人会越来越多。

郑庄公说:不义之人,没有人会真正亲附,实力越雄厚,越容易崩溃。

公子吕气得直摇头,心里大概在想:你这逻辑才让人崩溃。

大叔完、聚、缮甲、兵,具卒、乘,将袭郑,夫人将启之。公闻其期,曰:"可矣!"命子封帅车二百乘以伐京。京叛大叔段。段入于鄢。公伐诸鄢。五月辛丑,大叔出奔共。

鲁隐公元年五月,大叔终于完成了战争准备,聚集人马,修缮盔甲和兵器,整顿步兵和战车,密谋袭击国都新郑。而武姜则打算做内应,为他开启新郑的城门。

计划很好。但是不知道为什么,大叔起兵的日期,竟然被郑庄公提早知道了。

"是时候了。"

一直按兵不动的郑庄公,此时突然行动起来,下令公子吕带领兵车二百乘前去进攻京城,讨伐大叔。

公子吕大概感到惊讶:如果早动手的话,大叔羽翼未丰,很容易打败他。可是现在,大叔已经做好了充分的准备,出兵攻打他,还有胜算吗?

然而,当公子吕的部队来到京城,奇迹发生了。京城的军民自发起来反对大叔,双方还没有交战,大叔便一败涂地。他先是逃到鄢地,郑庄公亲自率军进攻。五月二十三日,大叔出逃卫国的共地。

关于大叔的结局,按《左传》的记载,应当是寄人篱下,客死他乡。但是,《公羊传》和《穀梁传》皆以为郑庄公杀死了大叔。

书曰:"郑伯克段于鄢。"段不弟,故不言弟;如二君,故曰克;称郑伯,讥失教也:谓之郑志。不言出奔,难之也。

"书"就是《春秋》。

《春秋》记载此事,只用了六个字:"郑伯克段于鄢。"可谓言简意赅之至。

这六个字有什么讲究?且听老左分析:

首先,大叔以下犯上,违反了孝悌之道,背弃了君臣之义,所以不称其为"弟",而是直呼其名,以示谴责。

其次,郑庄公和大叔兄弟相争,有如二君交战,所以用了"克"这个动词。

再次,所谓兄长,本来就有教育弟弟的义务和职责。可是,当大叔犯错误的时候,郑庄公没有好好教育大叔,反而故意放任自流,诱使其叛乱。说白了,郑庄公的目的,就是想名正言顺地杀死大叔。所以这里不说他是兄长,而是称为"郑伯",这也是一种谴责。

最后,"出奔"二字,在春秋时期是有罪之辞。这里只写郑伯克段于鄢,却不写大叔出奔共地,是因为如果写了,责任就完全在大叔身上了。事实上,郑庄公应该负更大的责任。只不过郑庄公太狡猾了,伪装得太好了,将责任推得干干净净,以至于史官也不好明说,只能如此下笔,希望列位看官能看明白吧。

这便是所谓的"春秋笔法,微言大义"。每一句话,甚至每一个字,都有其特定含义,都有其价值判断。它是隐晦的,委婉的,深藏不露的;同时也是尖锐的,严肃的,毫不留情的。区区六个字,竟然带出这么多的道理,厉害吧?

说句题外话,我们小时候上语文课,老师讲到鲁迅的文章,一个破折号能够讲出七层意思,抄在笔记本上就是满满的两页,何尝不是一种"春秋讲法"?

关于郑庄公这个人,有必要多说两句。

1960年,毛泽东曾经说过,春秋时候有个郑庄公,此人很厉害。他对国内斗争和国际斗争都很懂得策略。

连毛泽东都击节赞赏的郑庄公,在和弟弟共叔段斗争的过程中,使用了堪称教科书式的政治手段。

他外表憨厚,内心精明。他不动声色地布置了一个陷阱,而且极有耐心地,看着大叔一步一步走进去。作为兄长和国君,他有很多次机会对大叔进行规劝,如果规劝无效,还可以用强硬的手段进行制裁。但他不这样做。他给自己塑造了一个软弱无能的形象,对大叔的胡作非为不闻不问。直到大叔迈出造反的那一步,他才果断给予致命一击。

这叫引蛇出洞。

大叔咎由自取,这是不用争论的。但是,所谓"君君、臣臣、父父、子子",在先秦儒家看来,首先强调的是君有君道,父有父道,兄有兄道。郑庄公作为国君,作为兄长,应该在臣弟犯错误的时候及时指出,给予相应的惩戒,而不是养成其恶,然后置其于死地。因此,在"郑伯克段于鄢"的故事中,首先应该批评的是郑庄公,其次才是大叔。

领导的责任,大于一切。

遂置姜氏于城颍,而誓之曰:"不及黄泉,无相见也。"既而悔之。

接着来说武姜。

在郑庄公和大叔兄弟相残的故事中,武姜难辞其咎。

大叔阴谋作乱,是武姜怂恿的结果。

郑庄公对大叔恨之入骨,必欲置之死地而后快,是因为武姜给他的童年、少年乃至青年时期留下了阴影。

缺乏母爱是一种悲哀。

承受"母恨"更是悲哀中的悲哀。

所以,当大叔作乱失败,武姜也受到了相应的惩罚。

郑庄公将武姜流放到城颍,发誓说:"不到黄泉,就不要相见了。"

中国人都知道黄泉是什么意思。

可是,不久之后,郑庄公就后悔了。

后悔什么?一方面是感情上过不去,毕竟是自己的母亲,怎么忍心对她说这样的狠话?另一方面是违反了孝道,政治上过不去。

坚守孝道,是中国传统文化的特色,也是儒家政治的基础。

《论语》有言:"其为人也孝弟,而好犯上者,鲜矣;不好犯上,而好作乱者,未之有也。君子务本,本立而道生。孝弟也者,其为仁之本与!"

孝是孝顺父母。弟通悌,即遵从兄长。儒家将孝悌上升到为人之本,也是为仁之本,是站在维护统治的高度来考虑的。

孝悌意味着服从,意味着尊重。所以历朝历代,都强调以孝治天下。这种孝道,不仅仅是对被统治者的要求,统治者更要以身作则,否则便失去了统治资格。

像郑庄公这样,母亲先对不起他,他还要不要对母亲坚守孝道?

回答是,必须的。

孝道之中,包含了某种逆来顺受的因素。历史上的道德典范——舜,他的父亲和弟弟合谋想杀死他,以霸占他的财物和女人,舜几次死里逃生,还都装作没事,继续孝顺父母,友爱兄弟,甚至比以前更加殷勤。

参照舜的故事,郑庄公把母亲赶到城颍去居住,可以说是大逆不道。郑国百姓,议论纷纷;友邦人士,莫名惊诧!

郑庄公为此很苦恼。但是,如果现在去把武姜接回来的话,又违背了自己的誓言。人无信不立,国君更要讲信用,这条路是行不通的。

怎么办?

这个时候,有人出来为郑庄公解围了。

颍考叔为颍谷封人,闻之,有献于公。公赐之食。食舍肉。公问之。对曰:"小人有母,皆尝小人之食矣,未尝君之羹,请以遗之。"公曰:"尔有母遗,繄我独无!"颍考叔曰:"敢问何谓也?"公语之故,且告之悔。对曰:"君何患焉?若阙地及泉,隧而相见,其谁曰不然?"公从之。公入而赋:"大隧之中,其乐也融融!"姜出而赋:"大隧之外,其乐也洩洩!"遂为母子如初。

君子曰:"颍考叔,纯孝也,爱其母,施及庄公。《诗》曰'孝子不匮,永锡尔类',其是之谓乎!"

郑国颍谷地方官,以颍为氏,名考叔,听到郑庄公的事情,以进献地方特产为名,请求晋见郑庄公。

郑庄公请他吃饭,当然是大鱼大肉。可是颍考叔不吃肉,而是将肉小心翼翼地包起来。郑庄公很奇怪,问他这是什么搞法。颍考叔回答:小人家里有老母亲,小人奉给的肉食她都吃过了,可是从来没有尝过国君赏赐的肉羹,想带回去给她尝尝。

郑庄公长叹:你们有老母亲可以侍奉,就我没有哇!

颍考叔故作惊讶:啊,敢问这是为什么啊?

郑庄公于是将心事说了出来,悔恨不已。

颍考叔说:您这有什么好烦恼的?只要掘地三尺,不行就三丈,挖到有泉水的地方,您和母亲通过隧道到那里相见,谁敢说不是黄泉相见?

郑庄公大喜,照办。母子俩黄泉相见,抱头痛哭,尽释前嫌。

郑庄公当场赋诗:"大隧之中,其乐也融融!"武姜应和:"大隧之外,其乐也洩洩!"

一场政治危机,悄然化解。

老左对颍考叔的评价很高，认为他称得上是"纯孝"，爱自己的母亲，而且能够将这种赤子之情延及国君。《诗经·大雅》中的《既醉》一诗云："孝子不匮，永锡尔类。"意思是对父母的孝心没有尽头，你们这些人要永远铭记——正好用来形容颍考叔。

特别说明一下，《左传》评价人事，往往会借用"君子曰"。君子是谁？一说是老左本人，一说是孔子，史上并无定论，也没有必要深究。一定要翻译的话，大概就是"有德之人是这么说的"吧。

秋七月，天王使宰咺来归惠公、仲子之赗。缓，且子氏未薨，故名。

天子七月而葬，同轨毕至；诸侯五月，同盟至；大夫三月，同位至；士逾月，外姻至。赠死不及尸，吊生不及哀，豫凶事，非礼也。

接着来说说鲁国的事。

元年七月，当朝天子周平王派宰咺到鲁国来赠送鲁惠公和仲子夫人的"赗"，也就是丧仪。

宰咺是王室的宰夫（官名），名咺。

《春秋》惯例，王室官员地位尊崇，不宜直书其名。这里点出宰咺的名字，是一种谴责。

天子派人来送丧仪，是看得起鲁国，为什么还会受谴责呢？

原因很简单：

第一，来得太晚了。周朝极重丧事，天子死后，七个月才下葬，诸侯全部出席葬礼；诸侯五个月下葬，同盟国诸侯出席葬礼；卿大夫三个月下葬，级别相同的官员出席葬礼；士一个月下葬，亲戚出席葬礼。现在是鲁隐公元年七月，就算鲁惠公是去年年底死的，也早就下葬了。丧事已经办完了，大伙都擦干眼泪过日子了，你还来送丧仪，这不添堵嘛！

第二，更让人哭笑不得的是，鲁惠公死了，仲子夫人还没死，就算是图省事，也不能一并把仲子的丧仪给送来啊！这叫"豫凶事"，当然是大大的非礼。

堂堂王室，把事情办成这样，只能给差评。

八月，纪人伐夷。夷不告，故不书。

纪和夷，都是鲁国周边小国。纪国讨伐夷国，夷国也没向鲁国报告这件事，所以《春秋》不予记载。

有蜚。不为灾，亦不书。

蜚是一种害虫，侵食农田，但是没有造成大的损害，所以《春秋》也不予记载。

惠公之季年，败宋师于黄。公立而求成焉。九月，及宋人盟于宿，始通也。

季年即末年，或者晚年。

鲁惠公末年，鲁宋两国发生战争（亲戚归亲戚，发生矛盾了，还是用矛和盾说话），鲁国获胜。鲁隐公即位后，主动与宋国人媾和。九月，在宿地举行会盟，两国开始恢复外交关系。

冬十月庚申，改葬惠公。公弗临，故不书。
惠公之薨也，有宋师，大子少，葬故有阙，是以改葬。
卫侯来会葬，不见公，亦不书。

十月，改葬鲁惠公。

前面刚刚提到，鲁惠公已经下葬了，天子派人送礼都来晚了。现在为什么又要把死人挖出来改葬呢?

原来,鲁惠公死的时候,鲁宋两国还在交战,世子允又小,葬礼办得有点马虎,有些事情做得不到位,所以现在要重来一次。

现代人看来,这事未免荒唐。不管怎么样,鲁惠公已经入土为安,何必再折腾他一次呢?可是古人不这么想。儒家强调厚葬,并不是出于宗教上的考虑,而是认为通过隆重的葬礼,可以体现"慎终追远"之意,达到凝聚人心、稳定社会的目的。国君的葬礼,更是意义重大,容不得半点马虎。所以对不住了鲁惠公,只要孝子贤孙们觉得火候不到,您还不能安息。

葬礼必有丧主。依惯例,丧主当为死者的嫡长子。所以,鲁惠公改葬的时候,还是由世子允出面,接受来宾的吊唁。而作为代理国君的鲁隐公,连主持葬礼的资格都没有,所以"弗临",也就是不能抚棺大哭,心里别提有多憋屈了。

更憋屈的是,卫桓公前来参加葬礼,鲁隐公也不能接见。因为人家是来慰问世子允的,跟鲁隐公没关系!

由此联想,极力要求重葬鲁惠公的,必定不是鲁隐公,而是朝中某些对鲁隐公不太服气的大臣。鲁惠公的第二次葬礼,实际上是在提醒大伙,这个国家的主人是世子允而不是鲁隐公。

说到底,一切都是政治。

郑共叔之乱,公孙滑出奔卫。卫人为之伐郑,取廪延。郑人以王师、虢师伐卫南鄙。请师于邾,邾子使私于公子豫。豫请往,公弗许,遂行,及邾人、郑人盟于翼。不书,非公命也。

郑国的京城大叔叛乱的时候,派自己的儿子公孙滑前往卫国,请求卫国出兵帮助。卫桓公误判了形势,以为大叔能成事,所以答应公孙滑,派兵进攻郑国,夺取了廪延。等到郑庄公平定叛乱,便开始报复卫国,带着王室的军队和虢国的军队(郑庄公为什么能调动王室的军队,以后会讲到),入侵卫国南部。郑庄公还向邾国发出文书,想请邾国也出兵,共同讨伐卫国。

邾国很为难,为什么?郑国和卫国都是大国,两边开罪不起啊!于是邾子克,也就是三月份和鲁隐公在蔑地会盟的那位仁兄,私下里向鲁国大夫公子豫说了这件事,希望鲁国出兵,参加郑庄公组织的联军。这样一来,邾国便可以跟在鲁国后面行动,既不得罪郑国,也不直接招惹卫国。

公子豫很有兴趣(是否收受了邾子克的贿赂便不得而知了),向鲁隐公请求出兵。鲁隐公不答应,但公子豫还是去了,带着部队与邾国人、郑国人在邾国的翼地举行了会盟。

这样的事情都能自把自为,确实是没把鲁隐公放在眼里了。

紧接着——

新作南门。不书,亦非公命也。

新建了首都曲阜的南门,这也不是鲁隐公下的命令,所以《春秋》没有记载。

看来,鲁国的这些个大夫,是存心要和鲁隐公过不去了。

十二月,祭伯来,非王命也。

祭伯是周平王的卿,非奉天子之命,来到鲁国访问。

众父卒,公不与小敛,故不书日。

鲁隐公元年冬天的最后一件大事,大夫公子益师(字众父)去世了。

小敛是丧事的一个环节,也就是给死者穿礼服。

按规定,大夫去世,小敛之日,国君应该登门出席,以示关怀。

可是,鲁隐公没有出席。

因为他不是真正的国君,没有资格出席。

鲁隐公二年

公元前721年,鲁隐公二年。

二年春,公会戎于潜,修惠公之好也。戎请盟,公辞。

这年春天,鲁隐公与戎人在潜地会晤。

戎人,当时的少数民族。鲁惠公在世的时候,与戎人相处得不错。鲁隐公继承父亲的少数民族政策,与戎人和睦相处,延修旧好,这当然是值得称赞的事。

会面的时候,戎人提出,希望和鲁隐公举行盟誓。这回鲁隐公学聪明了,委婉地拒绝了戎人的请求。

现在看起来也许政治不正确,但在那个年代,华夷有别。作为中原大国的鲁国,和戎族不是平等的主体。鲁隐公如果草率地答应和戎人盟誓的话,无非是让国人再看一次笑话。

不答应,是对的。

莒子娶于向,向姜不安莒而归。夏,莒人入向,以姜氏还。

莒和向，都是今天山东省境内的小国。

莒国己姓，向国姜姓。

莒子娶了向国的公主为妻，史称向姜。

不知道因为什么原因，向姜不安于在莒国的生活，竟然逃回向国了。

这就让莒国有了讨伐向国的借口。鲁隐公二年夏天，莒国发兵占领向国，将向姜抢了回去。

司空无骇入极，费庈父胜之。

司空，是卿一级的官员，比一般的大夫更为尊贵。

极，是鲁国的附庸小国。

鲁国的司空无骇，带领军队侵入极国。大夫费庈父，也就是鲁隐公元年四月在郎地筑城的费伯，顺势而为，将极国灭掉了。

大鱼吃小鱼，不需要任何理由。

戎请盟。秋，盟于唐，复修戎好也。

戎人再度请求会盟。

既然人家如此热切地要求会盟，鲁国也就不太好再摆架子了，所以在唐地举行了会盟。

这是皆大欢喜的好事。

鲁隐公春天不同意会盟，秋天却同意了，看似前后矛盾，实际上做得有水平。有些事情，现在不做，不代表将来不做；过去不做，不代表现在不做。适当的时候做适当的事，顺势而为，是从政的一条基本原则。

看来，代理国君这件工作，鲁隐公开始摸到一些门道了。

九月，纪裂繻来逆女，卿为君逆也。

冬,纪子帛、莒子盟于密,鲁故也。

> 纪国,也是鲁国的周边小国。纪国的国君,娶鲁惠公女儿为妻。这年九月,纪国的裂繻(字子帛)奉命来到鲁国迎接公主(确切地说,是长公主)。所谓"卿为君逆",是当时的规矩:国君娶妻,必派卿一级的官员迎亲。由此可见,裂繻并非一般大夫,而是纪国的卿。
> 冬天,裂繻又和莒子在密地会盟,这是为了和鲁国搞好关系。

郑人伐卫,讨公孙滑之乱也。

> 看好了,这是郑庄公第二次进攻卫国,还是因为当年大叔叛乱,卫国帮助大叔,入侵了郑国的廪延。
> 对于卫国来说,噩梦刚刚开始。

鲁隐公三年

公元前720年,鲁隐公三年。
这年春天发生的大事,莫过于周平王之死。

三年春,王三月,壬戌,平王崩。赴以庚戌,故书之。

> 周朝的历史可以分为西周和东周两段,周平王是东周的第一任天子。

周平王的父亲周幽王，也就是传说中那位千金买一笑、烽火戏诸侯的昏君。

西周的灭亡，历来被认为是周幽王昏庸无道的结果。这当然也是事实。但是，近现代的历史研究表明，最直接的原因，很有可能是这位周平王(即周幽王的太子宜臼)起兵叛乱。

当时，周幽王宠爱褒姒，废除宜臼，改立褒姒的儿子伯服为太子。宜臼逃到申国，自称"天王"，公然与周幽王对抗。周幽王亲自带兵讨伐宜臼，结果被宜臼打败，周幽王战死。

此后数年，宜臼在秦、卫、郑等诸侯的帮助下，继续征战，终于扫清政敌，在雒邑建立了自己的政权，成为天下的共主。

但是，诸侯们都知道，周平王的王位是抢来的。

即便他编造谎言，声称周幽王是死于犬戎之乱，但是欺骗不了天下人。

王室威信一落千丈，失去对诸侯的控制，与周平王的这段经历不无关系。

毕竟，他曾经反叛父亲，并且在战场上置父亲于死地。

天子不孝，又如何要求诸侯们效忠？

关于这段历史，因为不在《左传》的范围之内，在此不详细叙述。回到正题——

天子驾崩，当然要发讣告，也就是原文中的"赴"。然而诡异的是，周平王死于三月壬戌(二十四日)，王室的讣告却说是三月庚戌(十二日)，提前了整整十二天。

杜预对此解释：王室这样做，是故意的。为什么呢？因为当时王室衰微，号召力不强，怕诸侯们前来参加丧礼，拖拖拉拉，搞得很不好看，所以干脆把时间写早一点。

从鲁隐公元年王室给在世的仲子送丧仪一事来看，这种荒唐事，他们还真做得出来。

夏,君氏卒。——声子也。不赴于诸侯,不反哭于寝,不祔于姑,故不曰"薨"。不称夫人,故不言葬,不书姓。为公故,曰"君氏"。

同年夏天,鲁隐公的母亲声子也去世了。

顺便说一下,鲁惠公的第二位夫人仲子,也就是世子允的母亲,已经于去年十二月去世。《春秋》记载:"(鲁隐公二年)十有二月乙卯,夫人子氏薨。"但是《左传》并未提及。

周朝的礼制下,人活着,等级森严;人死去,同样分三六九等。

最基本的原则:天子之死,天下震动,有如山崩,所以称为"崩";诸侯之死,国内震动,同样有如山崩,但是毕竟不能和天子相比,所以只能类似于"崩",取其谐音,称为"薨";卿大夫之死,生命的终结,称为"卒";士之死,不能继续享受俸禄,称为"不禄";至于庶人,也就是平民之死,没有任何修饰,便只能称为"死"了。

有意思吧?

更有意思的是,即便享有一定的身份,如果死亡没有得到某种仪式的确认,同样不能享受相应等级的待遇。比如说,提及鲁惠公的第一位夫人孟子之死,原文是:"孟子卒。"按惯例,国君的夫人是与国君同样待遇,应该称为"薨"才对,孟子为什么是"卒"呢?原因是"不成丧",也就是没有讣告诸侯,而是非常低调地把丧事给办了。

鲁惠公的第二位夫人仲子,是正儿八经的"薨"。

现在,鲁隐公的母亲声子去世,以她的身份,自然也没有讣告诸侯,安葬后没有回到祖庙号哭,也没有把灵位摆放在婆婆的灵位旁,所以也不能称为"薨",只能称为"卒"。

更令人唏嘘的是,因为不是夫人,所以《春秋》也就没有记载她的葬礼,甚至连她的姓也不作记载。作为代理国君的母亲,她得到的唯一照顾便是——《春秋》好歹记载了她的死讯,创造性地用了"君氏卒"三个字。

所谓君氏,大概就是国君的母亲的意思。

鲁国的大夫们,恐怕牺牲了不少脑细胞,才想出这么个特别的名词吧。

郑武公、庄公为平王卿士。王贰于虢,郑伯怨王。王曰:"无之。"故周、郑交质。王子狐为质于郑,郑公子忽为质于周。

现在来回答:鲁隐公元年,为什么郑庄公可以动用王室的军队讨伐卫国?

因为他是周平王的卿士。

卿是比大夫更高一级的官员。而卿士是众卿之长,称之为执政大臣也未尝不可。

作为郑国的国君,郑庄公为什么还能兼任王室的卿士?

在这里,有必要简单介绍一下郑国。

周朝的诸侯成百上千,主要分封于西周初年。到了周平王时期,这些国家大多已经有三四百年历史,有的甚至号称有一两千年历史(周朝建立的时候,这些国家早已经存在,只不过其身份由商朝的诸侯转变为周朝的诸侯)。而郑国却是一个年轻的国家,郑武公是其第一任君主,郑庄公才是第二任。

郑武公的父亲姬友,是周宣王的儿子,周幽王的叔叔。

西周末年,姬友担任王室的司徒,并在王畿,也就是王室的直属领地内获得了一小块封地——郑,所以又被称为郑伯友。

周幽王昏庸无道,父子相争,郑伯友敏锐地意识到,大厦将倾,国家将亡,于是提前做准备,将自己的妻儿、家臣、财产全部迁至雒邑以东的虢、郐等国。

用现在的话说,他做了个裸官。

西周灭亡之际,郑伯友在军中战死,他的儿子掘突却在雒东之地异军突起,反客为主,消灭了虢、郐等国,建立了一个新的国家。

掘突就是郑武公(郑伯友则谥为郑桓公),他同时也继承了父亲在王室的官位,成为周平王的卿士。

郑庄公即位后,子承父业,也兼任了王室卿士。

王室虽然没落,这个职务却给郑庄公带来了诸多好处。比如说,攻打卫国的时候,他便利用手中的权力,调动了王室的军队。

他倒不是真的需要王师帮忙作战,只要王室的军旗飘扬在战场上空就可以了。

毕竟,天子名义上还是天下的共主。王师讨伐谁,等于是天子讨伐谁。

这是典型的挟天子以令诸侯,比曹操早九百年。

天子本人对此很有意见(这里的"天子"指周平王,这段原文是追述以前发生的事)。

有意见便有行动。

所谓"王贰于虢",是指周平王想把郑庄公在王室的职权转给虢公。

周朝历史上有几个虢国,这位虢公是西虢国的国君,当年被郑武公灭掉的是东虢国。当时,虢公大概也在朝廷担任了一定级别的职务,而且办事比较得力,所以周平王才会有这样的想法。

事情还在酝酿,郑庄公却得到情报(他的情报工作一向做得好),他马上赶到雒邑,当面质问周平王:您是不是背着我在和虢公勾搭?

周平王矢口否认,说没那回事。

郑庄公可不是那么好糊弄的,一个劲地逼问。君臣二人,一个咄咄逼人,一个拼命抵赖。说来说去,最后竟然达成了一个协议:既然你也信不过我,我也信不过你,那就交换人质吧!

而且不是一般的人质。周平王方面,派出的是太子狐;郑庄公方面,派出了世子忽。两个人都把自己的继承人送给对方当人质,诚意没得说!

这件事情,史称"周郑交质"。

王崩,周人将畀虢公政。四月,郑祭足帅师取温之麦。秋,又取成周之禾。周、郑交恶。

君子曰:"信不由中,质无益也。明恕而行,要之以礼,虽无有质,谁能间之?苟有明信,涧、溪、沼、沚之毛,蘋、蘩、蕰藻之菜,筐、筥、锜、釜之器,潢、污、行潦之水,可荐于鬼神,可羞于王公,而况君子结二国之信,行之以礼,又焉用质?风有采蘩、采蘋,雅有行苇、泂酌,昭忠信也。"

周平王驾崩了,即位的却不是太子狐。《左传》对此没有记载。按照《史记》的说法,太子狐早死,大概是在郑国当人质的时候便已经去世了。所以,王室的大臣们拥立太子狐的儿子王孙林为君,是为周桓王。

周平王的死,当然和郑庄公无关。他在位五十一年,无论怎么算都已经是高寿。可是,中国历史上往往有这样一种现象:一位带有悲情意味的政治人物去世,会引爆人们对他的政敌的强烈不满,而他的政治主张也会被人们翻出来,成为发泄不满的道具。王室正是在这种悲愤的情绪中,做出了"畀虢公政"的决定,也就是继承周平王的遗志,任命虢公为卿士。

郑庄公的反应,很能体现他的做事风格。

这一年四月,郑国大夫祭足带着军队,来到王畿内的温地,收割了那里的麦子。同年秋天,又移师雒邑城下,收割了已经成熟的禾。整个过程中,双方没有发生任何冲突。

王室也许认为,为了些许粮食和郑国交战,不划算。

当然,任命虢公为卿士的事情,也就不了了之了。被抢了一年的粮食还勉强撑得住,明年这些武装蝗虫再来一次的话,大伙便只能喝西北风了。

这件事情,史称"周郑交恶"。

君子对此评价:言不由衷,就算交换人质也无济于事。如果互相体谅，又用礼仪加以约束，即便没有人质，又有谁能离间呢？如果赤诚相待，即便是山沟、池塘生长的蘋、蘩、薀藻之类的野菜，筐、筥、锜、釜之类寻常的器物，道路上大滩小滩的积水，也可以进献鬼神，呈送王公，表明心志。两国建立信任，按常规举行个简单的仪式便可以了，哪里用得着人质？《诗经》中的《采蘩》《采蘋》《行苇》《泂酌》，就是表明忠信的啊！

这是先秦儒家的观点，关注点在于"诚信"。后世儒家关心的则是：郑庄公居然敢以下犯上，威胁天子，和天子交换人质，这真真是没有王法了！

武氏子来求赙，王未葬也。

武氏子，是王室大夫武氏的儿子，没有官职。

秋天，王室派武氏子来到鲁国。

周朝的丧仪，极其复杂。人刚去世的时候，上门吊唁，赠送珠玉和礼服。下葬的时候，则有赗赠，也就是赠送一定规格的车马束帛。更客气的话，那就加大"赗"的分量，比如说，给一大笔钱，这叫作"赙"。

王室派人来曲阜，为的是向鲁国"求赙"，作为周平王的丧仪。

天子七月而葬，周平王三月去世，此时尚未下葬，鲁国当然还没有赗赠。王室大概是预料到鲁国不会有更多的馈赠，所以才派人提前来打招呼。这种事情，毕竟上不了台面，所以也没有派正式的官员出马，而是派了个没有官职的年轻人前来——鲁国答应，自然皆大欢喜；鲁国不答应，也不至于太丢面子。

没有想到的是，鲁国的史官毫不留情，将这次非正式的来访记录在案。讥讽之意，溢于字表。

真是贫贱天子百事哀啊！

宋穆公疾，召大司马孔父而属殇公焉，曰："先君舍与夷而立寡人，寡

人弗敢忘。若以大夫之灵,得保首领以没;先君若问与夷,其将何辞以对?请子奉之,以主社稷。寡人虽死,亦无悔焉。"对曰:"群臣愿奉冯也。"公曰:"不可。先君以寡人为贤,使主社稷。若弃德不让,是废先君之举也,岂曰能贤?光昭先君之令德,可不务乎?吾子其无废先君之功。"使公子冯出居于郑。八月庚辰,宋穆公卒,殇公即位。

宋穆公是宋武公之子,宋宣公之弟。

本来宋穆公是没有资格当国君的。

当年,宋宣公去世的时候,世子与夷年幼,不能上台执政。为了保持宋国的稳定,宋宣公毅然决定,君位不传给与夷,而是传给自己的弟弟和,也就是宋穆公。

后人读到这样的故事,很容易联想起宋太祖与宋太宗,烛影仍在眼前,斧声不绝于耳,阴谋论铺天盖地而来——

这,恐怕是宋穆公编造出来的吧?

宋宣公是宋穆公害死的吧?

真相究竟是怎样,到宋穆公临终的时候便一清二楚了。

宋穆公弥留之际,将大司马孔父召到病榻前交代后事:寡人死后,请奉与夷为君!

宋穆公还动情地说:先君舍弃与夷而立寡人,寡人时时刻刻不敢忘怀。假如托大夫您的福,寡人可以尸骨完整地死去,在九泉之下见到先君,先君问起与夷的情况,寡人该如何回答?这件事情,就拜托您了,一定要按寡人的意志去办,寡人虽死无憾!

孔父是宋国的公族,子姓,名嘉,字孔父,所以他又被记载为孔父嘉。

孔父嘉听到宋穆公的遗言,有点不知所措。他的第一反应大概是:国君该不会是在试探我吧?

于是谨慎地回答:群臣可都愿意侍奉公子冯啊!

公子冯是宋穆公的嫡长子。

宋穆公连忙制止:万万不可。先君认为寡人有德,才让寡人主持社稷。如果寡人现在做出失德的事,岂不是辜负了先君?你们可千万不要让先君蒙羞。

话说到这个份上,孔父嘉也只能点头了。

鲁隐公三年八月,宋穆公卒。

这里有个小问题,宋穆公既然是正儿八经的诸侯,为什么不称"薨"而称"卒"呢?

因为《春秋》是鲁国的史书。唯有鲁侯之死,才是有如山崩的大事。他国诸侯之死,只是等闲之事,所以称为"卒"。

换句话说,如果宋国的史书留存下来了,必定是记作"穆公薨"。

按照宋穆公的遗愿,与夷在孔父嘉的辅佐下,登上了君位,是为宋殇公。

至于公子冯,则早被安排到郑国,交给郑庄公照顾。

这是宋穆公考虑得周全:一山不容二虎,一国不容二君,万一有人心怀鬼胎,打着公子冯的旗号造反的话,宋国便难免大乱了。

《左传》对宋宣公、宋穆公兄弟的评价很高。

君子曰:"宋宣公可谓知人矣。立穆公,其子飨之,命以义夫。《商颂》曰'殷受命咸宜,百禄是荷',其是之谓乎!"

君子说,宋宣公可以说是知人善用了,他传位于宋穆公,自己的儿子仍然享受了君位,这都是道义使然啊!

"殷受命咸宜,百禄是荷。"见于《诗经·商颂》的《玄鸟》一诗,意思是:殷商传授天命总是符合道义,所以享受了各种福禄。

宋国是商朝后裔建立的国家,所以有此一说。

宋穆公大概没想到,他和宋宣公兄弟的"义",不但改变了宋国的命运,甚至也改变了整个中国的命运。

为什么这么说？以后会讲到。

冬，齐、郑盟于石门，寻卢之盟也。庚戌，郑伯之车偾于济。

鲁隐公三年冬天，齐国和郑国在石门会盟。石门是齐国的领地。当时齐国的国君是齐僖公。

郑庄公寒冬腊月跑到齐国去和齐僖公会面，不小心在济水翻了车。

《左传》言简意赅，惜墨如金，为什么要特别记载这么一个细节呢？

杜预以为，可能是郑庄公在途中遭遇了大风而翻车。这件事情颇为古怪，所以要记下来。

日本学者竹添光鸿则推测：郑庄公毕竟是得罪了天子，心里不太踏实，再加上和周边国家也处于交战状态，急需找到强大的盟友，所以才不顾天寒地冻，跑去和齐僖公会盟。"车偾于济"，说明他赶路太急，主要也是内心焦虑啊！

卫庄公娶于齐东宫得臣之妹，曰庄姜，美而无子，卫人所为赋硕人也。又娶于陈，曰厉妫，生孝伯，早死。其娣戴妫，生桓公，庄姜以为己子。

这是追述以前发生的事。

卫庄公娶了个齐国老婆，是齐国太子得臣的胞妹，史称庄姜。

庄姜是个大美女，《诗经·卫风》中的《硕人》一诗，便是为她而作。

"手如柔荑，肤如凝脂，领如蝤蛴，齿如瓠犀，螓首蛾眉，巧笑倩兮，美目盼兮。"可以说是中国古典美女最为经典的文字写真，为世人传唱。

也许是天妒红颜，庄姜竟然没有生育。

卫庄公只好和小老婆——来自陈国的厉妫（妫为姓，厉为谥），生了一个儿子，名叫孝伯。孝伯不幸夭折。厉妫的妹妹戴妫（估计是媵妾）又给卫庄公生了一个儿子,叫作公子完,也就是后来的卫桓公。

按当时的规矩,媵妾的儿子,算作主母的儿子。因此,公子完也就是厉妫的儿子。

庄姜对公子完很好,视若己出。

按照嫡长子继承制,嫡妻没有生育,则在庶妻的儿子中选择继承人,原则是"择其贵者而立之"。

换句话说,春秋时期是子以母贵。

母亲的出身越好,儿子的地位越高。

公子完的母亲是陈国公主,他本人又得到了庄姜的认可,被立为卫庄公的继承人,也就是顺理成章的事了。

公子州吁,嬖人之子也。有宠而好兵,公弗禁。庄姜恶之。石碏谏曰:"臣闻爱子,教之以义方,弗纳于邪。骄、奢、淫、泆,所自邪也。四者之来,宠禄过也。将立州吁,乃定之矣;若犹未也,阶之为祸。夫宠而不骄,骄而能降,降而不憾,憾而能眕者,鲜矣。且夫贱妨贵,少陵长,远间亲,新间旧,小加大,淫破义,所谓六逆也;君义,臣行,父慈,子孝,兄爱,弟敬,所谓六顺也。去顺效逆,所以速祸也。君人者,将祸是务去,而速之,无乃不可乎?"弗听,其子厚与州吁游,禁之,不可。桓公立,乃老。

公子州吁,乃是"嬖人之子"。

什么叫公子?春秋时期,诸侯虽有公、侯、伯、子、男之分,但是可以笼统地称之为"公",死后则根据谥号称为"某某公"。诸侯之子叫作公子,诸侯之孙叫作公孙,都是特定的尊称。不像后世,随便一个土财主家的儿子都可以称为公子。

什么叫嬖人?出身微贱而受宠爱的人,便叫嬖人。

公子州吁也是卫庄公的儿子。他的母亲,可能是宫中的某个侍婢吧,因为一个偶然的机会,与卫庄公有了鱼水之欢,珠胎暗结,生下了州吁。

宫中的这种露水姻缘，本来不值一提。常规的剧情是，一夜云雨之后，国君便将这事给忘了，直到侍婢生下儿子，才拍着脑袋回想起来，命人送去一些衣物，赐个名字，算是认了这笔风流账。这个儿子——确切地说是私生子，在宫中是没有地位的。侍婢的儿子，只不过因为身上流了国君的血液，才勉强被人叫作公子罢了。但是，卫庄公对这位不知名的侍婢，显然是真爱，而且爱屋及乌，对州吁十分宠爱。再加上州吁喜欢舞刀弄枪，庄姜对此十分讨厌，卫庄公却不加禁止，这便难免引起非议了。

大夫石碏对卫庄公提出规劝：爱子是人之常情，但不能溺爱，而要教他做人的道理和行事的规矩，不要让他走上邪路。骄奢淫逸，这是走上邪路的开始。您现在这样宠爱州吁，难道是想立他为世子，将来继承君位吗？如果有这样的想法，那就尽快明确，把事情定下来。否则的话，必定酿成后患。

石碏这是正话反说，他明明知道州吁不可能继承君位。但是，如果州吁享受了太多的父爱和太高的待遇，将来是很难安分守己的。为什么？受宠而不骄傲，骄傲而能接受地位下降，地位下降而能不怨恨，怨恨而能克制的人，是很少见的。换句话说，一个孩子过于受宠，必然骄傲，必然看不起自己的兄弟。一旦地位下降，要屈身服侍自己的兄弟，是很难的。日后公子完继承了君位，州吁作为臣子，必不能适应这种身份的变化。对于国家来说，这就是埋下了一颗定时炸弹。聪明的国君，绝不应该在这种事情上犯错误。要知道，诸侯的家事就是国事，来不得半点含糊。

儒家强调"本末"，讲究长幼有序，亲疏有别，并以此建立了封建秩序。地位卑微者妨害尊贵者，年少者凌驾年长者，关系疏远者离间亲近者，新人离间旧人，弱小的欺凌强大的，淫邪破坏道义，是为"六逆"。君王有义，臣下服从，父亲慈爱，儿子孝顺，兄长友爱，兄弟恭敬，是为"六顺"。抛弃六顺而选择六逆，为祸不远。作为一国之君，本来应该远离祸害，哪有像卫庄公那样速取其祸的？

卫庄公却不理这些。他大概在想,什么六顺六逆,老子爱谁谁,你个糟老头子管得着吗!

还有一个不听劝的是石碏的儿子石厚。这家伙和州吁从小玩到大,无论石碏怎么禁止都不听。

等到卫庄公去世,卫桓公即位,石碏便告老回乡,不参与政事了。

眼不见,心不烦。

鲁隐公四年

公元前719年,鲁隐公四年。

四年春,卫州吁弑桓公而立。

鲁隐公四年,是卫桓公十六年。

这一年春天,州吁派人刺杀卫桓公,自立为君。

石碏的担心变成了现实。

弑,专指子杀父、臣杀君,以下犯上,在当时是最严重的罪行。

现在有些人缺乏对汉语最起码的尊重。"90后母亲弑子案一审被判15年,更多细节曝光",诸如此类的新闻标题公然挂到网上,令人啼笑皆非。

公与宋公为会,将寻宿之盟。未及期,卫人来告乱。夏,公及宋公遇于清。

卫国发生的弑君案，引起了轰动。

当时，鲁隐公正准备和宋殇公会面，重修旧好。三年前，两国在宿地举行了会盟。所谓"寻宿之盟"，也就是重温当年宿地会盟的誓词，进一步联络感情，巩固关系。

鲁隐公还未成行，卫国派人来通报国内发生的动乱。

夏天，鲁隐公和宋殇公在清地相遇。所谓"遇"，就是非正式会见。

宋殇公之即位也，公子冯出奔郑。郑人欲纳之。及卫州吁立，将修先君之怨于郑，而求宠于诸侯，以和其民。使告于宋曰："君若伐郑，以除君害，君为主，敝邑以赋与陈、蔡从，则卫国之愿也。"宋人许之。于是，陈、蔡方睦于卫，故宋公、陈侯、蔡人、卫人伐郑，围其东门，五日而还。

州吁自立为君，地位并不稳固。一则诸侯不待见他，二则卫国人也不买他的账，内外交困。这个时候，他无师自通地想到，可以通过讨伐郑国来"求宠于诸侯，以和其民"，也就是讨好诸侯，安定国内的民众。

他这样想，也不是完全没道理。

首先，郑庄公得罪了天子，这是谁都知道的事。

其次，卫桓公时期，郑国和卫国发生多次战争。郑庄公还曾经打着天子的旗号讨伐卫国。原文中所谓"修先君之怨"，也就是继承先君的遗志，保持对郑国的敌对态度。如果能够通过战争打败郑国，国内矛盾自然缓解。

再次，宋国和郑国也有过节。

前面说到，宋穆公死的时候，没有传位于自己的儿子冯，而是传给了宋殇公。宋穆公还把公子冯安排到了郑国，以避免兄弟相争。可是，事实证明宋穆公太天真了。公子冯认为宋国的君位本来应该是他的，虽然客居郑国，却总想着有朝一日能够回到宋国当国君。而宋殇公呢，"卧榻之侧岂容他人酣睡",也总想着要消灭公子冯,以除后患。

州吁派人对宋殇公说:您如果想讨伐郑国,以除后患,我全力支持。宋国牵头组织,卫国以全国之兵赋相随,而且请陈国、蔡国也出兵。

州吁的如意算盘是,集几国之力进攻郑国,没有理由不胜。只要战争胜利了,他的威望就会提高,地位自然稳固。宋殇公对这个送上门来的好事,自然不会拒绝。于是这一年夏天,以宋国为首的四国联军开到了郑国。

联军浩浩荡荡而来,却是虎头蛇尾,只将新郑的东门封锁了五天,便打道回府了,史称"东门之役"。

公问于众仲曰:"卫州吁其成乎?"对曰:"臣闻以德和民,不闻以乱。以乱,犹治丝而棼之也。夫州吁,阻兵而安忍。阻兵,无众;安忍,无亲。众叛、亲离,难以济矣。夫兵,犹火也;弗戢,将自焚也。夫州吁弑其君,而虐用其民,于是乎不务令德,而欲以乱成,必不免矣。"

有人打仗,有人看热闹。

鲁隐公问大夫众仲:你看州吁能成事吗?

或者说得更明白一点:州吁能够坐稳国君这个位子吗?

众仲的回答很有水平:我只听过以德服人,没有听过以乱服人的。

众仲还打了个比喻:以乱服人,就像想要厘清一团乱麻的头绪,往往反而搞得更乱。州吁崇尚暴力,为人残忍。依靠武力难以服众,生性残忍则无人亲附。众叛亲离,他还怎么成事?用兵犹如玩火,需要高超的技巧,搞不好就会烧到自己。州吁这小子,弑君便也罢了,还把卫国人拖到无谓的战争中去,劳民伤财。不想办法培养自己的美德,总想着以乱取胜,我看他离灭亡已经不远了。

秋,诸侯复伐郑。宋公使来乞师,公辞之。羽父请以师会之,公弗许。固请而行。故书曰"翚帅师",疾之也。诸侯之师败郑徒兵,取其禾而还。

秋天,诸侯联军再度讨伐郑国。

这一次,宋殇公还派人到鲁国来请求派兵支援。

鲁隐公听了众仲的话,知道这是一场不义之战,而且对鲁国也没有任何好处,拒绝了宋殇公的要求。

没有想到,大夫公子翚(字羽父)坚决要求参加这场战争。鲁隐公不同意,公子翚便"固请"。最后也不知道鲁隐公有没有答应,总之公子翚还是出兵了。

《春秋》对此记载"翚帅师",是对公子翚的表现感到极度厌烦。不过烦归烦,毕竟是一家人(既然是公子,必是鲁国公室,大概是鲁隐公的叔父或者伯父,史上没有明确记载),也只能谴责一下了。

这回五国联军入侵郑国,总算打了一仗,打败了郑国的步兵,而且顺手牵羊,把新郑郊外已经成熟的庄稼收割一空。

春秋时期的战争,以战车为主力。计算一个国家的武装规模,也是以兵车多少乘为依据。战车的乘员是贵族和平民。跟随战车作战的步兵,则一般由奴隶充任。五国联军打败郑国的步兵,说明郑军的主力并没有出战。单从军事上讲,联军的战果并不显著,所谓"取其禾而还",大概是聊以自慰吧。

州吁凭借战争树立威信的愿望,再一次落空。

州吁未能和其民,厚问定君于石子。石子曰:"王觐为可。"曰:"何以得觐?"曰:"陈桓公方有宠于王。陈、卫方睦,若朝陈使请,必可得也。"厚从州吁如陈。石碏使告于陈曰:"卫国褊小,老夫耄矣,无能为也。此二人者,实弑寡君,敢即图之。"陈人执之,而请莅于卫。九月,卫人使右宰丑莅杀州吁于濮。石碏使其宰獳羊肩莅杀石厚于陈。

> 君子曰："石碏，纯臣也。恶州吁而厚与焉。'大义灭亲'，其是之谓乎！"

州吁病急乱投医，竟然想到，卫国最聪明的人是石碏，如果请他出个点子，定能解决问题。

前面说到，石碏的儿子石厚，自幼与州吁交往甚深，是州吁的发小。于是，州吁请石厚回家去问老头子，该怎么样才能让州吁"和其民"，把国君的位子坐稳。

石碏给了一条建议："王觐可为。"也就是要州吁去朝见天子。

这确实是一条路。无论怎么说，天子都是天下的共主。只要天子肯接见州吁，便算是认可了州吁，自然可以封住大伙的嘴。可问题是，天子怎么会接见州吁这种乱臣贼子呢？

就凭你出钱出力攻打了两次郑国？

不可能。

所以石厚又问：怎么才能受到天子接见？

石碏早有算计：陈桓公正受到天子的宠爱，陈国和卫国的关系也不错。如果州吁亲自跑一趟陈国，请陈桓公出面向天子说情，并带着他去朝见的话，应该就可以了。

以石碏之口说出陈桓公三个字，明显是老左的笔误。桓是谥号。当一个人还活着的时候，怎么会有人叫他的谥号呢？岂不是未卜先知？原文中的"陈桓公方有宠于王"应该改为"陈侯方有宠于王"才对。

州吁和石厚听从石碏的建议，来到陈国拉关系。

他们没有想到的是，就在他们抵达陈国之前，石碏的使者已经先期抵达。这位使者给陈桓公带来一封石碏的亲笔信，大意是：卫国不幸遭遇大祸，老夫年纪大了，无能为力。现在来到陈国的这两个人，正是卫国的弑君之贼，请您为卫国除害。

陈桓公如石碏所请，将州吁和石厚抓起来，请卫国派人到陈国来处理。

九月，卫国派右宰（官名）丑到陈国处死了州吁。而石碏也派自己的家臣獳羊肩到陈国，处死了石厚。

原文中的"莅"，是前往之意。

《左传》称石碏为"纯臣"。这个臣，不是臣子，而是忠贞不贰之意。石碏为了江山社稷而舍弃父子之情，"大义灭亲"四个字，他当得起。

石碏的可贵之处，不仅在于大义灭亲，更在于高超的政治手腕。当时，州吁已经是穷途末路，迟早要灭亡。可是困兽犹斗，如果采取的措施不当，或者干脆听之任之的话，很有可能造成更大的动乱。石碏调虎离山，零成本地解决了州吁，没有让卫国的百姓遭受更多的痛苦。

这样的老同志，真是国家之宝。

卫人逆公子晋于邢。冬十二月，宣公即位。书曰"卫人立晋"，众也。

州吁作乱的时候，卫桓公的弟弟公子晋出逃到邢国。现在卫国人拨乱反正，将公子晋接回来即位，也就是卫宣公。《春秋》记载"卫人立晋"，说明这是众望所归。

然而，这位卫宣公后来的表现，却不太对得起石碏老爹爹的大义灭亲和卫国百姓的一致拥护。

这是后话。

鲁隐公五年

公元前718年，鲁隐公五年。

如果问及他的摄政感受，第一个关键词应该是"憋屈"——鲁国那班大夫，也太不把他放在眼里了；第二个关键词，则恐怕是"无趣"了。

无趣到了什么程度呢？说来您也许不信。

五年春，公将如棠观鱼者。臧僖伯谏曰："凡物不足以讲大事，其材不足以备器用，则君不举焉。君，将纳民于轨、物者也。故讲事以度轨量谓之轨，取材以章物采谓之物。不轨不物，谓之乱政。乱政亟行，所以败也。故春蒐、夏苗、秋狝、冬狩，皆于农隙以讲事也。三年而治兵，入而振旅。归而饮至，以数军实。昭文章，明贵贱，辨等列，顺少长，习威仪也。鸟兽之肉不登于俎，皮革、齿牙、骨角、毛羽不登于器，则公不射，古之制也。若夫山林、川泽之实，器用之资，皂隶之事，官司之守，非君所及也。"公曰："吾将略地焉。"遂往，陈鱼而观之，僖伯称疾不从。书曰"公矢鱼于棠"，非礼也，且言远地也。

春天，鲁隐公决定去棠地观看捕鱼。

国君深入基层，考察渔业生产，本来是件好事，没想到遭到大夫臧僖伯的强烈反对。

臧僖伯不姓臧，也不叫僖伯。他是鲁孝公的儿子，名彄，字子臧，僖是他死后的谥号。

鲁孝公是鲁惠公的父亲，鲁隐公的祖父。

前面说过，诸侯之子叫作公子，诸侯之孙叫作公孙。

因此，臧僖伯活着的时候，叫作公子彄。按惯例，到了他的孙子那辈，国君要给这一支系"赐族"，一般是以祖父的字为氏，称为某某氏。臧僖伯的后人，便称为臧氏。

臧僖伯即为鲁国臧氏之祖。

臧僖伯为什么反对鲁隐公去棠地看捕鱼呢？理由很简单：但凡与

"大事"无关的,则国君"不举"。

什么是大事?

祀与戎,也就是祭祀与军事。和平时期,国君的任务是主持祭祀,凝聚人心;战争时期,国君的任务是组织武装力量,保家卫国。

不举,是不参与,不举行。

国君的一切活动,必须围绕祀与戎来开展。如果与这两件事无关,不好意思,请绕道而行。因为国君是要给全国人民作表率,要为全国人民树立行为规范的。演习大事以端正法度叫作"轨",选择材料以制作重要器物叫作"物"。国君不讲轨物,叫作乱政。屡屡乱政,则是导致亡国的原因。

所谓"春蒐、夏苗、秋狝、冬狩",名称虽然不同,都是利用农闲时间,借狩猎之机,讲习武事。每三年举行一次大规模的军事演习,演习回来,进入国都,要整顿军队,还要祭告祖先,大宴群臣,清点战利品,其目的不外乎强化组织领导,明确战斗序列,分清贵贱等级,培养和保持部队的战斗力。

上述活动中,鸟兽的肉如果不能献祭于宗庙,它们的皮革、牙齿、羽毛、角骨不能用来制造礼器和武具,则国君不能对它们下手。至于山林湖泊中出产的一般器用之物,自有下等官吏去打理,绝非国君应该涉猎的。

说一千道一万,捕鱼这种事情,跟你这个当国君的没有一毛钱关系。

臧僖伯说了这么多大道理,鲁隐公却听不进去。他借口说:"寡人其实是去视察边境的。"还是去了棠地,让那里的渔夫给他表演了怎么捕鱼(好可怜的娱乐)。臧僖伯借口生病,没有跟随前往。

《春秋》记载:"公矢鱼于棠。"

后人对矢字的解释有二:一为陈列,也就是鲁隐公命人将渔具陈列给他看;一为射,也就是鲁隐公亲自参与了捕鱼。

不管哪种解释,对于鲁隐公来说,都是"非礼"的行为。而且,棠地远离国都曲阜,鲁隐公跑那么远去看劳什子捕鱼,真是太不应该了!

曲沃庄伯以郑人、邢人伐翼，王使尹氏、武氏助之。翼侯奔随。

现在来说说晋国发生的事。

晋国原本不叫晋国，而叫唐国。

周朝初年，汾水流域的唐国发生叛乱。周公旦带兵平叛之后，为了加强对该地的统治，便封周成王的弟弟叔虞为唐君，史称"唐叔"。

也有这样一种说法：周成王即位的时候，还只是个孩子，国政由周公旦代管。有一天，周成王和叔虞在一起玩，将一片桐叶裁成玉圭的模样，赏赐给叔虞，一本正经说："寡人就封你做个诸侯罢！"这是孩子间的游戏。不期天子身边，总是跟着一位太史，将他的言行，一笔一笔，记录在册。第二天上朝，太史提醒周成王："您昨天说要封叔虞为诸侯，请择日举行仪式。"周成王说："那是闹着玩的，不能当真！"于是请周公旦定夺。周公旦却说："君无戏言。"正好唐国没有封君，便将唐国封给了叔虞。

这便是所谓"桐叶封弟"的故事，记载于正史，听起来却很像野史，咱们姑妄听之。

唐叔的儿子姬燮，在晋水之滨修筑了自己的居城，遂以晋为国名。

晋国的第九代国君晋文侯有个胞弟，名叫成师。

晋文侯死后，其子晋昭侯即位，封成师于曲沃，史称曲沃桓叔（桓是谥号）。

曲沃是座大城，比当时晋国的首都翼城还大。按理说，这样的城池是不能封给任何人的。

晋昭侯为什么会犯这样的糊涂？他可不是郑庄公，没有那种把控大局的能力。更重要的是，桓叔也不是京城大叔，他是那种老奸巨猾而且手段毒辣的阴谋家。后人只能推测，桓叔凭借自己的身份和势力，在朝中处处与晋昭侯为难。晋昭侯没有办法，只得以曲沃相赠，图个耳根清净。

桓叔以曲沃为基地，招兵买马，扩充军备，很快形成了与公室分庭抗礼的局面。

晋国从此进入了"曲沃—翼城"双城时代。

桓叔死后,其子鳝即位,是为曲沃庄伯。

鲁隐公五年,庄伯得到周桓王的许可,从曲沃向翼城发动了进攻。王室不但动员郑国、邢国出兵帮助庄伯,而且派出大夫尹氏、武氏,率领王师参与了这次进攻。

翼侯,即当时晋国的国君姬郄,晋昭侯的孙子。

在王室、曲沃、郑国、邢国的联合进攻下,姬郄抵挡不住,不得不放弃翼城,逃到了随地。

夏,葬卫桓公。卫乱,是以缓。

卫桓公死于鲁隐公四年春。一年多后才举行葬礼,是因为卫国发生了州吁之乱,可以理解。

四月,郑人侵卫牧,以报东门之役。卫人以燕师伐郑。郑祭足、原繁、洩驾以三军军其前,使曼伯与子元潜军军其后。燕人畏郑三军,而不虞制人。六月,郑二公子以制人败燕师于北制。君子曰:"不备不虞,不可以师。"

就在卫国为卫桓公举行葬礼的时候,郑国派兵入侵卫国,一直打到卫国首都朝歌城郊。这是对去年卫国两次唆使宋国,组织诸侯联军入侵郑国的报复,来得不迟不早,符合郑庄公的一贯作风。

卫国发动反攻,还动用了附庸小国燕国的部队。

周朝有两个燕国,这个燕国不是后来延续到战国时期的燕国,而是地处河南的南燕国。

郑国派大夫祭足、原繁、洩驾率领主力部队正面迎击。同时,郑国的世子忽(字曼伯)、公子突(字子元)兄弟俩带领一支地方部队(即"制人")潜入敌后。燕军只顾防备郑国主力部队,没有想到敌人还有这么一手。六月,世子忽、公子突大败燕军于北制。

君子对此评价:没有周密的防备,不可以带兵打仗。

曲沃叛王。秋,王命虢公伐曲沃,而立哀侯于翼。

晋国的事情,发展很快,也很出乎意料。

春天,周桓王派兵帮助曲沃庄伯进攻翼城;秋天,就发生了"曲沃叛王"。

这究竟是怎么回事呢?

竹添光鸿推测:周桓王之所以帮助庄伯进攻翼城,是因为听信了庄伯的谗言,对翼侯姬郄不满。但是,周桓王给庄伯的命令,是推翻姬郄的统治,改立姬郄的儿子姬光为君。庄伯当然不会那么做,他不但占据了翼城,而且赶走了姬光,打算自立为君。

这个推测基本上说得过去。

周桓王一怒之下,派虢公带兵讨伐庄伯,收复了翼城,立姬光为晋国国君,也就是史上的晋哀侯。

由此可见,王室在那个时候,还是有一定实力的。

而且,周桓王也还是相当有作为的。

卫之乱也,郕人侵卫,故卫师入郕。

郕国是西周初年分封的小国,史料记载甚少。

卫国发生州吁之乱的时候,郕国派兵入侵卫国,所以卫国派兵进攻郕国。

九月,考仲子之宫,将万焉。公问羽数于众仲。对曰:"天子用八,诸侯用六,大夫四,士二。夫舞,所以节八音而行八风,故自八以下。"公从之。于是初献六羽,始用六佾也。

九月,仲子夫人的大宫落成。

大宫即宗庙。

仲子于鲁隐公二年十二月去世。三年多后,她的大宫终于完成了建设。按惯例,宗庙落成,要举行隆重的典礼,迎接神主入庙,也就是所谓的"考"。

典礼上表演的歌舞,叫作万舞。

万舞有两种,文舞与武舞。

文舞的表演者,身穿礼服,左手执籥(一种乐器,形状类似于笛),右手执翟(山鸡的尾羽),动作优雅,又称为籥舞或羽舞。

武舞的表演者,身着戎装,或者光着膀子,手持干戈,展现武勇之气,又称为干舞。

上至天子,下至普通士人,都可以在祭祀活动中使用羽舞,区别在于舞者的人数:天子八佾,诸侯六佾,卿大夫四佾,普通士人二佾。

后人对佾的解释有两种——

一是八人为佾:即天子八八六十四人,诸侯六八四十八人,卿大夫四八三十二人,普通士人二八十六人。

二是平方为佾:即天子八八六十四人,诸侯六六三十六人,卿大夫四四十六人,普通士人二二得四人。

以常识推断,普通士人用十六人的羽舞,未免过于奢侈,第二种解释应该是正确的。

因为要在仲子的大宫前表演文舞,鲁隐公问大夫众仲"羽数",也就是要使用多少舞者。

为什么有此一问?

原来，鲁国和其他诸侯国不同。鲁国的先祖周公旦，是周朝历史上的"圣人"，为稳固周朝的江山做出了重大贡献。王室为了褒奖周公旦，特许鲁国使用天子的礼乐来祭祀周公旦，也就是可以使用八佾之舞。

但这仅仅是指祭祀周公旦一人。

鲁国人揣着明白装糊涂，无论祭祀哪一任先君，都堂而皇之地使用天子礼乐，早已成为惯例。诸侯的正室享受诸侯的待遇，仲子自然也应该享用八佾之舞。可问题是，仲子是鲁惠公的第二位正室，此前还有一位"元妃"孟子。这一前一后两位先君夫人，是不是应该享受同样的待遇呢？鲁隐公把握不定，因此要问众仲该怎么办。

众仲的建议是使用六佾。原配与续弦，毕竟有所区别。

鲁隐公听从了这个建议。他在仲子的待遇问题上保持谨慎，是有道理的。因为仲子是允的母亲，而允被认为是这个国家真正的主人。审慎对待仲子，既不过度礼遇，也绝不减损应该有的待遇，体现的是鲁隐公对允的尊重。

宋人取邾田。邾人告于郑曰："请君释憾于宋，敝邑为道。"郑人以王师会之，伐宋，入其郛，以报东门之役。宋人使来告命。公闻其入郛也。将救之，问于使者曰："师何及？"对曰："未及国。"公怒，乃止。辞使者曰："君命寡人同恤社稷之难，今问诸使者，曰'师未及国'，非寡人之所敢知也。"

宋国派兵入侵邾国，占领了邾国的土地。

邾国搞不过宋国，这是明摆着的事。但是，邾子克知道郑国和宋国有矛盾。他派人对郑庄公说：如果您想找宋国出气，敝国愿意充当向导。

郑庄公当然乐意。四月份他出兵报复了卫国，现在休整了半年，也是时候报复宋国了，于是利用王室卿士的地位，动用了王师，会合邾军，共同讨伐宋国。联军打到宋国首都睢阳，并且攻入了外城。在这种岌岌可危的形势下，宋殇公派人前往曲阜，向鲁隐公求援。

鲁国和宋国结盟，是鲁隐公元年九月的事。去年春天，鲁隐公又和宋殇公非正式会面，进一步加深了两国的关系。鲁隐公也一直关注宋国的战事，知道宋国现在是什么样的状况，已经做好准备要救援宋国了。他问宋国使者：郑国人打到哪里了？

使者回答：还没有打到国都。

对于使者的这个回答，后人有两种解释。

其一，使者知道鲁隐公知道战况，对他的明知故问感到不满，所以说了一句气话。

其二，敌军侵入国都的外城，好比病入膏肓。使者担心，如果把实际情况告诉鲁隐公，鲁隐公考虑到有可能救援不及，干脆不救了。所以故意"缓"报军情，好让鲁隐公坚定出兵的念头。

就是这句话，让鲁隐公一下子就发毛了：你要我出兵救你，共赴社稷之难，至少要对我说实话啊！现在你却说郑国人"还没打到国都"，既然是这样，哪里用得着我出兵相救嘛！

就这样，鲁国中止了派兵。

不难看出，鲁隐公这是借题发挥，借机生事，借坡下驴。所谓"将救之"，其实是根本没有准备。他才不想掺和宋国的事，只不过碍于同盟的情面，惺惺作态罢了。

为什么？

第一，宋国去年两次入侵郑国，都是受州吁唆使。而州吁已经被定性为乱臣贼子，身败名裂，宋殇公也落了个助虐之名。对于这样的盟友，鲁隐公早就想划清界限了。

第二，鲁隐公知道，郑庄公不是好惹的。

冬十二月辛巳，臧僖伯卒。公曰："叔父有憾于寡人，寡人弗敢忘。"葬之加一等。

臧僖伯,也就是年初劝谏鲁隐公不要去观鱼的那位老夫子去世了。是不是被那件事给气坏了身子,很难说。总之鲁隐公对臧僖伯的死感到很愧疚,说:"叔父对寡人有怨,寡人不敢忘记。"下令提高葬礼的等级。

宋人伐郑,围长葛,以报入郛之役也。

郑庄公终究没有攻破睢阳便收兵回国了。攻城不是那么容易的事,他也不是蛮干的人。

年底,宋国反攻,包围了郑国的长葛,以报"入郛之役",也就是首都外城被攻破那件糗事。

鲁隐公六年

公元前717年,鲁隐公六年。

六年春,郑人来渝平,更成也。

鲁隐公六年开春第一件事,郑庄公派人来到曲阜,请求与鲁国媾和。

渝,是变更之意。渝平更成,即化干戈为玉帛,改变原来的敌对状态,结成同盟。

鲁国与郑国的矛盾,由来已久。早在鲁惠公时期,两国就发生过战争。鲁隐公四年,宋、卫、陈、蔡等国围攻郑国,鲁国也曾派兵参与。现在,郑庄公主动来向鲁国求和,是因为去年郑国进攻宋国,鲁国没有派兵救援宋国。郑庄公看到了鲁宋同盟的裂缝,不失时机地向鲁隐公伸出橄榄枝。

鲁隐公接受了郑庄公的好意。

翼九宗五正顷父之子嘉父逆晋侯于随,纳诸鄂,晋人谓之鄂侯。

继续插播晋国的事情。

前面说到,晋国的国君姬郄遭到曲沃庄伯的进攻,逃到了随地。后来周桓王派虢公讨伐庄伯,收复翼城,立姬郄的儿子姬光为君(即晋哀侯)。

这样一来,晋国的政局便变得有些迷离了。

——曲沃有位无法无天的庄伯。

——翼城有位天子钦点的国君晋哀侯。

——随地有位流离失所的前任国君姬郄。

单是如何处理前任国君与现任国君的关系,便让晋国人觉得头疼。要知道,他们毕竟是父子啊!

当务之急,是让姬郄过上比较安定的日子。但是这件事情很敏感,处理不好的话,既担心天子不满,又担心政局动荡,更担心庄伯趁机搞事。在这种情况下,顷父出面了。

顷父何许人?

"九宗五正"是也。

所谓九宗,即怀姓九宗。当年周武王在牧野一战而灭商,建立周朝,殷商贵族并没有遭到毁灭性打击,他们以宗法为纽带,同声同气,仍然是一股相当强大的政治力量。周朝建立之初,最主要的政治课题便是正确对待商朝遗民。这个问题如果处理不好,很有可能前功尽弃,一夜回到解放前。王室的做法,是将商朝贵族中的强宗(大家族)分给姬姓诸侯,由他们带回各自的封国去安置。如周公旦的儿子伯禽被封为鲁侯,带走了"殷民六族";周武王的弟弟康叔被封为卫侯,得到了"殷民七族";周成王的弟弟唐叔被封到晋国,则分到了"怀姓九宗"。这样一来,商朝贵族基本被拆分了。即便如此,他们的势力仍然很强大,在各自新的居住国,都是相当重要的政治力量。

五正,是商朝的官职。怀姓九宗世居五正之职,所以其宗主又称为九宗五正。

换句话说,顷父便是晋国的殷商遗民的首领,在晋国具有超强的政治影响力。顷父出面,命他的儿子嘉父前往随地,将前任国君姬郄迎接到鄂地居住。

从此,姬郄被晋国人称为鄂侯。

夏,盟于艾,始平于齐也。

夏天,鲁隐公和齐僖公在艾地会面,鲁国和齐国结成了同盟。

前面说过,齐僖公是郑庄公的盟友。

春天郑国和鲁国媾和,夏天齐国便来和鲁国结盟。由此不难看出,齐僖公和郑庄公不是虚情假意的酒肉盟友,而是真心实意的铁杆盟友。

这两个人究竟有多铁? 不急,慢慢看。

五月庚申,郑伯侵陈,大获。

往岁,郑伯请成于陈,陈侯不许。五父谏曰:"亲仁、善邻,国之宝也。君其许郑。"陈侯曰:"宋、卫实难,郑何能为?"遂不许。

君子曰:"善不可失,恶不可长,其陈桓公之谓乎! 长恶不悛,从自及也。虽欲救之,其将能乎! 商书曰:'恶之易也,如火之燎于原,不可乡迩,其犹可扑灭?'周任有言曰:'为国家者,见恶,如农夫之务去草焉,芟夷蕴崇之,绝其本根,勿使能殖,则善者信矣。'"

陈国也是当年围攻郑国的国家。

郑庄公对于陈国,一开始是采取拉拢策略,希望用外交手段解决矛盾。无奈落花有意,流水无情,陈桓公对郑庄公的拉拢毫不动心。陈桓公的弟弟公子佗(即原文中的"五父")劝他:亲近仁人,与邻国友好,乃是立国之本,还是答应郑伯吧!陈桓公不以为然,他认为宋国和卫国才是不能得罪的国家,郑国有什么好怕的?

陈桓公为何如此死硬?

回想一下,鲁隐公四年,石碏曾经说过:"陈桓公方有宠于王。"

陈桓公有宠于天子,而天子和郑庄公是死对头。

这样一看便明白了,陈桓公不是怕宋国和卫国有意见,而是要始终与天子保持高度一致,同仇敌忾啊!

陈桓公敬酒不吃吃罚酒。这一年五月,郑庄公亲自带兵入侵陈国,大获全胜。

君子对此评价:善不可失,恶不可长,说的便是陈桓公吧!滋长了恶而不后悔,很快就会自取其祸。到时候就算想挽回局面,恐怕也未必做得到。《商书》上说,恶之蔓延,有如野火燎原,不可靠近,难道还指望扑灭它?周任(周朝的史官,年代不详)有言,身为国家的统治者,除恶务急,就像农夫看到农田里的杂草,赶紧锄掉它,聚积起来堆肥,而且要挖掉它的根系,不让它再生长。这样的话,国家才会向好的方向发展。

一个国家的外交政策,应该始终站在自身利益最大化的原则上,兼顾道义。当年陈国入侵郑国,已经被证明是错误的行为,既不道义,也不实惠。现在郑国主动来媾和,陈桓公有什么理由不答应呢?

秋,宋人取长葛。

战争还在继续。去年冬天,宋国派兵进攻郑国,包围长葛。今年秋天,终于攻破城池,占领了长葛。

冬，京师来告饥，公为之请籴于宋、卫、齐、郑，礼也。

郑伯如周，始朝桓王也。王不礼焉。周桓公言于王曰："我周之东迁，晋、郑焉依。善郑以劝来者，犹惧不蔇，况不礼焉？郑不来矣。"

  冬天，京师发生饥荒。

  京师即王城雒邑，天子的居城。

  雒邑发生饥荒，天子并没有派人向诸侯求援。所谓"告饥"，是非官方行为。但是，鲁隐公得到消息，还是向其他诸侯发出呼吁，请大伙以实际行动帮助天子——向雒邑输送粮食去卖。这当然是"礼也"。

  郑庄公意识到，这是一个和天子握手言和的绝好机会。于是，自打周桓王即位以来，郑庄公第一次来到雒邑，朝见了周桓王。朝见不能空手，必须带上相应的朝礼。同时，极有可能还带来了雒邑急需的粮食。

  有理不打笑面人。周桓王却以他特有的任性，给了这张笑脸一个难堪。

  不礼，就是不客气。

  辅政大臣周公黑肩对此很恼火：王室东迁雒邑，靠的是晋国和郑国这些诸侯。您本来应该善待郑伯，让大家都向他学习犹恐不及，怎么会反而对他这么不客气呢？以后他不会再来啦！

  郑庄公前来朝见天子，当然是带有目的性的，甚至还有乘人之危的嫌疑。但是，无论如何，他这是在履行诸侯的责任。从事情本身来说，他没有任何过错，反而值得赞扬。不能因为他的动机可疑，便否定他的行动。更不能因为他是一个可恶的人，便不给他面子。

  当领导的，格局很重要啊！

鲁隐公七年

公元前716年,鲁隐公七年。

七年春,滕侯卒。不书名,未同盟也。凡诸侯同盟,于是称名,故薨则赴以名,告终、称嗣也,以继好息民,谓之礼经。

这一年春天,滕侯去世。

滕国姬姓,先祖叔绣是周文王的儿子。

《春秋》记载这位滕侯去世的消息,不书其名,因为两国没有建立同盟关系。

但凡诸侯同盟,在举行盟誓的时候,各书其名,以祭告鬼神。同盟诸侯去世,讣告上也要写上名字,同时告知嗣君名字,以延续友好关系,安定苍生百姓。

这就是"礼"的基本原则,以和为贵。

夏,城中丘。书,不时也。

夏季,鲁国在中丘筑城。

儒家治国,讲究"使民以时",也就是利用农业生产的空闲时间来役使百姓为国家服务。农忙时节,尽量不打扰百姓,否则会影响农业生产,既害了百姓,也坑了国家。所以《论语》上说:"道千乘之国,敬事而信,节用而爱人,使民以时。"将"使民以时"上升到了基本国策的高度。

鲁国在夏季筑城,显然违背了"使民以时"的原则,特此提出批评。

齐侯使夷仲年来聘,结艾之盟也。

聘是聘问,也就是正式的外交访问。

去年齐僖公和鲁隐公在艾地会盟,只是谈睦邻友好的原则。现在齐国的特使夷仲年来到鲁国访问,目的是巩固艾地会盟的成果,将具体条款落到实处。

夷仲年是齐僖公的胞弟,名年。仲是他的排行,夷是他死后的谥号,当时应该叫他公子年才对。《左传》记载人物称谓,有多种体例,这是其中之一。

秋,宋及郑平。七月庚申,盟于宿。公伐邾,为宋讨也。

秋天,宋国和郑国也实现了和平,双方在宿地举行了会盟。由此造成的后果是,鲁隐公率军讨伐邾国。

这件事情要结合前因来看。鲁隐公五年,郑国联合邾国讨伐宋国,宋国派使者向鲁国求援,鲁隐公没有答应。鲁隐公六年,鲁国又和郑国单独媾和,等于是彻底背弃了宋国。现在看到宋国和郑国媾和,鲁隐公难免害怕,于是亲自率军讨伐邾国,算是为宋国报了一箭之仇。

邾国:怪我喽!

小国掺和大国之间的争端,随时要做好当替罪羊的准备。不怪你又怪谁呢?

初,戎朝于周,发币于公卿,凡伯弗宾。冬,王使凡伯来聘。还,戎伐之于楚丘以归。

当年，戎人到雒邑朝见天子，向朝中的公卿也馈赠了礼物。这不是贿赂，而是当时的礼俗，能够摆在阳光下晒的。凡伯是王室的世卿，在接受了戎人的礼物之后，竟然没有按规矩进行回赠。所谓外交无小事。凡伯这样做，在戎人看来是赤裸裸的歧视。

鲁隐公七年冬天，天子派凡伯访问鲁国。回来经过楚丘的时候，戎人袭击凡伯的车队，把他给绑架了。

陈及郑平。十二月，陈五父如郑莅盟。壬申，及郑伯盟，歃如忘。洩伯曰："五父必不免，不赖盟矣。"

郑良佐如陈莅盟，辛巳，及陈侯盟，亦知陈之将乱也。

冬天，陈国和郑国也实现了和平。

十二月，公子佗来到郑国，代表陈桓公签署和平协议。到了双方歃血为盟的时候，公子佗竟然表现得心不在焉。郑国大夫洩驾对此议论：公子佗恐怕不免于祸了，在这种场合都走神，完全没有把结盟当回事嘛！

从上一年的记载来看，公子佗算是个聪明人，为什么会犯这种低级错误？唯一的解释，是他有心事，而且是非常闹心的事。

与此同时，郑国大夫良佐来到陈国，代表郑庄公和陈桓公举行了会盟。良佐通过观察，也得出一个结论：陈国必将大乱。

外交特使心不在焉，国君在会盟时的表现也不尽人意，这个国家确实是危险了。

郑公子忽在王所，故陈侯请妻之，郑伯许之，乃成昏。

公子忽就是世子忽，郑庄公的继承人。

周郑交质的时候，世子忽被送到雒邑当人质。而陈桓公是天子身边的红人，自然和世子忽打过交道，对这个年轻人颇有好感。现在趁着陈、郑交好的机会，陈桓公主动提出将女儿嫁给世子忽，双方结为亲家。郑庄公欣然应允。

所谓成昏，就是成婚。古人娶妻，于黄昏行礼，所以称为昏礼。

昏礼举行之前，其实还有六礼：一为纳采，男方请媒人向女方提亲，获得同意后，准备礼物去提亲；二为问名，男方询问女方的名字和出生时日；三为纳吉，男方以女方之名及生辰祭告宗庙，占卜凶吉，以获得祖宗的同意；四为纳币，即男方向女方赠送彩礼；五为请期，双方约定举行婚礼的日期；六为亲迎，女方向男方致送嫁妆之后，男方到女方家里迎亲。

原文中的"乃成昏"，不是已经举行昏礼，而是完成了纳币这个环节。纳币之后，这门婚事就算是确定了。用现在的话说，已经定亲了。

鲁隐公八年

公元前715年，鲁隐公八年。

八年春，齐侯将平宋、卫，有会期。宋公以币请于卫，请先相见。卫侯许之，故遇于犬丘。

齐僖公的戏份逐渐多起来。

春秋前期，有所谓"庄僖小霸"的说法。庄是齐庄公，僖是齐僖公，父子相承。但是，齐庄公的事迹，史料所载甚少，称为小霸，未免牵强。相比之下，齐僖公倒真是个风云人物，审时度势，长袖善舞，与其盟友郑庄公遥相呼应,党同伐异,风头甚劲。"庄僖小霸",用来称呼郑庄公和齐僖公,也许更为合适。

这一年春天,齐僖公出面斡旋,调解宋国和卫国之间的矛盾,三方约定了会面的日期。

宋国和卫国,一个是当年围攻郑国的组织者,一个是幕后主使,它们之间有什么矛盾呢?也许是宋国已经和郑国媾和,而卫国还和郑国处于敌对状态,卫国认为宋国背叛了自己吧。宋殇公自认理亏,主动向卫国馈赠了一笔钱财,请求与卫宣公提前相见。卫宣公答应了,所以两个人先在犬丘举行了会晤。

郑伯请释泰山之祀而祀周公,以泰山之祊易许田。三月,郑伯使宛来归祊,不祀泰山也。

这是春秋外交史上相当精彩的一幕:郑庄公开足马力拉拢鲁隐公。

自古以来,中国的帝王都有祭祀泰山的传统,周天子也不例外。郑国的首任君主郑桓公在周宣王年间,因为陪同天子祭祀泰山,在泰山附近获得了一块名叫"祊"的封地,作为其汤沐之邑。

汤沐之邑就是洗澡的地方。商周时期的制度,诸侯必须定期到王城来朝见天子。为了解决这些人洗澡的大问题,同时也是为了体现对诸侯的体恤,天子往往会在王畿内划出一小块封地给诸侯,称为"汤沐邑"。天子去泰山祭祀,诸侯跟随助祭,也有可能在泰山附近获封"汤沐邑",作为住宿和斋戒沐浴的场所。

到了郑庄公年代,祊仍然是郑国的领地,只是管理起来有点困难。要知道,郑国地处河南,而祊在山东,靠近鲁国边境。对于郑国而言,祊其实是一块"飞地"。

可巧的是,由于历史的原因,鲁国也有一块"飞地",而且靠近郑国的边境,那就是许田。

原来,早在周成王年代,为了加强对原商朝贵族的控制,王室就开始经营雒邑,将其建设成为朝廷的陪都。周成王将雒邑附近的许田赏赐给了周公旦,作为他的"汤沐邑"。因此,许田历来是鲁国的领土,在许田还有周公之庙,供人们祭祀周公。

八年春天,郑庄公向鲁隐公提出:以郑国的祊交换鲁国的许田,郑国放弃对泰山的祭祀,转而在许田祭祀鲁国的先祖周公。

祊和许田面积相仿,又都是"飞地",这笔交易看似很公平,实际上却对鲁国更有利。

首先,祭祀泰山是天子的专利,陪同天子祭祀泰山,乃是诸侯的荣幸,也可以说是一种非同寻常的政治待遇。现在郑国将助祭泰山的特权转让给了鲁国,是土地交易之外,又给鲁国人送了一份厚礼。

其次,"非其鬼而祭之,谄也!"一个人如果祭祀别人的祖先,即便不是谄媚,至少也是讨好。郑庄公主动要求在许田祭祀周公,这份孝心,鲁隐公心知肚明。

于是这年三月,郑国大夫宛前往鲁国,向鲁国交割了祊的地图、户籍等资料,正式将祊移交给鲁国管理。

令鲁隐公没有想到的是,郑庄公的大手笔还在后面。

办完祊的移交手续,宛就回郑国了。

他似乎忘记了这是一笔交易,没有向鲁国人提起要求接收许田的只字片言。

换而言之,祊已经变成了鲁国的祊,许田仍然是鲁国的许田。

鲁隐公不露声色地将这份厚礼纳入囊中,打心底对郑庄公产生了好感。

夏,虢公忌父始作卿士于周。

郑庄公和鲁隐公眉来眼去,让一个人感觉很不爽,那就是当朝天子周桓王。

不爽的直接反应,是鲁隐公八年夏天,周桓王正式任命虢公忌父为卿士。

这件事情,周桓王的祖父周平王想做而不敢做,甚至为此被迫与郑庄公交换人质,搞得灰头土脸。现在周桓王正大光明地做了,全天下人都屏住呼吸,想看看郑庄公会有什么反应。

结果出人意料,郑庄公保持了沉默。

或许是因为家里正在办喜事,他不愿意在这个时候扫了自己的兴。

四月甲辰,郑公子忽如陈逆妇妫。辛亥,以妫氏归。甲寅,入于郑。陈鍼子送女。先配而后祖。鍼子曰:"是不为夫妇,诬其祖矣,非礼也,何以能育?"

"如"是到,"逆"是迎。

四月六日,郑国的世子忽来到陈国首都宛丘,迎娶新娘妫氏。他在宛丘待了七天,于四月十三日启程回国。陈国派大夫陈鍼子送亲,一行人于四月十六日进入新郑。

入城的第一件事,便是到宗庙祭告,向列祖列宗汇报:新娘娶回来了,接下来将要举行婚礼。

可是,就是在这个过程中,出现了一个小小的问题。

世子忽和妫氏按捺不住,在路上发生了关系。

现代人也许觉得无所谓,迟早都是要睡到一起的,早睡几天又何妨?可是,对于周朝人来说,这是非常严重的大事。陈国的送亲大使陈鍼子便指出:这是"先配而后祖",先上车后补票,是对祖先的欺骗,真夫妻变成了假夫妻,大大的不妥,大大的非礼!

陈鍼子甚至判断:世子忽做出这样的事,得不到祖宗的保佑,怎么生得出儿子呢?

郑国的未来,因为两个年轻人的一时冲动而蒙上了不祥的阴影。

齐人卒平宋、卫于郑。秋，会于温，盟于瓦屋，以释东门之役，礼也。八月丙戌，郑伯以齐人朝王，礼也。

  齐僖公斡旋成功，促成了宋、卫、郑三国的和平。这一年秋天，宋殇公、卫宣公、齐僖公在瓦屋举行会盟。当年宋国组织诸侯联军围攻新郑东门而引起的恩恩怨怨，总算是翻篇了。

  有意思的是，作为当事人之一的郑庄公，没有参加这次会盟。瓦屋会盟后，齐僖公也没回国，而是来到新郑与郑庄公见面，通报会盟的成果。

  这哥俩的关系，还真不是一般的铁。

  接下来的八月，郑庄公还以王室卿士的身份，带着齐僖公到雒邑朝见了周桓王。

  他仿佛还不知道，就在两三个月之前，王室已经任命虢公忌父当了卿士。

  郑庄公这一手，搞得周桓王猝不及防。这就好比两个人打架，甲打了乙一拳，乙当时没有任何反应。等到甲以为事情已经过去了，乙却不经意地绊了甲一脚。

  齐国是大国，而且远离雒邑。郑庄公带着齐僖公来朝见，周桓王无论如何不能给他难堪，只能堆起笑脸，心不甘情不愿地接见了郑庄公和齐僖公。

  从某种意义上讲，这就等于承认了郑庄公还是周朝的卿士。

公及莒人盟于浮来，以成纪好也。

  这件事情要结合前文来看。鲁隐公二年冬，"纪子帛、莒子盟于密，鲁故也"。纪国和莒国为了和鲁国搞好关系而会盟。现在，鲁隐公和莒国人举行会盟,算是投桃报李,对纪国表示友好。

冬,齐侯使来告成三国。公使众仲对曰:"君释三国之图,以鸠其民,君之惠也。寡君闻命矣,敢不承受君之明德。"

齐僖公成功地促使宋、卫、郑三国实现和平,派人来告诉鲁隐公。这是正式的外交通报,既有尊重之意,也有炫耀之心。不管怎么说,齐僖公的努力是值得肯定的,所以鲁隐公派众仲应对齐国使者,给齐僖公送上一顶高帽子。

鸠,是安定之意。

寡君,是在外国人面前对本国君主的谦称。

消释三国之间的矛盾,使它们的百姓免遭战乱之苦,这是齐侯的功劳。寡君闻知此事,岂能感受不到齐侯的恩德!

无骇卒,羽父请谥与族。公问族于众仲。众仲对曰:"天子建德,因生以赐姓,胙之土而命之氏。诸侯以字为谥,因以为族。官有世功,则有官族。邑亦如之。"公命以字为展氏。

前面说过,无骇是鲁国的司空,卿一级的大官。

无骇去世,公子翚请求鲁隐公赐谥与赐族。

谥号好理解,就是盖棺定论,用一个字来评价死者的一生。

说到赐族,则有必要介绍一下春秋时期的姓氏制度。

首先,春秋时期以及之前的年代,姓和氏是两个概念。姓是贵族的标志,氏是姓的分支。普通的民众既没有姓也没有氏(和日本明治维新前一样)。春秋时期的"百姓"不是我们现在说的老百姓,而是贵族的通称。

其次,姓都是天子赐的。天子立有德之人为诸侯,根据他们的来历而赐姓。比如,周王室的先祖弃,其母姜原是帝喾(上古五帝之一)的"元妃"。有一天姜原在野外行走,看到一个巨人的足迹,忍不住好奇踩了上去,结果便神奇地怀孕了。帝喾对于这个天上掉下来的好消息,当然不会感到太高兴。孩子出生后,立即被遗弃,所以名字就叫作弃。到了尧当天子的时候,弃已经长大成人,因为善于农事,被封为诸侯,赐姓姬。姬者,迹之谐音也。

既然说到了帝喾便多说两句。这位仁兄大概是管不住自己的女人的。他还有一位"次妃",名叫简狄。有一天简狄在泡温泉,天上飞过一只黑色的巨鸟,从高空中生下一颗鸟蛋。简狄吃了这颗鸟蛋,也神奇地怀孕了,生了一个儿子,取名为契。舜当天子的时候,契辅佐大禹治水有功,被封为诸侯,赐姓子,取意于黑鸟的卵子。这位契,就是商王室的先祖,所以商王室是子姓。

再次,贵族有姓,也有氏,氏是姓的分支。比如周朝建立的时候,分封了很多诸侯,其中大部分是王室子弟。这些姬姓诸侯,原则上以各自的国名为氏。郑国是姬姓郑氏,卫国是姬姓卫氏,鲁国则是姬姓鲁氏。

最后,前面说到过,诸侯之子称为公子,诸侯之孙称为公孙,都是当时的尊称。到了公孙的儿子这一代,便不能再叫"公曾孙"了,而是要赐族,也就是在公室下面建立一个分支。赐族的原则,是以其祖先(也就是公子)的字为氏。无骇的爷爷字展,所以鲁隐公听从众仲的建议,赐为展氏。

无骇有个儿子,名叫展禽,获封柳下(地名),死后谥"惠",所以又被称为柳下惠,也就是那个坐怀不乱的柳下惠。

鲁隐公九年

公元前714年,鲁隐公九年。

九年春王三月癸酉,大雨霖以震,书始也。庚辰,大雨雪,亦如之。书,时失也。

凡雨,自三日以往为霖,平地尺为大雪。

> 周朝的月份,和现在公历的月份相近。鲁隐公九年三月,春寒料峭。初十开始下大雨,连下三日以上,并且伴随雷震。十七日又开始下大雪,雪深达一尺。《春秋》之所以将这些记录在案,是因为这样的气候实在是太反常了。
>
> 凡是下雨,连下三天以上叫作"霖",平地雪深一尺为"大雪"。

夏,城郎。书,不时也。

> 夏天,在郎地筑城,这又是使民不时,提出批评。

宋公不王,郑伯为王左卿士,以王命讨之。伐宋。宋以入郛之役怨公,不告命。公怒,绝宋使。

> "不王",就是没有尽到诸侯对天子的义务。

宋殇公怎么不王了？史料上没有任何记载。按照周朝的规定，诸侯对天子的义务主要是两项：

一、定时朝见天子，并且送上贡品。

二、听从天子的号召，出兵讨伐异族或者不听话的诸侯。

自打周平王以来，王室衰微，有如一座破败的寺庙，早就是门前冷落车马稀，没有几个人前来上香。即便是鲁国这样的国家，号称周公之后，享受天子的礼乐，鲁隐公上台已经九年了，有没有去过雒邑一次？没有。就连周平王去世，鲁隐公也没有出席葬礼。王室死乞白赖地派人来求点丧葬费，还遭到鲁国人的奚落。郑庄公就更不用说了，简直是骑在天子头上拉屎拉尿。要说不王，郑庄公第一个不王。他凭什么指责宋殇公不王，凭什么奉了王命去讨伐宋殇公？

因为他是王室的左卿士，有这个权力啊！

这样的故事情节，是不是很容易让人想起东汉末年，曹操奉了汉献帝之命去讨伐孙权和刘备？

当年郑国和邾国入侵宋国，打到首都外城，宋国派人向鲁国求援，被鲁隐公拒绝。虽然后来鲁隐公亲自讨伐邾国，以示讨好宋国之意，宋殇公却仍然记恨此事。所以这次遭到郑国进攻，他干脆不派使者向鲁国通报情况了。

对于已经心向郑庄公的鲁隐公来说，这是求之不得的好事。他立刻宣布，宋国不尊重鲁国，从此断绝外交关系。

秋，郑人以王命来告伐宋。
冬，公会齐侯于防，谋伐宋也。

简直就像一场戏，你方唱罢我登台。这边厢，鲁隐公以"不告命"为由和宋国断绝外交关系；那边郑庄公便赶紧派使者告诉鲁隐公，接下来还将继续根据天子的命令讨伐宋国。

既然有王命在手,鲁隐公的态度便更明确了。这年冬天,他和齐僖公在防地举行会晤,商量共同讨伐宋国。

齐、鲁、郑三国,终于撕开羞答答的面纱,勾肩搭背,公开走到了一起。

作为三国同盟的核心人物,郑庄公却没有亲自参加这次会晤,因为他有要事缠身。

北戎入侵了郑国。

北戎侵郑。郑伯御之,患戎师,曰:"彼徒我车,惧其侵轶我也。"公子突曰:"使勇而无刚者,尝寇而速去之。君为三覆以待之。戎轻而不整,贪而无亲;胜不相让,败不相救。先者见获,必务进;进而遇覆,必速奔。后者不救,则无继矣。乃可以逞。"从之。

戎人之前遇覆者奔,祝聃逐之,衷戎师,前后击之,尽殪。戎师大奔。十一月甲寅,郑人大败戎师。

春秋时期,西方、北方的少数民族被统称为戎狄之人。他们逐草而居,放牧为生,来往如风,经常入侵中原,攻破城池,掠夺人口、粮食和财产。

各诸侯国面对戎人的入侵,基本上采取守势。

这是因为当时中原的战术比较老化,主要依靠贵族驾驶战车来作战,奴隶组成的步兵不过是辅助兵种,没有什么战斗力。战车的优势在于正面突击力强,但是不容易转弯,更不容易调头,一次冲锋过后,很难再组织有效进攻。而戎人以步兵为主,战斗力相当强悍。他们可以避实就虚,穿插于中原的战车之中,将这些笨重而昂贵的作战单位分割包围,一举歼灭。

久经沙场的郑庄公,自然知道戎人的厉害。当他提出自己的担心,公子突给出了一个解决办法:"戎人轻率而无秩序,贪婪而不团结。如果打了胜仗,就为了争夺战利品互不相让;如果打了败仗,就只顾各自逃命互不相救。我军可以派出一支部队作为诱饵,与戎人接触之后,扔下少量装备,马上逃跑,戎人见有利可获,必定追击。我军事先设下三路伏兵,待戎人主力进入伏击圈便迎头痛击。戎人先行者遇伏,必将四处逃散,而后继者自身难保,更不会相救。如此,我军可获全胜!"

郑庄公采纳了公子突的意见。这一战打得干净利落,戎人的前锋遭到伏击之后即刻崩溃,郑军大将祝聃率军冲出,将戎人截为三段,一举歼灭。

这一战,彻底打出了郑国的军威。毫无疑问,也更加坚定了齐僖公、鲁隐公要和郑庄公做朋友的信念。

鲁隐公十年

公元前713年,鲁隐公十年。

十年春王正月,公会齐侯、郑伯于中丘。癸丑,盟于邓,为师期。

郑庄公打败了北戎,接下来便要全力以赴收拾宋国了。

正月,鲁隐公和齐僖公、郑庄公会晤,会盟,约定了共同出兵的日期。

夏五月,羽父先会齐侯、郑伯伐宋。

六月戊申,公会齐侯、郑伯于老桃。壬戌,公败宋师于菅。庚午,郑师入郜。辛未,归于我。庚辰,郑师入防。辛巳,归于我。

君子谓郑庄公"于是乎可谓正矣,以王命讨不庭,不贪其土,以劳王爵,正之体也"。

五月,军事行动正式展开,鲁军的先头部队由公子翚率领,随同齐军、郑军进入宋国。

六月,鲁隐公亲自出马,在宋国的老桃与齐僖公、郑庄公会师。

联军势如破竹。初七,鲁军在菅地打败宋军。十五日,郑军攻克郜城。二十五日,郑军攻克防城。

郑庄公大手一挥,将郑军占领的两座城池都送给了鲁隐公。

君子对此评价:郑庄公真是一位正直的人啊,奉天子之命,讨伐不肯臣服的诸侯,又不贪恋人家的国土,优先慰劳爵位比他高的诸侯,真乃识大体之人!

这是典型的吃人家的嘴软、拿人家的手短。

且不评价郑庄公的为人是否正直,"以王命讨不庭"这顶高帽子戴在他头上,实在是滑天下之大稽。如果要建立一个"当朝天子最讨厌的人排行榜",郑庄公排第二,没人敢排第一。

至于"不贪其土以劳王爵"就更好笑了。

首先,郑庄公不贪其土是有原因的。从地图上看,郜、防两地都在今天的山东省境内,靠近鲁国而远离郑国。就算郑庄公想要这两个地方,管理起来也很困难,不如做个顺水人情,送给鲁隐公。

其次,所谓的"以劳王爵",是指鲁隐公的爵位比郑庄公高。鲁国侯爵,郑国伯爵,伯爵打下来的城池献给侯爵,倒也确实是"以劳王爵"。可是老大啊,这年头连天子也不管事,诸侯之间只好序权势,谁还序什么爵位?平白无故地得了两座城池,这叫不义之财,就不要再往自个脸上贴金啦!

蔡人、卫人、郕人不会王命。

郑庄公以王命讨伐宋国,自然是广发檄文,号召各路诸侯都来参战。蔡国、卫国、郕国对此不理不睬。这也是正常的。你拿根鸡毛当令箭,我凭什么要听命?

秋七月庚寅,郑师入郊,犹在郊。宋人、卫人入郑,蔡人从之伐戴。八月壬戌,郑伯围戴。癸亥,克之,取三师焉。

宋、卫既入郑,而以伐戴召蔡人,蔡人怒,故不和而败。

九月戊寅,郑伯入宋。

冬,齐人、郑人入郕,讨违王命也。

不听命便也罢了,卫国、蔡国还跟着宋国一起,和郑庄公对着干。

七月初五,郑庄公讨伐宋国归来,大军还在路上,宋军和卫军乘虚而入,直逼新郑城下。

宋殇公还邀请蔡国出兵。但是他做得不厚道,没有把这次军事行动的真实目的告诉蔡桓侯(兴许是怕蔡桓侯害怕,不敢入侵郑国),而是骗蔡桓侯说:"咱们一起攻打戴国吧!"

戴国是郑国边境上的小国。蔡桓侯上了宋殇公的当,带兵来到戴国,才知道其实是要打郑国。后悔已经来不及了。八月初八,郑庄公的大军开到戴国。宋军和卫军也火速赶来与蔡军会合,三国联军共同对抗郑军。

战争的结果,郑军大获全胜。

不能否认郑军的战斗力很强,但是以一敌三还能获胜的一个重要原因,是蔡国人感到被耍了,根本无心作战。

九月,郑庄公发动反攻,带兵入侵宋国。

冬天,郑军和齐军入侵郕国,理由当然是:叫你丫不听天子的话!

鲁隐公十一年

公元前712年,鲁隐公十一年。

十一年春,滕侯、薛侯来朝,争长。薛侯曰:"我先封。"滕侯曰:"我,周之卜正也;薛,庶姓也,我不可以后之。"

公使羽父请于薛侯曰:"君与滕君辱在寡人,周谚有之曰:'山有木,工则度之;宾有礼,主则择之。'周之宗盟,异姓为后。寡人若朝于薛,不敢与诸任齿。君若辱贶寡人,则愿以滕君为请。"

薛侯许之,乃长滕侯。

排座次乃是中国的传统。开会要排座次,吃饭要排座次,看演出要排座次,西门庆的一班狐朋狗友要排座次,梁山泊好汉也要排座次。泱泱大国,礼仪之邦,排座次绝对是门大学问。排得好,皆大欢喜;排得不好,问题多多。

且说这一年春天,滕侯、薛侯不约而同,到访鲁国。

前面说过,滕国姬姓,先祖叔绣,是周文王的儿子。

薛国任姓,据说是黄帝的后裔,始封君奚仲,曾在夏朝担任车正(官名)。

两位诸侯一起来,行礼的时候,自然有个先后。谁都想排在前面,不甘落后于人。这也是人之常情。

薛侯说"我先封",当然没错。薛国在夏朝就存在了,远远早于滕国。

先封为尊,滕侯应该让着薛侯。

可是滕侯并不认这个账。他说夏朝的车正算什么,我家还世代担任周朝的卜正(官名)呢!况且,薛侯是异姓诸侯,我是姬姓诸侯,怎么能够排在薛侯之后!

两个人相持不下,最后只得由鲁隐公裁决。

鲁隐公派公子翚去见薛侯,话说得很客气,大概意思是:山上的木头,工匠选择;宾客的礼仪,主人安排。周朝的诸侯会见,同姓为先,异姓为后,这是祖宗传下来的规矩。寡人如果有一天去到贵国会盟,也不敢和任姓诸国并列。拜托您给寡人一个面子,就算寡人代滕侯向您赔罪啦!

这段话不仅仅是客气,逻辑上也很严谨,环环相扣,无懈可击。

首先,"宾有礼,主则择之"。这是告诉薛侯,客随主便,我的地盘上,我说了算。

其次,"周之宗盟,异姓为后"。这是讲习俗,讲规矩。我所说的一切,不是我凭空想出来的,而是有根据的。

接着,"寡人若朝于薛,不敢与诸任齿"。这叫角色代入。我今天在这里说的,并不是针对你薛侯来的,我本人也要遵守这种规矩,明白吧?

言及于此,薛侯其实已经没有反驳的余地,脸色肯定不好看。此时要赶紧转弯,给薛侯一个台阶下,所以又有了这一句:"君若辱贶寡人,则愿以滕君为请。"意思是您大人有大量,既给寡人一个面子,也给滕侯一个面子吧。

鲁隐公得理饶人,薛侯欣然领受,一场外交风波,悄然平息。

夏,公会郑伯于郲,谋伐许也。

郑庄公的战车滚滚向前,鲁隐公心甘情愿地紧随其后。这一年夏天,两位诸侯在郲地会见,谋划进攻许国。

许国姜姓,受封于周朝初年,据说是上古尧帝时期的四岳之后,与齐国是同一个祖先。

讨伐许国的理由,不用说,当然是:叫你丫不听天子的话!

郑伯将伐许。五月甲辰,授兵于大宫。公孙阏与颍考叔争车,颍考叔挟辀以走,子都拔棘以逐之。及大逵,弗及,子都怒。

秋七月,公会齐侯、郑伯伐许。庚辰,傅于许。颍考叔取郑伯之旗蝥弧以先登,子都自下射之,颠。瑕叔盈又以蝥弧登,周麾而呼曰:"君登矣!"郑师毕登。壬午,遂入许。许庄公奔卫。

五月,郑庄公在宗庙祭告祖先,准备出兵讨伐许国。

所谓"授兵",乃是出兵前的仪式。国君将代表统帅权力的旗帜、车仗等授予各路将领,目的是鼓舞士气,大概相当于现在的誓师大会吧。

可就是在这次授兵仪式上,大夫公孙阏(字子都)和颍考叔发生了争执。

争什么呢?

争车。

事情的原委,《左传》并无记载。我们只能推测,这不是一辆寻常的战车,或许谁得到它,谁就能在这次战争中担任先锋。公孙阏和颍考叔都想获得这一殊荣,争执不下。颍考叔仗着自己力气大,推着战车便跑。这一跑便分出了胜负——公孙阏拔了一支长戟去追,一直追到新郑的"大逵",也就是城门口,都没追上。

公孙阏又羞又恼。

七月,齐、鲁、郑三国联军进攻许国,兵锋直逼其国都城下。

颍考叔奋勇当先,手持郑庄公的蝥弧大旗,第一个登上城头。

可就在联军齐声欢呼之际,意想不到的事情发生了:公孙阏竟然在城下放了一箭,正中颍考叔的背心。

颍考叔一头栽下城墙,蝥弧大旗随之坠落。

另一名郑国将领瑕叔盈飞身上前,拾起蝥弧大旗,再度登城,而且绕城大呼:"郑伯登城啦!"

郑军士气大振,个个奋不顾身,爬上城墙。

城破了,许庄公仓皇出逃,流亡卫国。

齐侯以许让公。公曰:"君谓许不共,故从君讨之。许既伏其罪矣,虽君有命,寡人弗敢与闻。"乃与郑人。

齐僖公主动提出,要把许国送给鲁隐公。

鲁隐公却谦让起来:您说许君不肯履行诸侯对天子的义务,我才跟着您来打他。现在他已经受到惩罚,虽然您是一番好意,我却不敢领受。

于是将许国送给了郑庄公。

这件事情颇为蹊跷,仔细一想却不难理解。

原来,许国紧挨着郑国,郑庄公早就对它垂涎三尺。三国联军进攻许国,主导者是郑庄公,作战最出力的是郑国军队,齐军和鲁军只是来助拳的,怎么可能喧宾夺主?

但是,以郑庄公的为人,他是不好提出要独占许国的。齐僖公和鲁隐公自然识相,不劳郑庄公开口,主动将许国相送。

这叫抬轿子。

郑伯使许大夫百里奉许叔以居许东偏,曰:"天祸许国,鬼神实不逞于许君,而假手于我寡人。寡人唯是一二父兄不能共亿,其敢以许自为功乎?寡人有弟,不能和协,而使糊其口于四方,其况能久有许乎?吾子其奉许叔以抚柔此民也,吾将使获也佐吾子。若寡人得没于地,天其以礼悔祸于许,无宁兹许公复奉其社稷,唯我郑国之有请谒焉,如旧昏媾,其能降以相从也。无滋他族实逼处此,以与我郑国争此土也。吾子孙其覆亡之不暇,而况能禋祀许乎?寡人之使吾子处此,不唯许国之为,亦聊以固吾圉也。"

战争已经结束,表演还得继续。

郑庄公得到了许国,并没有直接将它吞并,而是找来了许庄公的弟弟许叔(名新臣),命许国大夫百里奉许叔为主。

当然,许叔只是个傀儡,百里也没有实权。真当家做主的,是郑国的留守大夫公孙获。

郑庄公对百里说了一段话,极尽恐吓威胁之能事,却又说得温情脉脉,有如邻家老翁拉手叙家常,堪称古今一大奇文。

且听他是怎么说的——

"上天降祸于许国,鬼神也对你们的国君不满意,所以假手于我这个寡德之人来惩罚他。"言下之意,不是我要打许国,而是上天要惩罚许国,我只不过执行了上天的旨意罢了。强盗的逻辑,大抵如此。

"寡人连一两个父老兄弟都不能相安,怎么敢将讨伐许国作为自己的功劳?寡人有个兄弟(指大叔段),尚且不能和谐相处,逼得他四处乞讨为生,寡人又岂敢长久地占有许国?"这话说得极其委婉。乍一听,郑庄公咋突然自暴家丑,自我责备了呢?仔细一想,原来话里有话,这是在警告百里:我可是连自家兄弟都能下手的,何况你们这些外人!

"所以百里啊,你好好侍奉许叔,安抚这里的民众。寡人呢,也派公孙获来帮助你。"这是要建一个傀儡政权啊。

"假如寡人能够得以善终,而老天结束了对许国的惩罚,愿意让许君(指许庄公)再来统治他的国家,那时候,只要我郑国有所请求,拜托你们还是像对待老亲戚一样,屈尊同意。千万不要让别国势力进入,和我郑国争夺这块土地。否则的话,寡人的子孙连自身都保不住,难道还会替许国祭祀祖先吗?寡人把你们留在这里,不仅仅是为了许国,同时也是为了郑国的安全啊!"还是拿老天当幌子,意思却很明白:只要寡人不死,许国就别想闹独立。就算寡人死了,许国也永远是郑国的附庸。但凡郑国提出的要求,许国都得"降以相从",而且绝对不允许有第三方势力进入许国。否则的话,哼哼,郑国可不能保证许国的宗庙香火得到延续。

狠话说到这个水平,可以说是一代宗师了。

乃使公孙获处许西偏,曰:"凡而器用财贿,无置于许。我死,乃亟去之。吾先君新邑于此,王室而既卑矣,周之子孙日失其序。夫许,大岳之胤也,天而既厌周德矣,吾其能与许争乎?"

吓唬完百里,郑庄公又私下对公孙获说了一番话。他让公孙获将部队驻扎在许城的西边,特别交代:所有的财货器用,一概不要放在许城。而且,"寡人去世之后,立即撤兵回国"。

为什么?

公孙获当然会问为什么。

郑庄公解释:我郑国的祖先桓公从王畿东迁到这片土地上,在这里兴建城池,开创了自己的事业。然而,周朝毕竟已经衰落,我们这些周朝的子孙正在一天一天失去自己的地位。而许国是四岳的后裔,上天既然已经厌弃了周人,我又凭借什么和许国相争呢?

突然之间,郑庄公的另一面被打开了。他是枭雄,是政客,是不世出的阴谋家;同时他也是个凡人,对不可知的天命怀有敬畏之心。林语堂说,中国的哲人是这样一种人:"睁着一只眼,闭着一只眼,看穿了他周遭所发生的事情和他自己的努力的徒然,可是还保留着充分的现实感去走完人生的道路。他很少幻灭,因为他没有虚幻的憧憬,很少失望,因为他从来没有怀着过度的希望。他的精神就是这样解放了的。"所指的,可能就是郑庄公这种人吧。

君子谓郑庄公"于是乎有礼。礼,经国家,定社稷,序民人,利后嗣者

也。许,无刑而伐之,服而舍之,度德而处之,量力而行之。相时而动,无累后人,可谓知礼矣"。

  君子对郑庄公的行为,也给予了正面评价:在对待许国这件事上,郑庄公是符合礼法的。所谓礼法,是用来治理国家、安定社会、维护秩序的,是有利于后代的。许国不遵守礼法,郑国就讨伐它,屈服了就放它一马。郑庄公这是以德服人,量力而行,相时而动,不误后人啊!
  "无累后人"四个字,值得世人反复咀嚼。很多时候,前人自觉不自觉地给后人赋予了太多使命,太多负担,却不考虑后人能不能承受,愿不愿意承受。郑庄公占领许国,是从郑国的国家利益考虑。即便如此,他却不认为子孙后代必须保持对许国的占领。儿孙自有儿孙福,老子不用太操心。这是给子孙留了余地,也给许国留了余地。

郑伯使卒出豭,行出犬、鸡,以诅射颍考叔者。
君子谓郑庄公"失政刑矣。政以治民,刑以正邪。既无德政,又无威刑,是以及邪。邪而诅之,将何益矣"!

  郑庄公还有一件事情要处理,那就是颍考叔之死。
  谁都知道,颍考叔是被自己人射死的。
  而且谁都知道,公孙阏的嫌疑最大。
  问题是没有直接的证据表明公孙阏就是凶手。就算有人看到了,也不一定敢站出来揭发。
  于是郑庄公命令部队杀鸡杀狗,诅咒射死颍考叔的人。
  君子对此当然持批评态度,以为郑庄公在这件事上失去了政治和刑罚的基本原则。政治是用来治理万民的,刑罚是用来匡正邪恶的。既不能施行德政,又不能维护刑罚的权威,所以产生邪恶。既然已经发生邪恶的事情,诅咒又有什么用呢?

有人猜测,公孙阏即《诗经·郑风》中《山有扶苏》一诗写到的子都。其人貌美,得郑庄公之宠幸,是以郑庄公明知他是凶手,却有意回护。这种猜测未免大胆,公孙阏既然叫作"公孙",必是公室子弟,不是郑庄公的堂弟,便是郑庄公的侄子。就算郑庄公真的爱好男风,也不至于和近亲男子搞什么暧昧吧。

王取邬、刘、芳、邘之田于郑,而与郑人苏忿生之田——温、原、缔、樊、隰郕、欑茅、向、盟、州、陉、隤、怀。

君子是以知桓王之失郑也。恕而行之,德之则也,礼之经也。己弗能有,而以与人。人之不至,不亦宜乎?

前面说到过,郑国的先祖郑桓公曾经在王畿内获得封地。

现在周桓王对郑庄公提出,要置换郑国在王畿内的土地,也就是"邬、刘、芳、邘之田"。

拿什么换呢?"苏忿生之田",包括温、原、缔、樊、隰郕、欑茅、向、盟、州、陉、隤、怀,总计十二处。

以地易地,倒也公平。问题是,苏忿生之田并不在天子名下。

苏忿生是周武王时期的大臣,曾经担任司寇之职。周武王给苏忿生封了一大片土地,苏忿生的后人世世代代居住在这片土地上。虽说"普天之下莫非王土",可就算天子真要收回封出去的土地,也必须有充分的理由。至于不经过苏氏同意就将这些土地换给郑庄公,则更像是房屋中介私自倒卖客户的房产,开的是空头支票。

所以君子批评周桓王,用这种下三烂的手段对付郑庄公,必定是彻底失去郑国了。所谓恕道,即己所不欲,勿施于人。遵恕道而行,是最基本的道德,也是"礼"的根本。自己没有的东西,拿来和人家交换,那不明摆着是欺诈嘛!

周桓王很聪明,可惜的是,聪明得过头了。他这样搞,诸侯们不肯来朝见他,不也是理所当然的吗?

郑、息有违言。息侯伐郑,郑伯与战于竟,息师大败而还。

君子是以知息之将亡也:"不度德,不量力,不亲亲,不征辞,不察有罪。犯五不韪,而以伐人,其丧师也,不亦宜乎!"

息国侯爵,姬姓小国,不知道因为什么事情,和郑国发生了口舌之争。本来嘛,小个子和大个子闹不愉快,骂两句,赶紧偃旗息鼓便是了。息侯却是个有血性的人,一怒之下,竟然出兵讨伐郑国。这真叫太岁头上动土。郑庄公起兵迎击,在竟地打得息侯满地找牙。

《左传》以为,息侯有"五不韪":

第一,不度德,也就是不撒泡尿照照自己是什么角色。人家郑庄公进退有度,俨然有霸主之气,你凭什么和人家争啊?

第二,不量力。宋、卫、陈、蔡联合起来都打不过郑庄公,你打得过吗?

第三,不亲亲。郑国和息国都是姬姓诸侯,即使发生口角,那也是人民内部矛盾,大可以商量解决,你动刀动枪是想干啥呢?

第四,不征辞。吵架就吵架,你不去争个黑白是非,却想拿刀子说话,你这不是招打嘛!

第五,不察有罪。息国和郑国为什么会吵架,是不是你手下的办事人员说话不注意,或者是双方有什么误会?这些你都不搞清楚就动粗?

有这五条,息侯丧师辱国,难道不是应该的?

由此推断,息国离灭亡也不远了。

冬十月,郑伯以虢师伐宋。壬戌,大败宋师,以报其入郑也。

宋不告命,故不书。凡诸侯有命,告则书,不然则否。师出臧否,亦如之。虽及灭国,灭不告败,胜不告克,不书于策。

十月，郑庄公再度出兵讨伐宋国，同样还是打着王室的旗号，动用了虢国的军队。十四日，郑军大败宋军。《春秋》没有记载这件事，因为宋国没有来"告命"。但凡诸侯有事，无论大小，无论是否发生战争，甚至于灭国，只要不来"告命"，史书便不予记载，这是规矩。

羽父请杀桓公，将以求大宰。公曰："为其少故也，吾将授之矣。使营菟裘，吾将老焉。"羽父惧，反谮公于桓公而请弑之。

公之为公子也，与郑人战于狐壤，止焉。郑人囚诸尹氏。赂尹氏，而祷于其主钟巫，遂与尹氏归，而立其主。十一月，公祭钟巫，齐于社圃，馆于寪氏。壬辰，羽父使贼弑公于寪氏，立桓公，而讨寪氏，有死者。不书葬，不成丧也。

十一月，鲁隐公的代理国君做到了尽头。

鲁隐公上台，是十一年前的事。就算世子允当时只有五六岁，现在也已经成年。鲁隐公向世子允让位，确实也是时候了。

可这毕竟是君位啊！

《西游记》中金池长老穿了一夜唐僧的袈裟，尚且舍不得归还；鲁隐公当了十一年的代理国君，岂能没有眷恋之心？

公子翚从中看到了商机，进宫对鲁隐公说，他愿意为鲁隐公解决烦恼，派人暗杀世子允。从此代理国君变成真国君，活多久就干多久，岂不快哉！当然，公子翚干这脏活也不是没条件的，他开出的价码并不算高——事成之后，鲁隐公封他为大宰（鲁国的执政卿）就行了。

鲁隐公一口回绝了公子翚：我不过因为他年少才代为执政，现在他也长大了，我也该把权力归还给他了。你没看见我正派人营建菟裘城吗？以后我就在那里养老啦！

公子翚唯唯而退，回头便干了一件更为卑劣的事——跑到世子允那里反咬鲁隐公一口，说鲁隐公贪恋权位，将对世子允不利。而他公子翚愿意为世子允出头，快速解决这个麻烦，让世子允早日上位。

世子允答应没有？《左传》语焉不详。但是可以肯定，他即便没有点头，至少也是默许了的。

鲁隐公还在当公子的时候（即鲁惠公年间），曾经在狐壤和郑国人作战，兵败被俘，囚禁在郑国大夫尹氏家中。他贿赂尹氏，在尹氏家族供奉的神祇钟巫前发誓，表示愿意终生信奉钟巫，由此取得了尹氏的信任。尹氏释放了他，并且随他一同逃回鲁国。而钟巫，这位不知从哪里兴起的神祇，从此也在鲁国扎根。鲁隐公遵守自己的诺言，每年都会郑重其事地祭祀钟巫。这一年十一月，鲁隐公为了祭祀钟巫，在社圃（园林名）斋戒沐浴，住在大夫寪氏家中。十五日，公子翚派人潜入寪家，刺杀了鲁隐公。又嫁祸于寪氏，枉杀了一批无辜者。

世子允便是在这样血腥的气氛中登上了君位，这就是历史上的鲁桓公。这个位置，本来就是父亲鲁惠公预留给他的。哥哥鲁隐公为他守了十一年，政绩虽然不算突出，但也对得起列祖列宗，更对得起他这个弟弟。

相比此后的君主们，鲁隐公在君位上的表现不俗。鲁国在他的统治之下，没有发生动荡，在国际上也颇受尊重。他与郑庄公、齐僖公两位枭雄平起平坐，把酒言欢，给鲁国带来了诸多实际利益。而鲁桓公作为坐享其成者，并没有给予鲁隐公太多尊重。"不书葬，不成丧"的意思，就是没有按国君的礼仪来安葬鲁隐公，《春秋》也就没有记载这场丧事了。这既说明了鲁桓公的气量狭窄，也说明了他在政治上的肤浅。本来，他应该好好安葬鲁隐公，撇清自己和那桩谋杀案的关系的。

第二章

鲁桓公

鲁桓公名允,为鲁惠公与夫人仲子所生。在其兄鲁隐公代为执政十一年后,终于登上了国君的宝座。

鲁桓公元年

公元前711年,鲁桓公元年。

元年春,公即位,修好于郑。郑人请复祀周公,卒易祊田。公许之。三月,郑伯以璧假许田,为周公、祊故也。

夏四月丁未,公及郑伯盟于越,结祊成也。盟曰:"渝盟,无享国!"

在鲁隐公被谋杀的不祥阴影中,鲁桓公粉墨登场了。即位之后第一件事,是主动向郑庄公示好。这是聪明的做法。因为郑国现在是鲁国最重要的盟国,郑庄公和鲁隐公的关系又非同一般,如果郑庄公要借鲁隐公之死做点文章的话,年纪轻轻的鲁桓公是绝对吃不消的。

鲁桓公讨好郑庄公,是向他表明一种态度:虽然鲁隐公死了,但是鲁国仍然会延续鲁隐公的政策,坚定不移地与郑国站在同一战线上。

郑庄公当然不会拒绝鲁桓公这份孝心,但是提出一个条件:当年郑国用祊地交换鲁国的许田,祊已经划给了鲁国,许田却没有交给郑国,现在这笔交易该完成了。换句话说,当年郑庄公以换地为名向鲁隐公行贿,那只是给鲁隐公面子。既然鲁隐公死了,那就公事公办,把许田划给郑国吧。

虽然是索要旧账,郑庄公的话仍然说得很客气,并没有直接提出要划走许田，而是非常委婉地请求"复祀周公"，也就是再次请求祭祀周公。这是当年两国换地，郑国主动提出的附加条件——许田设有鲁国先祖周公的宗庙，郑国如果得到许田，必须承担起祭祀周公的义务。

不仅仅如此，为了给足鲁国人面子，这年三月，郑庄公和鲁桓公会面的时候，郑庄公又赠送了鲁桓公白璧一双，作为交换许田的第二个附加条件。

于是，四月初二，郑庄公和鲁桓公在越地举行了正式的会盟。两个人祭天地，告鬼神，喝血酒，将写好誓词的帛书埋在地下。

"结祊成"的意思是，巩固以祊地交换许田的友好关系。说"结祊成"，是因为这是郑国提议的。

"渝盟，无享国"的意思是，如果违背盟约，那就不能享有国家。

秋，大水。凡平原出水为大水。

秋天发大水。但凡平原被水淹没，那就可以叫作大水了。

冬，郑伯拜盟。

鲁国和郑国的关系进一步加强。冬天，郑庄公访问鲁国。"拜盟"不是拜把子，而是盟誓之后再拜访，再加强联系。

宋华父督见孔父之妻于路，目逆而送之，曰："美而艳。"

鲁桓公元年最后一条记载，是一条花边新闻。

宋国的华父督在路上遇到孔父嘉的妻子，目不转睛地看着她过来，恋恋不舍地看着她过去，魂不守舍地说了一句：好美啊，好艳啊！

这次邂逅发生在鲁桓公元年冬天，它的直接后果将在第二年春天显现,它的间接后果穿透了整个中国历史。

鲁桓公二年

公元前710年,鲁桓公二年。

二年春,宋督攻孔氏,杀孔父而取其妻。公怒,督惧,遂弑殇公。
君子以督为有无君之心,而后动于恶,故先书弑其君。
会于稷,以成宋乱,为赂故,立华氏也。
宋殇公立,十年十一战,民不堪命。孔父嘉为司马,督为大宰,故因民之不堪命,先宣言曰:"司马则然。"已杀孔父而弑殇公,召庄公于郑而立之,以亲郑。以郜大鼎赂公,齐、陈、郑皆有赂,故遂相宋公。

且说华父督自打去年冬天在路上遇到孔父嘉夫人,魂不守舍,日思夜想,竟然衣带渐宽,形容憔悴。

华父督是宋戴公的孙子,子姓,名督,字华父,官居大宰。

至于孔父嘉,前面已经介绍过,他也是宋国的公族,子姓,名嘉,字孔父,官拜大司马,以权势而论,比华父督有过之而无不及。

人生中有善缘也有孽缘。华父督爱上孔父嘉夫人(假如这种感情也能称为爱的话),无疑就是一种孽缘。抛开伦理道德不说,单从实力上讲,他也只能把这种情欲埋藏在心里,任其生根、发芽、成长、腐烂,最后化为无形。可就在这个过程中,他丧失了所有的理智,情欲急剧扩张,以一种不可逆转的趋势嬗变成为难以控制的兽欲。

鲁桓公二年春天，饱受煎熬的华父督做了一个大胆的决定，带人突袭大司马府，杀死孔父嘉，抢走了那个令他销魂蚀骨的女人。

宋殇公当然大怒，还没想好该怎么处罚这个胆大妄为的家伙，华父督先下手为强，把宋殇公也给"弑"了。

耐人寻味的是，华父督犯下如此严重的罪行，宋国朝野却相当平静。上至公室贵族，下至平民百姓，大伙的情绪都十分稳定。

这是为什么呢？

原来，宋殇公自上台以来，"十年十一战"，宋国人早已经受不了了。如果打仗是为了抵御外敌入侵，维护领土完整，甚至是为了抢人家的地盘，那也就罢了。宋殇公发动这些战争，却只有一个目的：杀死公子冯。即位的第一年，他听从卫国州吁的建议，两度组织诸侯联军进攻郑国。此后郑国报复宋国，宋国反制郑国，战争延绵不绝。郑国越打越强，朋友越打越多；宋国则越打越弱，在国际上也日益孤立。宋国人对这位"爱拼不会赢"的宋殇公日益不满。而作为大司马的孔父嘉，除了忠心耿耿地执行宋殇公的命令，拿不出任何像样的成绩，战场上的表现也乏善可陈。宋国人对他的不满，也积聚到一定程度了。

华父督不是莽撞之人。动手之前，做了大量的舆论引导工作。"司马则然"，意思是孔父嘉是造成"十年十一战"而且徒劳无功的直接责任人。有了这个铺垫，华父督杀孔父嘉便不是下半身犯罪而是为民除害了。

至于宋殇公，华父督也早想好了，弑君之后，立即派人前往郑国，将公子冯迎接回来，立为国君，即历史上的宋庄公。

与此同时，华父督还分别给齐、郑、鲁、陈各送去一份厚礼。这几个诸侯吃了人家的嘴软，自然也不会拿弑君一事做文章，睁一只眼闭一只眼，默认了既成事实，而且还跑到稷地和宋庄公会盟，正儿八经地承认了这个政权的合法性。

明眼人不难看出，"宋乱"之所以"成"，主要还是郑庄公在其中起主导作用——齐国和鲁国，都是随着郑国的风向转的。"亲郑"，是华父督外交组合拳中的关键一招。郑庄公将公子冯这个宝贝收了十年,终于守得云开见日出。公子冯即位之后,自然对郑庄公感恩戴德。宋国成为郑国的坚定盟友,郑庄公成为这桩风流谋杀案的最大赢家。

《春秋》对此记载:"宋督弑其君与夷及其大夫孔父。"

这里有个问题:本来是杀孔父嘉在前,弑宋殇公在后,为什么记载却反过来了呢?

君子对此解释:这是因为华父督先有"无君之心",不把国君放在眼里,然后才会犯下如此严重的罪行。

这桩风流谋杀案还有一个意想不到的后果。

华父督发难之时,孔父嘉的儿子木金父在家臣的保护下逃亡鲁国,以孔为氏,在鲁国定居下来。木金父的儿子祁父,祁父的儿子防叔,防叔的儿子伯夏,伯夏的儿子叔梁纥,如此代代相传,开枝散叶。那叔梁纥是个大力士,在野外与颜氏民女交媾,生下一个儿子,取名为丘,字仲尼。沾了仲尼的光,两千多年后,自木金父至叔梁纥,孔家代代都被雍正皇帝追封为"圣王"。曲阜的孔府被称为"天下第一家",连皇帝老儿也得敬他三分。

更有人夸张地说,天不生仲尼,万古如长夜。这种说法在下不敢苟同,但是考虑到仲尼对中国的影响,也不禁要问:如果不是那天华父督在路上偶遇孔父嘉夫人,这赤县神州的历史,恐怕会是另外一番面目吧?

夏四月,取郜大鼎于宋。戊申,纳于大庙。非礼也。臧哀伯谏曰:"君人者,将昭德塞违,以临照百官,犹惧或失之,故昭令德以示子孙:是以清庙茅屋,大路越席,大羹不致,粢食不凿,昭其俭也。衮、冕、黻、珽,带、裳、幅、舄,衡、紞、纮、綖,昭其度也。藻、率、鞞、鞛,鞶、厉、游、缨,昭其数也。火、龙、黼、黻,昭其文也。五色比象,昭其物也。钖、鸾、和、铃,昭其声也。三辰旂旗,昭其明也。夫德,俭而有度,登降有数。文、物以纪之,声、明以发之,以临照百官。百官于是乎戒惧,而不敢易纪律。今灭德立违，而置其赂器于大庙，以明示百官。百官象之，其又何诛焉？国家之败，由官邪也。官之失德，宠赂章也。郜鼎在庙，章孰甚焉？武王克商，迁九鼎于雒邑，义士犹或非之，而况将昭违乱之赂器于大庙，其若之何？"公不听。

周内史闻之，曰："臧孙达其有后于鲁乎！君违，不忘谏之以德。"

郜是姬姓小国，很多年前就已经被宋国消灭。

因此，象征郜君统治权力的"郜大鼎"，也早就成了宋国的战利品。

华父督杀了宋殇公之后，给齐、鲁、郑、陈等国都送了厚礼，给鲁国的便是"郜大鼎"。

这一年四月，鲁国派人将郜大鼎从宋国取回来，搬到曲阜的周公之庙中陈列。

这当然是非礼的，遭到了臧僖伯的儿子臧哀伯的反对。

臧哀伯名达，哀为其谥，原文中的"臧孙达"也是指他。

臧哀伯以为：国君的使命，便是要彰显美德，阻塞邪恶，以此要求和监督百官，犹恐有所遗漏，所以要显扬美德示范于子孙。太庙用茅草盖顶，祭天大车用蒲席为垫，祭祀用的肉汁不加调料，主食不用精粮，是为了昭示节俭；礼服、礼帽、蔽膝、玉笏、腰带、裙衣、绑腿、鞋子以及冠冕上用的衡、紞、纮、綖等饰物，是为了昭示等级；玉器垫、佩巾、刀鞘、鞘上的饰物，束衣革带、带饰、旌旗饰品、马鞧，是为了昭示尊卑礼数；礼服上绣的火、龙、黼、黻等花纹，是为了昭示文采；车服上用青、赤、黄、白、黑五种颜色按天地万物的形貌绘出各种不同的形象，是为了昭示物各有其用，而非虚设；系在车马和旗帜上的钖、鸾、和、铃，是为了昭示动辄有声；在旗帜上绘上日月星辰，是为了昭示光明。作为行为规范，应当俭约有常，增减要有定数。所有这些，都要形成典章制度，以此来管理监察百官，百官才有所警惕和畏惧，而不敢违规犯纪。现在泯灭道德而树立邪恶，把人家用作贿赂的器物安放在太庙，以此作为坏的榜样，上行

臧孫達
諫取郜鼎

下效,还能惩罚谁呢?国家的衰败,是因为官员的邪恶;而官员丧失道德,是由于受宠而贿赂公行。郜大鼎放在太庙,还有什么比这更明目张胆的受贿呢?当年周武王消灭殷纣王,把九鼎迁到雒邑,仁人义士中还有人非议他,更何况把违德乱礼的受贿器物放在太庙,这又该怎么办呢?

臧哀伯这段话的高明之处,在于它真的"高"。先给国君下个定义,指出"君人者"的根本职责是"昭德塞违,以临照百官",再从"昭其俭""昭其度""昭其数""昭其文""昭其物""昭其声""昭其明"七个方面,强化这种职责的神圣性,以此告诫鲁桓公:你的一举一动,都是全国官员的表率。你若光明,鲁国便不黑暗;你若黑暗,鲁国便不光明。最后才落到具体事情上:郜大鼎这玩意儿,来路不正,它不是人家为了睦邻友好而送给你的,而是犯了弑君之罪,为了堵嘴而贿赂你的。表面上看起来,它是个闪闪发亮的礼器;实际上,它沾满了宋殇公和孔父嘉的鲜血。你收下这么个玩意儿也就罢了,还将它摆在神圣的太庙中。这种事情都做得出,你叫我怎么说你呢?

忠言逆耳,鲁桓公听不进去。别忘了,在他通往君位的道路上,也铺洒了另一位(代理)国君鲁隐公的鲜血。

周内史,也就是王室的内史(官名),主管祭祀、礼仪、占卜等事务,其名不详。他听到这件事,竖起了大拇指,表扬臧哀伯:他的后人应该在鲁国长久地享有禄位吧,国君违背礼制,他不忘以道德劝谏。

秋七月,杞侯来朝,不敬。杞侯归,乃谋伐之。

杞国是鲁国周边小国,姒姓,据传为大禹之后。杞侯前来进行国事访问,表现出对鲁桓公的不敬。等他回去之后,鲁国便谋划要讨伐杞国,以示惩罚。

蔡侯、郑伯会于邓,始惧楚也。

这是老左第一次写到楚国。

楚国的先祖,据说是黄帝的孙子高阳,也就是上古五帝中的颛顼。高阳有个孙子叫重黎,在帝喾(也是五帝之一)时期担任了"火正",主管火烛事务,被帝喾封为祝融氏。到了商、周时期,祝融氏有个后代叫鬻熊,在今天湖北荆门一带建立政权。周成王年代,鬻熊的后人熊绎"桃弧棘矢以共王事",也就是拿着桃木弓和棘枝箭侍奉周天子,替天子驱邪除灾,被封为子爵,立"楚"为国,定都丹阳,算是楚国第一代君主。

古代交通不便,信息难通,楚国山高皇帝远,经济也不发达,历代周天子对于楚国的事情很少过问,基本上是任其自生自灭,因此中原各国对楚国也没有太多重视。楚人久居蛮夷之地,渐渐形成了自己独特的文化,信巫鬼,重淫祀,长于玄思,与中原文化颇为不同。

在政治上,楚人更将自己置于中原诸国之外。周夷王年代,楚子熊渠大规模扩张自己的势力,在江汉之间(长江与汉水流域)大行其道,将势力范围扩大到今天的安徽省境内。熊渠自觉劳苦功高,不满足于周朝敕封的子爵称号,公然宣称:"楚国乃是蛮夷之国,与中原诸国不同,不必听从周朝号令!"并一口气将自己的三个儿子都封为王。

要知道,周朝封给诸侯的最高爵位也不过是公,王是周天子独有的称号,熊渠将自己的儿子统统封为王,可以说是骑到了周天子头上。周夷王为人懦弱,懒得去管熊绎这个山大王。但是,周夷王的儿子周厉王是个出了名的暴君,脾气相当火暴。熊渠掂量了一下轻重,怕周厉王派兵打到山里来,又主动将那几个王爷的封号取消了。

等到周平王东迁,王室衰落,楚国人称王的心思又萌动了。公元前741年,楚子蚡冒去世,他的弟弟熊通发动政变,杀死了蚡冒的儿子,自立为君。

熊通统治楚国的年代,正是中原各国开始战乱纷争的年代,诸侯不尊天子,卿大夫不听令于诸侯,弑君灭国的事情不断发生。而楚国偏居南方，远离战乱的中心，一方面努力发展经济，一方面不断侵略汉水流域的小诸侯国，同时开始窥探中原，隐然已有问鼎中原之志。

具有雄才大略的郑庄公，自然知道楚国不可轻视，所以才会跑到蔡国的邓地会见蔡桓侯。要知道，郑国和蔡国的关系并不好。鲁隐公十年，郑庄公刚带兵把蔡桓侯打得满地找牙，现在两个人却关起门来商量如何防范楚国的进攻，可见事态严重。

九月，入杞，讨不敬也。

延续七月的话题：杞侯对鲁桓公不敬，鲁国人决定惩罚他，而且说干就干，派兵入侵杞国。

公及戎盟于唐，修旧好也。

修，有重温和延续的意思。

鲁隐公二年曾和戎人会盟，现在鲁桓公又和戎人在唐地会盟，所以说是"修旧好"。

冬，公至自唐，告于庙也。
凡公行，告于宗庙；反行，饮至、舍爵、策勋焉，礼也。

冬天，鲁桓公从唐地回来了。

"公至自唐"，这个句式看起来有点怪。以现代人的语言习惯，应该是"公自唐至"才对。

其实，这个"至"不是我们现在所理解的"到了"，而是古代的一种仪式。

但凡诸侯朝见天子、出访外国、与其他诸侯会盟，或是出兵打仗，都要先到宗庙祭告，祈求顺利。办完事情平安回来之后，也要到宗庙祭告，向祖先汇报成果。祭告完毕，大宴群臣，谓之"饮至"。

至于"舍爵"，即设置酒杯之意，引申为互相祝酒。"策勋"则是将这一次出行的功劳记载下来。这些都是当时的规定动作，必须要有，不可草率。

特相会，往来称地，让事也。自参以上，则往称地，来称会，成事也。

接着解释关于诸侯会见的叙事原则——

特即独。"特相会"，就是两位国君相会，没有第三位诸侯参与。会见必有主客之分，二人相会则应互相谦让，不肯为主，这就是"让事"。这种会见，无论是鲁侯去，还是别人来，都书写会见的地点。

如果会见的国君有三位或以上呢？鲁侯去，则书写会见的地点；别人来，仅仅记载为"会"。理由是，三人之上的会见，主客分明，没有必要谦让。

初，晋穆侯之夫人姜氏以条之役生大子，命之曰仇。其弟以千亩之战生，命之曰成师。

师服曰："异哉，君之名子也！夫名以制义，义以出礼，礼以体政，政以正民，是以政成而民听。易则生乱。嘉耦曰妃，怨耦曰仇，古之命也。今君命大子曰仇，弟曰成师，始兆乱矣，兄其替乎？"

惠之二十四年，晋始乱，故封桓叔于曲沃。靖侯之孙栾宾傅之。

师服曰："吾闻国家之立也，本大而末小，是以能固。故天子建国，诸侯立家，卿置侧室，大夫有贰宗，士有隶子弟，庶人、工、商，各有分亲，皆有等衰。是以民服事其上，而下无觊觎。今晋，甸侯也；而建国，本既弱矣，其能久乎？"

惠之三十年，晋潘父弑昭侯而立桓叔，不克。晋人立孝侯。惠之四十五年，曲沃庄伯伐翼，弑孝侯。翼人立其弟鄂侯。鄂侯生哀侯。哀侯侵陉庭之田。陉庭南鄙启曲沃伐翼。

插播晋国往事。

晋国自唐叔以降，传了八代，传到晋穆侯手上。

晋穆侯的夫人姜氏，生了两个儿子。大儿子名仇，是因为周宣王二十三年，晋穆侯跟随天子讨伐条戎部落，大败而归，适逢其子出生，遂以"仇"命名，以示不忘耻辱。小儿子名成师，是因为周宣王二十六年，晋穆侯再度跟随天子出征，获胜于千亩（地名），适逢其子出生，遂以"成师"命名，以示庆贺。

前面已经介绍过，古人命名不讲究，郑庄公寤生的名字就取得很随便，不影响他成为一代枭雄。但是，对于晋穆侯这两个儿子的命名，晋国大夫师服颇有微词。

师服以为：名生义，义生礼，礼生政，所谓政治，就是要"正民"，即让百姓知道怎么做，怎么服从。美好的姻缘叫作"妃"（匹配之意），夫妻生怨叫作"仇"，自古以来就是这么说的。现在国君给太子命名为仇，次子命名为成师，这不是埋下了动乱的伏笔，预示着哥哥终将被取代嘛！

话虽如此，仇，也就是晋文侯，却是一位相当有作为的君主。他所处的年代，正值王室动乱。晋文侯十年（公元前771年），犬戎攻破镐京，西周灭亡。次年，周平王即位，迁都雒邑。晋文侯和卫武公、秦襄公等诸侯一道，参与了护送周平王迁都的行动，因而受到王室的嘉奖。《尚书》中的"文侯之命"，便是周平王表彰晋文侯的诏命。

但是，等到晋文侯去世，其子晋昭侯即位，问题便来了。这一年是鲁惠公二十四年（公元前745年），原文中有"惠之二十四年，晋始乱"。

乱什么？

前面讲过，晋昭侯将曲沃封给了叔叔成师，号称"曲沃桓叔"。

晋靖侯(桓叔的高祖父)之孙栾宾奉命辅佐桓叔。

师服对此十分担心,他以为:分封建国的原则,本大而末小才能巩固。是以天子分封诸侯,建立国家;诸侯向臣下分封采邑,卿大夫阶层得以立家;卿置侧室,嫡子庶子各有所安;大夫之家,有大宗小宗,本末分明;普通士人,虽家小业微,亦能役使其子弟;至于庶人、百工、商人,无所谓尊卑,也有亲疏远近之别。以此为基础建立社会规则,等级分明,下级服从上级,不敢觊觎僭越。晋国作为近畿诸侯,竟然国中建国,本末倒置,这还能长治久安吗?

鲁惠公三十年,也就是晋昭侯七年,大臣潘父发动政变,杀死国君,准备迎接桓叔入城。翼城的军民奋起反抗,杀死潘父,拒桓叔于城外,迫使其退回曲沃。

此后,晋国人立晋昭侯的儿子为君,是为晋孝侯。而曲沃方面,桓叔死后,他的儿子即位,是为曲沃庄伯。

鲁惠公四十五年,也就是晋孝侯十五年,庄伯以朝见为名进入翼城,刺杀晋孝侯。翼城人再度拿起武器,将庄伯赶回曲沃,又立晋孝侯的儿子为君,是为晋鄂侯。

晋鄂侯只做了六年国君便去世了。庄伯趁乱起事,发兵攻翼。这一次,连周平王都看不下去了,命卿士虢公率军讨伐庄伯。庄伯退守曲沃。晋国人于是立晋鄂侯的儿子光为君,是为晋哀侯。不久,庄伯也去世了,其子即位,是为曲沃武公。

以上所列,均为追述。原文中的最后一句:"哀侯侵陉庭之田。陉庭南鄙启曲沃伐翼。"则是记述当年发生的事情——晋哀侯侵占陉庭地方贵族的土地,陉庭南部边境的人邀请曲沃武公讨伐翼城。

鲁桓公三年

公元前709年,鲁桓公三年。

三年春,曲沃武公伐翼,次于陉庭。韩万御戎,梁弘为右。逐翼侯于汾隰,骖絓而止,夜获之,及栾共叔。

接着上年晋国发生的事。

鲁桓公三年,也就是晋哀侯九年,曲沃武公在陉庭人的引导下,向翼城发动进攻。

"次于陉庭",是指曲沃大军在陉庭停留多日。

古人行军,停驻一晚称为"舍",两晚为"信",超过两晚则为"次"。陉庭所在,离翼城不到百里。曲沃武公在此停留多日,整顿军马,翼城竟然没有察觉。

春秋打仗,战车为主。大多数情况下,一乘战车编制三人——驾车的御者、立于车左的持弓之士和立于车右的执戟之士。国君或主将乘坐的战车,又称为戎车——国君或主将立于车左,驾车的称为御戎,执戟的护卫则称为戎右。

御戎和戎右都不是一般人,至少是大夫级别的贵族。而且,战前必须通过占卜,经上天和鬼神同意才能选定,十分隆重。

当时,曲沃武公的御戎叫韩万,乃桓叔之子、庄伯之弟、武公之叔,因受封于韩地,遂以韩为氏。战国时期的韩国,便是韩万的后人建立的。

戎右梁弘,来历不详。

晋哀侯仓促应战。双方在汾水之滨相遇,翼城的军队大败,晋哀侯及其大夫栾共叔(名成)被俘,均被曲沃武公处死。

这位栾成,便是当年辅佐曲沃桓叔的栾宾的儿子。父子俩各事其主,兵戎相见,在"双城"时代的晋国,恐怕不是个案。

又据《国语》记载,曲沃武公杀死晋哀侯,本想收栾成为己用,而且许以上卿,将来主持晋国的政事。栾成回答:"人因君、父、师而生存,要始终如一地侍奉。父亲给予生命,师傅给予教育,国君给予衣食。只要他们需要,便可随时付出生命,此乃做人的道义。您现在要我为了生命而放弃道义,您又怎么教育臣下呢?"慷慨赴死。

后人推测,栾宾此时应该已经去世了。否则的话,如果曲沃武公抬出栾宾来相劝,一边是君,一边是父,栾成还真不太好应付。

会于嬴,成昏于齐也。

《春秋》记载:"公会齐侯于嬴。"

公即鲁桓公,齐侯为齐僖公。这一年春天,鲁桓公与齐僖公在嬴地会面,办成了一件大事——鲁桓公迎娶了齐僖公的女儿文姜。

古人成婚,极重礼仪。诸侯结亲,更为隆重。最起码的,要有相应地位的人来做媒。鲁桓公直接和齐僖公谈妥婚事,当然是"非礼"的。

为什么会这样?

从后面发生的事情来看,原因很可能是:齐僖公急于将这个国色天香的女儿嫁出去,而鲁桓公也急于将这个国色天香的女人娶回去。一个急于卖,一个急于买,所以一拍即合,也顾不得天下人笑话了。

夏,齐侯、卫侯胥命于蒲,不盟也。

卫侯即卫宣公。

夏天,齐僖公和卫宣公在蒲地相会。之所以称为"胥命",是举行了会谈,而没有盟誓。

公会杞侯于郕,杞求成也。

鲁桓公二年,鲁军入侵杞国,"讨不敬也"。现在,杞侯认识到自己的错误,主动前来求和,与鲁桓公在郕地会面。

秋,公子翚如齐逆女。修先君之好,故曰"公子"。

前面说过,公子翚是个坏人,鲁隐公就是他派人暗杀的。现在,公子翚奉命到齐国"逆女",也就是迎接齐僖公的女儿文姜。这是好事,也是符合当时的礼仪的,所以尊称其为公子。至于"修先君之好",是句托词。古人结婚,必因父母之命、媒妁之言。鲁桓公迎娶文姜,既无父母之命,也无媒妁之言,只好掩饰说:"那是遵照先君的意思。"

齐侯送姜氏于讙,非礼也。凡公女,嫁于敌国,姊妹,则上卿送之,以礼于先君;公子,则下卿送之。于大国,虽公子,亦上卿送之。于天子,则诸卿皆行,公不自送。于小国,则上大夫送之。

讙是鲁国地名。

女儿出嫁,老父亲舍不得,一路送到鲁国境内。好感人的场景!

但这是"非礼"的。

按规矩,一国之公主嫁到地位相等的国家,如果是当朝国君的姐妹,则派上卿相送,以示对先君的尊重;如果是当朝国君的女儿,则派下卿相送。嫁到比自己大的国家,即使是当朝国君的女儿,也要派上卿相送。

嫁到王室,则上卿下卿都要相送,国君本人不必出面。嫁到比自己小的国家,则只要派上大夫相送就可以了。

说到底,无论如何,没有诸侯亲自送女儿出嫁的道理。

齐僖公难道不懂这个道理吗?显然是不可能的。他这么做,必有不得已的苦衷。这里再卖一个关子,不说透,谜底要到很多年后才揭晓。

冬,齐仲年来聘,致夫人也。

仲年即夷仲年,前面已经介绍过,他是齐僖公的胞弟。

古礼,诸侯女儿出嫁后,又派大夫到婆家聘问,所谓"存谦敬,序殷勤"也。对于齐国来说,这种行为叫作"致"。大概意思是:看看公主在婆家有没有遵守礼法,问问婆家要不要退婚。当然,这都是客套,绝非"试用三个月,无条件退货"。如果婆家没有足够充分的理由便提出退婚的话,两国之间恐怕就要刀兵相见了。

芮伯万之母芮姜恶芮伯之多宠人也,故逐之,出居于魏。

芮国姬姓,伯爵,是周朝的畿内诸侯。

芮伯万的母亲,因为儿子的宠妾太多,不高兴,便将他驱逐出境,赶到魏地去居住。

这位老太太,可以说是相当的"硬核"了。

鲁桓公四年

公元前708年,鲁桓公四年。

四年春正月,公狩于郎。书,时,礼也。

四年正月,鲁桓公在郎地狩猎,《春秋》记载此事,是因为正当其时,合于礼法。

问题是,前面说过,春蒐、夏苗、秋狝、冬狩,都是利用农闲的时间以讲武事。到了这里,为什么变成了"春狩"呢?

原来,周朝的月份,与今天的公历月份相近。周朝的正月大致相当于公历一月。如果按照夏历,则为十一月至十二月间,正值隆冬。

夏,周宰渠伯纠来聘。父在,故名。

宰是王室的大官,位高权重。

王室之宰,以渠为氏,排行老大,名纠,前来鲁国访问。如此尊贵的人物,为什么《春秋》会直书其名呢?

原因是,渠伯纠的老爸还健在。

一般来说,周朝的官职是父子相承。但是,偶尔也会出现特别优秀的人物,超越父辈而当上大官。如果按照官位排序,父亲反而在儿子之下。作为儿子,本来应该表示惶恐不敢当。可是渠伯纠不但当了大官,而且大摇大摆来访问鲁国,所以要给他差评。

渠伯纠:怪我太优秀喽!

秋,秦师侵芮,败焉,小之也。

这是老左第一次写到秦国。

秦国嬴姓,于周孝王的时候被封为附庸。周平王东迁的时候,秦国出了力,才被赐予"岐、丰之地",正式列为诸侯。这个时候的秦国,实力相当一般,入侵芮国这样一个畿内小国,居然因为轻敌而失败。

冬,王师、秦师围魏,执芮伯以归。

秋天秦国入侵芮国,应该是天子下的命令。冬天,天子更派兵与秦军一道包围魏地,将去年被其老娘驱逐到魏地的芮伯万带了回来。

鲁桓公五年

公元前707年,鲁桓公五年。

五年春正月,甲戌、己丑,陈侯鲍卒。再赴也。于是陈乱,文公子佗杀大子免而代之。公疾病而乱作,国人分散,故再赴。

正月甲戌日、己丑日,陈桓公去世。这真是咄咄逼人的怪事,一个人竟然死了两次！这是有原因的。陈国当时陷入了内乱，陈文公的儿子，也就是陈桓公的兄弟公子佗，杀死了陈桓公的太子免，自立为君。国人四处逃散，所以发了两次讣告。

夏，齐侯、郑伯朝于纪，欲以袭之。纪人知之。

夏天，当世两大枭雄——齐僖公和郑庄公联袂访问纪国，朝见纪君。这真是黄鼠狼给鸡拜年，纪国人再迟钝，也知道他们没安好心，是打算袭击纪国了。

王夺郑伯政，郑伯不朝。秋，王以诸侯伐郑，郑伯御之。

王为中军；虢公林父将右军，蔡人、卫人属焉；周公黑肩将左军，陈人属焉。

郑子元请为左拒，以当蔡人、卫人；为右拒，以当陈人，曰："陈乱，民莫有斗心。若先犯之，必奔。王卒顾之，必乱。蔡、卫不枝，固将先奔，既而萃于王卒，可以集事。"从之。曼伯为右拒，祭仲足为左拒，原繁、高渠弥以中军奉公，为鱼丽之陈。先偏后伍，伍承弥缝。

战于繻葛。命二拒曰："旝动而鼓。"蔡、卫、陈皆奔，王卒乱，郑师合以攻之，王卒大败。祝聃射王中肩，王亦能军。祝聃请从之。公曰："君子不欲多上人，况敢陵天子乎？苟自救也，社稷无陨，多矣。"

夜，郑伯使祭足劳王，且问左右。

这是春秋时期标志性的历史事件，也是《左传》中非常精彩的一段。

先简要回顾一下郑庄公与王室多年来的龃龉与摩擦。

周平王年间，郑庄公担任王室卿士，天子想将政事委任给虢公，引发郑庄公不满，最后导致"周郑交质"。

周平王死后,周桓王即位,又提出将政事委任给虢公。郑国派兵收割王室的禾麦,导致"周郑交恶"。

鲁隐公六年,郑庄公第一次朝见周桓王,受到"不礼"的待遇。

鲁隐公八年,周桓王还是任命虢公忌父当了卿士。但是,郑庄公的卿士也没有免掉。后人推测,可能是虢公忌父当了右卿士,郑庄公当了左卿士。

现在,周桓王终于下定决心。所谓"夺郑伯政",就是免去了郑庄公在王室的所有职务。

郑庄公对此的反应并不激烈,仅仅是"不朝"而已。这是正常的反应,你不给我官做,我干吗还来朝见你?况且,天下诸侯,不朝天子的多了去了。以鲁国为例,鲁隐公就没去过,鲁桓公也没去过,天子也不敢有什么意见。偏偏对郑庄公的"不朝",周桓王表现得极其愤怒,甚至于要发动诸侯讨伐郑国。

问题是,以王室现有的实力,周桓王有把握打赢一场侵略战争吗?

毫无疑问,他没有把握。

既然没有把握,为什么还要主动出击?答案是:周桓王想赌一把。他要赌的不是战争的胜利,而是赌那个姬寤生究竟敢不敢放手与自己一搏。

他毕竟是天子啊!

当然,周桓王之所以悍然动武,也许还有另外一个原因,那就是周桓王本人其实也略通军事(这一点很快可以得到证明),但是长期以来,他都没有机会一显身手,因此从内心深处,他很愿意发动一场真正的战争,显示一下自己的才能。

讨伐郑国的部队匆匆组成。周桓王亲自率领中军,也就是王室自己的军队;虢公林父率领右军,主力是蔡国和卫国的军队;周公黑肩率领左军,主力是陈国军队。

郑庄公起兵抵抗。两军在繻葛发生战斗,因此这一战又被称为繻葛之战。

王军摆出的是传统的左中右阵型,以中军为主力,左右两翼为掩护,四平八稳,整齐有序。这也是中原各国当时普遍采用的阵型,比较适合以车战为主的战争环境。一般来说,战斗打响之后,双方的主力部队以最快的速度冲向敌阵,利用战车的冲击力撕破敌人的防御,击垮敌人的斗志,而两翼的掩护部队进行左右包抄,乘虚而入,扩大战果,最终合力将敌人击溃。

郑国军中有一位战争天才,那就是郑庄公的儿子公子突,他反对用传统的阵势迎击王军:"从王军的阵型分析,其弱点是左翼的陈军,因为陈国刚刚发生内乱,民心涣散,军心自然不稳。我们如果先打击陈军,可以轻而易举地将其击溃。陈军崩溃后,天子的中军受到影响,必然慌乱,而且波及右翼的蔡军和卫军。蔡、卫两军屡次败于我军,斗志不强,见势不妙,也会跟着陈军逃跑。这样的话,我军就可以集中力量进攻天子的中军,三面夹击,一举击破。"

公子突的建议,实质上是加强郑军左右两翼的力量,特别是加强左翼的力量,率先击破王军右翼,然后击破王军左翼,最后才围攻王军的中军。

郑庄公听从了公子突的建议,派世子忽为右翼,祭足为左翼,自己则在原繁、高渠弥的护卫之下,率领相对薄弱的中军,摆出了所谓的"鱼丽之阵"。

关于鱼丽之阵是个什么阵,史上众说纷纭,莫衷一是。有的说鱼丽就是鱼鳞,战车和步卒层层相附,互补缝隙。有的说鱼丽就是渔网,鱼丽之阵的确切形态,是左右两翼向前张开,处于进攻态势;而中央部队相对靠后,处于防守态势。从当时的实际情况来看,后一解释似乎更为准确。战斗一开始,郑国的左右两翼就率先发动进攻,中军则坚守阵地,以待时机。

果如公子突所料,陈、蔡、卫三国军队一触即溃,周桓王的中军也随之混乱。乱军之中,郑将祝聃张弓搭箭,射中了周桓王的肩膀。

周桓王以他的个人英雄主义为这次失败的讨伐挽回了一点面子。

虽然左右两翼都已经溃逃,本人又身受重伤,但他仍然咬紧牙关伫立在战车上,指挥部队徐徐撤退。

祝聃意犹未尽,还想追杀周桓王,被郑庄公制止了。

当天夜里,郑庄公派祭足代表他到天子的军营中慰问天子和诸位王室大臣。

再多说几句,繻葛之战是春秋时期由王室主导的唯一一次军事行动。自此之后,王室偃旗息鼓,断绝了征伐的念头。即使是到了齐桓公、晋文公的年代,那些新兴的霸主主动前来讨好王室,抬高王室的地位,请天子出面领导他们讨伐征战,王室也仅仅是象征性地派出小股部队,不再掺和诸侯们的战争游戏。

郑庄公成为这次战争的绝对赢家,不只是战场上的胜利,更是政治和外交上的胜利。毛泽东曾经说过,郑庄公这个人很厉害,在国内斗争和国际斗争中都很懂得策略。毛泽东本人在国际斗争中的策略,用六个字可以概括,那就是"有理、有利、有节"。而郑庄公在繻葛之战中的表现,正是"有理、有利、有节"的典范。

首先,繻葛之战不是他主动挑起的。虽然天子免去了他的官职,他仅仅是以"不朝"的方式表达自己的不满,这是有理。

其次,他采用公子突的战术,大胆创新,推出鱼丽之阵,将王军打得大败而归,这是有利。

再次,他没有乘胜追击王军,而是网开一面,放天子一马;又在战后派祭足前去安抚天子那颗受伤的心,进退有度,这是有节。

仍叔之子来聘,弱也。

仍叔是王室的大夫。《春秋》记载:"天王使仍叔之子来聘。"仍叔之子以王室使者的身份出访鲁国,为什么不记录他的名字呢?

因为他还是个孩子啊!

秋，大雩。书，不时也。凡祀，启蛰而郊，龙见而雩，始杀而尝，闭蛰而烝。过则书。

雩是为求雨而举行的祭祀。

《论语》记载："暮春者，春服既成，冠者五六人，童子六七人，浴乎沂，风乎舞雩，咏而归。"所谓风乎舞雩，就是跑到舞雩台上吹吹风。孔子以为，这是相当惬意的一件事。有人将这四个字翻译为"到舞雩台上参加载歌载舞的求雨祭祀活动"，其实是不对的。为什么？《左传》的这段文字可以解释。

春天惊蛰的时候举行郊祭，夏天龙现（苍龙之角、亢二宿于黄昏出现在东方）的时候举行雩祭，秋天寒至的时候举行尝祭，冬天昆虫蛰伏的时候举行烝祭。这都是正常的祭祀，不用记载。但是，如果超过时节而举行祭祀，则必须记载。这一年秋天，应该是久旱不雨，举行了大规模的雩祭，所以要记录在案。

龙现的季节，当在农历四月。正常的雩祭应该在这个时候举行，而不是暮春三月。

冬，淳于公如曹。度其国危，遂不复。

州国姜姓，是山东小国。

淳于是州国的都城，淳于公即州公。

曹国姬姓，始封君为周武王的弟弟叔振铎。

州公来到曹国，因为国内发生动乱，所以也就没回去。

鲁桓公六年

公元前706年,鲁桓公六年。

六年春,自曹来朝。书曰"实来",不复其国也。

> 鲁桓公六年春天,州公从曹国来到鲁国朝见鲁桓公。《春秋》记载:"实来。"也就是不再回国之意。

楚武王侵随,使薳章求成焉。军于瑕以待之。随人使少师董成。

斗伯比言于楚子曰:"吾不得志于汉东也,我则使然。我张吾三军,而被吾甲兵,以武临之,彼则惧而协以谋我,故难间也。汉东之国,随为大。随张,必弃小国。小国离,楚之利也。少师侈,请羸师以张之。"熊率且比曰:"季梁在,何益?"斗伯比曰:"以为后图,少师得其君。"王毁军而纳少师。

少师归,请追楚师,随侯将许之。季梁止之,曰:"天方授楚,楚之羸,其诱我也。君何急焉?臣闻小之能敌大也,小道大淫。所谓道,忠于民而信于神也。上思利民,忠也;祝史正辞,信也。今民馁而君逞欲,祝史矫举以祭,臣不知其可也。"公曰:"吾牲牷肥腯,粢盛丰备,何则不信?"对曰:"夫民,神之主也,是以圣王先成民而后致力于神。故奉牲以告曰'博硕肥腯',谓民力之普存也,谓其畜之硕大蕃滋也,谓其不疾瘯蠡也,谓其备腯咸有也；奉盛以告曰'洁粢丰盛'，谓其三时不害而民和年丰也；奉酒醴以告曰'嘉栗旨酒'，谓其上下皆有嘉德而无违心也。所谓馨香，无谗慝也。故务其三时，修其五教，亲其九族，以致其禋祀，于是乎民和而神降之福，故动则有成。今民各有心，而鬼神乏主；君虽独丰，其何福之有？君姑修政，而亲兄弟之国，庶免于难。"随侯惧而修政，楚不敢伐。

楚武王就是楚子熊通，僭越自称为王。老左写到楚国的君主，有时候用"王"，有时候用"子"，没有规律。事实上，鲁桓公六年的时候，熊通还没有称王，所以还是叫他楚子比较合适。

这年春天，熊通亲率大军入侵汉水之东的随国。

周朝建立的时候，为了控制南方的江汉平原，将很多姬姓子弟封到那里，建立了大大小小十几个诸侯国，随国是其中最大的一个。

熊通之所以选择这个时候进攻随国，估计与一年前周桓王在繻葛被郑国人打得落荒而逃有关。

天子连自己都顾不上，哪还顾得了江汉平原上这些亲戚呢？

楚国军队驻扎在随国的瑕地，熊通先礼后兵，派大夫薳章前往随国"求成"，希望随国主动屈服。

随国则派少师前往楚军大营与熊通谈判。

少师是官职，其人名不详。原文中的"董成"，乃是主持和谈之意，并非人名。

会谈之前，楚国君臣商量对策。

大夫斗伯比说："我们多年以来想在汉水以东扩展势力而不能如愿，主要责任在自己。我们总是整顿军备，耀武扬威，用武力压迫这些小国家，搞得这些小国都很害怕，联合起来对付我们，没有办法各个击破。随国是汉东各国中最大的国家，如果骄傲自大，必定会与其他小国产生隔阂，我们也就有机可乘了。"他建议熊通将疲弱士卒摆出来给少师看，让少师产生楚军不堪一击的错觉。

顺便说一下,斗伯比是若敖的幼子,若敖是熊通的爷爷——周幽王年间楚国的国君,则斗伯比其实就是熊通的叔父。

大夫熊率且比说:"随国有季梁在,我们骗得了少师,恐怕骗不到季梁。"

季梁是随国的贤臣,以睿智而闻名。

斗伯比说:"不然。眼光放长远一点,少师很得随侯宠信,总有一天随侯会听他的话。"

熊通原来的计划是先和谈,谈不拢就用武力威胁。听了斗伯比的建议,下令把精兵都藏起来,只派一些疲弱军士无精打采地迎接少师。

少师来到楚营和谈,回去之后就建议随侯立即发兵进攻楚营。随侯听说楚军尽是老弱病残,而且军容不整,也很兴奋,准备下令出兵,遭到了季梁的反对。

"老天正眷顾楚国。楚军摆出一副羸弱的样子,正是想引诱我们去进攻。"季梁果然是智者,一语道破天机。接下来借题发挥,教育随侯:"自古以来,小国能战胜大国,是因为小国得道多助,大国失道寡助。所谓道,就是忠于百姓而获信于神明。作为君主,要多想和多做对老百姓有益的事,即为忠;主持祭祀的时候不说假话,则为信。现在百姓饭都吃不饱,您却总想着表现自己;主持祭祀又喜欢夸大其词,欺骗鬼神。我真不知道您怎么能够打败楚国。"

忠言逆耳,随侯听了很不高兴,本能地反驳:"寡人祭神的时候,总是用最肥壮的牲口,最丰盛的谷物,怎么欺骗鬼神了?"

接下来季梁说的话,即便在现在看来仍然很有见地:"百姓,便是鬼神的主人!所以圣贤之君总是想尽办法先满足百姓,然后才致力于服侍鬼神。献上祭肉的时候祝告说'牲口又大又肥',那是告诉鬼神,百姓的日子过得很好,牲畜肥大而繁殖增长,没有得病而瘦弱,又有各种优良品种。在献上粮食的时候祝告说'干净的粮食盛得满满的',那是告诉鬼神,今年春、夏、秋三季都没有灾害,百姓安居乐业,收成很好。在献上甜酒的时候祝告说'又好又清的美酒',那是告诉鬼神,国家上下都秉持美德，没有二心。所谓的祭品芳香，就是没有邪意。所以致力于农时，修明教化，亲近九族，用实际行动来致祭鬼神，百姓和睦而神明降福，做任何事情都能成功。可是现在百姓三心二意，鬼神也六神无主，您一个人祭礼丰盛，能求得什么福气呢？我劝您赶快整顿内政，团结周边的兄弟国家共同对付楚国，或可免于祸患。"

随侯害怕了，听从季梁的建议，致力于修明内政。随国上下团结一致，铁板一块，楚国也就不敢轻易进攻，最终还是撤兵了。

《史记》记载这件事，颇有意思。

三十五年，楚伐随。随曰："我无罪。"楚曰："我蛮夷也……"

翻译成现代文——

熊通在位的第三十五年，楚国讨伐随国。随国人说："我无罪，你凭什么讨伐我？"楚国人回答："你难道不知道我们是蛮夷吗？"

熊通的全话是这样的："我熊通乃是蛮夷之人，现在看到诸侯不尊王室，互相侵伐，天下已乱。我也没有别的本事，只有一些穿着破烂的武士，想凭借他们插手中原的政治，请您向王室转达我的意思，给我一个尊贵的封号。"

所谓尊贵的封号，自然是封他为王。

随侯派人将熊通的要求报告给王室，遭到王室的断然拒绝。古代交通不便，信息难通，当随侯将王室的答复反馈给熊通，已经是一年多之后的事了。

熊通得知自己的要求被拒，勃然大怒："寡人的先祖鬻熊是周文王的师傅，先公熊绎仅仅被周成王封为子爵，统治南方。现在蛮夷部落都臣服于寡人，而王室却拒不承认寡人的地位，那寡人就不客气，自尊为王了！"

从那个时候开始，熊通便称王了。

夏，会于成，纪来谘谋齐难也。

六年夏天，鲁桓公和纪侯在成地会面。这是因为纪国感觉到齐国的威胁，所以来向鲁国求援。

北戎伐齐，齐使乞师于郑。郑大子忽帅师救齐。六月，大败戎师，获其二帅大良、少良，甲首三百，以献于齐。

于是诸侯之大夫戍齐，齐人馈之饩，使鲁为其班。后郑。郑忽以其有功也，怒，故有郎之师。

六年夏天，齐国遭到北戎的入侵。

因为郑国有打败北戎的经验，又是齐国的盟国，齐僖公派人向郑国求援。郑庄公派世子忽率领军队前往齐国救援，大败北戎军，杀敌三百余人，虏获其两名首领大良和少良。那个年代，郑国的军队真是内战内行，外战也内行，是当之无愧的威武之师，雄壮之师。

当时，前来帮助齐国戍守边境的诸侯部队有不少。北戎军被打败后，齐僖公慰劳前来救援的各国大夫，给大家发放牛、羊、猪、黍、粱、稷等牲畜和粮食，并且举行了盛大的宴会。在宴会上，齐僖公请鲁国的大夫为大家排座次。这件事情本来就有点存心不良：按爵位，郑是伯爵，其他诸侯一般是侯爵，甚至还有公爵，郑只能排在其他诸侯之后；但按功劳，郑军是这次打败北戎的主力，理应排在其他诸侯之前。到底是序功还是序爵？齐僖公耍了个滑头，把这个烫手的山芋交给了鲁国人。

这位不知名的鲁国大夫欣然接受任务，并按照爵位高低，将郑国排到了最后，引起了世子忽的强烈不满，所以导致了后来的"郎之师"，也就是郑国入侵鲁国的郎地之战（以后会说到，在此不赘）。

鲁国大夫做错了什么？

首先，他不应该接受这个任务。一桌人吃饭，排座次是主人的权力。现在由客人来排座次，这叫越俎代庖，犯了大忌。

其次，就算接受了任务，他也不该把郑国排在最后。排座次的原则，并非一成不变。一般情况下，当然是按爵位高低。但是，作为战后的庆功宴，理当按战功排位。

公之未昏于齐也，齐侯欲以文姜妻郑大子忽。大子忽辞。人问其故。大子曰："人各有耦，齐大，非吾耦也。诗云：'自求多福。'在我而已，大国何为？"君子曰："善自为谋。"及其败戎师也，齐侯又请妻之。固辞。人问其故。大子曰："无事于齐，吾犹不敢。今以君命奔齐之急，而受室以归，是以师昏也。民其谓我何？"遂辞诸郑伯。

郑国的强大令世人瞩目，世子忽的英武善战更令齐僖公青眼相加。早在几年前，文姜还没有嫁给鲁桓公的时候，齐僖公其实是想将这个宝贝女儿嫁给世子忽的，但是被世子忽拒绝了。别人感到不可理解，世子忽的解释是："结婚要门当户对。齐国是大国，郑国是小国，我如果娶了齐国的公主，人家会觉得我高攀了齐国。人要自求多福，凡事靠自己，靠岳父有什么用呢？"

用现代人的眼光来看，世子忽真是条汉子！然而，君子对世子忽此举的评价并不高。"善自为谋"，甚至有点责备的意思：你自己倒是独善其身了，可你考虑过其他的事情吗？

这一次，打败北戎之后，齐僖公放下架子，再一次向世子忽提出，要把女儿嫁给他。此时文姜嫁给鲁桓公已有四年，但是没关系，齐僖公有的是女儿，没嫁出去的更年轻更可爱，只要世子忽愿意，买一送一也不成问题。

无奈落花有意，流水无情，世子忽再一次拒绝了齐僖公的美意。如果说前一次拒婚还情有可原，这一次拒婚则未免太偏执了。祭足当时便批评世子忽："君多内宠，子无大援将不立，三公子皆君也。"意思是郑庄公宠爱的儿子有很多，你虽然贵为太子，如果没有强有力的外援，地位不见得稳固。搞不好的话，你的三个弟弟（公子突、公子亹、公子仪）都有可能成为国君。祭足的这段话,见于鲁桓公十一年记载中。

祭足的话,可以解释什么叫"善自为谋"。世子忽作为郑国的世子,首先是一个政治人物,他的婚姻不是他一个人的事,而是关系到郑国未来的大事。如果他娶了齐僖公的女儿,无论对于他个人来说,还是对于郑国来说,都与齐国建立了一种强有力的联系,有利于郑国的政治稳定和持续强大。但是,世子忽显然没有考虑这些。他这样为自己辩驳:"当年我没为齐侯做什么事,都不敢娶他女儿;现在我奉命前来救援齐国,如果带个老婆回去,百姓见了,难道不会说我打仗是为了人家的女儿?"

世子忽死活不愿意娶齐僖公的女儿,也许另有隐情——前面说过,世子忽已经娶了陈桓公的女儿妫氏为妻。虽然那也是一桩政治婚姻,但世子忽对妫氏十分喜爱,还没来得及举行结婚仪式,就和她同房了,在当时传为笑谈。从这个细节上可以看出,妫氏对于世子忽来说,是一个非常有吸引力的女人,否则的话,世子忽既然这么爱面子懂礼数,为何会急着与她上床呢?世子忽与妫氏做了十年夫妻,一直琴瑟和谐,感情相当不错。当然,他也不可能只有妫氏一个女人,肯定还有其他的侧室,但这些侧室都不能危及妫氏的地位,因此相安无事。现在,他如果将齐国的公主娶回去,情况就大不相同了。齐国是大国,又是郑国的盟国,齐国公主不可能屈居妫氏之下,势必被立为嫡妻,这是妫氏难以接受的,也是世子忽不忍心看到的。如果真是那样的话,只能说世子忽生错了时代。按照现代的标准,他真是个好男人。

事实上,郑国的老百姓对于这桩婚姻倒是蛮期盼的。《诗经·郑风》中一首《有女同车》这样写道:

"有女同车,颜如舜华。将翱将翔,佩玉琼琚。彼美孟姜,洵美且都。有女同行,颜如舜英。将翱将翔,佩玉将将。彼美孟姜,德音不忘。"

据《毛诗序》,这首诗其实是郑国人因世子忽不娶齐国的公主、替世子忽感到惋惜而作。

秋,大阅,简车马也。

秋天，鲁国举行大规模阅兵，检阅车马，以备战事。

九月丁卯，子同生。以大子生之礼举之：接以大牢，卜士负之，士妻食之。公与文姜、宗妇命之。

公问名于申繻。对曰："名有五，有信，有义，有象，有假，有类。以名生为信，以德命为义，以类命为象，取于物为假，取于父为类。不以国，不以官，不以山川，不以隐疾，不以畜牲，不以器币。周人以讳事神，名，终将讳之。故以国则废名，以官则废职，以山川则废主，以畜牲则废祀，以器币则废礼。晋以僖侯废司徒，宋以武公废司空，先君献、武废二山，是以大物不可以命。"公曰："是其生也，与吾同物，命之曰同。"

九月，鲁桓公和文姜的儿子出生了，为此而举行了盛大的世子诞生仪式：以大牢(牛、羊、猪三牲)之礼献祭于列祖列宗，经过占卜选择士人背负他，又挑选德才兼备、美貌的士人之妻来给他喂奶。鲁桓公、文姜和血统高贵的公室妇女一起为他举行命名礼。

为给世子取名，鲁桓公询问大夫申繻，申繻详细地介绍了命名的规则——

人名有五种：信、义、象、假、类。以出生的情况命名为信，以吉祥的字眼命名为义，以类似的文字命名为象，以万物之名命名为假，以与父亲有关的字命名为类。

命名不用国名，不用官名，不用山川名，不用疾病名，不用牲畜名，不用器物名。这是因为周朝人讲究避讳以事鬼神，名字在人死之后就要避讳(请注意，这一点与后世不同，后世君王在生时就要天下人避讳)。用国名则会废除人名(国名不可改，只能改人名)，用官名则会改变官称，用山川之名则会得罪神灵(给山川之神改名了)，用牲畜之名则会影响祭祀,用器物之名则会改变礼仪。当年晋国因为晋僖公名司徒,只能改司徒为中军;宋国因宋武公名司空,只能改司空为司城;鲁国因为先君献公名具、武公名敖,将境内的具山、敖山改作其他名字。所以说,但凡大的事物,最好不要拿来命名。

鲁桓公最终为儿子选择了一个"同"字——因为这孩子的生日与他是同一天。

冬,纪侯来朝,请王命以求成于齐。公告不能。

冬天,纪侯又来了,还是为了应付齐国的威胁。纪侯想请鲁桓公疏通天子的关系,由天子出面请求齐国不要进攻纪国。

纪侯大概是因为鲁桓公是齐僖公的女婿,所以一而再、再而三地来抱鲁桓公的大腿。可是他没想到,鲁桓公这个女婿在齐僖公心目中根本没有分量。因此,鲁桓公只好对纪侯说:"不好意思,寡人办不到。"压根不敢为了纪国的事得罪齐僖公。

鲁桓公七年

公元前705年,鲁桓公七年。

七年春,榖伯、邓侯来朝。名,贱之也。

《春秋》记载:七年春天,"榖伯绥来朝,邓侯吾离来朝"。

穀国嬴姓，邓国曼姓，都是湖北小国。两位国君不远千里跑到山东都朝见鲁桓公，却被《春秋》直书其名，这是相当的轻视。为什么？

很有可能是因为两国邻近楚国，远离中原，沾染了蛮夷的风俗，而忘记中原的礼仪，所以遭到鲁国人轻视吧。

夏，盟、向求成于郑，既而背之。
秋，郑人、齐人、卫人伐盟、向。王迁盟、向之民于郑。

回顾一下，鲁隐公十一年，周桓王以"苏忿生之田"，也就是温、原、绨、樊、隰郕、欑茅、向、盟、州、陉、隤、怀十二地交换郑国在王畿内的土地。十二地的所有者，也就是苏忿生的后人，也许对这笔交易很不满意。郑国名义上得到了这批土地，实际上并不能占有。繻葛之战后，王室颜面尽失，十二地之中的盟、向两地主动向郑国靠拢。所谓"求成于郑"，实际上也就是承认郑国对这两地的所有权了。可是不久之后，也许是遭受到了来自王室的压力，又反悔了。

郑庄公可不是那么好糊弄的。秋天，他便纠集了齐国、卫国的军队讨伐盟、向两地。王室不敢干涉，只能将这两个地方的百姓迁到郑地了事。

冬，曲沃伯诱晋小子侯杀之。

插播晋国新闻。

鲁桓公三年，晋哀侯在战争中被曲沃武公杀死。晋国人又立晋哀侯的儿子为君，是为晋小子侯。

晋小子侯当了四年国君。这一年冬天，曲沃武公使用计谋，将小子侯诱杀。

本是同根生，相煎从来急。

鲁桓公八年

公元前704年,鲁桓公八年。

八年春,灭翼。

> 接上年冬天事,曲沃武公杀死晋小子侯,消灭了翼城的晋国政权。但是,"曲沃—翼城"双城时代并没有结束,接下来还会提到。

随少师有宠。楚斗伯比曰:"可矣。雠有衅,不可失也。"

夏,楚子合诸侯于沈鹿。黄、随不会,使薳章让黄。楚子伐随。军于汉、淮之间。

季梁请下之:"弗许而后战,所以怒我而怠寇也。"少师谓随侯曰:"必速战。不然,将失楚师。"随侯御之。望楚师。季梁曰:"楚人上左,君必左,无与王遇。且攻其右。右无良焉,必败。偏败,众乃携矣。"少师曰:"不当王,非敌也。"弗从。战于速杞。随师败绩。随侯逸。斗丹获其戎车,与其戎右少师。

秋,随及楚平,楚子将不许。斗伯比曰:"天去其疾矣,随未可克也。"乃盟而还。

> 随国的少师越来越受国君宠信。斗伯比对楚武王说,现在可以讨伐

随国了,仇人有了空子,不可以错过。

于是这一年夏天,楚武王在楚国的沈鹿大会诸侯。原文中的"合诸侯"三个字,很容易让人想起齐桓公的"九合诸侯"。很多人以为,齐桓公是春秋时期第一位将诸侯号召起来结盟的君主,事实上楚武王才是始作俑者。

再多说一句,在此之前,郑国、齐国、鲁国也举行过诸侯会盟,但那是相对平等的主体关系,涉及的国家也不多,组织也比较松散。楚武王或齐桓公的"合诸侯",是以一个大国为主导,将若干个诸侯国联合起来建立的国际组织。打个不恰当的比方,相当于现代史上的华约或北约吧。

黄国和随国没有应召参加这次会盟。

黄国嬴姓,地处河南,暂时还不在楚武王的武力范围之内,所以楚武王派大夫薳章前去谴责。

至于随国,本来就是楚国打击的目标,因此楚武王亲自带兵讨伐。

楚军驻扎在淮河、汉水之间。季梁建议随侯对楚武王服软认错,"他肯定不同意,那时候再战,则我军因为愤怒而士气高涨,敌军以为我们胆怯而有所懈怠"。这是所谓的怠兵之计,不管有没有效果,说明季梁对形势的判断是正确的:楚强随弱,不可硬碰。

但是,少师的判断恰恰相反,他建议随侯速战速决,否则的话,"楚国人就逃跑啦!"

随侯听从了少师的建议,主动向楚军发动进攻。

两军遥遥相望,季梁又建议:楚国人以左为尊,楚王和精锐部队必定在左军之中。我们不要正面进攻其左军,而应集中力量攻击其相对薄弱的右军。其右军被击败,连累左军也败退,我军胜算比较大。

季梁说的,是避实就虚之计,也是打仗的常识。但是少师又不同意:不和楚王正面对敌,那就是我们示弱了。

两军在速杞展开大战。随侯根据少师的意见,全力攻击楚国左军,结果大败。随侯从战场上逃跑,他乘坐的戎车连同担任戎右的少师,都被楚将斗丹获得。

值得一提的是,《左传》中的"获",有生获和死获之分,生获即生擒,死获即获得敌人的尸体。以下文来看,少师被楚军获得,当为死获。

同年秋天,随国请和。楚武王本来不想答应,但是斗伯比以为,老天已经替随国去掉了少师这个祸害,暂时还不能灭亡它。所以,楚武王最终还是与随侯举行了盟誓,撤兵回到楚国。

冬,王命虢仲立晋哀侯之弟缗于晋。

晋国发生的事情,再度引起王室关注。周桓王命卿士虢仲,也就是虢公林父带兵讨伐曲沃武公。武公从翼城退守曲沃。晋国人于是又立晋哀侯的弟弟姬缗为君。

祭公来,遂逆王后于纪,礼也。

祭公,很有可能就是鲁隐公元年记载中提到的祭伯,此时或已提升为王室的三公,是以称为祭公。

前面说到,纪国因为受到齐国威胁,屡次找鲁桓公出面斡旋,鲁桓公都不敢答应。后来纪伯又想请鲁桓公疏通王室的关系,请天子出面说话,鲁桓公还是拒绝。所以,纪伯干脆自己和天子拉上了关系,将女儿嫁给天子当王后。

按照周礼,天子娶妻于诸侯,必请同姓诸侯主婚。祭公作为王室使者来到鲁国,再由鲁桓公委托他去纪国迎接新王后,这是合礼的。

纪伯大概以为,这下可以放心了——他已经成为天子的岳父,想必齐国和郑国都不敢对纪国动手了吧?

事实证明,他太天真了。

鲁桓公九年

公元前703年,鲁桓公九年。

九年春,纪季姜归于京师。凡诸侯之女行,唯王后书。

九年春天,周桓王的新王后、纪国的公主季姜出嫁到京师。凡是诸侯的女儿出嫁,只有嫁为王后者才会记录在《春秋》上。

巴子使韩服告于楚,请与邓为好。楚子使道朔将巴客以聘于邓,邓南鄙鄾人攻而夺之币,杀道朔及巴行人。楚子使薳章让于邓。邓人弗受。

夏,楚使斗廉帅师及巴师围鄾。邓养甥、聃甥帅师救鄾。三逐巴师,不克。斗廉衡陈其师于巴师之中,以战,而北。邓人逐之,背巴师;而夹攻之。邓师大败。鄾人宵溃。

巴国姬姓,子爵,地处今天的湖北襄樊一带。

所谓行人,是春秋时期各国办理外交事务的官员,又有大行人和小行人之分。依周礼,大行人负责重要宾客礼仪,小行人负责出使四方。

巴子派行人韩服向楚国通报,请求与邓国交好。于是楚武王派大夫道朔带着韩服去访问邓国。这本来是件好事,但是没想到,邓国南部边境的鄾地人有眼不识泰山,竟然袭击了外交使团,杀死道朔和韩服,抢走了他们携带的财礼。

楚武王派大夫薳章去谴责邓侯(也就是前年访问过鲁国的那位邓侯吾离)。邓侯不承认有这回事。于是这年夏天,楚国派大夫斗廉带领楚、巴两国联军进攻鄾地。

邓国派大夫养甥、聃甥带兵救援。邓军三次向巴军发起进攻,虽然迫使巴军后退,却没有击溃巴军。这时候斗廉果断决策,将楚军横列在巴军中,与邓军交战,并且佯装败走。邓军不知是计,长驱直入,追赶楚军。楚军杀了个回马枪,与巴军前后夹击,大获全胜。邓军崩溃,鄾人也赶紧连夜逃跑了。

秋,虢仲、芮伯、梁伯、荀侯、贾伯伐曲沃。

秋天,奉天子之命,虢公林父带着芮伯、梁伯、荀侯、贾伯等诸侯讨伐曲沃武公。芮是畿内诸侯,梁、荀、贾则是晋国周边小国。

预报一下,后来这些国家都被晋国灭掉了。

冬,曹大子来朝。宾之以上卿,礼也。享曹大子。初献,乐奏而叹。施父曰:"曹大子其有忧乎?非叹所也。"

冬天,曹桓公派世子射姑来朝见鲁桓公。鲁国按规矩,以上卿之礼相待,并且举行宴会招待射姑。刚刚开始献酒,奏乐,射姑便叹息了一声。鲁国大夫施父看到,意识到射姑有心事。按理说,这个时候应该开心才对。

射姑确实是有心事。他的父亲曹桓公在位五十四年,年纪想必也很大了,现在身体又不好,射姑作为儿子,虽然身在鲁国,还是记挂着老父亲。

这是个孝子。

鲁桓公十年

公元前 702 年,鲁桓公十年。

十年春,曹桓公卒。

十年春天,曹桓公去世了。

虢仲谮其大夫詹父于王。詹父有辞,以王师伐虢。夏,虢公出奔虞。

谮是诬陷之意。

虢公林父是周桓王的卿士,同时也是虢国君主。"其大夫詹父",不是虢国的大夫詹父,而是王室的大夫詹父,在行政职务上隶属于虢公林父。

虢公林父在天子面前说自己下属的坏话。天子彻查,发现詹父有理,于是替詹父出头,派军队讨伐虢国。虢公林父出逃虞国。

秋,秦人纳芮伯万于芮。

鲁桓公四年,芮伯万被秦国人从魏国带走。现在,秦国人把他送回了芮国。

初,虞叔有玉,虞公求旃。弗献。既而悔之,曰:"周谚有之:'匹夫无罪,怀璧其罪。'吾焉用此,其以贾害也?"乃献之。又求其宝剑。叔曰:"是无厌也。无厌,将及我。"遂伐虞公。故虞公出奔共池。

虞国姬姓,公爵。虞叔是虞公的弟弟。

当初,虞叔有一块宝玉,虞公知道了,很想要,但是虞叔没有给。虞叔既而后悔,说"匹夫无罪,怀璧其罪",意思是老百姓本来无罪,持有玉璧这样的宝贝,遭人眼红,就是有罪。虞叔当然不是一般百姓,但是面对贪婪的君主,也只能这样开解自己了。"我哪用得着美玉,为什么要用它买来祸害呢?"于是,虞叔主动将宝玉献给了虞公。

虞公尝到了甜头,又向虞叔索取宝剑。这回虞叔不干了:"你这是贪得无厌啊!没完没了的索取,总有一天会祸害我。"干脆起兵造反,将虞公赶到了共池。

冬,齐、卫、郑来战于郎,我有辞也。

初,北戎病齐,诸侯救之,郑公子忽有功焉。齐人饩诸侯,使鲁次之。鲁以周班后郑。郑人怒,请师于齐。齐人以卫师助之,故不称侵伐。先书齐、卫,王爵也。

冬天,齐、卫、郑三国联军入侵鲁国。

这场战事的起因,前面已经说过:鲁桓公六年,北戎入侵齐国,诸侯派兵救援。郑国的世子忽立了大功。战后,齐僖公犒赏诸侯军队,请鲁国人排座次。鲁国人按照周朝的班次,也就是序爵而不序功,将郑国排到了后面,引起世子忽的强烈不满。郑庄公当然也很不满,所以现在派兵打过来了。

有意思的是,郑庄公这次攻打鲁国,事先还派人到齐国请求支援。要知道,齐僖公正是这件事的始作俑者啊!如果不是他耍了个心眼,将

虞公貪求玉劍

排座次的事交给鲁国人去办,鲁国人又怎么会得罪郑国人呢?按理说,齐僖公这时候应该出面当个和事佬,摆平郑鲁两国之间的矛盾。毕竟,一方面事因齐国而起,另一方面鲁桓公是他的女婿,不看僧面看佛面,好歹斡旋一下嘛。可是,齐僖公见到郑国的使者,二话不说,就答应派兵支援,并且还主动提出,可以叫卫国一道参与此事,共同讨伐鲁国。

卫国与郑国为敌多年,繻葛之战中又参加了讨伐郑国的王军。齐僖公在这个时候要卫国人参与郑国的战事,实际上很有可能是卫宣公主动提出来的。繻葛之战后,郑庄公的事业达到了顶峰,中原诸国"莫非郑党",连齐国都唯其马首是瞻,卫宣公又怎么会不识相?他逮着这个机会,迫不及待地跳出来,希望能够给郑庄公擦上一次鞋。

齐、卫、郑三国联军包围了鲁国的郎城。《春秋》写到这事,是这样表述的:"齐侯、卫侯、郑伯来战于郎。"

为什么要用"来战于郎"这样古怪的表述呢?老左对此解释说:"我(即鲁国)有辞也。"也就是说,鲁国实际上无罪,而且三国联军未奉王命,师出无名,所以不能用"讨伐"或"征伐"这样的字眼,而只能书"来战"。

还有一个问题,按照《春秋》的习惯,战争的发起国应该记载于仆从国之前,但这一次是郑国发起的战争,为什么要把齐侯、卫侯列在前面呢?

对此,老左又解释:"先书齐、卫,王爵也。"这是嘴硬:郑庄公不是说排座次有问题吗,我还是要这么排,就算是以你为主发动的战争,我也要严格按照周礼,把爵位高的人排到前面,怎么着?

阿Q的精神胜利法,其实是有根源的。

鲁桓公十一年

公元前701年,鲁桓公十一年。

十一年春,齐、卫、郑、宋盟于恶曹。

《春秋》记载这次会盟,没有宋国。《左传》补上一个宋国,后人多以为是笔误。其实宋国有没有参加并不重要。这次会盟的主要目的,是在精神上奖赏卫宣公去年参加了入侵鲁国的战争。

楚屈瑕将盟贰、轸。郧人军于蒲骚,将与随、绞、州、蓼伐楚师。莫敖患之。斗廉曰:"郧人军其郊,必不诫。且日虞四邑之至也。君次于郊郢,以御四邑,我以锐师宵加于郧。郧有虞心而恃其城,莫有斗志。若败郧师,四邑必离。"莫敖曰:"盍请济师于王?"对曰:"师克在和,不在众。商、周之不敌,君之所闻也。成军以出,又何济焉?"莫敖曰:"卜之?"对曰:"卜以决疑。不疑,何卜?"遂败郧师于蒲骚,卒盟而还。

莫敖,是楚国的国防部长,相当于中原国家的大司马。

这一年春天,莫敖屈瑕准备代表楚国与贰、轸两个小国结盟。自沈鹿之会后,楚国在江汉平原频频搞动作,通过战争与外交手段,不断扩张势力,引起了一些国家的警惕。郧国便打算通过武力破坏这次结盟。当时,郧军驻扎在蒲骚,随、绞、州、蓼四国部队也赶来会合,计划一起向楚军发动进攻。

屈瑕对此很担心。他是来结盟的,不是来打仗的,并没有带多少部队。就算楚军的战斗力再强,也不是五国联军的对手。大夫斗廉却认为这一仗可以打:"郧军驻扎在他们的城郊,戒备必然松懈;而且又在等待四国军队到来,并没有做好马上进攻的准备。您可以将部队驻扎在郊郢,防范四国军队;我则带领精锐,乘夜袭击郧军。只要能击溃郧军,四国军队自然也就撤离了。"

屈瑕还是信心不足,考虑向楚武王汇报,请求增派援兵。斗廉说:"部队能够打胜仗,在于上下一心,不在于人多。商纣王败于周武王,您也是知道的。商朝的部队远远多于周朝,不也失败了吗?整顿部队出击,哪里用得着增兵?"

屈瑕还是犹豫,说:"那至少占卜一下吧?"斗廉说:"心存疑惑才占卜,没有疑惑为什么要占卜?"

就这样,在斗廉的极力主张下,楚军向郧军发动了进攻,果然将郧军击溃,完成了结盟任务。

一个字,强!

郑昭公之败北戎也,齐人将妻之。昭公辞。祭仲曰:"必取之。君多内宠,子无大援,将不立。三公子皆君也。"弗从。

郑昭公就是郑庄公的世子忽。

这件事情前面说过:鲁桓公六年,世子忽带兵救援齐国,大败北戎军。齐僖公想将女儿嫁给他,遭到拒绝。祭足当时便批评世子忽,但是世子忽不听。

夏,郑庄公卒。

夏天，郑庄公去世了。

一条简简单单的新闻，在当时却是震动天下的大事。

毫无疑问，郑庄公是春秋前期最有分量的人物。在他的领导下，郑国以区区新造之国，不断拓展疆域，成为当时中原地区最强大的国家。郑国与齐国结成的同盟，在很大程度上左右了中原的国际格局。

郑庄公的死，使得这一格局很快被打破，首先是郑国内部发生了重大变化。

初，祭封人仲足有宠于庄公，庄公使为卿。为公娶邓曼，生昭公。故祭仲立之。宋雍氏女于郑庄公，曰雍姞，生厉公。雍氏宗，有宠于宋庄公，故诱祭仲而执之，曰："不立突，将死。"亦执厉公而求赂焉。祭仲与宋人盟，以厉公归而立之。

秋九月丁亥，昭公奔卫。己亥，厉公立。

"祭封人仲足"，即祭足。祭是他的封地，仲是他的字，足是他的名。

当初，祭足受到郑庄公宠信，以卿的身份，为郑庄公迎娶了邓国的公主，史称邓曼。邓曼就是世子忽的母亲。因为这层关系，祭足一直是世子忽的支持者。郑庄公死后，也确实是由祭足主持，将世子忽扶上了君位，是为郑昭公。

在郑庄公的诸多儿子当中，郑昭公和公子突最为能干。公子突的母亲名叫雍姞，是宋国大夫雍氏的女儿。而雍氏又是宋庄公的宠臣。至于宋庄公，前面已经说过，他是靠着郑庄公的保护才得以生存，并且坐上国君宝座的。

郑庄公知道，一山不容二虎，为了避免郑国再次出现兄弟相残的悲剧，在他临死的时候，安排公子突移居到宋国的外公家，由宋庄公照顾。

回想起来，当年宋穆公临死时，同样是为了避免兄弟相残，曾将公子冯（也就是宋庄公）交给郑庄公照顾，结果与夷（宋殇公）上台之后，为了杀死公子冯,"十年十一战",不但没有避免兄弟相残的悲剧,反而造成郑、宋两国之间长期的矛盾,可谓事与愿违。现在,郑庄公走了宋穆公的老路,他的儿子们会重蹈与夷与公子冯的覆辙吗?

答案是肯定的。

郑庄公七月下葬。九月,移居宋国的公子突忽然潜回新郑,发动了政变。郑昭公仓皇出逃到卫国。十二天之后,公子突即位为君,即历史上的郑厉公。

令人意想不到的是,这场风云突变的现场导演,竟然是深受郑昭公信任的祭足;而它的幕后总策划,就是曾经在郑国客居住过十年的宋庄公——这两个人,一个是郑庄公的老臣,一个曾受郑庄公多年恩惠,现在联合起来颠覆了郑昭公的政权,开启了郑国的乱局。

历史,仿佛给郑庄公开了一个大大的玩笑。

祭足为什么会背叛郑昭公,转而扶持郑厉公呢?《左传》是这样记载的:

公子突的外公雍氏将祭足引诱到宋国,绑架起来,说:"如果不立突为君,就杀死你!"祭足为了保命,只好答应了宋国人的要求。同时,宋庄公又派人将公子突也抓了起来,逼他立下字据,答应事成之后送给宋国一大笔贿赂。结果祭足就暗中将公子突带回了郑国,发动了政变。

这件事存在诸多疑点。

其一,祭足作为郑国的权臣,何以在新君刚上台的时候就被宋国人绑架?要知道,在任何年代,绑架一位宰相级的人物都不是一件容易的事。如《左传》所言,祭足是被人引诱到宋国才被绑架,那么在当时那种情况下,究竟要采取什么办法才能将祭足引诱到数百里之外的国境,而不被人察觉呢?

其二,就算是祭足在宋国受到威胁,不得已而答应了宋国人的要求。君子不订城下之盟,当他回到郑国,还有必要履行自己的诺言,帮助公子突发动政变吗?

这是老左语焉不详的地方。

对此,《公羊传》解释:祭足是外出办事,途经宋国而被绑架。宋国人拿刀架在祭足脖子上的一刹那,祭足明白,他现在面临选择:如果他不听宋国人的话,则郑国必然灭亡,郑昭公也不得好死;反之,如果他听宋国人的话,则郑国不至于灭亡,郑昭公也不用死,再过一些日子,他还可以想办法让郑昭公回来,将公子突赶走。经过这番思想斗争,祭足决定不顾自己的名声,忍辱负重,与宋国人合作。

不管怎么样,有一点是可以肯定的:假如当年郑昭公娶了齐僖公的女儿,有了齐僖公这样一位岳父在后面撑腰,就算给宋庄公十个胆,他也不敢对郑昭公下手。

鲁桓公十二年

公元前700年,鲁桓公十二年。

十二年夏,盟于曲池,平杞、莒也。

"平"的意思是促成和平。

《春秋》记载,鲁桓公十二年夏天,鲁桓公和杞侯、莒子在曲池会盟。杞国和莒国都是鲁国的周边小国,因为闹矛盾而互相攻伐。鲁桓公以大国元首的身份出面斡旋,促成两国媾和。

公欲平宋、郑。秋,公及宋公盟于句渎之丘。宋成未可知也,故又会于虚;冬,又会于龟。宋公辞平,故与郑伯盟于武父。遂帅师而伐宋,战

焉，宋无信也。

君子曰："苟信不继，盟无益也。诗云'君子屡盟，乱是用长'，无信也。"

鲁桓公大概是"平"上了瘾，刚平完杞、莒，又来平宋、郑。

宋国和郑国有什么矛盾？

去年，宋庄公通过不光彩的手段，让郑厉公当上了国君，但这并不是郑厉公的本意。他并不想抢郑昭公的君位，只不过人在宋国，遭到胁迫，不得已而为之。更让郑厉公无法接受的是，当时宋国人还逼他立下字据，答应事成之后送给宋国一大笔贿赂。

这不是卖国嘛！

以郑厉公的心性，这种交易是完全不可接受的。所以，上台之后，当宋国派使者来督促他兑现承诺，他便板起脸来，不认账了。两国之间的关系因此而骤然紧张。

鲁桓公为什么要掺和宋国和郑国的事？

这个还真不好说。大胆推测，主要还是因为文姜。众所周知，文姜原本是要嫁给郑世子忽也就是郑昭公的。郑昭公不要，所以才轮到鲁桓公。对于鲁桓公来说，郑昭公的存在，是一种嘲讽。郑昭公越是春风得意，鲁桓公越有压力。当郑昭公被郑厉公赶下台，鲁桓公大大地松了一口气。他希望郑厉公能够坐稳这个位置，不要让郑昭公卷土重来。所以，他必须帮助郑厉公，主动出面去做宋庄公的工作。

宋庄公还是蛮尊重鲁桓公的。没办法不尊重，当年贿赂人家的郜大鼎还在鲁国的宗庙里放着呢。两国元首在句渎会盟，就解决郑、宋争端的有关问题进行商讨，然而没有取得一致性意见。鲁桓公锲而不舍，又约宋庄公在虚地会谈，仍然未果。到了冬天，又不顾严寒与宋庄公在龟地会晤，宋庄公还是没有被感动，坚持要郑国把账付清。

"宋公辞平"的意思，宋庄公拒绝了斡旋。鲁桓公毛了，干脆与郑厉公在武父结成了同盟，并于当年冬天与郑国联合出兵讨伐宋国。

"宋无信也"，是对宋庄公的谴责。

君子评价此事：如果相互不信任，会盟就没有任何意义。诗上说"君子屡盟，乱是用长"，便是因为没有信用。

楚伐绞，军其南门。莫敖屈瑕曰："绞小而轻，轻则寡谋。请无扞采樵者以诱之。"从之。绞人获三十人。明日，绞人争出，驱楚役徒于山中。楚人坐其北门，而覆诸山下。大败之。为城下之盟而还。

伐绞之役，楚师分涉于彭。罗人欲伐之。使伯嘉谍之。三巡数之。

楚国继续扩张。

楚武王亲自率军入侵绞国，在其国都南门驻扎。根据莫敖屈瑕的建议，楚军故意对樵夫不设保护，引诱绞军出来。第一天，绞军俘虏了楚军三十名樵夫，尝到了甜头。第二天，绞军争相出战，将楚军的役夫追赶到山里。楚军早在山里设下埋伏，绞军被打得七零八落，逃向北门。结果北门也有楚军严阵以待。为了避免全军覆没，绞国被迫与楚国签订了城下之盟，成为楚国的附庸。

进攻绞国的时候，楚武王还分兵渡过彭水，大概是作为迂回部队吧。彭水流域的罗国想袭击这支部队，派大夫伯嘉暗中打探，三次遍数楚军人数。

鲁桓公十三年

公元前699年,鲁桓公十三年。

十三年春,楚屈瑕伐罗,斗伯比送之。还,谓其御曰:"莫敖必败。举趾高,心不固矣。"遂见楚子,曰:"必济师。"楚子辞焉。入告夫人邓曼。邓曼曰:"大夫其非众之谓,其谓君抚小民以信,训诸司以德,而威莫敖以刑也。莫敖狃于蒲骚之役,将自用也,必小罗。君若不镇抚,其不设备乎!夫固谓君训众而好镇抚之,召诸司而劝之以令德,见莫敖而告诸天之不假易也。不然,夫岂不知楚师之尽行也?"楚子使赖人追之,不及。

莫敖使徇于师曰:"谏者有刑。"及鄢,乱次以济,遂无次。且不设备。及罗,罗与卢戎两军之,大败之。莫敖缢于荒谷。群帅囚于冶父以听刑。楚子曰:"孤之罪也。"皆免之。

去年的战争还在继续。

春天,楚国莫敖屈瑕率军讨伐罗国。斗伯比为他送行,回来在路上对自己的御者说,莫敖要失败了,你看他那趾高气扬的样子,已经不能够平心静气了。

斗伯比越想越不放心,跑去对楚武王说,莫敖带的兵不够,要派援军。

楚武王不以为然。回到宫里,还把这事当笑话讲给夫人邓曼听。邓曼一听就明白了，对楚武王说："您误会斗伯比大夫了，他并不是说莫敖带的人马不够，而是在告诉您，作为一国之君应该以诚信安抚小民，以身作则教育各级官员，以严格的律令制约带兵打仗的将领。莫敖沉浸在蒲骚之役以少胜多的喜悦中，自以为是，必然轻视罗国。您如果不亲自督促他，他恐怕是不会设防的。斗伯比大夫的真实意思是请您训诫大众而且要加强督察，召集各级官吏勉之以美德，见到莫敖告诉他上天不会宽恕他的过错。不然的话，您还真以为他不知道部队已经全部出发，想增兵都没有人手可派了？"

楚武王吓了一跳，连忙派人前去追赶屈瑕大军，但是没追上。

果如邓曼所言，屈瑕刚愎自用，不听任何人的意见，甚至给部下发布了一道命令："提意见者受刑！"部队开到鄢水，也不防备敌人突袭，乱哄哄地过了河。罗国军队和卢戎部族武装两面夹击，大败楚军。屈瑕自觉无脸见人，一个人跑到山里面自缢了。逃回来的楚军将领自囚于冶父，等待楚武王发落。

楚武王哀叹："这是我的过错。"将他们全部赦免了。

宋多责赂于郑。郑不堪命，故以纪、鲁及齐与宋、卫、燕战。不书所战，后也。

郑人来请修好。

这是接着去年的事说。由于宋庄公贪得无厌，不停地向郑厉公索要贿赂（他认为是帮助郑厉公上台的投资回报），郑厉公终于不能忍受。继去年鲁、郑联军进攻宋国后，今年春天又联合纪、鲁两国再度攻宋。宋国则得到了齐、卫、南燕国的帮助。《春秋》记载："齐师、宋师、卫师、燕师败绩。"所谓败绩，是指全军崩溃。对于鲁国来说，这当然是一场值得大书特书的胜利，但是没有注明地点，是因为鲁桓公来得太晚了。说白了，这一战的主要功劳，还在于郑厉公，他是那个年代当之无愧的战神。

当然，郑厉公还是蛮感谢鲁桓公的，所以派人来修好。

鲁桓公十四年

公元前698年，鲁桓公十四年。

十四年春，会于曹。曹人致饩，礼也。

　　接上一年"郑人来请修好"。春天，鲁桓公与郑厉公在曹国会面。曹国作为东道主，为两国元首及随行人员提供了食物。这当然是"礼也"。

夏，郑子人来寻盟，且修曹之会。

　　鲁、郑两国关系迅速升温。夏天，郑厉公派他的弟弟公子语（字子人，其后人即以子人为氏）访问鲁国。
　　寻盟，是重温过去的誓词，加深友好关系。
　　修曹之会，是将曹地会见时双方确定的一些原则落到实处。

秋八月壬申，御廪灾。乙亥，尝。书，不害也。

　　八月十五日，鲁国的御廪，也就是储存祭祀粮食的仓库发生火灾。十八日，照常举行了尝祭。
　　害，是害怕之意。

鲁桓公五年的记载中说过，秋天寒至的时候举行尝祭。按时举行的祭祀，不必记录在案。今年举行尝祭，时间上没问题，但《春秋》还是做了记录，这是因为古人以为天降灾害，必是老天在示警，作为统治者应该害怕而反省，将相关大型活动推后或取消。

冬，宋人以诸侯伐郑，报宋之战也。焚渠门，入，及大逵。伐东郊，取牛首。以大宫之椽归为卢门之椽。

冬天，宋国联合齐、蔡、卫、陈等国入侵郑国。郑厉公终于也抵挡不住了。联军焚毁新郑的渠门，进入城中大街，攻打东郊，占领牛首（地名）。而且将郑国宗庙的椽子取了下来，拿回宋国去做了卢门的椽子，出了一口恶气。

特别说明，这年冬天还发生了一件大事，《春秋》虽有记载，但是《左传》没有特别说明，那就是：齐僖公去世了，其子诸儿即位，是为齐襄公。

鲁桓公十五年

公元前697年，鲁桓公十五年。

十五年春，天王使家父来求车，非礼也。诸侯不贡车、服，天子不私求财。

"家父"是王室大夫，以家为氏，以父为名（真会占便宜啊）。

十五年春天,周桓王派家父到鲁国要求进贡车辆。这是非礼的,因为车、服一类物品,代表了封建等级,历来是上级赏赐给下级,没有诸侯进贡给天子的道理。再说,天子也不应该私自向诸侯索取财物。

这里要多说一句,据《春秋》记载,周桓王派家父到鲁国求车是二月发生的事。三月十一日,周桓王驾崩了。《左传》对周桓王之死,以及其子周庄王即位,没有任何记述。

祭仲专,郑伯患之,使其婿雍纠杀之。将享诸郊。雍姬知之,谓其母曰:"父与夫孰亲?"其母曰:"人尽夫也,父一而已,胡可比也?"遂告祭仲曰:"雍氏舍其室而将享子于郊,吾惑之,以告。"祭仲杀雍纠,尸诸周氏之汪。公载以出,曰:"谋及妇人,宜其死也。"夏,厉公出奔蔡。

郑国的故事,越来越有戏剧性了。

"祭仲专",就是祭足专权,不把郑厉公放在眼里。郑厉公当然受不了,想要除掉祭足。但那并不是一件容易的事,至少用正常的政治手段办不到:一来祭足是郑国的三朝老臣,根深蒂固;二来祭足深得郑庄公真传,老奸巨猾,精于算计,玩弄起权术来,甩郑厉公好几条街;三来郑厉公这个国君,本身来路不正,又是祭足扶上去的,毕竟底气不足。

那就只能用非常的手段,也就是暗杀了。但那也不容易。祭足自打被宋国人绑架过之后,提高了警惕,出入都有重兵保护,基本无从下手。

郑厉公想到了一个人。他叫雍纠,是祭足的女婿。

关于此人的来历,史料上找不到任何记录。但是我们可以推测:当年雍氏绑架祭足,逼他在郑国发动政变,立公子突为君,双方必定签订了某种盟约。作为雍氏的代理人,雍纠和祭足一起来到了郑国,并按约定娶了祭足的女儿。而从血缘关系上讲,他又很可能是郑厉公的表哥或表弟。

站在雍纠的角度,郑厉公与祭足,一个是表亲,一个是岳父,究竟谁更亲呢？这个问题不太好回答。但是，雍纠之所以娶祭足的女儿，不是因为爱情，也不是因为门当户对，而是宋国人强行摊派的。这是一桩建立在不信任基础上的婚姻，姑爷的任务是监视泰山，两个人之间又怎么会有好感呢？因此，在郑厉公与祭足的君臣之争中，雍纠自然而然地站在了郑厉公这边。

郑厉公和雍纠商定，借举行郊祀的机会，由雍纠在路上设宴招待祭足，趁机刺杀祭足。

惊蛰前后，国君要带领众臣前往城郊举行祭祀众神的活动，祈祷风调雨顺，五谷丰登，称为郊祭。在郊祭的途中，女婿请岳父喝杯小酒，想必不会引起什么怀疑。

计是好计，但让人搞不明白的是，雍纠为什么会把这事透露给自己的老婆。

而她老婆雍姬得到这个消息，第一个念头也不是告诉老爸，而是跑到老妈那里，傻乎乎地问道："妈您说，老爸亲，还是老公亲？"

老太太撇撇嘴："那还用说，当然是老爸亲。"然后说了一句相当雷人的话："人尽夫也，父一而已。"意思是人尽可夫，老爸只有一个。说得倒也在理，只不过"人尽夫也"四个字，实在是太那个了。

雍姬恍然大悟，将老公的阴谋告诉了老妈。

祭足有了准备，反将雍纠杀死，并将他的尸体扔到"周氏之汪"，也就是周家的池塘里。顺便说一下，这个池塘在郑国历史上相当有名，以后还会有不少历史事件与之有关。

这就相当于公开向郑厉公示威了。

郑厉公亲自驾着马车到周家的池塘边看了一下，将雍纠的尸体抱上车，逃到了蔡国。

事情败露，走为上计，郑厉公做事绝不拖泥带水。

"谋及妇人，宜其死也。"这是他对雍纠的评价，意思是这么重要的事居然让一个妇人知道了，死得活该。然而他还是带走了雍纠的尸体，找了个地方埋葬起来。雍纠既然为他而亡，他就不会抛弃雍纠，哪怕只是一具尸体。

单凭这一点,天下还有他的舞台。

六月乙亥,昭公入。

郑昭公又回到了新郑,重新成为郑国的主人。

《史记》则明确记载:"祭仲迎昭公忽。六月乙亥,复入郑,即位。"也就是说,这一切还是出于祭仲的安排。

许叔入于许。

许叔,就是许穆公,名新臣。

鲁隐公三年,齐、鲁、郑三国入侵许国,许庄公逃亡。郑庄公命许国大夫百里奉许叔为主,又命郑国大夫公孙获留守许国,并且交代公孙获:"我死,乃亟去之!"

但是,公孙获并没有忠实地执行郑庄公的遗命。个中原因,很有可能是因为郑厉公不同意。现在,郑昭公复辟了,许穆公趁机夺权,许国恢复了独立。

对照上一条新闻,可知"入"的意思,并非"进入"那么简单。确切地说,是"入主"。

公会齐侯于艾,谋定许也。

鲁桓公与齐襄公在艾地会见,商量安定许国的事。

秋,郑伯因栎人杀檀伯,而遂居栎。

栎是郑国的大城,檀伯是栎城守将。

这里的郑伯,是郑厉公。他从新郑逃出来之后,依靠栎城百姓的帮助,杀死檀伯,从此将栎城据为己有。

郑国进入了"新郑—栎城"双城时代。

冬,会于袲,谋伐郑,将纳厉公也。弗克而还。

《春秋》记载,是年十一月,鲁桓公与宋庄公、卫惠公、陈庄公在袲地会见,商量讨伐郑国,准备帮助郑厉公抢回君位。结果是"弗克而还",也就是无功而返。

这里有一个问题:当年宋庄公因为索求贿赂不成,已经和郑厉公闹到刀兵相见,这时候为什么会和鲁桓公一道,热心地帮助郑厉公呢?

《左传》对此没有解释。其中的隐情,也不太好猜测,只能用十九世纪英国首相帕麦斯顿那句经典的话来解释:国家之间没有永远的朋友,也没有永远的敌人,只有永远的利益。

鲁桓公十六年

公元前696年,鲁桓公十六年。

十六年春正月,会于曹,谋伐郑也。

夏,伐郑。

秋七月,公至自伐郑,以饮至之礼也。

这几条记录可以连读。

鲁桓公十六年春,继上一年会面后,鲁桓公又与宋庄公、卫惠公、陈庄公在曹国相会,商量讨伐郑国的大事。去年"弗克而还",大概是没有统一意见。今年显然是谈成了,所以到了夏天,联军讨伐郑国。战争的结果,想必不太理想。七月,鲁桓公伐郑归来,大宴群臣。所谓"饮至",鲁桓公二年的记录中已经解释过,不再赘述。

冬,城向。书,时也。

冬天,在向地筑城。《春秋》记载此事,是因为不耽误农时,值得表扬。

初,卫宣公烝于夷姜,生急子,属诸右公子。为之娶于齐,而美,公取之。生寿及朔。属寿于左公子。夷姜缢。宣姜与公子朔构急子。公使诸齐。使盗待诸莘,将杀之。寿子告之,使行。不可,曰:"弃父之命,恶用子矣?有无父之国则可也。"及行,饮以酒。寿子载其旌以先,盗杀之。急子至,曰:"我之求也。此何罪?请杀我乎!"又杀之。二公子故怨惠公。

十一月,左公子洩、右公子职立公子黔牟。惠公奔齐。

回顾一下,当年州吁谋杀卫桓公,自立为国君,卫桓公的弟弟公子晋出逃到国外。后来州吁政权垮台,卫国人又将公子晋接回国,立为新君,也就是历史上的卫宣公。

"卫宣公烝于夷姜"是什么意思呢?

首先,夷姜是卫庄公的小妾,也就是卫宣公的庶母。

其次,"烝"是个古字,意为上淫,即晚辈男子与长辈女子通奸。烝这种事情,春秋时期并不罕见。因为那个时候经济不太发达,而娶老婆的成本又很高,即便是诸侯家里,也不兴浪费。往往是老诸侯死了,遗下一堆小老婆,儿子便挑年轻漂亮的继承。对那被烝的而言,睡过老子再睡儿子,虽然有点难堪,但总比孤老终生强。况且,烝有烝道,绝非狂蜂浪蝶苟且求欢。烝过之后,公子哥便得正儿八经将人家娶回家去,立为正室。从某种意义上讲,这也算是对先君的尊重吧。

卫宣公烝于夷姜,应该是卫桓公在位期间的事。这一烝便烝出了三个儿子。其中最大的一个,《左传》上称为急子,《史记》上则称为伋,可能是同音通假字,不必细究。

卫宣公对夷姜倒也不错,即位之后,立夷姜为夫人,立急子为世子。"属诸右公子",就是将急子托付给右公子,由右公子担任老师,负责培养这位未来的国君。

有右公子就有左公子。右公子名职,左公子名洩。左、右公子何以得名?究竟是卫宣公的叔父还是兄弟?史料上没有任何记载。

卫宣公既然立急子为世子,就想替他娶一个好老婆,于是向齐僖公提亲,齐僖公欣然答应。没想到的是,齐国公主长得太漂亮了,卫宣公一看就傻了眼,做了一个让所有人大跌眼镜的决定:儿子的婚礼不办了,准儿媳妇带回自己的寝宫去享用!

卫国人都为国君的行为感到羞耻,有人写了一首诗来讽刺他——

"新台有泚,河水瀰瀰。燕婉之求,籧篨不鲜。新台有洒,河水浼浼。燕婉之求,籧篨不殄。鱼网之设,鸿则离之。燕婉之求,得此戚施。"

这首名为《新台》的诗收录于《诗经·卫风》中,大概意思是:新建的楼台光鲜明亮,河水潺潺从它旁边流过,美丽的人儿哟,竟然嫁给了丑陋不堪的糟老头。

这位美丽的人儿,史料上称为宣姜——卫宣公的宣。

数年之间,卫宣公和宣姜生了两个儿子,大儿子名寿,小儿子名朔。

左公子洩被任命为公子寿的老师。

从来只有新人笑,有谁听到旧人哭? 人老珠黄的夷姜眼看着本来应该成为自己的儿媳妇的女人霸占了自己的老公,不免又想起自己的老公原本是自己的儿子(名分上),已经去世的公公又是前任老公……真是剪不乱,理还乱,一不小心神经短路,自缢而亡。

夷姜死后,宣姜成为卫国的夫人。随着时间的推移,她的两个儿子,公子寿和公子朔也逐渐长大成人。

理所当然,宣姜希望自己的儿子将来能够成为卫国的君主,而一个现实的障碍摆在了她面前:夷姜虽死,急子却仍然是卫国的世子。如果不除掉这位原来应该成为自己的老公的人,她的希望就只能落空。

阴谋由此产生。"宣姜与公子朔构急子",也就是宣姜与小儿子在卫宣公面前构陷急子。卫宣公听信谗言,竟然动了杀心,于是派急子出使齐国,预先派刺客埋伏在途中的莘地,准备刺杀急子。

公子寿知道了这个阴谋,赶紧告诉急子,要他离开卫国。

以急子所处的险境,逃跑是唯一的出路。但是,他拒绝了公子寿的好意:"如果弃父亲的命令于不顾,还要儿子干啥呢? 你说,这世上有没有哪里是没有父亲的,如果真有这么个地方,我倒是可以逃到那里去。"

这就有点"君要臣死,臣不得不死;父要子亡,子不得不亡"的意味了。

作为现代人,我们可以笑话急子的迂腐,但不能笑话他的视死如归。对他来说,这便是舍生取义,虽然这种"义"不见得有多少价值。

到了出发那天,公子寿在河边为急子设酒送行。三杯两盏下去,急子酣然大醉。等到他醒来,才发现公子寿已经穿了他的衣服,带走了他的仪仗,替他前往齐国出使去了。

公子寿走到莘地,埋伏在那里的刺客远远看见,以为是急子,一拥而上,驱散随从,将公子寿杀死。杀死之后才发现认错了人,正在郁闷呢,急子匆匆忙忙追上来,抚尸大哭:"我才是你们要杀的人,他有什么罪,快来杀我吧!"于是又被杀死。

公子寿为什么要替急子送死? 某种意义上讲,他也在舍生取义:希望通过自己的死,为父母和弟弟的行为赎罪。

《诗经·卫风》中的"二子乘舟"一诗,据说是卫国人为哀悼公子寿与急子而作:

"二子乘舟,泛泛其景,愿言思子,中心养养。二子乘舟,泛泛其逝,愿言思子,不瑕有害。"

"二子"便是公子寿与急子。从卫国前往齐国是否乘舟而行,现在已经无从考证。

这场谋杀的最大获益者是公子朔。急子死了,公子寿也死了,公子朔自然成为世子。鲁桓公十二年,卫宣公去世,公子朔即位,即历史上的卫惠公。

但是卫国人对他没有任何好感,反而更加怀念急子和公子寿。公子职和公子洩更是对宣姜母子充满了怨恨。

于是,鲁桓公十六年十一月,也就是卫惠公上台的第四年,两位公子发动政变,立急子的弟弟黔牟为君,卫惠公仓皇出逃齐国。

鲁桓公十七年

公元前695年,鲁桓公十七年。

十七年春,盟于黄,平齐、纪,且谋卫故也。

《春秋》记载,十七年春,鲁桓公与齐襄公、纪侯在黄地会盟。这次外交活动有两个目的:

其一,"平齐、纪",也就是解决齐国与纪国之间的问题。齐国想吃掉纪国,不是一天两天的事;纪国千方百计避免被齐国吃掉,想了很多办法,包括请鲁国斡旋,将公主嫁给天子当王后等。现在,鲁桓公终于出面,通过会盟的形式,至少在表面上把这件事情摆平了。

其二,"谋卫",也就是干涉卫国的内政。卫惠公于去年冬天被赶出来,逃到齐国,成为流亡之君。鲁桓公很关心这件事,和齐襄公谋划,要将卫惠公送回去。为什么?别忘了,卫惠公是宣姜的儿子、齐僖公的外孙、齐襄公的外甥。对于齐国来说,卫惠公被驱逐,是不能容忍的。

及邾仪父盟于趡,寻蔑之盟也。

鲁桓公与邾仪父在趡地会盟,重温当年蔑地会盟的誓词。

说起蔑之盟,那还是公元前722年(鲁隐公元年)的事,整整二十七年之久啦!

夏,及齐师战于奚,疆事也。于是齐人侵鲁疆,疆吏来告。公曰:"疆场之事,慎守其一,而备其不虞。姑尽所备焉。事至而战,又何谒焉?"

国际形势瞬息万变。春天,鲁桓公刚刚和齐襄公在黄地会盟;夏天,齐、鲁两国就发生了边境冲突,而且是齐国派兵入侵鲁国。

鲁国边境官吏对这件事的处理也蛮有意思:齐国人打进来了,不是整顿兵马抵抗,而是派人向鲁桓公请示该怎么办。他们大概是怕打死了齐国人,影响鲁桓公的对齐亲善友好的大局吧。鲁桓公回答:"边境上的事,谨慎小心,随时提防意外发生,全力做好防备便是了。敌人来了就打,这还用问吗?"

鲁桓公说得在理。可是他也应该想想,是什么使得边境官吏在常识问题上拿不定主意? 可不就是因为他一直以来在齐僖公这个岳父、齐襄公这个大舅子面前唯唯诺诺,直不起腰杆嘛!

蔡桓侯卒。蔡人召蔡季于陈。

秋,蔡季自陈归于蔡,蔡人嘉之也。

> 蔡桓侯去世,蔡国人将其弟蔡季从陈国召回来,立为国君。蔡季名献舞,也就是蔡哀侯。
>
> 需要说明的是,诸侯虽有公、侯、伯、子、男五等,死后统称为公,是春秋时期的惯例。而蔡国历代君主在史料上皆称为侯,原因不详。

伐邾,宋志也。

> 同年秋天,鲁国派兵参与宋国、卫国讨伐邾国的行动,这是宋国的意愿。可就算是宋国的意愿,鲁桓公年初才和邾仪父"盟于趡"啊!
>
> 这颠三倒四的,究竟是想干吗呢?

冬十月朔,日有食之。不书日,官失之也。天子有日官,诸侯有日御。日官居卿以厎日,礼也。日御不失日,以授百官于朝。

> 《春秋》记载,"冬十月朔,日有食之。"
>
> 朔即月初,日食即日蚀。《左传》解释,之所以不写具体的日子,是史官漏记了。天子有日官,享受卿的政治待遇,推算历象,这是周礼的规定。诸侯有日御,将天子颁授的历授予百官。

初,郑伯将以高渠弥为卿,昭公恶之,固谏,不听。昭公立,惧其杀己也,辛卯,弑昭公,而立公子亹。

君子谓"昭公知所恶矣"。公子达曰:"高伯其为戮乎!复恶已甚矣。"

郑国再度生变。

高渠弥是郑国的卿,也是郑国的老臣,参加过繻葛之战。当初,郑庄公打算提拔高渠弥为卿,遭到郑昭公也就是世子忽的坚决反对,但是郑庄公没有听从世子忽的意见,还是让高渠弥做了卿。这件事情,高渠弥一直耿耿于怀,一方面是恨郑昭公差点坏了他的好事,另一方面也担心郑昭公会对自己不利。所以,这一年冬天,高渠弥发动政变,杀死郑昭公,而立郑庄公的另一个儿子公子亹为君。

这件事情说明,郑昭公对自己所厌恶的人是了解的。公子达(其人不详)对此评论:高渠弥恐怕要遭受诛戮,报复得太过分了。

《韩非子》也引用了这个故事,且评论道:"知道高渠弥的恶,说明郑昭公聪明。但是不诛杀高渠弥,反为高渠弥所弑,足见郑昭公无权,所以也就只能说是'知其恶'了。"

鲁桓公十八年

公元前694年,鲁桓公十八年。

十八年春,公将有行,遂与姜氏如齐。申繻曰:"女有家,男有室,无相渎也。谓之有礼。易此,必败。"

公会齐侯于泺,遂及文姜如齐。齐侯通焉。公谪之。以告。

夏四月丙子,享公。使公子彭生乘公,公薨于车。

鲁人告于齐曰："寡君畏君之威,不敢宁居,来修旧好。礼成而不反,无所归咎,恶于诸侯。请以彭生除之。"齐人杀彭生。

这一年春,在双方边境摩擦不断的情况下,鲁桓公带着夫人文姜前往齐国拜访齐襄公,一方面是为了协商解决两国边境冲突,另一方面是周天子要将女儿嫁给齐襄公,指定鲁桓公为主婚人,因此要与齐国方面商量有关操办婚礼的事宜。

国家元首出访,第一夫人作陪,在今天看来是很正常的事,当时却引起了鲁国群臣的强烈反对。按大夫申繻的说法："女子有夫家,男人有妻室,不可互相轻慢,就叫作有礼。如果违反这一伦常,必定会出问题!"

申繻的话,已经说得很难听了。他必定是听到什么风声,才会发出这样的议论。可是,当局者迷,鲁桓公大概是想,文姜毕竟是齐侯的妹妹,有她从中斡旋,有利于解决两国之间的矛盾。再说了,他很爱文姜,也禁不住文姜的软缠硬磨,心一软,便答应了文姜的要求,带着她来到了齐国。

这当然是大大的非礼!诸侯的女儿出嫁,没有省亲一说,除非被夫家休掉,否则再无回国之日。至于国事访问,那就更没有带着夫人去的先例。鲁桓公这样做,实在是太不应该。

齐襄公与鲁桓公在泺地相会,宾主相谈甚欢,该消除的误会都消除了,王室与齐侯家的婚事也谈妥了。齐襄公很高兴,邀请鲁桓公夫妇到临淄去住上一段时间,鲁桓公欣然应允。

可就是在临淄,发生了意想不到的事情——"齐侯通焉",意思是齐襄公和文姜通奸了。

这怎么可能?他们可是兄妹啊!

虽然不是一母所生,可毕竟都是齐僖公的儿女啊!

这太乱了。回想起来,当年齐僖公要把文姜嫁给郑国的世子忽,遭到拒绝,会不会是文姜已经与齐襄公有私情,而且传到了世子忽的耳朵里呢？当年文姜出嫁鲁国,齐僖公不惮"非礼",亲自送亲,会不会是担心路上发生什么丑事呢？

又据野史记载,当年文姜出嫁,齐襄公曾以诗相赠:"桃有华,灿灿其霞。当户不折,飘而为苴。吁嗟兮复吁嗟。"诗的意思是,桃花如同红霞般美丽,虽然种在我的家门口,我却没有采摘,现在飘落于地,真是让人唏嘘！文姜亦以诗相和:"桃有英,烨烨其灵。今兹不折,讵无来春！叮咛兮复叮咛。"桃花每年都会盛开,就算是今年不采摘,难道来年春天都不开花了吗？千万记住我的叮咛啊！——这是正常的兄妹之情吗？

野史姑妄听之,齐襄公和文姜私通,却是不争的事实。鲁桓公虽然迟钝,在临淄住的日子久了,对文姜与齐襄公的迎来送往也心知肚明了。当时齐国还有人以这桩风流韵事为背景,写了一首诗:

"敝笱在梁,其鱼鲂鳏。齐子归止,其从如云。敝笱在梁,其鱼鲂鱮。齐子归止,其从如雨。敝笱在梁,其鱼唯唯。齐子归止,其从如水。"

这首诗收录于《诗经·齐风》,大意是:破鱼篓儿横在水坝上,只见鱼儿互相追逐,快乐得像云像雨又像水。只不过,齐襄公和文姜将自己的快乐建立在了鲁桓公的痛苦之上。

再老实的人也不甘心戴绿帽子。鲁桓公虽然身在异国他乡,只能任由别人摆布,但还是找机会向文姜发了一通脾气,责骂她不知廉耻。但这一骂,骂出问题来了:文姜跑到宫里,向齐襄公告了一状。

四月初十,齐襄公设宴招待鲁桓公。鲁桓公心情郁闷,很快就喝醉了。宴会过后,齐襄公令公子彭生驾车将鲁桓公送回宾馆。彭生是齐国有名的大力士,半路上略施手脚,鲁桓公就这么不明不白地"薨"了。

《春秋》简单地记载:"夏四月丙子,公薨于齐。"而《左传》也仅仅是语焉不详地说:齐侯派公子彭生为鲁桓公驾车,鲁桓公死在车里。

一桩证据确凿的谋杀案,鲁国的史书为什么要记载得这么遮遮掩掩呢？那是因为:第一,鲁桓公带着文姜去齐国访问,本来就是"非礼"的行为,他本人应该对此负责任;第二,鲁桓公正月访问齐国,四月被杀,在齐国流连了三个多月,不理国内政事,虽有被逼无奈之处,但也不可原谅;

第三，鲁桓公戴了绿帽子，等于鲁国戴了绿帽子，鲁国人写起这段历史，总是感觉难堪，难以下笔。

鲁桓公死得暧昧，当时鲁国的群臣对于这件事的态度就更暧昧。他们给齐僖公发了一份含糊其词的抗议信，大致意思是：敝国君畏惧您的虎威，不敢安坐家里，前来贵国修好，事情办成了，非但没有回国，还稀里糊涂地死在贵国，也不知道找谁负责，在诸侯中引起了恶劣的影响，请您杀了公子彭生，也好对各国有个交代。

这份抗议信结结巴巴，前言不搭后语，有点想讨回公道，却又怕对方发威；有点想指桑骂槐，却又欲说还休，堪称奇文。齐襄公收到这封信，倒是毫不含糊，派人杀了公子彭生，算是给了鲁国人一个说法。

秋，齐侯师于首止；子亹会之，高渠弥相。七月戊戌，齐人杀子亹，而轘高渠弥。祭仲逆郑子于陈而立之。

是行也，祭仲知之，故称疾不往。人曰："祭仲以知免。"仲曰："信也。"

这一年秋天，齐襄公亲自率领大军，来到郑、卫边境上一个名叫首止的地方。郑国现任国君公子亹带着高渠弥前去会见，结果公子亹被杀，高渠弥被处以车裂之刑。

齐襄公为什么要这样做？

其一，他和文姜兄妹通奸，并且谋杀文姜的亲夫鲁桓公，已经成为公开的秘密。为了撕掉身上那张"无道昏君"的标签，他必须做一两件有影响力的大事。那么，为冤死的郑昭公报仇，惩治大逆不道的乱臣贼子高渠弥，便是一个很好的题材。

其二，大胆推测，郑昭公还是世子忽的时候，曾经领兵替齐国打败北戎，有恩于齐国；齐襄公的父亲齐僖公也一直对郑昭公青睐有加，两度想将女儿嫁给他。两国交往的过程中，当时的齐国世子诸儿有没有可能和世子忽结下深厚的友谊？甚至于文姜有没有可能早就对世子忽芳心暗许？可能性很大。那么，为郑昭公报仇便带有强烈的个人感情色彩了。

有意思的是，公子亹此行，本来也想带上祭足同去，但是以祭足的老奸巨猾，怎么会看不出齐襄公的意图？于是称病不去，躲过一劫。事后，人们称赞他有先见之明，知道如何避祸，他不无得意地说："那倒是没说错。"

公子亹死后，祭足又主持大局，从陈国迎立了郑庄公的另一个儿子公子仪为君。这样算起来，他已经是郑国的六朝元老了，真真是：铁打的祭足，流水的国君。

周公欲弑庄王而立王子克。辛伯告王，遂与王杀周公黑肩。王子克奔燕。

初，子仪有宠于桓王，桓王属诸周公。辛伯谏曰："并后、匹嫡、两政、耦国，乱之本也。"周公弗从，故及。

诸侯国里争权夺位，天子家里也不消停。

周桓王在世的时候，宠爱幼子克（字子仪），并将他托付给周公黑肩。这是欠考虑的。自打虢公林父于鲁桓公十年逃亡虞国，周公黑肩便是王室唯一的卿士，也可以说是朝廷的首席执政官。在有太子佗（也就是周庄王）的情况下，将王子克托付给周公，是什么意思呢？大夫辛伯便劝周公不要接受这样的任务，说："侧室享受王后的待遇，庶子等同于嫡子，两卿同时执政，分封的城池和国都同等规模，这都是动乱的根源。"说白了，你作为首席执政官，应该辅佐的是太子，而不是其他人。这不是个人感情问题，而是政治体制使然。违背规律行事，必然会受到惩罚。

周公黑肩听不进去。他一心辅佐王子克，即便在周庄王即位之后，也还是为王子克考虑，甚至于想要杀掉周庄王，立王子克为王。辛伯发现了黑肩的阴谋，向周庄王报告。周庄王于是杀了黑肩，王子克出逃南燕国。

第三章

鲁庄公

鲁庄公名同，是鲁桓公和文姜的儿子，生于鲁桓公六年，即位的时候才十二岁。

鲁庄公元年

公元前693年，鲁庄公元年。

元年春，不称即位，文姜出故也。

作为一个孩子，鲁庄公是不幸的。当他登上国君宝座的时候，不得不面对一个现实：他的父亲死得不明不白，母亲则成为国人唾弃的荡妇，而且留在齐国不肯回来（当然也是无脸回来）。鲁国成为笑话，公室颜面尽失，在这种情况下，本来应该隆重举行的即位大典，也只能是草草了事。

所以，《春秋》也不记载鲁庄公即位，将这件事淡化处理了。

三月，夫人孙于齐。不称姜氏，绝不为亲，礼也。

孙通逊，私奔之意。"夫人孙于齐"，也就是夫人私奔齐国。由此可知，在鲁庄公即位之后，文姜还是回过鲁国，但是没住几天，又跑回齐国去了。

《春秋》称文姜为夫人而不称姜氏，相当有讲究：齐国姜姓，本来是鲁国的姻亲，但是因为齐襄公极大地伤害了鲁国人民的感情，所以"绝不为亲"。可另一方面，文姜毕竟是鲁庄公的母亲啊！就算鲁国人再唾弃她，鲁庄公和她的母子之情却是不可断绝的。这也是人伦的根本，母亲再坏也是母亲，谁都没有权力令鲁庄公不认自己的母亲。所以，鲁国人只好忍气吞声，不提那个"姜"字，这也是顾念鲁庄公，怕他左右为难。礼的精神，在这一笔简单的历史记载中得到了体现。

秋，筑王姬之馆于外。为外，礼也。

王姬，天子的女儿，王室的公主，将嫁到齐国为夫人。按照周礼，天子的女儿下嫁到诸侯家里，必指派同姓诸侯主婚，天子不亲自主婚，这是因为天子与诸侯不对等。

《春秋》记载，这一年秋天，王室的卿单伯奉命将王姬送到鲁国，准备由鲁庄公主婚，再送到齐国去完婚。鲁国和齐国虽然闹僵了，但是对于天子安排的这一任务，还是尽力而为，并且在曲阜城外专门为王姬修筑了行馆——因为王姬不是鲁国女子，按周礼，不能居住在城内。

鲁庄公二年

公元前692年，鲁庄公二年。

二年冬，夫人姜氏会齐侯于禚。书，奸也。

冬天，文姜私会齐襄公于禚地。《春秋》记载此事，是因为他们通奸了。

这一年的《左传》，就这么一条干巴巴的记录。事实上，当年还发生了不少事情，其中有两件值得关注：

第一件：七月，齐襄公的夫人王姬去世了。王姬于去年由鲁庄公主婚嫁到齐国，当了不到一年君夫人便去世，死因不详，也许是因为水土不服而致病，也许是因为思念故都而成疾。几乎可以肯定的是：这位尊贵的女子，在齐国过得并不快乐。不只是她不快乐，整个齐国后宫都不快乐，因为齐襄公沉溺于与文姜的不伦之恋中，不但冷落了她们，而且给她们带来了羞辱。

第二件：十二月，宋庄公去世了，其子宋闵公即位。

鲁庄公三年

公元前691年，鲁庄公三年。

三年春，溺会齐师伐卫，疾之也。

"齐师伐卫"，是为了替逃亡到齐国的卫惠公出头。

溺是公子溺。此人不经鲁庄公同意，自把自为，带部队参与齐国伐卫的行动。《春秋》记载："溺会齐师伐卫。"不称其为公子，是因为讨厌他。

夏五月，葬桓王，缓也。

周桓王于鲁桓公十五年（公元前697年）去世，七年乃葬，真是够"缓"的。

《公羊传》以为，"缓"为"爱"的假借字，爱者易也，也就是改葬。

秋，纪季以酅入于齐，纪于是乎始判。

纪季是纪侯的弟弟。此人背叛兄长，背叛祖国，以酅地投靠齐国，成为齐国的附庸。纪国从这个时候开始分裂。

冬，公次于滑，将会郑伯，谋纪故也。郑伯辞以难。
凡师，一宿为舍，再宿为信，过信为次。

齐国打纪国的主意，不是一天两天，早在齐僖公年代就开始了。纪国为了自保而想尽了办法，请鲁国斡旋也不是一次两次。这一次，鲁庄公再度出面，约郑伯在滑地会见，商量营救纪国。

这个郑伯是谁？是新郑的公子仪，还是栎城的郑厉公？对照前后的历史记载来看，应该是指郑厉公。但凡带兵出国，停留一夜为舍，两夜为信，超过两夜为次。鲁庄公约郑厉公在滑地会见，等了两天以上，郑厉公却没有来，显然是有约在先却失约了。失约的原因，据郑厉公本人说，是因为新郑还被公子仪占着，自己的事都顾不过来呢！

事实是不是这样？提前翻到下一年的《春秋》，看到这样的记载："夏，齐侯、陈侯、郑伯遇于垂。"则不难联想，郑厉公很有可能暗中和齐襄公搭上了线，达成了某种政治交易，因而也就不想掺和纪国的事了。

鲁庄公四年

公元前690年,鲁庄公四年。

四年春王三月,楚武王荆尸,授师孑焉,以伐随。将齐,入告夫人邓曼曰:"余心荡。"邓曼叹曰:"王禄尽矣。盈而荡,天之道也。先君其知之矣,故临武事,将发大命,而荡王心焉。若师徒无亏,王薨于行,国之福也。"王遂行,卒于樠木之下。令尹斗祁、莫敖屈重除道、梁溠,营军临随,随人惧,行成。莫敖以王命入盟随侯,且请为会于汉汭,而还。济汉而后发丧。

首先要解释一下,什么叫作"荆尸"?

古人多以为,荆即楚,尸为陈(引申为列阵之意),荆尸乃楚人摆兵布阵的专称。今人从出土秦简中找到资料,楚人称正月为"刑夷",亦即"荆尸",则"楚武王荆尸,授师孑焉"意思是:楚武王于正月将孑(戟)授予部队。

不管何种解释,事实是:楚武王在休兵十年之后,再度开动战争机器,准备讨伐随国。

"将齐",齐通斋,也就是斋戒之意。古人出兵作战,必须先祭告祖先,请求祖先保佑,因此要斋戒沐浴,以示隆重。楚武王在举行斋戒仪式之前,突然感到一阵心悸,回宫告诉了夫人邓曼。

邓曼对此的解释是:"大王的福禄将尽了。水装得太满,就容易荡出来,这是天道。先君在冥冥之中大概是知道了,所以在面临战争、将要发布重大命令的时候,让大王心悸。此番出征,如果部队没有损失,而大王死于途中,也算是国家之福了。"

且不论邓曼的推断有没有科学依据,首先可以肯定的是,这话搁谁都不爱听,太不吉利了。其次,"若师徒无亏,王薨于行,国之福也",大王死了还是国家之福,简直就没把大王当一回事嘛!

有意思的是,楚武王听了这番话,也没有生气,而是坦然地出发了。

楚武王果然死在出征途中的一棵樠树下。这一年,是他在位的第五十一年。他的死讯被封锁起来,楚军在令尹斗祁、司马屈重的带领之下继续前进,遇山开路,遇水架桥,在随国边境筑起营垒。

随国人被楚国人的气势压倒了,主动向楚国人求和。司马屈重以楚王代表的身份进入随国和随侯会盟,而且邀请随侯到汉水拐弯的地方会见,然后退兵。

当全部人马都渡过汉水之后,斗祁等人才对外发布了楚武王去世的消息。

不得不说,楚国的强大,是有其必然性的。

纪侯不能下齐,以与纪季。夏,纪侯大去其国,违齐难也。

再说纪国的事。

纪侯终于明白,齐国是吃定纪国了。在这个弱肉强食的年代,谁也不能帮助他摆脱这一命运。奋起抵抗是徒劳的,只会给百姓带来更多的灾难。纪侯决定向命运低头,但是坚决不向齐国人低头,所以将国家交给了纪季。所谓"大去其国",就是永远地离开了纪国,以躲避齐国的祸难。

这未尝不是一种担当。

顺便说一下,这一年还发生了一件事,《春秋》有记载,《左传》却未提及:"冬,公及齐人狩于禚。"

禚是齐国的一个地名,鲁庄公二年,有"夫人姜氏会齐侯于禚"的记录。不难想象,禚是齐襄公安排给文姜的住处。对于齐襄公和文姜近乎明火执仗的偷情行为,鲁国人想必十分愤怒,才会特别记载于史册。夹在中间难以做人的是年轻的鲁庄公,既要忍受丧父之痛,又要顺应国民的情绪,埋藏对母亲的思念,实在是难为他了。这一次他偷偷越过边境,前往禚地与"齐人"会猎,说白了就是想探望一下自己的母亲。越过边境去和齐国人打猎,当然是"非礼"的行为,所以也被史官公正地记录在案,以示谴责。然而,母子之间的舐犊之情,又岂是一个"礼"字所能泯灭的?老左不提这件事,恐怕也是在情与礼之间感到左右为难吧。

鲁庄公五年

公元前 689 年,鲁庄公五年。

五年秋,郳犁来来朝。名,未王命也。

郳是鲁国周边的附庸小国,其君名犁来,大概是刚刚即位,前来朝见鲁庄公。《春秋》书其名,是因为他还没有得到王室的正式册封。

冬,伐卫,纳惠公也。

《春秋》记载:"冬,公会齐人、宋人、陈人、蔡人伐卫。"也就是鲁庄公参加了齐、宋、陈、蔡等国讨伐卫国的战争,这是为了将卫惠公送回卫国去当国君。

《春秋》惯例，凡事书"某（国）人"，则其国君没有亲自到场，仅由卿大夫出面。这一次，五国联军围攻卫国，各路诸侯基本上没有出马，只有鲁庄公一位元首来了，是很难理解的。

事实真是那样吗？

再看《春秋》的记载，前面还有这么一笔："夫人姜氏如齐师。"真相便出来了——齐襄公其实在军中，而且把文姜也叫上了。冒昧地问一句：鲁桓公的坟头，快要绿草成茵了吧？鲁国人对此当然很愤怒，但又没有办法，只好自欺欺人，将"齐侯"写成了"齐人"，算是给鲁庄公保留了一点面子。

鲁庄公六年

公元前 688 年，鲁庄公六年。这一年发生的几件大事，都与甥舅关系有关。

六年春，王人救卫。

夏，卫侯入，放公子黔牟于周，放宁跪于秦，杀左公子泄、右公子职，乃即位。

君子以二公子之立黔牟"为不度矣。夫能固位者，必度于本末，而后立衷焉。不知其本，不谋；知本之不枝，弗强。诗云：'本枝百世。'"

所谓"王人"，即王室的卿大夫。

王人姓甚名谁,参见《春秋》记载:"六年春,王人子突救卫。"

去年冬天,齐襄公拉起五国联军,公然入侵卫国,为自己的外甥卫惠公出头。出人意料,自打繻葛之战后便打消了征伐之念的王室,竟然派出部队前往支援卫国。当然,这种支援只是象征性的,目的不是对抗齐国,而是保全现在的卫君黔牟。说句公道话,以王室现在的景况,能够这样做,已经算是仗义啦!

在齐襄公的帮助下,卫惠公成功复辟。由于有王室的干涉,竟然没有掀起太大的腥风血雨。黔牟被子突带回京师,大夫宁跪流放秦国,只有当初发动政变赶走卫惠公的左、右两位公子被杀。

君子以为,当年两位公子立黔牟为君,有欠考量。把一个人扶上台,要先考虑他能不能坐得稳,必须衡量方方面面、前前后后的问题,然后以适当的方式助其上位。不知其根本,不谋其事;虽知其根本牢固,而枝叶不盛,也不能勉强。

说白了,黔牟在国内根基不固,而且没有强大的外援,并不是理想的国君人选。两位公子的悲剧,在他们选择黔牟的那一天便已经决定了。

至于"本枝百世",出自《诗经·大雅·文王》,原文为:"文王孙子,本支百世。"本是嫡传本宗,支为庶子分支。《左传》引用这句诗,在一定程度上属于断章取义。

冬,齐人来归卫宝,文姜请之也。

齐襄公帮助自己的外甥卫惠公重登君位,当然也不能亏待自己,顺手从卫国带走了大批宝器。这些宝器,多半是周朝初年周成王赏赐给卫国的第一任国君卫康叔的礼器,至此已有三百余年的历史,不只价值连城,更象征着卫侯受命于周天子管理一方领土的权力。

对于自己的另一个外甥——鲁庄公,齐襄公更加照顾有加,将这批宝器分了一部分,专程派人送到鲁国去。不过,鲁国人并不领情。老左酸溜溜地记载道:这是文姜吹了枕边风才给的。

楚文王伐申。过邓。邓祁侯曰："吾甥也。"止而享之。骓甥、聃甥、养甥请杀楚子。邓侯弗许。三甥曰："亡邓国者，必此人也。若不早图，后君噬齐。其及图之乎？图之，此为时矣。"邓侯曰："人将不食吾余。"对曰："若不从三臣，抑社稷实不血食，而君焉取余？"弗从。还年，楚子伐邓。十六年，楚复伐邓，灭之。

楚文王是楚武王和邓曼的儿子，邓祁侯是邓曼的兄弟，也就是楚文王的舅舅。

这一年冬天，楚文王带兵讨伐申国，经过邓国。邓祁侯见到外甥，特别高兴，说"这是我外甥啊"，请楚文王留下来，设宴招待。骓甥、聃甥、养甥（大概也都是邓祁侯的外甥吧），劝邓祁侯趁机杀了楚文王这位老表，因为"亡邓国者，必此人也"。如果不先下手的话，日后必定追悔莫及。要干就现在干，现在正是时候。

值得一提的是"若不早图，后君噬齐"这句话。"齐"通"脐"，也就是人的肚脐。人不能吃自己的肚脐，大概是当时的俗语，想想还蛮有道理。"噬齐"，也就引申为"追悔莫及"了。

邓祁侯说，人家是来做客的，我如果杀了他，人们会因为唾弃我而不吃我剩下的食物的！

《汉书》中有"猪狗不食其余"的说法，大概意思是，一个人品德太差，连畜生都讨厌他，以至于连他吃过的东西都不想碰。邓祁侯身为国君，恐怕经常将自己吃剩的东西赏赐给身边的下人。以此推测，"人将不食吾余"的准确意思，当为"连下人都讨厌我"。

三位外甥回答：您如果不听我们的话，恐怕连社稷都得不到祭祀，哪里还会有什么多余的食物！

邓祁侯还是不听。

楚文王伐申归来的当年，果然进攻邓国。十年之后，即鲁庄公十六年，楚国灭邓国，印证了三人的预言。

鲁庄公七年

公元前687年，鲁庄公七年。

七年春，文姜会齐侯于防，齐志也。

文姜和齐襄公偷情的记录，不绝于史。鲁庄公七年春天，两个人又在防地厮混。据狗仔队说，这是出于齐襄公的意愿。

夏，恒星不见，夜明也。星陨如雨，与雨偕也。

这段文字，读起来宛如一首带着淡淡忧伤的小令。

夏夜明朗如昼，以至于连恒星都看不见。流星如雨，和雨一起落下。

据天文学家推算，鲁庄公七年夏的这场流星雨，为世界上最早的天琴座流星雨纪录。

秋，无麦、苗，不害嘉谷也。

《春秋》记载："秋，大水，无麦、苗。"

周历的月份，基本与现行公历一致。《春秋》《左传》中的"秋"，为周历的七月、八月、九月，大致相当于现行农历的五月、六月、七月，实为夏季。因为水灾，麦田无收，但是不影响祭祀的"嘉谷"也就是黍稷的收成。

鲁庄公八年

公元前686年，鲁庄公八年。

八年春，治兵于庙，礼也。

夏，师及齐师围郕。郕降于齐师。仲庆父请伐齐师。公曰："不可。我实不德，齐师何罪？罪我之由。夏书曰：'皋陶迈种德，德，乃降。'姑务修德，以待时乎！"

秋，师还。君子是以善鲁庄公。

鲁庄公与齐襄公的甥舅关系越来越好。抛开个人恩怨不谈，单纯地站在国家利益的角度来看待这件事，倒也无可厚非。

八年春，鲁庄公在太庙举行了授兵仪式，准备出征。夏天，齐、鲁两国联军入侵郕国，围其国都。面对强敌，郕国人选择了投降。但是，似乎是有意轻视鲁庄公，他们只到齐军大营，向齐襄公递交了降书。齐襄公欣然接受，也没有拉上鲁庄公来一起享受这份尊荣，作为战胜者的好处当然也没有让鲁国得到。

这未免也太欺负人了！

仲庆父是鲁庄公的长弟，此时亦在军中，建议袭击齐军，洗刷耻辱。年轻人就是冲动。庆父的这个建议，只图一时之快，完全没有考虑后果有多严重。幸好鲁庄公少年老成，沉得住气，拒绝了庆父的建议，说：人家不降我而降齐,是因为我的"德"不够,齐人又有何罪?

"罪我之由"是"罪由我之"的倒装句,意思是,这事啊,要怪就怪我吧。《夏书》上说得好,皋陶勉力培养德行,德行具备,别人自然降服。咱们还是致力于提高自己的"德",以待时机吧!

秋天,鲁军回国。鲁庄公因为这件事,受到了好评。为什么? 第一,他权衡利弊,思前顾后,没有因为一时冲动而将国家拖入与齐国交战的泥坑。第二,所谓"行有不得,反求诸己",遇到问题先从自己身上找原因,总不至于有大错。第三,所谓"德",对于一个国家而言,其实就是包括经济、政治、文化、军事等在内的综合实力。以鲁国的综合实力,如果为了这么一件事就向齐国全面开战,实在是不理智的行为。鲁庄公虽然年轻,却能清醒地认识到这一点,而且能够把道理讲清楚,让身边的人心服口服,当然要表扬。

齐侯使连称、管至父戍葵丘,瓜时而往,曰:"及瓜而代。"期戍,公问不至。请代,弗许。故谋作乱。

僖公之母弟曰夷仲年,生公孙无知,有宠于僖公,衣服礼秩如適。襄公绌之。二人因之以作乱。

连称有从妹在公宫,无宠,使间公。曰:"捷,吾以汝为夫人。"

冬十二月,齐侯游于姑棼,遂田于贝丘。见大豕。从者曰:"公子彭生也。"公怒,曰:"彭生敢见!"射之。豕人立而啼。公惧,队于车,伤足,丧屦。反,诛屦于徒人费。弗得,鞭之,见血。走出,遇贼于门。劫而束之。费曰:"我奚御哉?"袒而示之背,信之。费请先入。伏公而出,斗,死于门中。石之纷如死于阶下。遂入,杀孟阳于床。曰:"非君也,不类。"见公之足于户下,遂弑之,而立无知。

鲁庄公"姑务修德以待时",齐襄公则因为他的品德败坏而走到了人生的尽头。

去年七月，瓜熟时节，齐襄公派大夫连称、管至父前往葵丘戍边，说"明年瓜熟的时候就派人来替换你们"。到了今年七月，瓜又熟了，齐襄公却没有派人来。连称和管至父想，大概是国君忘记了吧？这也难怪，国君成天东征西讨，干涉他国的内政，还要抽时间和文姜约会，哪里还记得起葵丘有那么两个人在傻乎乎地等着他派人去轮岗啊。两个人一合计，决定派使者去提醒齐襄公。万万没想到，得到的答复是：你们啊，继续在那儿待着吧。

齐襄公轻飘飘的一句话，对连称和管至父来说不啻晴天霹雳，一个大胆的念头产生了：杀掉这个无道昏君，以泄心头之恨！

一个叫公孙无知的人进入他们的视线。无知的父亲夷仲年，是齐僖公的胞弟。齐僖公在世的时候，对无知这个亲侄子宠爱有加，赐予衣服车仗，与自己的嫡子无异。

如前所述，嫡子的地位远远高于庶子，嫡子不只享有继承权，在穿着打扮、出行仪仗甚至膳食待遇上也区别于庶子。这样做的目的，主要是体现封建等级制度的权威性，培养庶子对嫡子的服从意识，维护统治阶级内部的稳定。公孙无知以国君侄子的身份穿上嫡子的衣服，享受嫡子的待遇，可以说是一种"乱政"。

齐襄公当世子的时候，对无知享受超级待遇有想法没办法。等到他当上国君，便"绌之"，也就是降低了无知的政治待遇。在这件事上，齐襄公没有做错，无知却很不服气，有了作乱之心。

公孙无知和连称、管至父一拍即合，准备发动宫廷政变，杀死齐襄公，由无知接任国君。

连称有个妹妹，其名不详，姑且叫她连氏吧。连氏是齐襄公的小妾，但是"无宠"，也就是遭到了齐襄公的冷落。说句题外话，那些年被齐襄公冷落的女人，恐怕也不止她一个。自打文姜从鲁国回来，齐国的后宫基本上就变成了冷宫，里面圈养了一大堆怨妇，连氏只是其中的一个罢了。无知对这个女人许诺，只要她为政变提供情报，事成之后，封她为夫人!

看过《权力的游戏》的人,会不会对以上情节有一种似曾相识感?兄妹乱伦,兄弟争位,后宫内斗,叔嫂通奸,各种元素齐备,甚至有过之而无不及。如果编剧的胆子再大一点,将公孙无知的身份变成齐僖公的私生子,那就更好看了……

闲话不说,回到《左传》。

十二月,齐襄公前往姑棼游玩赏雪,并在贝丘举行狩猎。正当齐襄公追逐猎物的时候,冷不丁冒出一头野猪来,挡在他的车前。诡异的是,齐襄公看到的是野猪,随从看到的却是公子彭生。八年前,齐襄公命彭生趁驾车之机暗中格杀鲁桓公,事后又杀彭生以平息舆论。现在,显然是彭生的冤魂在作怪。齐襄公又怒又怕,说:"彭生岂敢来见我!"引弓而射。野猪中箭,痛苦地嚎叫。齐襄公吓坏了,摔下车来,伤了脚,丢了鞋,狼狈不堪。

回到行宫,齐襄公责令徒人费给他找鞋。所谓徒人,一说是"寺人"之误,一说是徒步的仆役,总之是胯下无物的小人物。徒人费找不到鞋,回来交不了差,被齐襄公下令打了几十鞭子,鲜血淋淋,一瘸一拐地走出来,正好遇到连称、管至父等人,还没来得及惊叫,一把刀已经架在脖子上,人也被捆绑起来了。

这时候徒人费说了一句:"我奚御哉!"意思是你们不要动粗,我何必反抗呢!并且将衣服扯下来,给连称等人看他的伤口。

连称相信了徒人费,让他先潜回行宫当内应。徒人费一回宫,便将外面发生的事情告诉了齐襄公。齐襄公吓坏了,赶紧找地方躲藏。徒人费又跑出去,一来大概是想拖延时间,二来想找机会刺杀连称、管至父,结果被杀死于宫门。齐襄公的卫士石之纷如亦死于台阶之下。

刺客冲入寝宫,看到国君的床上有人,不管三七二十一,乱刀砍死。连称和管至父进来一看,却不是齐襄公,而是齐襄公的卫士孟阳。正在狐疑之际,在宫门下看到齐襄公的脚,于是将他拉出来杀了。

公孙无知如愿以偿,成为齐国的国君。

初，襄公立，无常。鲍叔牙曰："君使民慢，乱将作矣。"奉公子小白出奔莒。乱作，管夷吾、召忽奉公子纠来奔。

公子小白和公子纠，都是齐襄公的同父异母兄弟。小白的母亲，原本是卫国公主；纠的母亲，原本是鲁国公主。齐襄公当上国君之后，谋杀鲁桓公，通奸文姜，欺压大臣，举事无常。小白的老师鲍叔牙认为，齐襄公的所作所为，已经导致百姓看不起他，国家必然大乱，于是提前作准备，侍奉小白出逃莒国。后来齐襄公果然因公孙无知作乱而死，管仲（字夷吾）、召忽侍奉纠出逃鲁国。

初，公孙无知虐于雍廪。

雍廪是齐国渠丘大夫，渠丘是公孙无知的封邑。这是追述往事：当年，公孙无知凭借权势虐待雍廪。

然后呢？

请看下一年的记载。

鲁庄公九年

公元前685年，鲁庄公九年。

九年春，雍廪杀无知。

公孙无知的统治仅仅持续了几个月。鲁庄公九年春天，他便被雍廪杀死。请注意这里用的是"杀"字而不是"弑"字，说明公孙无知的国君地位并没有得到承认。

《史记》的记载与《左传》颇为不同："齐君无知游于雍林。雍林人尝有怨无知，及其往游，雍林人袭杀无知，告齐大夫曰：'无知弑襄公自立，臣谨行诛。唯大夫更立公子之当立者，唯命是听。'"以雍林为地名，而非人名，不知有何依据。

公及齐大夫盟于蔇，齐无君也。

无知既死，齐国陷入无主的状态。围绕齐国的君位，两位最强有力的竞争者——公子纠和公子小白展开了争夺。就鲁庄公而言，当然是想帮助自己的亲戚公子纠登上宝座，以获得丰厚的政治回报。为此，鲁庄公积极奔走，与"齐大夫"也就是齐国的某些官员在蔇地会见，并盟誓，约定拥立公子纠为君。

夏，公伐齐，纳子纠。桓公自莒先入。

鲁庄公春天和"齐大夫"盟誓，夏天带着军队讨伐齐国，准备以武力将公子纠送回齐国去当国君。既然有约在先，为什么还要使用武力？原因是公子小白从莒国捷足先登，已经先入为主了。

关于这件事，老左没有细说，司马迁在《史记》中写道："小白自少好善大夫高傒。及雍林人杀无知，议立君，高、国先阴召小白于莒。鲁闻无知死，亦发兵送公子纠，而使管仲别将兵遮莒道，射中小白带钩。小白佯死，管仲使人驰报鲁。鲁送纠者行益迟，六日至齐，则小白已入，高傒立之，是为桓公。"

高、国二氏，是齐国的名门。周朝初年，王室为了加强对诸侯的监管，确立了一套由天子来任命诸侯卿士的制度。大国三卿，其中两卿由天子任命，称为上卿；一卿由诸侯自行任命，称为下卿。高、国二氏就是天子钦命的上卿，世代相传，可谓树大根深，其实力足以左右齐国的政局。

对照前文可知，小白和纠在国内都有拥护者。纠的拥护者，未知其名，只能以"齐大夫"代称。小白的拥护者，则是实力强横的高、国二氏。公孙无知死后，高、国二氏立即派人到莒国报信，请公子小白回来即位。

鲁国亦发兵护送公子纠回国。这是一场政治赛跑，谁能当上国君，很大程度上取决于谁能先抵达临淄。

公子纠知道小白内援强大，而且莒国比鲁国更近于齐国，优势不在自己这一边，所以派管仲轻车先行，埋伏在小白回国的必经之路上。等到小白经过的时候，管仲突然杀出，向小白射出一箭。

管仲的箭法很好，但是小白的运气更好。管仲这一箭正好射中小白的带扣，小白急中生智，装作中箭身亡。等管仲逃离后，小白立即驱车急驰，倍道兼行，抢先到达目的地，并在高傒的主持之下，顺利登上君位，这就是历史上的齐桓公。

而公子纠以为小白已经死了，觉得自己可以从容一点，缓缓而行，用了六天时间才抵达齐国边境，却发现小白已经成为齐国的主人。

结果，两位公子的君位之争演变成了齐鲁两国之间的战争。

秋，师及齐师战于乾时，我师败绩。公丧戎路，传乘而归。秦子、梁子以公旗辟于下道，是以皆止。

秋天，鲁军和齐军在乾时交战，鲁军"败绩"，也就是全线崩溃。鲁庄公丢弃了自己的戎车，乘坐两匹马拉的传车逃离战场，其狼狈之状可知。鲁庄公的御戎秦子、戎右梁子继续打着国君的旗号，将追兵引诱到小路上,所以都成为齐军的俘虏。

鲍叔帅师来言曰:"子纠,亲也,请君讨之。管、召,雠也,请受而甘心焉。"乃杀子纠于生窦。召忽死之。管仲请囚,鲍叔受之,及堂阜而税之。归而以告曰:"管夷吾治于高傒,使相可也。"公从之。

政治比战争更残酷。

乾时之战后,鲍叔牙奉齐桓公之命,率军前来问罪,令使者对鲁庄公说:公子纠是齐侯的兄弟,齐侯不忍亲自动手,请你们杀了他。管仲、召忽是齐侯的仇人,请把他们交给我处理才能甘心。

作为战败者,鲁庄公无法拒绝这样的要求,于是派人在生窦杀死公子纠。召忽不愿意回齐国受辱,以死相殉。按理说,管仲也应该殉死。因为他差点射死了齐桓公,如果回到齐国,肯定生不如死,死也会死得很痛苦。但是没想到,管仲主动提出,把自己囚禁起来,送回齐国去。

鲁国人如果聪明,应该嗅到一丝可疑的味道。最省事的办法,是将管仲一刀杀掉,对齐国人推说是自杀,一了百了——如果那样做了,春秋的历史将要改写。但是鲁国人没有那样做,所以鲍叔牙带走了管仲。刚到齐国境内的堂阜,鲍叔牙便将管仲从囚车里放了出来。

关于管、鲍二人的关系,司马迁这样写道:"管仲夷吾者,颍上人也。少时常与鲍叔牙游,鲍叔知其贤。管仲贫困,常欺鲍叔。"

可知管仲自幼家贫,与鲍叔牙是好朋友。所谓"常欺鲍叔",据管仲自述,是这样的:两个人曾经合伙做生意,每到分红的时候,管仲总给自己多分一点,而鲍叔牙知道他穷,更需要钱,所以从来不计较。鲍叔牙托管仲办事,管仲办砸了,鲍叔牙也没什么抱怨,反而安慰管仲说,那是时运不济,不要放在心上。管仲三次出来当官,三次被免职,也是鲍叔牙安慰他,告诉他是金子总会发光,总会有时来运转的一天。最让管仲感动的是,他三次上战场,三次逃跑,鲍叔牙不认为他这是胆怯,因为"管仲家里还有老母亲呢"。

其实,谁也不是石头缝里蹦出来的,谁都有老有小。鲍叔牙这样对待管仲,让管仲十分感动,所以说:"生我者父母,知我者鲍子也!"

且说鲍叔牙将管仲带回齐国,齐桓公当然是想报一箭之仇,杀掉管仲的。鲍叔牙却建议齐桓公重用管仲,说"管夷吾治于高傒",意思是管仲治世之才,胜于高傒。"使相可也",就是可以让他辅佐您。当时没有相国,辅佐国君的大臣,也就是卿了。

而在《史记》的记载中,鲍叔牙是这样劝说齐桓公的:"您如果只要治理齐国,有高傒和我就足够了;如果要称霸天下,那就非管夷吾不可。"

齐桓公听从了鲍叔牙的建议。

他的这一决定,奠定了齐国此后数十年强盛的基础,也使得他本人成为春秋历史上第一位霸主。

鲁庄公十年

公元前 684 年,鲁庄公十年。

十年春,齐师伐我。公将战,曹刿请见。其乡人曰:"肉食者谋之,又何间焉?"刿曰:"肉食者鄙,未能远谋。"乃入见,问何以战。公曰:"衣食所安,弗敢专也,必以分人。"对曰:"小惠未遍,民弗从也。"公曰:"牺牲、玉帛,弗敢加也,必以信。"对曰:"小信未孚,神弗福也。"公曰:"小大之狱,虽不能察,必以情。"对曰:"忠之属也,可以一战。战,则请从。"

公与之乘。战于长勺。公将鼓之。刿曰:"未可。"齐人三鼓。刿曰:

"可矣。"齐师败绩。公将驰之。刿曰："未可。"下，视其辙，登轼而望之，曰："可矣。"遂逐齐师。

既克，公问其故。对曰："夫战，勇气也。一鼓作气，再而衰，三而竭。彼竭我盈，故克之。夫大国，难测也，惧有伏焉。吾视其辙乱，望其旗靡，故逐之。"

《曹刿论战》是《左传》的名篇，入选中学语文课本，想必很多人都读过。

鲁庄公十年春，齐国入侵鲁国。鲁庄公准备迎战，曹刿求见。

谁是曹刿？史料上没有任何记载，只知道他是鲁国的乡下佬。听说曹刿为了打仗的事要去求见国君，邻居们都劝他："那是肉食者操的心，你瞎掺和个啥？"

所谓肉食者，是指天天可以吃肉的人，按当时的生活标准，至少是大夫级别。由此推测曹刿的身份，最多是个士，甚至有可能是个平民。休说是春秋时期，就算是现在，一个小百姓操心国家大事，还要跑去求见国家元首，恐怕也难以理解。

曹刿的回答很经典："肉食者不学无术，没有深谋远虑！"这就好比说，"当官的都是蠢蛋"，把邻居们吓了一跳。

曹刿来到曲阜，居然很顺利地见到了鲁庄公。他问鲁庄公："齐国人打来了，您打算依靠什么作战？"

这还用问？打仗靠的是精兵强将，是战车，是矛戈，是弓箭，是粮草。但是鲁庄公明白，曹刿的问题没那么简单。"何以战"的真正含意是：你何德何能，可以让鲁国上下一心，共抗强敌？于是鲁庄公回答："吃穿用度，不敢自专，总要与人分享。"曹刿说："那只是小恩小惠，而且只能惠及有限的几个人，对老百姓来说没意义。"

鲁庄公一看，这人不太好糊弄，于是又说："祭祀祖先和鬼神，摆了多少祭品就祷告说有多少祭品，不敢欺骗。"

曹刿说:"那也只是小诚小信,不足以服众,鬼神也不会因此而特别赐福。"

鲁庄公面上有点挂不住了,认真思考了一阵,郑重其事地说:"大大小小的官司,虽然不能一一明察,但总是本着以民为本的原则,正确对待。"

曹刿这才觉得鲁庄公差不多说到点子上了:"能够忠于自己的职守,可以与齐国一战了。如果开战,请带上我。"

鲁庄公和曹刿乘坐同一辆战车出征,在长勺与齐军相遇。

鲁庄公想先发制人,拿起鼓槌准备擂鼓进攻。曹刿按住了他的手,说:"不是时候。"

于是齐军那边的鼓先敲响了。按惯例,鲁军这时候不能在气势上输给人家,也要擂鼓呐喊,两军各自发动,战车在前,步卒在后,冲向敌阵。可是齐军擂了一通鼓,鲁军毫无动静。齐国人没见过这种阵势,不知道鲁国人葫芦里卖的什么药,于是又擂了一通鼓。鲁军还是寂然不动。等到齐军擂第三通鼓的时候,曹刿对鲁庄公说:"现在可以了。"

鲁庄公早就按捺不住,将鼓擂得如疾风骤雨一般。鲁军将士争先恐后地冲向齐军阵地,将一脸错愕的齐国人打得溃不成军。

齐军全线败退。鲁庄公下令全军追击,又被曹刿制止。他先是下车仔细查看了齐军战车留下的车辙,又站在戎车前面的横木上,朝着齐军溃逃的方向眺望了一阵,然后才说:"可以追击了。"于是追逐齐军,大获全胜。

鲁庄公赢得了一场战争,却搞不清楚自己是怎么赢的,只能向曹刿请教。

曹刿说:"打仗其实就是比勇气。一鼓作气,是斗志最盛的时候;第二次鼓起勇气,就不如第一次;第三次基本上就毫无勇气可言了。敌人丧失斗志,而我方斗志旺盛,所以能打胜仗。但是这个时候不敢轻易言胜,因为像齐国这种大国的军队,很难从表面上看出它是不是真败。所以我俯看地上的车辙,眺望敌人的旌旗,确定齐军车阵已乱,才敢放手追

曹劌論戰

击。"

打仗是残酷的事,对于双方士兵来说,举起武器冲向敌阵,都是一个极其痛苦的过程,充满了恐惧和战栗。两军阵前战鼓齐鸣、士兵高声呐喊,就是为了消除和掩饰恐惧感,增强自身的勇气。一旦鼓起勇气,又被硬生生憋回去,就很难再次振作了,所以才会有"一鼓作气,再而衰,三而竭"的说法。

后人看"曹刿论战",往往将重点放在战争阶段。实际上,这段文字的精华,在于曹刿和鲁庄公的一问三答。一国之君,最重要的是忠于职守,善用权力,而不是以小恩小惠欺骗人民和鬼神。可是,小恩小惠偏偏最具"情感杀伤力"——因为国君一件感人的小事,老百姓往往就忘记了他把国家搞得乱七八糟带来的痛苦。

就此打住。

夏六月,齐师、宋师次于郎。公子偃曰:"宋师不整,可败也。宋败,齐必还。请击之。"公弗许。自雩门窃出,蒙皋比而先犯之。公从之。大败宋师于乘丘。齐师乃还。

齐桓公不甘心失败,六月又卷土重来,而且还有宋军助阵,屯兵于郎地。

经历了长勺之战后,鲁军的士气倍涨,求战意识明显增强。大夫公子偃建议:宋军阵容不整,可以击败。宋军若是失败,齐军失去支持,必定撤走。请让我攻击宋军。

鲁庄公可能认为这样做太冒险,没有同意。

公子偃便带着自己的部队偷偷出了曲阜的雩门(西门),给战马蒙上"皋比",也就是虎皮,向宋军发动进攻。

鲁庄公得到消息,赶紧带着主力部队接应,大败宋军于乘丘。

齐军得到宋军失败的消息,果然主动撤退了。

蔡哀侯娶于陈,息侯亦娶焉。息妫将归,过蔡。蔡侯曰:"吾姨也。"止而见之,弗宾。息侯闻之,怒,使谓楚文王曰:"伐我,吾求救于蔡而伐之。"楚子从之。秋九月,楚败蔡师于莘,以蔡侯献舞归。

蔡哀侯的夫人娶自陈国,息侯的夫人也是娶自陈国,蔡哀侯和息侯是连襟。

息侯夫人,史称息妫。古代女人出嫁,称为"归"。息妫出嫁,前往息国途中,经过蔡国。蔡哀侯听说小姨子来了,很高兴,将她留下来相见。这多少是非礼的。更为非礼的是,见面过程中,蔡哀侯还"弗宾",也就是有不尊重息妫的举动。

怎么不尊重?你懂的。

息侯知道了这件事,大怒,不过也只能是大怒,因为息国太小了,虽然蔡国也不算什么大国,在息国面前却是个庞然大物。息侯连谴责蔡哀侯的勇气都没有,派人出访楚国,请楚文王为他出头找回公道。

"请您讨伐息国。寡人将向蔡国求救,蔡国一出兵,大王就可以顺势讨伐蔡国了。"

这是什么搞法?这到底是坑人还是坑自己?

楚文王当然求之不得,立即答应出兵。九月,楚军在莘地大败蔡军,俘虏了蔡哀侯。

齐侯之出也,过谭,谭不礼焉。及其入也,诸侯皆贺,谭又不至。冬,齐师灭谭,谭无礼也。谭子奔莒,同盟故也。

谭国子爵,是齐国的周边小国。

当年齐襄公被杀,公子小白出逃莒国,经过谭国的时候,谭子怠慢了他。小白回国即位为君,诸侯皆来祝贺,谭子又不到场。所以这一年冬天,齐国兴师消灭了谭国。谭子出逃莒国,因为这两个国家原本是盟国。

个人感觉,齐桓公倒不是因为谭子"不礼"而灭掉谭国,而是因为一年两败于鲁国,面子上有点挂不住,只好从谭子身上找回一点平衡。

鲁庄公十一年

公元前683年,鲁庄公十一年。

十一年夏,宋为乘丘之役故,侵我。公御之,宋师未陈而薄之,败诸鄑。

凡师,敌未陈曰败某师,皆陈曰战,大崩曰败绩。得儁曰克,覆而败之曰取某师,京师败曰王师败绩于某。

对于打仗这件事,鲁庄公是越来越顺手了。

夏天,宋国为了去年在乘丘之战中的惨败,出兵入侵鲁国。鲁庄公率军迎战,趁着宋军列阵未毕而直逼过去,在鄑地大败宋军。

回想去年的乘丘之战,宋军之所以速败,也是因为军容不整、防范不周。这位宋闵公的治国治军之才堪忧。

老左眉飞色舞地解释:举凡战事,敌未列阵就被击溃叫作"败",敌已经列阵叫作"战",全线崩溃叫作"败绩",敌我相当叫作"克",敌人全军覆没叫作"取",京师的部队失败则叫作"王师败绩"。

该怎么说呢,咱们的汉字,就是讲究。

秋,宋大水。公使吊焉,曰:"天作淫雨,害于粢盛,若之何不吊?"对曰:"孤实不敬,天降之灾,又以为君忧,拜命之辱。"

臧文仲曰:"宋其兴乎。禹、汤罪己,其兴也悖焉;桀、纣罪人,其亡也忽焉。且列国有凶,称孤,礼也。言惧而名礼,其庶乎!"既而闻之曰公子御说之辞也。臧孙达曰:"是宜为君,有恤民之心。"

同年秋天,宋国发生水灾。鲁庄公派人到宋国致以慰问之情,说:"天降大雨,毁坏了庄稼,怎敢不来慰问?"这叫以德报怨,很能体现一个人的格局。看得出,鲁庄公现在不仅仅是会打仗,在政治上也是越来越成熟了。

宋闵公的答复也相当得体:"因为孤不敬鬼神,所以老天降祸于宋国,还有劳君侯担忧,在此拜谢君侯的好意!"

"孤"是宋闵公自称。按照周礼,诸侯在天子面前自称其名,平时自称寡人,国内有凶事则自称孤。对此,鲁国大夫臧文仲表扬道:"宋国想必要兴旺了。当年大禹和成汤敢于担当责任,说'天下有罪,都是我一个人的责任',得到天下人的拥护,终成大业;夏桀和商纣将责任全推给别人,不想承担任何责任,结果很快就灭亡。国家有灾难,君主自称为孤,合乎礼制。宋公言辞谦卑,深知礼数,算是不错的啦!"

臧文仲即臧孙辰,也就是前面说过的臧哀伯的孙子。

明君与昏君的区别,至为重要的一点在于:明君以为,"万方有罪,罪在朕躬"。既然是天下的统治者,就要为天下的事情负责。天下出了任何问题,首先要追究领导责任,就算你是明君,也难辞其咎。但是昏君不这样认为。昏君的逻辑是"朕躬有罪,罪在万方",出了问题首先想到推卸责任,错都是下面人的错,自己是永远不会错的。发大水这种事情,虽然是天灾,但是在先秦儒家看来,主要还是因为统治者有做得不对的地方,老天才会如此责罚。宋闵公这种态度,是值得肯定的。

可是后来,又有消息说,那番话并非出自宋闵公本人,而是公子御说

(宋庄公的另一个儿子、宋闵公的兄弟)替他说的。臧文仲又感叹:"此人有体恤百姓之心,应该当国君才对啊!"

冬,齐侯来逆共姬。

共姬是王室的公主。

前面说过,天子的女儿下嫁诸侯,必以同姓诸侯主婚。这是《左传》的记载中,鲁国第二次为王室主婚了。第一次是鲁桓公主婚,将王姬嫁给齐襄公。这一次是鲁庄公主婚,将共姬嫁给齐桓公。所以齐桓公亲自来到鲁国,迎接共姬。

换个角度说,这也是一种外交手段。鲁国和齐国打了几场恶仗,双方都很疲惫,现在也该找个台阶下,化干戈为玉帛了。

乘丘之役,公以金仆姑射南宫长万,公右歂孙生搏之。宋人请之。宋公靳之,曰:"始吾敬子;今子,鲁囚也,吾弗敬子矣。"病之。

南宫长万是宋国的猛将,南宫为氏,名万,字长。

金仆姑是箭的名字,为鲁侯专用。民间传说,仆姑原本为蛇名,其气射人即死,所以用作箭名。

乘丘之战中,南宫长万奋勇作战,所向无敌。鲁庄公亲自引弓,以金仆姑射伤南宫长万。鲁庄公的戎右歂孙生跳下车去搏斗,活捉了南宫长万。

双方关系缓和后,宋国请求释放南宫长万,鲁国答应了。

宋闵公这个人,大概是脑子有点毛病,既然把南宫长万要回来了,又当面羞辱他,说:"原来我蛮尊敬你的,可现在你不过是一介鲁囚罢了,我不再尊敬你啦!"

南宫长万因此怀恨在心。

士可杀，不可辱，这么简单的道理，宋闵公难道就没听过？

鲁庄公十二年

公元前682年，鲁庄公十二年。

这一年秋，宋万弑闵公于蒙泽。遇仇牧于门，批而杀之。遇大宰督于东宫之西，又杀之。立子游。群公子奔萧。公子御说奔亳。南宫牛、猛获帅师围亳。

这一年秋天，南宫长万在蒙泽的行宫突然发难，杀死宋闵公。

关于这件事的具体经过，老左没有记录，《公羊传》倒是写得比较详细。

南宫长万在乘丘被鲁庄公俘获，带回鲁国，居住了数月后送回宋国。回来之后，继续当大夫。有一天，宋闵公和南宫长万赌博，宫里的女人在一旁陪侍。南宫长万说起鲁庄公，不住赞美，以为鲁庄公是个品德高尚的人。宋闵公听了很不高兴，对女人说："你们看，这就是鲁侯的俘虏。"又问南宫长万："那你为什么会被鲁侯俘虏呢？莫不是他的美德令你倾倒？"南宫长万一怒之下，将宋闵公扑倒，拧断了他的脖子。

南宫长万杀死宋闵公之后，在宫门口遇到大夫仇牧，反手一击，便将仇牧杀死。跑到东宫之西，遇见华父督，又是一击致命，算是为孔父嘉报了仇。

此后，南宫长万立公子游（不知是宋闵公的叔伯还是兄弟）为君。宋国的公室子弟纷纷出逃萧地。公子御说则出逃亳地,遭到南宫长万的弟弟南宫牛及其同党猛获的围攻。

冬十月,萧叔大心及戴、武、宣、穆、庄之族以曹师伐之。杀南宫牛于师,杀子游于宋,立桓公。猛获奔卫。南宫万奔陈,以乘车辇其母,一日而至。

宋人请猛获于卫。卫人欲勿与,石祁子曰:"不可。天下之恶一也,恶于宋而保于我,保之何补?得一夫而失一国,与恶而弃好,非谋也。"卫人归之。亦请南宫万于陈,以赂。陈人使妇人饮之酒,而以犀革裹之。比及宋,手足皆见。宋人皆醢之。

> 萧叔大心,是宋国萧地大夫,名大心,叔是排行。
>
> 戴、武、宣、穆、庄之族,即宋戴公、宋武公、宋宣公、宋穆公、宋庄公的后人,也是宋国近五世之公族。
>
> 十月,萧大心与公族人士带着曹国的军队讨伐南宫长万,在阵前斩杀南宫牛,又攻入国都睢阳,杀死公子游。猛获逃往卫国,南宫长万逃往陈国。
>
> 这里还有一桩奇事:南宫长万是个孝子,逃亡的时候,没忘记带上自己的老母亲,将老母亲载于车上,自己拉着车,只一天便到了陈国。杜预不无惊叹地注释:宋、陈相距二百六十里,南宫长万拉车一日而至,真是个大力士。
>
> 宋国向卫国要求送还猛获,卫国人不太想给,想将其收为己用。大夫石祁子认为不妥:"天下的罪恶虽有千万种,但罪恶就是罪恶,本质上没有区别。猛获在宋国作恶而在卫国得到保护,保了他又有什么好处?得到一个匹夫而失去一个国家,与罪恶为伍而放弃原则,这不是谋事之道。"于是将猛获引渡回宋国。
>
> 宋国又派人到陈国去要南宫长万,怕陈国不答应,还送上了财物。

陈国派几位美女陪南宫长万喝酒,把他灌醉,用犀牛皮裹着,严严实实地绑起来。南宫长万酒醒后,不断挣扎,送到宋国的时候,挣破犀牛皮,手脚都露了出来。当然,挣扎是徒劳的,他和猛获都被剁成了肉酱。

公子御说即位为君,是为宋桓公。

鲁庄公十三年

公元前681年,鲁庄公十三年。

十三年春,会于北杏,以平宋乱。遂人不至。夏,齐人灭遂而戍之。

齐桓公终于踏上了他的称霸之路。

齐桓公于鲁庄公九年即位为君,至今已有三年时间。这三年,齐国在管仲的治理下,都发生了哪些变化呢?

这里有必要简单介绍一下管仲的治国平天下之道。

其一,行政方面,"叁其国而伍其鄙"。将国民分为士、工、商、农四个阶层。又将全国分为二十一个乡,士居十五乡,工居三乡,商居三乡。其中十五个士乡,国君自领五乡,国、高二氏各领五乡。国人百姓,各居其所,各安其业,各就其位,由此建立条块清晰、功能明确的国家统治体系。

其二,军事方面,"作内政而寄军令"。每五个士乡出兵一万,编为一军,全国十五个士乡,总共编制三军。齐侯自领中军,国、高两个家族分别领左、右两军,形成以乡土、血缘、宗族为基础的军事单位。士兵们"居同乐,行同和,死同哀",守卫国土则同仇敌忾,讨伐他国则齐心协力。由此建立三万名训练有素的常备军,做好称霸天下的准备。

其三,经济方面,"伸轻重鱼盐之利"。利用齐国靠海的地理位置和丰富的自然资源,大力发展农、工、商业,合理确定赋税,减轻民间负担,促进经济流通。同时推行粮价平抑政策:丰收的年景,官方平价买进粮食;歉收的时候,将这些储备粮平价卖出,保证百姓基本的生活需求。管仲最了不起之处,在于提倡"奢靡",鼓励消费,扩大内需,实现齐国经济的飞速发展。

其四,外交方面,"尊王攘夷"。富国强兵之后,注重搞好外交,先和周边的邻居搞好关系,再发动诸侯联合讨伐"无道"的诸侯,将齐国的威望树立起来,恢复正常的国际秩序。然后率领诸侯朝见周天子,这是"尊王"。至于"攘夷",则是团结华夏各国,共同对抗外族的入侵。这里的外族,除了北方的戎狄,更主要是日趋强大的"南蛮"——楚国。

"尊王攘夷"的主要手段,不是使用武力来迫使别人屈服,而是通过会盟的形式,拉拢盟友,排除异己,形成统一战线。

《春秋》记载,这一年春天,齐桓公与宋、陈、蔡、邾四国大夫在齐国的北杏会面,讨论如何平定宋国的内乱。

齐桓公晚年回忆自己的丰功伟绩,号称"九合诸侯"。北杏之会算是第一合,然而并不算成功。首先,应邀前来参会的国家不多;其次,参会代表级别不高,除了齐桓公本人,其他国家的国君都没有出席;再次,有的国家接到了通知,竟然不予理睬,遂国便是其中之一。

齐桓公决定杀鸡儆猴,于同年夏天灭了遂国,并派兵驻守。

冬,盟于柯,始及齐平也。

齐国和鲁国的关系,开始走向正常化。这年冬天,鲁庄公来到齐国的柯地,与齐桓公举行了会盟。

《史记》的记载,与《左传》颇为不同。

齐桓公五年(即鲁庄公十三年),齐军伐鲁,鲁军大败。鲁庄公以割让遂邑为条件,请求和谈,遂与齐桓公会于柯地。就在两国君主准备歃血为盟的时候,鲁国武将曹沫突然跳上台来,手执匕首劫持了齐桓公,要求齐国归还在战争中侵夺的土地。齐桓公被逼无奈,只好答应了他的要求。曹沫扔掉匕首,回到自己的座位上。齐桓公既而反悔,被管仲劝阻,最终齐国将曹沫参与过的三次战争中所侵占的鲁国土地悉数归还。

此事记载于《刺客列传》中,只能说是姑妄听之。据《左传》记载,自乾时之战后,齐、鲁之间的数次战争,都是鲁国获胜。柯地会盟之前,齐桓公曾经到鲁国来迎娶共姬,两国关系已经有了改善。以鲁庄公的为人,也不太可能采用这种下三烂的手段来对付齐桓公。

宋人背北杏之会。

齐桓公的霸业开局不利。这边刚和鲁国搞好关系,那边宋国又背弃了北杏之会的盟约。

鲁庄公十四年

公元前680年,鲁庄公十四年。

十四年春,诸侯伐宋。齐请师于周。夏,单伯会之。取成于宋而还。

春天,齐桓公纠集诸侯联军讨伐宋国。出于"尊王"的考虑,齐国还派了一位使者前往雒邑,恳请周天子派部队前来助威。

周庄王于两年前去世,其子胡齐即位,是为周僖王。我们可以想象得到王室收到齐国的请求之后的惊愕表情。

自平王东迁以来,"礼乐征伐自天子出"就成为一句空话。诸侯国之间你攻我伐,东征西讨,完全没有把天子放在眼里。繻葛之战中,王室丧师辱国,更是彻底断绝了征伐之念。现在,齐国要讨伐宋国,居然前来请求王室出兵,周僖王受宠若惊之余,又难免思前想后,顾虑重重。经过深思熟虑,周僖王决定派大夫单伯率领少量军队前往齐国。

虽然只是象征性的部队,但是对于齐桓公来说,已经足够。只要天子的战旗飘扬在战场上,他的目的就达到了。

宋桓公审时度势,选择了和谈。

郑厉公自栎侵郑,及大陵,获傅瑕。傅瑕曰:"苟舍我,吾请纳君。"与之盟而赦之。六月甲子,傅瑕杀郑子及其二子,而纳厉公。

初,内蛇与外蛇斗于郑南门中,内蛇死。六年而厉公入。公闻之,问于申繻曰:"犹有妖乎?"对曰:"人之所忌,其气焰以取之。妖由人兴也。人无衅焉,妖不自作。人弃常,则妖兴,故有妖。"

厉公入,遂杀傅瑕。使谓原繁曰:"傅瑕贰,周有常刑,既伏其罪矣。纳我而无二心者,吾皆许之上大夫之事,吾愿与伯父图之。且寡人出,伯父无里言。入,又不念寡人,寡人憾焉。"对曰:"先君桓公命我先人典司宗祏。社稷有主,而外其心,其何贰如之?苟主社稷,国内之民,其谁不为臣?臣无二心,天之制也。子仪在位,十四年矣;而谋召君者,庸非贰乎?庄公之子犹有八人,若皆以官爵行赂劝贰而可以济事,君其若之何?臣闻命矣。"乃缢而死。

郑国的局势再度动荡。

在栎城蛰居了十七年的前任国君郑厉公突然率军启程前往新郑,上演了他的"王者归来"之旅。

栎是郑国的一座大城,自郑武公年代,它就被当作郑国的别都。鲁桓公十五年,郑厉公派雍纠谋杀祭仲失败,被迫离开了新郑,在栎城百姓的帮助下,杀死守将檀伯,从此将栎城作为自己的根据地。

郑厉公进驻栎城的十七年间,新郑的主人如走马灯般轮换,郑昭公、公子亹、公子仪几兄弟相继登台,唯有祭足是不变的存在。前年,祭足也去世了。失去祭足的扶持,公子仪的政权每况愈下。在这种情况下,郑国的百姓自然是希望郑厉公能够早日归来,重振雄风。

回想起来,六年之前的鲁庄公八年,郑国曾经发生一件怪事:有人在新郑的南门看见两条蛇互相厮咬,一条自门外而入,另一条坚守门内,结果外蛇咬死了内蛇。这个故事的隐喻是很明显的,而且传到了山东,连鲁庄公都听到了。六年之后,当鲁庄公听到郑厉公率军前往新郑的消息的时候,禁不住问大夫申繻:"世界上果真有妖孽吗?"

申繻的回答很有水平:"人越是怕鬼,越容易遇到鬼,妖因人而兴起。人心里无鬼,则无所谓妖孽;人如果抛弃伦常,则妖风大盛,所以才有妖孽。"

儒家敬鬼神而远之,以为世间所有神神怪怪的事,都不过是人心作祟罢了。郑国的百姓希望郑厉公回来取代公子仪,自然就会有外蛇咬死内蛇的怪事传出。

郑厉公就是在这种形势下向新郑进军的。部队攻克大陵,俘获守将傅瑕。傅瑕请求饶命,表示可以帮助郑厉公重登君位。郑厉公与他盟誓后,将他放走。傅瑕回到新郑,杀死公子仪和他的两个儿子,迎接郑厉公入城。

郑厉公进入新郑,第一件事就是杀了傅瑕,然后派人去找郑庄公的老臣原繁,说:"傅瑕三心二意,如何对付这种人,周朝的刑法有明确规定,他已经受到应有的惩罚了。那些真心帮助我回国而且没有二心的人,我都许诺封其为上大夫,我愿意与伯父您一起谋划。寡人在外那么多年,伯父没有与寡人通过只字片言。现在寡人回来了,又不搭理寡人。寡人甚为遗憾。"

郑厉公话说得客气，然而暗藏杀机，颇有乃父郑庄公遗风。原繁跟随郑庄公多年，自然听得明白，回答道："先君桓公令我的先人管理宗庙石室（由此可知，原繁亦为郑国公族，这也是郑厉公尊称其为伯父的原因）。如果国家有主而心在国外，还有比这更三心二意的吗？如果国家有主，国内的百姓，又有谁不是他的臣下？臣下不应该有二心，这是上天的规定。公子仪居于君位十四年，那些谋划迎接您回国的，难道不是有二心吗？庄公的儿子有八人，如果每一个都像您那样拿着上大夫的官爵贿赂别人为其卖命，而且能够如愿以偿，您又该怎么办？算了吧，我明白您的意思了。"于是上吊自杀。

蔡哀侯为莘故，绳息妫以语楚子。楚子如息，以食入享，遂灭息。以息妫归，生堵敖及成王焉。未言。楚子问之。对曰："吾一妇人，而事二夫，纵弗能死，其又奚言？"楚子以蔡侯灭息，遂伐蔡。秋七月，楚入蔡。

君子曰："商书所谓'恶之易也，如火之燎于原，不可乡迩，其犹可扑灭'者，其如蔡哀侯乎！"

鲁庄公十年，息侯因为蔡哀侯调戏了他的新娘息妫，请楚文王出兵攻打息国，引诱蔡哀侯来救。楚军乘机攻打蔡军，在莘地俘虏了蔡哀侯。

蔡哀侯到了楚国，终于搞明白是息侯挖了个坑给他跳，于是趁着和楚文王在一起的机会，装作不经意地赞叹息妫的美貌。说者有心，听者有意，楚文王是个好色之徒，禁不住心猿意马。不久便找了个借口访问息国，假装设宴招待息侯，将他俘虏，轻而易举地灭了息国，把息妫带了回来。

息妫为楚文王生了两个儿子，即堵敖和后来的楚成王，但是经常沉默不语。楚文王逼问其原因，息妫回答："我一女事二夫，就算不敢去死，又有什么话好说？"楚文王心想，这是怪我呢！又想，都是蔡哀侯惹的祸。为了讨好息妫，便发兵攻打蔡国。这一年七月，楚军进入蔡国。

楚滅蔡以說
息媯

君子以为，《商书》所谓"恶之蔓延，如野火燎原，不可靠近，难道还可以扑灭吗"说的就是蔡哀侯这种人吧。

冬，会于鄄，宋服故也。

《春秋》记载："冬，单伯会齐侯、宋公、卫侯、郑伯于鄄。"在单伯的主持下，齐、宋、卫、郑四国诸侯聚到一起，那是因为宋桓公臣服了。

鲁庄公十五年

公元前679年，鲁庄公十五年。

十五年春，复会焉，齐始霸也。

《春秋》记载："十有五年春，齐侯、宋公、陈侯、卫侯、郑伯会于鄄。"齐桓公开会上了瘾，去年冬天才在鄄地会见各路诸侯，今年春天原班人马又来，而且加上了一个陈宣公，所以叫作"复会"。当然，也有可能是去年的会议没散，今年接着开，因为多了一个陈宣公，所以算作另一次会议了。

这次"鄄会"对于齐桓公来说，意义非同小可，它标志着，齐桓公开始称霸了。

秋，诸侯为宋伐郳。郑人间之而侵宋。

既然称霸,就要有霸主的作为。"鄄会"之后,齐桓公做的第一件大事是发动诸侯,帮助宋国讨伐郳国。

郳国是鲁国的附庸小国。鲁庄公五年,曾有"郳犁来来朝"的记录。郳国为什么得罪宋国,老左没有记载。但是,齐桓公称霸的第一件事,是对郳国这样一个华夏小国大动干戈,未免有点拣软柿子捏的嫌疑。

同为"鄄会"成员的郑厉公看不过眼,乘机入侵宋国。

也许,郑厉公骨子里就没有甘居人下的基因。参加"鄄会",只是想看看齐桓公是个什么样的人罢了。

鲁庄公十六年

公元前678年,鲁庄公十六年。

十六年夏,诸侯伐郑,宋故也。

郑伯自栎入,缓告于楚。秋,楚伐郑,及栎,为不礼故也。

齐桓公对于郑厉公的行为当然不能容忍,于是发动诸侯讨伐郑国,要为宋国讨回一个公道。

对于郑厉公来说,更大的威胁来自于楚国。秋天,楚军入侵郑国,兵锋直抵栎城。理由是郑厉公自栎城进入新郑,没有及时通报楚国。当然,这只是一个借口。趁火打劫,才是楚国此次军事行动的实质。

郑伯治与于雍纠之乱者，九月，杀公子阏，刖强鉏。公父定叔出奔卫。三年而复之，曰："不可使共叔无后于郑。"使以十月入，曰："良月也，就盈数焉。"

君子谓强鉏不能卫其足。

东有新兴霸主齐桓公，南有老牌强人楚文王，郑厉公和他的国家面临前所未有的威胁。

这个时候，郑厉公却气定神闲地搞起了政治运动：追查与当年的雍纠被杀事件有关的人员，诛杀公子阏，判处强鉏刖刑。后人推测，这是"攘外必先安内"，彻底清除祭足的党羽，整顿朝廷风气。

公父定叔是共叔段的孙子，三年前因为犯罪而出逃卫国。现在郑厉公赦免了他，让他回国，说"不可以让共叔在郑国没有后代"。又让公父定叔于十月入城，说："这是个好月份，十是满数呢！"

当年共叔段因为造反而被郑庄公逐出郑国，郑厉公却如此善待共叔段的孙子，而且还故意搞得郑重其事，其用心不言而喻：恩怀亲族，凝聚人心。

关键时刻的这两手，体现了郑厉公在政治上的成熟。

君子以为："强鉏不能卫其足。"意思是强鉏不能保护他的双足。这句话有什么特殊意义呢？不瞒您说，古往今来，还真没人能搞懂这个梗。

冬，同盟于幽，郑成也。

在郑厉公的领导下，郑国上下一心，做好了抗击外敌入侵的准备。但是，别以为郑厉公真会傻到两面作战，与当世两大强国同时为敌。

这年冬天，郑厉公参加了齐侯、鲁侯、宋公、陈侯、卫侯、许男、滑伯、滕子在幽地举行的会盟。"幽盟"的规模之大，前所未有，基本上确立了齐桓公作为中原诸侯领袖的地位。老左在这里用了"郑成也"三个字，意思是郑厉公和齐桓公通过"幽盟"媾和了。对比鲁庄公十四年的"会于鄄,宋服故也",可知郑厉公并不像宋桓公一样向齐桓公服服帖帖。作为郑庄公的儿子,他从来不曾辱没父亲的威名。

王使虢公命曲沃伯以一军为晋侯。

曲沃伯即曲沃武公。

晋国的双城记,终于在这一年结束。据《史记》记载,这一年,曲沃武公向翼城发动总攻,杀死晋侯缗后,曲沃武公将翼城的宝器席卷一空,派使者专程送往雒邑,献给了周僖王。周僖王半推半就,昧着良心收下这笔价值不菲的贿赂,派虢公任命曲沃武公当了晋侯,是为晋武公。

周朝的军制,天子六军,大国三军,次国二军,小国一军。所谓"以一军为晋侯",也就是承认晋国是个小国,只允许其拥有一军。而对于晋武公来说,能够名正言顺地当上诸侯便满足了。至于一军的限制,在那个礼崩乐坏的年代,又有哪位诸侯会当真呢?

初,晋武公伐夷,执夷诡诸。芮国请而免之。既而弗报,故子国作乱,谓晋人曰:"与我伐夷而取其地。"遂以晋师伐夷,杀夷诡诸。周公忌父出奔虢。惠王立而复之。

这段文字比较混乱,必须先对人物作说明:

夷是王畿内地名,诡诸是王室大夫,获封于夷。

芮国也是王室大夫,而且是王子颓(周庄王的庶子,周僖王的同父异母兄弟)的老师,与原文中的"子国"是同一人。

周公忌父是王室卿士。

周惠王是周僖王的儿子,但他现在还不是天子,要等到下一年才即位。

当初，晋武公讨伐夷地，俘虏了夷诡诸。芳国为夷诡诸求情，晋武公便放了他。夷诡诸却不报答芳国，所以芳国作乱，对晋国人说："和我一起讨伐夷地，夺取它的土地。"于是带着晋国军队进攻夷地，杀了夷诡诸。

周公忌父为了躲避王畿内乱，逃到了虢国。周惠王即位后，让忌父回来继续当卿士。

鲁庄公十七年

公元前677年，鲁庄公十七年。

十七年春，齐人执郑詹，郑不朝也。

郑詹是郑国大夫。"幽盟"之后，齐桓公以霸主自居，要求各国诸侯都来朝见他。郑厉公当然不会亲自前来，只派了大夫郑詹为使者，所以齐国扣留了郑詹。

夏，遂因氏、颌氏、工娄氏、须遂氏飨齐戍，醉而杀之，齐人歼焉。

鲁庄公十三年，齐国消灭遂国，并且派兵戍守。遂国的几个大家族——遂因氏、颌氏、工娄氏、须遂氏联合起来，以酒食招待齐国的戍卒，将他们灌醉后杀掉。齐国实施报复，将这几个家族全部消灭。

鲁庄公十八年

公元前676年，鲁庄公十八年。

十八年春，虢公、晋侯朝王。王飨醴，命之宥。皆赐玉五瑴，马三匹，非礼也。王命诸侯，名位不同，礼亦异数，不以礼假人。

这里的虢公是虢公丑，其谥不详。

晋侯是晋武公的儿子晋献公。晋武公于去年去世，晋献公刚刚即位。有意思的是，晋献公的名字也叫诡诸，与前年被晋武公杀死的那位夷诡诸同名。

这一年春天，虢公丑和晋献公联袂来到雒邑，朝见了新任天子周惠王。

周惠王很高兴，以甜酒招待他们，并允许他们向自己敬酒。末了，还给每个人赏赐玉五对，马三匹。

但这是非礼的！

天子策命诸侯，给予的名位等级不同，礼数就不相同。一个是公爵，一个是侯爵，赏赐怎么能够一样呢？这叫"以礼假人"，也就是拿着礼数做人情，只能给差评！

虢公、晋侯、郑伯使原庄公逆王后于陈。陈妫归于京师，实惠后。

非礼归非礼，虢公丑和晋献公却很感谢天子的厚爱。他们和郑厉公一道，请王室卿士原庄公出面，为周惠王迎娶了陈国公主陈妫为王后，也就是惠后。

这几位诸侯凑到一块儿，而且和王室打得火热，绝对不是一时兴起，而是感受到了齐桓公的压力。

夏，公追戎于济西。不言其来，讳之也。

济水，是古代"四渎"之一。四渎为长江、黄河、淮水、济水。春秋时期，济水流经曹、卫、齐、鲁等国境内。

夏天，鲁庄公亲自率军在济水之西追击戎人。只说"追戎"而不说戎人是怎么来的，是因为有所忌讳。至于忌讳什么，只能靠猜了。杜预以为，戎人偷袭鲁境，等到鲁军反应过来已经离去，是以讳而不谈。

秋，有蜮，为灾也。

蜮是一种吃禾苗的害虫。有蜮，而且造成了粮食减产，所以记录下来。

初，楚武王克权，使斗缗尹之，以叛，围而杀之。迁权于那处，使阎敖尹之。

及文王即位，与巴人伐申，而惊其师。巴人叛楚而伐那处，取之，遂门于楚。阎敖游涌而逸。楚子杀之。其族为乱。冬，巴人因之以伐楚。

当初，楚武王攻克权国，将权变成楚国的一个县，派斗缗为县尹。后来斗缗反叛，楚武王派兵包围权县，杀斗缗，并将权县的居民迁到那处（地名），派阎敖管理他们。

楚文王即位后，于鲁庄公六年和巴人共同讨伐申国，阎敖也参加了那次战争。可能是大国沙文主义作怪吧，阎敖的所作所为，惹怒了巴人。于是这一年秋天，巴人背叛楚国，攻取了那处，又进攻楚国的都城郢都。阎敖从那处游水逃出，回到郢都后被楚文王处死。阎敖的族人叛乱。于是原来的敌人变成了朋友，巴人在阎敖族人的引导下进攻楚国。

鲁庄公十九年

公元前675年，鲁庄公十九年。

十九年春，楚子御之，大败于津。还，鬻拳弗纳，遂伐黄。败黄师于踖陵。还，及湫，有疾。夏六月庚申，卒，鬻拳葬诸夕室。亦自杀也，而葬于绖皇。

初，鬻拳强谏楚子。楚子弗从。临之以兵，惧而从之。鬻拳曰："吾惧君以兵，罪莫大焉。"遂自刖也。楚人以为大阍，谓之大伯。使其后掌之。

君子曰："鬻拳可谓爱君矣：谏以自纳于刑，刑犹不忘纳君于善。"

十九年春，楚文王亲自率军迎战巴人，在津地大败而回。

楚国的军规相当严苛，将领打了败仗回来，要不自杀，要不被处死，能够侥幸活下来的，全凭命大。

现在，楚文王打了败仗，又当如何处理？

"鬻拳弗纳。"

鬻拳是郢都的"大阍",负责管理城门,大致相当于汉朝的城门校尉,或者清朝的九门提督。看到楚文王带着残兵败将,垂头丧气地回来,楚文王好像还受了伤,鬻拳不是赶紧迎上前慰问,而是下令紧闭城门,不许他们进城。

败兵不回国都,这个规矩没得变通。

楚文王无可奈何,只能带着部队再度出征,去攻打黄国。

楚军在踖陵打败黄军,已经是夏天了。楚文王筋疲力尽,立即回师。也许是积劳成疾,也许是旧伤复发,渡过湫水的时候,楚文王病倒了。六月十五日,楚文王去世,享国十五年。

鬻拳主持葬礼,将楚文王葬于夕室(地名),然后自杀。楚国人将他埋葬在绖皇,也就是楚文王地宫的殿前。他的墓碑上应该刻着这样一行字:此君生为郢都大阍,死后继续为楚王看门。

在楚国,鬻拳是出了名的犟种。当初,他因某事向楚文王进谏,楚文王不听,他便拔刀相向。直到楚文王同意了,鬻拳才收了刀,说:"我拿刀子威胁大王,罪莫大焉。"于是自刖。真是个狠人!

鬻拳干了这样的事,居然没被处死,反而得到重用,被任命为大阍,坐着轮椅在城墙上巡视,楚国人都尊称其为大伯。鬻拳死后,他的子孙亦为大阍,世代相传。

君子评价:鬻拳可以说是很爱国君了,因为劝谏而使自己受刑,受刑不忘使国君归于正道。

有这样的国君和这样的臣下,楚国想不强大都难。

初,王姚嬖于庄王,生子颓。子颓有宠,䔛国为之师。及惠王即位,取䔛国之圃以为囿。边伯之宫近于王宫,王取之。王夺子禽祝跪与詹父田,而收膳夫之秩,故䔛国、边伯、石速、詹父、子禽祝跪作乱,因苏氏。秋,五大夫奉子颓以伐王,不克,出奔温。苏子奉子颓以奔卫。卫师、燕师伐周。冬,立子颓。

王姚是周庄王的小妾。《左传》的体例，天子的妻妾通常以王字与其娘家姓连称，由此可知此女娘家姓姚。

嬖的意思，是贱而有宠。

当初，王姚受到周庄王宠爱，生了王子颓。周庄王爱屋及乌，对王子颓也十分宠爱，命芳国当王子颓的老师。

周惠王即位后，抢了芳国的菜园子（圃），用于扩建自己的动物园（囿）。大夫边伯的房子靠近王宫，也被他征用。周惠王还抢了大夫子禽祝跪和詹父的土地，裁撤了膳夫（管理王室伙食的大夫）石速的俸禄。于是芳国、边伯、石速、詹父、子禽祝跪五大夫阴谋作乱，推举大夫苏氏为头。

苏氏即苏忿生的后人，是王畿内的大地主。鲁隐公十一年，周桓王强夺苏氏的温、原、绨、樊、隰郕、欑茅、向、盟、州、陉、隤、怀十二处土地，与郑庄公交换"邬、刘、芳、邘之田"，苏氏一直耿耿于怀。这一年秋天，五大夫拥护王子颓发动政变，讨伐周惠王。失败之后，五大夫逃到了温地。苏氏则带着王子颓出逃卫国，并在卫国、南燕国的帮助下杀回王畿，立王子颓为君。

周惠王逃到了郑国。

征地拆迁这件事，自古以来就不好办啊！

鲁庄公二十年

公元前674年，鲁庄公二十年。

二十年春，郑伯和王室，不克。执燕仲父。夏，郑伯遂以王归。王处于栎。秋，王及郑伯入于邬。遂入成周，取其宝器而还。

王室内斗引发了国际社会的关注。二十年春，郑厉公决定出面当个和事佬，调和各方矛盾，让周惠王重返雒邑。结果不成功。郑厉公一怒之下，逮捕了南燕国的国君燕仲父。

夏天，郑厉公带着周惠王返回郑国，安置在栎城。

秋天，郑厉公又保护周惠王进入王畿内的邬地，又从邬地进入成周，将王室存放在那里的礼器一扫而空，才又回到郑国。

郑厉公如此积极地掺和这件事，当然是有原因的。近年来，齐国在管仲的治理下，国势日益强大。齐桓公以强大的武力作为后盾，在国际上频频亮相，挟天子以令诸侯之心昭然若揭。宋桓公、鲁庄公可以低眉顺眼，臣伏于齐桓公，郑厉公却做不到。他要与齐桓公抗衡，除了在军事上有充分准备，还要在政治上有所作为。那么，参与王室事务，为天子排忧解难，进而控制天子，便是一条绝好的路子了。

冬，王子颓享五大夫，乐及遍舞。郑伯闻之，见虢叔曰："寡人闻之：哀乐失时，殃咎必至。今王子颓歌舞不倦，乐祸也。夫司寇行戮，君为之不举，而况敢乐祸乎？奸王之位，祸孰大焉？临祸忘忧，忧必及之。盍纳王乎！"虢公曰："寡人之愿也。"

冬天，王子颓在雒邑宴请五大夫，席间歌舞助兴，遍及自黄帝以来的六代之乐（黄帝之云门、大卷，尧之大咸，舜之大韶，禹之大夏，汤之大濩，周武王之大武）。他也不想想，自己是靠政变阴谋上台的，名不正言不顺。而且政变不算成功，周惠王这个正牌天子就在离雒邑不超过五百里的地方晃荡，还有郑厉公这样一个强人撑腰，随时可能杀回来。在这种情况下，就算饮酒作乐，也只能是偷着来，生怕别人听到，又怎么能够如此高调呢？郑厉公听说这件事，便跑到虢国去见虢公丑，说了这样一番话:"寡人听说,悲哀和欢乐若不是时候,则灾祸必至。现在王子颓沉溺于歌舞,这是以祸事为乐啊。司寇行使职权斩杀罪人,君王都要为此降低膳食标准,以示哀矜之意,他竟然敢以祸事为乐!篡夺王位,祸莫大焉。大祸临头而不知道担忧,忧患很快就会到来。咱们何不趁此机会,让天子复位呢?"

虢公丑说:"好啊!这也正是寡人的愿望。"

鲁庄公二十一年

公元前673年,鲁庄公二十一年。

二十一年春,胥命于弭。夏,同伐王城。郑伯将王自圉门入。虢叔自北门入。杀王子颓及五大夫。

胥命,是指诸侯会见,口头约定某事而不歃血为盟,也就是非正式会谈。

去年冬天,郑厉公拜访虢公丑,商量帮助周惠王复位之事。今年春天,两位诸侯又在郑国的弭地会见。夏天,共同进军王城雒邑。郑厉公护卫着周惠王从城南的圉门攻入,虢公丑从北门攻入,杀死王子颓和五大夫。

郑伯享王于阙西辟,乐备。王与之武公之略,自虎牢以东。原伯曰:"郑伯效尤,其亦将有咎!"五月,郑厉公卒。

阙,是宫门建筑。

战后,郑厉公在王宫门口的西边宴请周惠王,使用六代全套乐舞,一样不少。当年周平王曾经许诺将虎牢关以东的土地全部赐给郑武公,现在周惠王为感谢郑厉公,将周平王的承诺全部兑现,郑国的土地一下子增加了许多。

齐桓公若是看到那幅场景,不羡慕得吐血才怪。可是,在场的王室卿士原庄公对此颇不以为然,认为郑厉公这是效尤王子颓,很有可能同样将受到惩罚。

所谓"效尤",是指"乐备"。郑厉公既然认为王子颓不该享受这样的待遇,自己却欣欣然享受,这不是宽于律己、严于律人吗?

不幸被原庄公言中,五月,郑厉公去世了。

王巡虢守,虢公为王宫于玤,王与之酒泉。

周惠王巡视虢公领地。虢公丑为了接待周惠王,专门在玤地建设了行宫。周惠王一高兴,将酒泉赏赐给了虢公丑。

这个酒泉,自然不是现在甘肃的酒泉,而是王畿内的某个地方。

郑伯之享王也,王以后之鞶鉴予之。虢公请器,王予之爵。郑伯由是始恶于王。

这段记载中有两个"郑伯",前者是郑厉公,后者是郑厉公的儿子郑文公。

郑厉公在雒邑宴请周惠王的时候,周惠王送给他一件礼物:王后使用的鞶鉴。后来周惠王巡视虢国,虢公丑也请求赏赐器物,周惠王便给了他酒爵。

鞶鉴为何物？有人以为是铜镜，有人以为是饰物，史学界尚无定论，也没有类似的出土文物可以佐证，总之是女人用的物品。而酒爵是礼器，价值高于鞶鉴。郑文公知道后，开始对周惠王产生不满。

冬，王归自虢。

冬天，周惠王从虢国回来。

这一年，其实还有一件大事记载于《春秋》中，老左却忽略不记。那就是："秋七月戊戌，夫人姜氏薨。"

鲁桓公的夫人、鲁庄公的母亲、齐襄公的情妇、一代佳人文姜，结束了她充满非议的一生。

鲁庄公二十二年

公元前672年，鲁庄公二十二年，一个对齐国未来产生巨大影响的人物来到了齐国。

二十二年春，陈人杀其大子御寇。陈公子完与颛孙奔齐。颛孙自齐来奔。

齐侯使敬仲为卿。辞曰："羁旅之臣幸若获宥，及于宽政，赦其不闲于教训，而免于罪戾，弛于负担，君之惠也。所获多矣，敢辱高位以速官谤？请以死告。诗曰：'翘翘车乘，招我以弓，岂不欲往，畏我友朋。'"使为工正。

春天，陈国发生内乱，当朝国君陈宣公的世子御寇被杀。前国君陈厉公（陈宣公的叔叔）的儿子公子完与御寇过从甚密，害怕祸及己身，与大夫颛孙逃亡齐国。颛孙又从齐国逃到鲁国。

敬仲，是公子完死后的谥号。

齐桓公与公子完一见如故，想封他为卿。公子完不敢接受，辞谢说："流亡在外的小臣，如果有幸获得宽恕，能在宽厚的政策下，赦免我的缺乏教训（因而获罪而逃亡），而得以免于处罚，放下负担，这就是君侯的恩惠了。我已经得到很多了，岂敢辱及此等高位而迅速地招来朝中指责？谨此昧死相告。"

公子完还引用了一首诗，现在已经找不到出处，大意是：君侯坐在高高的马车上，以弓来招呼我前往。我难道不想去吗？但是害怕同辈们的非议啊！

"弓以招士"，是春秋时期的礼俗。公子完的身份比士高很多，引用"招我以弓"这句诗，当然是自谦。这种谦恭的态度使得齐桓公大为欣赏，于是任命公子完为工正，掌管百工。

公子完从此在齐国定居下来。他既然做了齐国的臣，也就不让别人尊称自己为"公子"了，连姓氏都由陈氏改成了田氏（古代陈田同音）。

齐桓公肯定想不到，两百八十年后，就是这个陈完的后人以下克上，将他的后人赶下台，自立为国君，攫取了齐国的政权，史称"田氏代齐"。

饮桓公酒，乐。公曰："以火继之。"辞曰："臣卜其昼，未卜其夜，不敢。"君子曰："酒以成礼，不继以淫，义也；以君成礼，弗纳于淫，仁也。"

有一天，齐桓公光临公子完家，君臣二人饮酒聊天，甚是开心。天黑之后，齐桓公仍然兴致很高，下令点起火把，继续宴饮。公子完委婉地拒绝，说臣只知道白天招待君主，不知道晚上如何继续，不敢听令。

> 君子表扬公子完：酒是用来完成礼仪的，不能豪饮无度，这是义；和国君饮酒而完成礼仪，又不使他过度，这是仁。
>
> 说白了，干什么事情都有个度，过度就不好了。

初，懿氏卜妻敬仲。其妻占之，曰："吉。是谓'凤皇于飞，和鸣锵锵。有妫之后，将育于姜。五世其昌，并于正卿。八世之后，莫之与京。'"

> 懿氏是陈国的大夫。
>
> 当年，懿氏将把女儿嫁给公子完，其妻为此占卜，得到的结果是"吉"——凤凰飞翔，和声清亮，妫姓的后代，将得到姜姓的养育。第五代要昌盛，官位和正卿一样；第八代之后，没有一个家族比它更强大。
>
> 这段话作为卜辞而言，未免太准确：田氏第五代宗主无宇，是齐国的上大夫，非卿而享受卿的待遇；第八代宗主田恒，弑齐简公而独揽大权，封邑面积大于公室，成为齐国的实际控制人。

陈厉公，蔡出也。故蔡人杀五父而立之。生敬仲。其少也。周史有以周易见陈侯者，陈侯使筮之，遇观☷之否☰。曰："是谓'观国之光，利用宾于王'。此其代陈有国乎？不在此，其在异国；非此其身，在其子孙。光，远而自他有耀者也。坤，土也；巽，风也；乾，天也；风为天；于土上，山也。有山之材，而照之以天光，于是乎居土上，故曰'观国之光，利用宾于王'。庭实旅百，奉之以玉帛，天地之美具焉，故曰'利用宾于王'。犹有观焉，故曰其在后乎！风行而著于土，故曰其在异国乎！若在异国，必姜姓也。姜，大岳之后也。山岳则配天。物莫能两大。陈衰，此其昌乎！"

> 陈国的政局，历来比较混乱，史上记载也比较混乱，《史记》与《春秋》《左传》便有很大出入，这里不细说。

鲁桓公五年，陈桓公去世，公子佗（即五父）杀世子免而自立为君。世子免的弟弟公子跃，其母为蔡国公主，是以蔡国人设计将公子佗诱到蔡国杀掉，立公子跃为君，是为陈厉公。鲁桓公十二年，陈厉公去世，其弟公子林即位，是为陈庄公。鲁庄公元年，陈庄公去世，其弟杵臼即位，是为陈宣公。

公子完是陈厉公的儿子。年少的时候，有位精通周易的王室史官来到陈国，陈厉公请他给公子完算卦，得"遇观之否"。史官解释，出聘观光，能够成为天子的上宾。所谓天子的上宾，自然就是诸侯，难道这是说公子完将成为陈国的主人吗？不是。因为从卦象上来看，不是在陈国而是在异国；也不是公子完本人，而是说他的子孙。

这样说起来就比"凤皇于飞"更玄了，有必要简单介绍一下。

《周易》六十四卦，每卦皆由上下两个"经卦"叠加构成。

所谓经卦，即原始的八卦，为乾（天）☰、兑（泽）☱、离（火）☲、震（雷）☳、巽（风）☴、坎（水）☵、艮（山）☶、坤（地）☷。每个经卦皆有上中下三爻，一为阳爻，--为阴爻。两个经卦叠加，则自下而上共有六爻。六十四卦的每一卦每一爻，均有相应的爻辞作为解释。

算卦的时候，可用蓍草、贝壳等物，以类似于掷骰子的方式得出上卦、下卦和爻变之数。以公子完这一卦为例，史官先求得上卦为巽☴，再求得下卦为坤☷，构成一个"风地观"。然后再求爻变之数，得第四爻变，也就是上卦巽☴的下爻由阴变阳，变成了乾。以乾☰为上卦，坤☷为下卦，构成一个"天地否"。这就叫作"遇观之否"。

现在来看观卦第四爻，其爻辞为"观国之光，利用宾于王"。光的特点，是照亮他物而非自身。坤代表土地，巽代表风，乾代表天。风起于天而行于土上，这就是山。有了山上的物产，又有天光照耀，以此居于土地之上，所以说"观国之光，利用宾于王"。庭中陈列的礼物上百件，另外进献束帛玉璧，天地之间美好的事物都具备，所以说"利用宾于王"。还有可观者，所以说他的昌盛在于后代。风吹到哪里，最终都要落地，所以说他的昌盛在他国。如果在他国，必定是姜姓之国。因为姜姓是大岳之后。山岳高大足以与天相配，但事物不可以两者一般大，大概要等到陈国衰落，他这一支族人才会昌盛吧！

关于姜姓为大岳之后，也有必要解释一下。大岳即四岳，为主持东岳泰山、西岳华山、南岳衡山、北岳恒山祭祀的神官，本为共工之后。传说大禹治水的时候，四岳出力甚多。功成之后，尧帝论功行赏，封四岳为四方诸侯首领，赐姓姜，封吕地。齐国的始封君太公望，即为姜姓吕氏，所以有的书中称为姜尚，有的书中称为吕尚。

及陈之初亡也，陈桓子始大于齐，其后亡也，成子得政。

这是说后来的事。公元前534年，陈国为楚国所灭，陈桓子（即陈无宇）才在齐国有了强大的势力。后来陈国一度复国，于公元前478年再亡于楚国，而陈成子（即田恒）独揽齐国大权，成为齐国的实际控制人。

鲁庄公二十三年

公元前671年，鲁庄公二十三年。

二十三年夏，公如齐观社，非礼也。曹刿谏曰："不可。夫礼，所以整民也。故会以训上下之则，制财用之节；朝以正班爵之义，帅长幼之序；征伐以讨其不然。诸侯有王，王有巡守，以大习之。非是，君不举矣。君举必书。书而不法，后嗣何观？"

社即社祭，也就是祭祀土地神的活动。

这一年夏天，鲁庄公不知道是哪根神经错位，决定去齐国观看社祭。这当然是非礼的！古往今来，哪有一国之君跑到邻国去看祭土地公公、跳大神的？曹刿劝他不要去，而且说了一番大道理：

先王制定礼法，是用来规整天下万民的。所谓会，是诸侯朝见天子之后的会见，主要是为了训示上下之间的法则，制定进贡的财赋标准。所谓朝，是诸侯之间的互相聘问，主要是为了纠正排列爵位的仪式，遵循老少的顺序。如果有谁破坏这些规则，那就要举兵征伐。诸侯朝见天子，天子巡狩四方，不断强化这些规则。如果不是因为上面所说的这些事，国君是不应该有所举动的。国君的一举一动，必定载于史册。如果被记录下来做了不合法度的事，又让后世如何评价？

说白了，鲁庄公出国看社祭，既非朝，又非会，又非征伐，实在是不应该。

齐国的社祭究竟有什么魅力，使得鲁庄公不惜非礼去看？在《墨子》里或许可以找到答案："燕之有祖，当齐之社稷，宋之有桑林，楚之有云梦也，此男女之所属而观也。"说穿了，齐国的社祭，是男女不相回避、全民皆可参加的狂欢节，在鲁国是看不到的。

晋桓、庄之族逼，献公患之。士蒍曰："去富子，则群公子可谋也已。"公曰："尔试其事。"士蒍与群公子谋，谮富子而去之。

曲沃桓叔生曲沃庄伯，曲沃庄伯生曲沃武公，曲沃武公生晋献公，这是晋国公室的嫡系传承，于晋国公族而言，是为大宗。所谓桓、庄之族，则是曲沃桓叔、曲沃庄伯的旁系后人，于晋国公族而言，是为小宗。

小宗其实并不小，他们人数众多，地位特殊，尾大不掉，甚至于威逼公室，搞得晋献公很是烦恼。大夫士蒍向晋献公献计：搞掉富子，群公子就好对付了。

富子是桓、庄之族的头面人物。那么群公子又是谁呢？就是指桓、庄之族——他们既然是桓叔、庄伯的后人，以身份而论，不是公子，便是公孙，统称为群公子。

晋献公说，那你去试试呗。

士蒍于是打入群公子内部，挑拨离间，搬弄是非，说富子的坏话。不久之后，富子便因为被群公子孤立而不得不离开了。

秋，丹桓宫之楹。

桓宫即鲁桓公之庙。周朝的制度，天子诸侯之屋柱用青黑色漆，大夫用青色，士用黄色。而鲁国以朱色漆桓宫的屋柱，是为非礼，所以要记录在案。

鲁庄公二十四年

公元前670年，鲁庄公二十四年。

二十四年春，刻其桷，皆非礼也。御孙谏曰："臣闻之：'俭，德之共也；侈，恶之大也。'先君有共德，而君纳诸大恶，无乃不可乎？"

继去年秋天"丹桓宫之楹"后，今年春天又雕刻桓宫的椽角。这也是非礼的。依周礼，连天子之庙也无刻桷一说。是以大夫御孙劝谏鲁庄公："节俭，是善行中的大德；奢侈，是恶中大恶。先君桓公有节俭之共德,而您将其置于奢侈之大恶中,这样做不好吧!"

从这二十多年的表现来看,鲁庄公算是一个明君,为人循规蹈矩,办事有板有眼,为什么会突然违背礼制,大手大脚地装修起房子来了呢?

因为他要娶新娘子了。

秋,哀姜至,公使宗妇觌,用币,非礼也。御孙曰:"男贽,大者玉帛,小者禽鸟,以章物也。女贽,不过榛、栗、枣、脩,以告虔也。今男女同贽,是无别也。男女之别,国之大节也;而由夫人乱之,无乃不可乎?"

哀姜是齐桓公的女儿。据《春秋》记载,前一年,鲁庄公"如齐观社"后,又和齐桓公在谷地会见。这次会见的结果,便是同年《春秋》所记载的:"夏,公如齐逆女。"

鲁庄公亲往齐国迎娶哀姜,又是非礼的。周朝的礼俗,诸侯娶妻,遣卿一级的官员出境迎接新娘子,断无亲迎之理。

秋天,夫人哀姜抵达鲁国。鲁庄公命"宗妇"也就是公族大夫的妻子手持玉帛晋见哀姜,这也是非礼的。原来古人相见,以手执物以表诚敬,所执之物叫作挚,亦称贽。依周礼,诸侯执玉,世子及附庸之君执帛,卿执羊羔,士执野鸡,庶人执鹜,工、商执鸡,以明贵贱等级。所以御孙说,男人之贽,大至玉帛,小则禽鸟;女人之贽,不过榛子、栗子、枣子、干肉,以表诚敬而已。现在男女用同样的贽,没有区别。男女之别本为国之大法,由于夫人而弄乱,恐怕不可以这样吧!

鲁庄公一系列非礼行为,最根本原因是没有自信。他害怕哀姜看不起自己,所以处处逾越礼制,炫富自夸。其实,以鲁国的国力和地位,即使不能与齐国抗衡,也不至于为了一个女人而紧张到这个程度。再回想当年鲁庄公的父亲鲁桓公和文姜的故事,让人难免怀疑,这莫非是一种"仰视齐国公主"的精神遗传?

晋士𫇭又与群公子谋,使杀游氏之二子。士𫇭告晋侯曰:"可矣。不过二年,君必无患。"

> 士𫇭继续在群公子中实施反间计,继前一年逼走富子后,今年又唆使他们杀死了游氏两兄弟。士𫇭不无得意地向晋献公汇报:"不出两年,国君就没有忧患了。"

鲁庄公二十五年

公元前669年,鲁庄公二十五年。

二十五年春,陈女叔来聘,始结陈好也。嘉之,故不名。

> 女叔是陈国的卿,女为其氏,叔为其字。这是《春秋》第一次记载陈国派使者来鲁国友好访问。不书其名,是表示嘉许。
> 所以,女叔到底是什么名字,至今无人知晓。

夏六月辛未,朔,日有食之,鼓、用牲于社,非常也。唯正月之朔,慝未作,日有食之,于是乎用币于社,伐鼓于朝。

秋,大水,鼓、用牲于社、于门,亦非常也。凡天灾,有币,无牲。非日、月之眚不鼓。

> 六月初一,日食。击鼓,以牺牲祭祀土地神,这是非礼的。只有正月

初一，阴气未发作，日食，才以玉帛祭祀土地神，并于朝堂之上击鼓。

秋天发大水。击鼓，以牺牲祭祀土地神和城门之神，这也是非礼的。举凡天灾，用玉帛而不用牺牲。不是日食、月食，不击鼓。

简单地说，日食和发大水的时候，击鼓用牲，皆为天子之礼，鲁庄公这是僭越了。

晋士蒍使群公子尽杀游氏之族，乃城聚而处之。
冬，晋侯围聚，尽杀群公子。

士蒍唆使群公子对游氏赶尽杀绝，又在聚地筑城，请群公子住进去。冬天，晋献公派兵围攻聚城，将群公子一网打尽。这次同室操戈，巩固了晋国公室的统治，也对晋国的未来产生了重大的影响。要知道，群公子是杀不尽的。每一任国君都会生下一大群儿子。除了继承君位那一个，其余的儿子便会成为群公子，他们的后人便会成为这个国家的公族。公室与公族，有如树干和树枝，本来是一个命运共同体，理当和衷共济，共求繁荣。周朝的宗法社会，也建立在这样一个树状结构上。能不能"和亲族"，是一位宗主乃至一位国君是否合格的重要标准。与此同时，保持本大末小，防止尾大不掉。可是，晋国的情况很特殊。"曲沃—翼城"双城的历史，就是一部以小伐大、以末代本的历史。自曲沃桓叔至晋献公这一支族人，本来应该是晋国的群公子，现在却成了晋国的主人。因此，当晋献公面临桓、庄之族的威胁的时候，自然而然会想到：如果不将他们斩草除根，历史很有可能重演。重下杀手，实属必然。这是无形中的冤冤相报，只要开了头，便永无终了。自此之后，晋国公室对于公族的态度，或者说晋国国君对于兄弟的态度，总是必欲除之而后快。久而久之，竟然形成了"晋无公族"的特殊现象。这是后话。

这一年还有一件事见于《春秋》，那就是卫惠公去世了。其子即位，是为卫懿公。

鲁庄公二十六年

公元前668年,鲁庄公二十六年。

二十六年春,晋士蒍为大司空。

夏,士蒍城绛,以深其宫。

士蒍诛杀群公子有功,由大夫升任大司空。春秋时期,各国的官僚体系不一,同一个国家也经常发生变更,同一个官职的地位和具体职掌也不固定。但是可以肯定的是,大司空是卿一级的高官,主司土木,也就是基础建设。

夏天,士蒍主持修筑绛城以作为晋国的新都。"以深其宫"的意思,绛都的公宫比原来更大,而且更加坚固。这是晋献公加强统治的重要举措。

秋,虢人侵晋。冬,虢人又侵晋。

虢国和晋国,历史上颇有渊源。鲁庄公十六年,是虢公丑奉天子之命册封曲沃武公为晋侯;鲁庄公十八年,虢公丑和晋献公联袂朝见天子,并与郑厉公一道操办了天子的婚事。两国元首的关系,应该算是不错。可是现在,虢人为什么两度入侵晋国呢?老左没有写明,司马迁则以为:在聚城屠杀中漏网的群公子逃到了虢国,虢公丑激于义愤而讨伐晋国。

鲁庄公二十七年

公元前667年,鲁庄公二十七年。

二十七年春,公会杞伯姬于洮,非事也。天子非展义不巡守,诸侯非民事不举,卿非君命不越竟。

> 伯姬是鲁庄公的长女,姬为姓,伯为排行。
>
> 鲁庄公二十五年的《春秋》记载:"伯姬归于杞。"伯姬嫁到了杞国,所以又叫作杞伯姬。
>
> 这一年春天,鲁庄公在洮地会见已经出嫁的女儿。这不是为了国事。天子不是为了宣扬大义,不巡狩天下;诸侯不是为了国事,不有所行动;卿不是奉了君命,不越过国境。
>
> 唉,当国君真不容易啊!

夏,同盟于幽,陈、郑服也。

> 夏天,齐、鲁、宋、陈、郑五国诸侯在幽地会盟,因为陈国和郑国服从了齐桓公的领导。
>
> 这是第二次"幽盟",第一次是在十一年前的鲁庄公十六年,时间过得真快。
>
> 一个"服"字,挑明了郑文公和其父郑厉公的区别。

秋,公子友如陈葬原仲,非礼也。原仲,季友之旧也。

公子友是鲁庄公的小儿子,所以又称季友。原仲是陈国的大夫,公子友的老朋友。原仲去世后,公子友专程前往陈国,参加了原仲的葬礼。如前所述,"卿非君命不越竟",因此这也是非礼的行为。

礼,有时候也未免太不近人情了。

冬,杞伯姬来,归宁也。凡诸侯之女,归宁曰来,出曰来归;夫人归宁曰如某,出曰归于某。

冬天,杞伯姬归宁鲁国。诸侯之女出嫁后,归宁叫"来",被夫家退婚叫"来归"。夫人归宁叫"如某",被夫家退婚叫"归于某"。

晋侯将伐虢。士蒍曰:"不可。虢公骄,若骤得胜于我,必弃其民。无众而后伐之,欲御我,谁与?夫礼、乐、慈、爱,战所畜也。夫民,让事、乐和、爱亲、哀丧,而后可用也。虢弗畜也,亟战,将饥。"

晋献公决定讨伐虢国,士蒍认为不到时候。他分析:虢公这个人心性高傲,去年两度入侵我国,如果咱们不予理睬,他会认为这是他的胜利,必定疏远他的臣民。等到他众叛亲离的时候再讨伐他,他就算想抵抗又有谁帮他?礼、乐、慈、爱,乃战事必备。百姓互相谦让,和谐相处,爱护亲属,哀悼逝者,这才可以上战场。虢公不讲究这些,屡次对外发动战争,百姓很快会丧失斗志的。

王使召伯廖赐齐侯命,且请伐卫,以其立子颓也。

轻飘飘的一句话,却是春秋史上一件大事:天子派卿士召伯廖赐命齐桓公为"伯"。这个伯是方伯,也就是四方诸侯之长。此举意味着,王室承认了齐桓公的霸主地位。同时也对齐桓公提出了要求——八年前,卫国公然干涉王室事务,帮助王子颓叛乱。现在,请齐国出兵讨伐卫国。

鲁庄公二十八年

公元前666年,鲁庄公二十八年。

二十八年春,齐侯伐卫,战,败卫师,数之以王命,取赂而还。

　　齐桓公奉天子之令讨伐卫国。卫国战败,请求和谈。齐桓公于是搬出天子的诏书,严厉地责备了卫懿公,然后……索取了一笔贿赂就回去了。

　　这真是雷声大,雨点小。

　　晋献公娶于贾,无子。烝于齐姜,生秦穆夫人及大子申生。又娶二女于戎,大戎狐姬生重耳,小戎子生夷吾。晋伐骊戎,骊戎男女以骊姬,归,生奚齐,其娣生卓子。骊姬嬖,欲立其子,赂外嬖梁五与东关嬖五,使言于公曰:"曲沃,君之宗也;蒲与二屈,君之疆也,不可以无主。宗邑无主,则民不威;疆场无主,则启戎心;戎之生心,民慢其政,国之患也。若使大子主曲沃,而重耳、夷吾主蒲与屈,则可以威民而惧戎,且旌君伐。"

使俱曰:"狄之广莫,于晋为都。晋之启土,不亦宜乎!"晋侯说之。夏,使大子居曲沃,重耳居蒲城,夷吾居屈,群公子皆鄙。唯二姬之子在绛。二五卒与骊姬谮群公子而立奚齐,晋人谓之二五耦。

晋国的故事,开始变得精彩。

晋献公的原配夫人娶自贾国,无子。后来,晋献公又"烝"了晋武公的小妾齐姜,生了一对儿女。女儿后来嫁到秦国,成为秦穆公夫人;儿子便是太子申生。

晋献公还娶了两个戎女:大戎狐姬生公子重耳,小戎子生公子夷吾。

鲁庄公二十二年,晋国讨伐骊戎。骊戎男(骊戎国君,男爵)请降,献上自己的女儿骊姬。骊姬为晋献公生了公子奚齐,其妹(当为媵妾)生了公子卓。

也许是异域风情格外迷人,骊姬一嫁过来,就特别受到晋献公的宠爱。一个"嬖"字,既能体现她在宫中的地位,也能反映正统人士对她的不屑。

骊姬既然受宠,便难免得陇望蜀,希望自己的儿子奚齐将来能够成为晋国的主人。但是这并不容易,因为太子申生在晋国的口碑很好,群众基础也不错,又有杜原款、里克、狐突等一批重臣在背后支持,地位稳如泰山。要扳倒申生,必须采用非常手段。为此,骊姬收买了晋献公身边的两个红人——"外嬖梁五"与"东关嬖五",时人称之为"二五"。

所谓外嬖,意思是外臣受到国君的宠爱。再说得明白一点,就是国君的男宠。晋献公的爱好,可谓广泛。

二五受骊姬之托,向晋献公建议:"曲沃是您的宗邑(晋国公室发祥于曲沃),蒲城与二屈(北屈、南屈)是您的边疆重镇,不可以无主。宗邑无主则民不畏威,边境无主则让戎人觉得有机可乘。如果戎人有入侵之心,而百姓轻视政令,那国家就很危险了。如果令太子入主曲沃,重耳镇守蒲城,夷吾镇守二屈,必能威加百姓,震慑戎人,让您的丰功伟绩广为传播。"又说:"狄土广阔无边,如果归于晋国,皆可建为都邑。晋国开疆拓土,岂非正当其时?"

晋献公听了很受用,于是令申生镇守曲沃,重耳镇守蒲城,夷吾镇守二屈,其他公子也都派到边疆去锻炼,只留年幼的奚齐与卓子在身边。二五又与骊姬在晋献公那里不断地说群公子的坏话,最终促使晋献公改立奚齐为太子——这是后话。晋国人痛恨二五与骊姬狼狈为奸,将他们叫作"二五耦"。两人并耕为"耦",晋国人这样称呼他们,不只是戏谑,恐怕还有点色情的意味。至于广东人说的"二五仔"是不是源自这两位仁兄,那就不得而知了。

楚令尹子元欲蛊文夫人,为馆于其宫侧,而振万焉。夫人闻之,泣曰:"先君以是舞也,习戎备也。今令尹不寻诸仇雠,而于未亡人之侧,不亦异乎!"御人以告子元。子元曰:"妇人不忘袭雠,我反忘之!"

秋,子元以车六百乘伐郑,入于桔柣之门。子元、斗御疆、斗梧、耿之不比为旆,斗班、王孙游、王孙喜殿。众车入自纯门,及逵市。县门不发。楚言而出。子元曰:"郑有人焉。"诸侯救郑。楚师夜遁。郑人将奔桐丘,谍告曰:"楚幕有乌。"乃止。

说完晋国的八卦,再说说楚国的八卦。

鲁庄公十九年,楚文王去世。他和夫人息妫(即文夫人)生了两个儿子,长子熊艰,次子熊恽。熊艰即位,史称"堵敖",此乃楚地方言,大概意思是虽然即位,但是未尽到国君的责任与义务。

堵敖五年,熊艰欲杀熊恽。熊恽出逃随国,又在随人的帮助下潜回楚国,弑熊艰自立,是为楚成王。

楚成王虽然登上王位,然而年纪尚轻,羽翼未丰,大权落到了时任令尹的王叔公子元手上。

寡妇门前是非多,漂亮的寡妇是非更多。文夫人以陈国公主的身份嫁到息国,于鲁庄公十年被楚文王抢到楚国,至今已有十八年。年轻时候遭遇过灭国丧夫之痛,现在人到中年,生过两个孩子,仍然魅力不减。公子元为了勾引文夫人,干脆在她的宫殿旁边修建了别墅,并派人在别墅演出万舞。

前面介绍过,万舞有文武之分。文舞的表演者,身穿礼服,左手执籥,右手执羽,动作优雅,又称为籥舞或羽舞。武舞的表演者,身着戎装,或者光着膀子,手持干戈,展现武勇之气,又称为干舞。所谓"振万",由君王或者大将亲自参加,手持铜铎,振动以为节拍,可知必为武舞无疑。

在一个寡妇门前跳这种舞,简直就是一种赤裸裸的性骚扰。当然,如果两情相悦,则又是另一番情趣了。

文夫人显然不太受用这种刺激,派侍女去见公子元,说:"祖宗发明万舞,是为了激发武士们的斗志,习武备战。现在令尹不想着怎么为先君报仇,却在他的未亡人面前表演这种节目,不觉得很奇怪吗?"

男人最怕什么?最怕自己喜爱的女人看不起自己。公子元的脸当场就红了,说:"妇道人家尚不忘报仇,我这个大男人反而忘了!"

这一年秋天,公子元率领兵车六百乘讨伐郑国。以当时的战争规模而言,这是相当庞大的一支部队,可以说是倾楚国之力了。

文夫人不是说他不务正业吗?那他就要做一件惊天动地的大事来给文夫人看。

楚军长驱直入,基本上没有遇到抵抗,直抵新郑城郊的桔柣之门。稍事休整后,公子元、斗御彊、斗梧、耿之不比率领前军,斗班、王孙游、王孙喜率领后军,自新郑外郭的纯门鱼贯而入,一直进到内城之外的逵市。

奇怪的是,新郑所有的城门高悬,既没有人打着白旗欢迎,也没有人躲在墙背后放冷箭。公子元越想越不对劲,越走越觉得心里发虚。郑国军队在哪里呢?他不断地问自己。终于,他醒悟过来了:"郑国有能人。快退军!"

数万名训练有素的楚军一齐向后转,用楚地方言小声议论着,迅速退出了新郑城。

刚刚退出新郑,探子传来消息,齐桓公亲自率领齐、鲁、宋三国大军,离新郑只有几十里的路程了,一直避而不战的郑国军队也在附近出现。

楚军连夜遁逃。郑军一直跟踪追到桐丘,派出的探子说楚军大营有乌鸦群集,才停止追击。营中有乌鸦,说明楚国人跑得快,只剩下一座空营,再追上去也没有什么意义了。

公子元以讨好文夫人为目的发动的战争,就这么不战而终。多亏他反应快,楚军没有遭受损失。不过,六百乘兵车一去一回,钱粮军备白白消耗掉不少,就当组织湖北人到河南去旅游观光了一趟吧。

冬,饥,臧孙辰告籴于齐,礼也。

冬天,鲁国发生饥荒,大夫臧孙辰出使齐国,请求购买粮食,这是合礼的。

筑郿,非都也。凡邑,有宗庙先君之主曰都,无曰邑。邑曰筑,都曰城。

冬天,鲁国修筑郿城。为什么说"筑"呢?因为郿城不是"都"。举凡城邑,里面建有宗庙,立有先君之神主,叫作都,没有的就叫邑。邑的建设叫作"筑",都的建设叫作"城"。

鲁庄公二十九年

公元前665年,鲁庄公二十九年。

二十九年春,新作延厩,书,不时也。凡马,日中而出,日中而入。

> 厩是马厩,延是马厩的名字。
> 春天新修马厩,为什么说"不时"呢?原来,古人养马,春分之日放于原野,秋分之日收回马厩,修马厩当安排在春分之后。原文中两个"日中",前一个是春分,后一个是秋分。春分、秋分之时,昼夜等长,所以叫作"日中"。

夏,郑人侵许。凡师,有钟鼓曰伐,无曰侵,轻曰袭。

> 夏季,郑国派兵入侵许国。举凡出兵,声讨其罪名,必钟鼓齐鸣,叫作"伐";偷偷地进村,开枪的不要,叫作"侵";部队轻装前进,攻其不备,叫作"袭"。

秋,有蜚,为灾也。凡物,不为灾,不书。

> 蜚是一种害虫,侵食农田,造成了灾害。这是《春秋》的体例:没有造成灾害便不记录,造成了灾害才记录。

冬十二月，城诸及防，书，时也。凡土功，龙见而毕务，戒事也；火见而致用，水昏正而栽，日至而毕。

十二月，修筑诸城和防城。《春秋》记录在案，是因为合于时令。但凡土木工程，秋天龙现（苍龙之角、亢二宿早晨出现在东方），农事完毕的时候，就要开始做准备了。火现（苍龙七宿之心宿早晨出现在东方）时候，各种工具都要摆放在施工现场。水昏（营室星黄昏出现在南方）时候，筑墙打夯。冬至以后不再施工。

樊皮叛王。

王室大夫樊皮背叛天子。

鲁庄公三十年

公元前664年，鲁庄公三十年。

三十年春，王命虢公讨樊皮。夏四月丙辰，虢公入樊，执樊仲皮，归于京师。

春天，天子命虢公丑讨伐樊皮。四月，虢公丑率军入樊，将樊皮押送至京师。

楚公子元归自伐郑，而处王宫。斗射师谏，则执而梏之。秋，申公斗班杀子元。斗穀於菟为令尹，自毁其家，以纾楚国之难。

楚国令尹公子元伐郑归来之后，就搬到王宫去住了，这真是厚颜无耻！大夫斗射师劝他不要这么干，被他下令逮捕，而且上了枷锁。

公子元的行为终于引起了公愤。秋天，申公斗班挺身而出，杀死了公子元。

所谓申公，即申县的县长。楚子自封为王，每消灭一个小国，就将其变为一个县，县的长官称为公。据统计，楚国在春秋时期共设县十七个，每个县都有自己的武装，而且规模不小，小县有兵车百乘，大县则多达数百乘。申县即原来的南申国，为楚文王所灭后置县，是楚国北部的军事重镇。

斗穀於菟被任命为楚国的新令尹。

斗穀於菟，斗氏，名穀於菟，字子文。楚地方言，穀即是乳，於菟即是虎。因此，穀於菟的意思就是乳虎。斗氏是楚国王族的一支，以楚武王的爷爷若敖为先祖，因此又称为若敖氏。斗穀於菟的父亲就是楚武王年代的名臣斗伯比。

斗穀於菟担任了楚国的令尹，第一件事是拿出自己的家财以缓国家之急。由此可知，公子元这些年来一心想泡文夫人，很少理会国家政务，再加上两年前倾国之力进攻郑国，没捞到任何好处，导致国库空虚，难以为继了。

从楚武王年代开始，楚国这个蛮夷之国虽然经历了诸多磨难，却一直在不停地发展壮大，而且发展速度远远超过同时期的中原各国，主要是因为其有一支忠心耿耿而且敢作敢为的臣工队伍。数十年间，楚国涌现了斗伯比、熊率且比、鬻熊、斗廉等一大批贤能之士。而在楚成王年代担任令尹的这位斗穀於菟，史上一般称作令尹子文，更是他们之中的佼佼者。

"齐桓公+管仲"这对北方组合,很快将感受到"楚成王+子文"这对南方组合所带来的巨大压力。

冬,遇于鲁济,谋山戎也。以其病燕故也。

《春秋》记载:"冬,公及齐侯遇于鲁济。"春秋时期,济水流经曹、卫、齐、鲁等国境内,鲁济即为济水鲁国段。鲁庄公和齐桓公在鲁济相遇,当然不是偶遇,而是为了谋划讨伐山戎的大事,因为山戎严重威胁了燕国的安全。

这里的燕国,是北燕国,也就是战国七雄中的那个燕国。其先祖召公奭,是周文王的儿子、周武王的弟弟,曾和周公旦同为周成王的辅政大臣。王室封召公奭于燕,一个重要的目的是以其为屏障,阻止和牵制北方游牧民族南下入侵中原。

齐桓公为燕国讨伐山戎,是"尊王攘夷"的重要举措,当然也是值得表扬的好事。关于这件事,《史记》是这样记载的:山戎入侵燕国,燕国向齐国告急。齐桓公救燕,于是讨伐山戎,至孤竹才回师。燕庄公感恩戴德,远送齐桓公一直送到齐国境内。齐桓公说:"诸侯相送,不出国境,我不可以对燕国无礼。"于是将燕庄公所到之地统统划给燕国,命其修先祖召公之政,按时向天子纳贡,一如周朝初年。诸侯听说这件事,都对齐国表示敬服。

齐桓公伐山戎至孤竹,当无疑义;割地给燕国,则近于小说,只能姑妄听之;至于说诸侯为了这件事而敬服齐国,那就更是只能"呵呵"了。为什么这么说?请看下一年的记载。

鲁庄公三十一年

公元前663年,鲁庄公三十一年。

三十一年夏六月,齐侯来献戎捷,非礼也。凡诸侯有四夷之功,则献于王,王以警于夷;中国则否。诸侯不相遗俘。

这一年的《左传》,仅此一条记录。

齐桓公去年讨伐山戎,大获成功,今年六月派人到鲁国来"献戎捷",也就是通报战绩,将战俘送给鲁国。这是非礼的!周朝关于献捷的规矩如下:

第一,诸侯讨伐四夷有功,应该献捷于天子,由天子来警惧他们。

第二,诸侯讨伐诸侯有功,不用献捷。

第三,诸侯之间不互相献捷。

齐桓公费了老鼻子劲,却干了件"非礼"的事,可谓费力不讨好。后人或许觉得,鲁国的史官太苛刻。齐桓公讨伐山戎,既是为了保护燕国,也是为了中原文明不受外族的侵犯,劳苦功高,日月可鉴,不应该受批评。至于向鲁国献捷,也不过是尊重鲁国,甚至有讨好鲁国之意,你们怎么给脸不要脸呢?

事情要分开两边看。

一方面,齐桓公的功劳不能埋没。孔子就曾经说过,"微管仲,吾其被发左衽矣"。意思是,如果没有管仲,我们这些人恐怕都要披头散发,穿着左衽的衣服，作胡人打扮了。表扬管仲就是表扬齐桓公，每一个中国人都应该记得他们的好。

另一方面，齐桓公献捷于鲁，确实是非礼的。任何人做事，小节可以不注意，大节却不能含糊。齐桓公既然以"尊王攘夷"为己任，这个时候怎么会忘了"尊王"呢？是潜意识里根本没把天子当一回事，还是有意向鲁国炫耀武力，好让鲁国人害怕？恐怕是二者兼而有之吧。

退一万步说，鲁庄公和他的大臣们或许可以不在乎齐桓公的真实用意，欣然接受齐国的献捷并表示感谢，史官却不能不明察秋毫。这是史官的职责。

鲁庄公三十二年

公元前662年，鲁庄公三十二年。

三十二年春，城小谷，为管仲也。

小谷是齐国地名。在小谷筑城，是为了给管仲居住。这条记载有两种解释：一则齐桓公为管仲筑城，二则鲁庄公为管仲筑城。前者无可厚非，后者则有点过分。

齐侯为楚伐郑之故，请会于诸侯。宋公请先见于齐侯。夏，遇于梁丘。

鲁庄公二十八年，公子元率领六百乘兵车入侵郑国，虽然无功而返，却引起了中原的震动。齐桓公为此召集诸侯会商，主题当然是如何对付来自楚国的日益严重的威胁。

宋桓公请求在会前与齐桓公先见面。夏天，两国诸侯在梁丘会见。

秋七月，有神降于莘。

惠王问诸内史过曰："是何故也？"对曰："国之将兴，明神降之，监其德也；将亡，神又降之，观其恶也。故有得神以兴，亦有以亡，虞、夏、商、周皆有之。"王曰："若之何？"对曰："以其物享焉。其至之日，亦其物也。"王从之。内史过往，闻虢请命，反曰："虢必亡矣。虐而听于神。"

神居莘六月。虢公使祝应、宗区、史嚚享焉。神赐之土田。史嚚曰："虢其亡乎！吾闻之：国将兴，听于民；将亡，听于神。神，聪明正直而壹者也，依人而行。虢多凉德，其何土之能得？"

七月间发生了一件怪事，有神仙降临虢国的莘地。究竟是什么样的神仙就别问了，总之不是赛博坦星球来的汽车人。这件事情闹得挺大，连周惠王都听说了。他虽然号称天子，却从来没见过神仙，于是问大夫内史过："神仙降临，是为了什么？"

内史过回答很有意思："一个国家将要兴旺的时候，神仙就下来看看它的德行；一个国家将要灭亡的时候，神仙也要下来看看它的恶行。所以说，神仙降临，有可能是好事，也有可能是坏事，不能一概而论。虞、夏、商、周各朝都有记载，可以作为佐证。"

周惠王又问："如果神仙来了，怎么应对？"

内史过说："举行相应祭祀就行了。他哪一天来，就用哪一天的祭品。"

简单说一下，古人以干支记日，依照阴阳五行理论，对于每日该用什么样的祭品有明确规定。比如,神于丙日、丁日至,祭者穿赤衣,祭品用动物的肺和赤色的玉,在此不一一详列。

周惠王听了内史过的话,派内史过到莘地去,代表他献祭于神。在那里,内史过看到虢公丑也在举行祭祀,祈求神仙保佑,回来便说:"虢公快要亡国了吧,暴虐却将希望寄托在神明身上。"言下之意,这家伙该好好想想怎么取悦百姓,而不是异想天开地与神对话。

神仙在莘地住了整整半年。虢公丑高兴得不得了,派祝应、宗区、史嚚等人殷勤祭祀。神仙一高兴,竟然答应赐其土地。这真是咄咄怪事。史嚚哀叹:"天要亡虢了吗?我听说,国家兴旺,取决于民意;国家败亡,则取决于神意。神是聪明而正直的,只听从人民的意愿,现在国君毫无德行可言,他能奢望得到什么土地呢?"

先秦儒家对于鬼神的态度,由此可见一斑。世间究竟有没有鬼神?以当时的科学认知水平而言,当然是有的。儒家也不敢说没有,他们肯定鬼神的存在,而且对鬼神表现出相当尊敬的态度。但是,他们从不奢望能够从鬼神身上得到什么好处,而将注意力集中到人身上,孜孜不倦地告诫统治者:你命由你不由天。国运兴衰,取决于国君的德行和民心的背向,而不在于如何讨好鬼神。按照"国将兴,听于民;将亡,听于神"的说法,鬼神降临,没有任何值得高兴的地方,倒是要好好反思一下自己做错了什么没有。

这叫以人为本。

初,公筑台,临党氏,见孟任,从之。闷。而以夫人言,许之,割臂盟公。生子般焉。雩,讲于梁氏,女公子观之。圉人荦自墙外与之戏。子般怒,使鞭之。公曰:"不如杀之,是不可鞭。荦有力焉,能投盖于稷门。"

公疾,问后于叔牙。对曰:"庆父材。"问于季友。对曰:"臣以死奉般。"公曰:"乡者牙曰'庆父材'。"成季使以君命命僖叔,待于鍼巫氏,使鍼季酖之。曰:"饮此,则有后于鲁国;不然,死且无后。"饮之,归,及逵泉而卒。立叔孙氏。

话说有一年,应该是春天吧,鲁庄公在公宫的高楼上眺望风景,看到邻居党氏家的女儿孟任在院子里和侍女嬉戏。鲁庄公一看见孟任就喜欢上了,下楼出宫,跑到党氏的院子里,向孟任表达爱意。孟任又惊又怕,躲进内院,紧闭大门,不让他进来。鲁庄公就像偶像剧中的男主角,隔着门对孟任说了很多肉麻的话,并许诺要立孟任为夫人。如此这般折腾了老半天之后,孟任伸出一条粉嫩的胳膊来。

"干啥?"

"盟誓啊,我妈妈说了,你们男人的话都不可靠,必须要发毒誓才行。"

鲁庄公二话不说,抽出随身带的小刀,先在自己和孟任的手臂上各划了一个口子,然后将两个伤口紧贴在一起。

血,融于一处了。

在那个保存周礼最完好的国家,国君与邻家少女之间居然发生如此浪漫的一段自由恋爱,真是让人觉得不可思议。连老左也被蛊惑了,写完这段故事,居然忘了加上一句:"非礼也!"

鲁庄公与孟任生了公子般,还有了一个女儿。时间过得很快,孩子们都长大了。有一年,鲁国举行求雨的雩祭,在大夫梁氏家彩排,公子般的妹妹也跑去观看。有个养马的小厮,名叫荦,在墙外看见公子般的妹妹,不知道她是公主,吊儿郎当地用淫言秽语调戏她。公子般十分生气,派人把荦抓起来狠狠打了一顿。

鲁庄公听到这件事,对公子般说:"荦是壮士,能轻而易举地把大盖扔到城门之上。"言下之意,你要惩罚他,最好杀掉他,以免后患。但是事情已经过了,也就不了了之。

后来鲁庄公又娶了齐桓公的女儿哀姜为夫人。至于孟任,很有可能已经去世了吧。

哀姜没有生育。

这一年冬天，鲁庄公一病不起，自觉将不久于人世。

鲁庄公有三个兄弟，最大的那个叫庆父，其次是叔牙，再次是季友。

临终之际，鲁庄公将叔牙找来，问了一个问题："寡人死后，谁能继承君位？"

叔牙说："庆父有治国之才。"

这个回答大有问题。鲁庄公的继承人是公子般啊，关庆父什么事呢？

鲁庄公再把季友叫来问同样的问题，季友回答："臣将以死侍奉公子般。"

鲁庄公松了一口气，说："刚刚叔牙说庆父有治国之才。"

季友心领神会。从公宫出来，立即传达君命，将叔牙召至鍼巫氏家中。鍼巫氏以巫为氏，想必世代为巫医，既为公室贵族驱邪治病，也善于调配各类毒药。

叔牙当然知道去那里意味着什么，也知道自己为什么会去那里。他太嫩了，嫩到鲁庄公只用一句话便钓出了他心里的真实想法，不死才怪！

季友将鍼巫氏配制的一碗毒药放在他面前，告诉他："喝了这碗药，你将有后于鲁国；不喝，也是死路一条，而且将无后。"

叔牙将毒药喝了，出来之后，还未走到逵泉，便毒发而亡。

季友没有食言，叔牙的后人得到了很好的照顾，世人称之为叔孙氏。数十年之后，叔孙氏逐渐强大，与庆父的后代孟孙氏、季友的后代季孙氏一道，把持了鲁国的朝政，直到春秋末期，史称"三桓专鲁"。

之所以将他们叫作三桓，是因为庆父、叔牙、季友都是鲁桓公的儿子，也就是鲁国的"桓之族"。

八月癸亥，公薨于路寝。子般即位，次于党氏。冬十月己未，共仲使圉人荦贼子般于党氏。成季奔陈。立闵公。

八月,鲁庄公"薨于路寝"。

路寝即正寝,为什么要特别说明他是寿终正寝呢?我们可以翻回去看看前两任国君鲁隐公和鲁桓公的死亡记录。

鲁隐公:"冬十有一月壬辰,公薨。"

鲁桓公:"夏四月丙子,公薨于齐。"

鲁隐公死于公子翚之手(暗杀),而鲁桓公在齐国死于公子彭生之手(情杀),皆为非正常死亡。《春秋》对此有所忌讳,所以仅以一个"薨"字一笔带过。现在鲁庄公好不容易正常死亡了,必须强调一下,告诉大家,他可是死在自己床上的。

鲁庄公死后,公子般即位。

周礼规定,诸侯五月而葬。遗体下葬前的五个月里,嗣君只能居住在宫外,称为"五月居庐"。

公子般就住在外公党氏家,为鲁庄公守丧。

十月,庆父唆使养马的荦潜入党氏家中,刺杀了公子般。

哀姜虽然没有生育,她的妹妹叔姜作为媵妾,却为鲁庄公生了一个儿子,名启。哀姜嫁到鲁国,是八年前的鲁庄公二十四年。以此推算,启当时的年龄,最多也不过八岁。

这个不到八岁的孩子,被庆父立为国君,是为鲁闵公。

季友连夜逃往陈国。他的这一举动,在历史上颇受非议。第一,季友受命辅佐新君不到两个月,新君就被刺杀,说明季友没有充分地掌握情报,对形势预判不足,保卫工作也大有漏洞,实为失职。第二,新君死后,他不讨伐逆臣,反而独善其身,一个人跑到外国去避难,更是不负责任的表现。批评当然有道理。尤其是对于第一点,季友难辞其咎。但是关于第二点,不能武断地说季友做错了。有的时候,退却是为了更好地进攻。

第四章

鲁闵公

鲁闵公名启,是鲁庄公与叔姜的儿子。叔姜是哀姜的妹妹,以媵妾的身份陪嫁到鲁国。按照当时的习惯,鲁闵公也可以算作是哀姜的儿子。

《史记》中,鲁闵公的名字被记载为"开",是为了避汉景帝刘启的名讳。

鲁闵公元年

公元前661年,鲁闵公元年。

元年春,不书即位,乱故也。

鲁闵公即位,《春秋》不予记载,是因为公子般被弑,季友出逃,国家大乱。

狄人伐邢。管敬仲言于齐侯曰:"戎狄豺狼,不可厌也;诸夏亲昵,不可弃也。宴安鸩毒,不可怀也。诗云:'岂不怀归,畏此简书。'简书,同恶相恤之谓也。请救邢以从简书。"齐人救邢。

邢国姬姓,亦为周公之后。
管敬仲即管仲,敬是其死后之谥。
狄人入侵邢国,管仲对齐桓公说:"戎狄之人,有如豺狼,贪得无厌。华夏诸国,互相亲近,不可抛弃。安逸等于毒药,不可留恋。"

"岂不怀归,畏此简书。"引自《诗经·小雅·出车》一诗。所谓简书,是周朝诸侯之间告急求援的文书。因情况紧急,写好的竹简来不及用绳子贯穿成册便送出去了,是以得名。简书上的文字,包含了同仇敌忾、患难与共的意思。管仲请求齐桓公听从简书的召唤,发兵救援邢国。

齐桓公慨然答应,于是发兵救邢。

夏六月,葬庄公。乱故,是以缓。

诸侯五月而葬。鲁庄公去年八月去世,今年六月才葬,是因为国有乱,推迟了。

秋八月,公及齐侯盟于落姑,请复季友也。齐侯许之,使召诸陈,公次于郎以待之。"季子来归",嘉之也。

八月,鲁闵公与齐桓公在落姑会盟,鲁闵公请求齐桓公允许季友回国。齐桓公答应了,派使者到陈国去宣召季友。这期间,鲁闵公也没有回曲阜,而是待在郎地等候。《春秋》记载:"季子来归。"是表示嘉许之意。

这件事情颇有意思。

首先,鲁闵公才八岁,肯定不会自己想出"请复季友"的主意。

其次,庆父百分之百是不愿意季友回国的。鲁闵公是叔姜的儿子(其实也算是哀姜的儿子),又是庆父所立,本来应该听庆父的才对,为什么会提出要季友回国呢?

我们只能如此推测:有一位幕后高人,当然也是鲁国的重臣,平时装作对庆父驯服的样子,实则在做推翻庆父的工作。这位高人说服庆父,让鲁闵公到落姑去和齐桓公会盟,好处是显而易见的——鲁闵公是齐桓公的外孙,祖孙相见,一则加强两国的关系,二则借齐桓公的威望进一步巩固鲁闵公的地位,庆父没理由不答应。然而,当鲁闵公到了落姑,远离了庆父的控制,这位高人便向鲁闵公建议:"让季友叔叔回来辅佐您吧!"小孩子很单纯,说:"好啊!"高人又说:"可是季友叔叔不愿意呢!不如这样吧,您跟外公说一下,要外公召他回来,好不好?"

事情就这样发生了。齐桓公出面召季友回国,对于庆父来说不啻当头一棒,也使得鲁国国内那些本来就对庆父有意见的人,一下子就找到了主心骨,形势变得对庆父极为不利。可是,齐桓公为什么会答应鲁闵公的请求呢?

他要向天下人表明:去年鲁国发生的政变,虽然导致了他的外孙上台,却和他没有任何关系。

同时,他还有自己的小算盘。

冬,齐仲孙湫来省难,书曰"仲孙",亦嘉之也。

仲孙归,曰:"不去庆父,鲁难未已。"公曰:"若之何而去之?"对曰:"难不已,将自毙,君其待之!"公曰:"鲁可取乎?"对曰:"不可。犹秉周礼。周礼,所以本也。臣闻之:'国将亡,本必先颠,而后枝叶从之。'鲁不弃周礼,未可动也。君其务宁鲁难而亲之。亲有礼,因重固,间携贰,覆昏乱,霸王之器也。"

齐桓公派大夫仲孙湫到鲁国"省难",也就是对鲁国发生的祸乱表示慰问。《春秋》记载:"齐仲孙来。"不书其名,是表示赞许。

但是很显然,仲孙湫的使命绝不是"省难"那么简单。他回去之后,向齐桓公汇报鲁国的局势,说了一句流传千古的话:"不去庆父,鲁难未已。"

鲁国的乱局因庆父而起。如果他真的很有手段,能够控制大局,另当别论。春秋时期礼崩乐坏,以臣弑君不是奇事,关键在于弑君之后,能不能够稳定民心,站稳脚跟。但是很显然,庆父没那个本事,他给鲁国挖了一个坑,也给自己挖了一个坑。庆父的败亡,只是迟早的问题。所以,当齐桓公问:"该怎么把这个讨厌的家伙搞掉?"仲孙湫的回答是:"为祸不已,必将自毙,您等着看就是了。"

齐桓公又问:"鲁国现在这种情况,可以拿下不?"说来说去,这才是齐桓公最关心的问题:能不能够趁火打劫,将鲁国据为己有?

仲孙湫愣了一下,没想到齐桓公会有这样的想法。鲁国虽然大乱,但作为一个有着悠久历史的大国,怎么能够轻言"可取"?他直接回答:"不可以。"理由是,鲁国一直秉持周礼,周礼即鲁国的根基。一个国家将要灭亡,它的根基必先动摇,然后枝叶随之倾倒。鲁国没有抛弃周礼,还不到可以动摇的时候。他认为齐桓公现在应该做的,是帮助鲁国平息内乱,表达亲善友好之意。"亲近有礼仪的国家,依靠稳定坚固的国家,离间人心涣散的国家,灭亡昏暗动乱的国家,这才是霸王的手段、霸王的格局啊!"

晋侯作二军,公将上军,大子申生将下军。赵夙御戎,毕万为右,以灭耿、灭霍、灭魏。还,为大子城曲沃,赐赵夙耿,赐毕万魏,以为大夫。

鲁庄公十六年,王室命曲沃武公"以一军为晋侯",明确晋国的军队规模为一军。十余年来,晋国不断兼并周边小国,面积不断扩大,国力不断增强,一军的规模显然已经不够用了。所以晋献公决定扩充编制,建立上下二军。上军由他本人亲自统领,下军由太子申生统领。

扩军之后的第一次军事行动,赵夙为晋献公御戎,毕万为戎右,消灭了耿国、霍国和魏国。回师之后,为太子申生加固曲沃城,将耿地赐给赵夙,魏地赐给毕万,封他们做了大夫。

赵氏嬴姓,与秦国的嬴姓本出一脉。赵夙的祖上,乃周穆王的御者造父。传说周穆王坐着造父驾驶的马车,曾经到遥远的天池拜访西王母,并与西王母共度春宵,乐而忘返。不料徐偃王趁着国内空虚,发动叛乱。造父又驾着马车，日行千里，将周穆王送回镐京，顺利平息了叛乱。为了表彰造父的功劳，周穆王将赵城封给他，遂以赵为氏。西周末年，造父的后人叔带为了逃避祸乱，来到晋国侍奉晋文侯，是为晋国赵氏的先祖。赵夙便是叔带的五世孙。

毕氏姬姓，本是王室宗亲。毕万的祖上，乃是周武王的弟弟姬高，因受封毕国，遂以毕为氏，史称毕公高。周成王年间，毕公高协助摄政大臣周公旦平定天下，巩固王室，立下汗马功劳。周康王年间，毕公高更是与召公奭同为辅政大臣，大权在握。然而，不知传到第几代的时候，显赫的毕国衰落了。王室收回封地，毕氏后裔沦为士或庶人。毕万曾经在雒邑生活，后来来到晋国发展，通过自己的努力成为晋国的大夫，而且得到了魏这块领地，遂以魏为氏。

三百年后，赵夙和毕万的后人参与"三家分晋"，建立了战国七雄中的赵国和魏国。

这是后话。

士蒍曰："大子不得立矣。分之都城，而位以卿，先为之极，又焉得立？不如逃之，无使罪至。为吴大伯，不亦可乎？犹有令名，与其及也。且谚曰：'心苟无瑕，何恤乎无家？'天若祚大子，其无晋乎？"

士蒍由此判断，太子申生恐怕是无缘继承君位了。晋献公的意图很明显，将曲沃这么重要的城市封给申生，又让他当了下军的统帅，相当于一国之卿。身为太子而位极人臣，这是很不正常的，将来又怎么能够继承君位？申生的处境，已经相当危险。

基于以上判断，士蒍认为，申生不如趁早逃亡，不要等到危险真正降临那一天。"当个吴太伯，难道不好吗？还可以得个好名声。俗话说得好，只要心地洁白无瑕，哪里用得着担心没有家？上天如果保佑太子，就不要让他继续待在晋国了。"

吴太伯是周朝的先祖周太王的嫡长子，本来应该继承王位。但是周太王喜欢有才能的小儿子季历，更主要是想季历的儿子姬昌（即周文王）将来成为国君，因此很想立季历为储君。吴太伯知道了父亲的心意，和长弟仲雍远远地逃到南方的荆蛮之地，以示孝顺与让贤之意。蛮夷之人为其义举所感动，主动追随他，建立了吴国。

吴太伯是中国古代的道德典范，孔子赞扬他"其可谓至德也已矣"，一方面是因为他的孝顺，另一方面也是因为他的阔达。要知道，"既养且敬"的孝道很多人能够做到；舍弃一国之尊以顺从父意的孝道，那还真是不容易。

申生对士蔿的劝告无动于衷。或许他认为，士蔿想得太多了。

卜偃曰："毕万之后必大。万，盈数也；魏，大名也。以是始赏，天启之矣。天子曰兆民，诸侯曰万民。今名之大，以从盈数，其必有众。"

初，毕万筮仕于晋，遇屯䷂之比䷇。辛廖占之，曰："吉。屯固、比入，吉孰大焉？其必蕃昌。震为土，车从马，足居之，兄长之，母覆之，众归之，六体不易，合而能固，安而能杀，公侯之卦也。公侯之子孙，必复其始。"

卜偃是晋国大夫，掌管卜筮之事。他以为，毕万的后人必定兴旺发达。因为万是"盈数"（中国人计数，个、十、百、千，十倍则变其名；至万之后，十万、百万、千万，其万字不易，所以说万是盈数），魏是"大名"（魏通巍，有高大之意）。此人一开始就受到这样的封赏，老天已经有所预示了。天子为兆民之主，诸侯为万民之主。现在毕万既获"大名"，又有"盈数"，必定受到众人拥戴。

后人读到这段话，很容易理解成：毕万的名字取得好，所以后代很发达。这是对儒家因果观的误解。所谓"天启之矣"，只不过是上天通过名字这种细节，来预示某种必然性，也就是所谓的天命。如果天命未至，就算名字取得再好，也是白搭。

当初，毕万还在雒邑的时候，想去晋国谋求发展，所以请王室大夫辛廖为他算一卦，看看他到晋国的仕途如何。得到的结果是"遇屯之比"。

屯卦的上卦为坎☵，下卦为震☳，即所谓的"水雷屯"。如果第一爻由阳变阴，则上卦为坎☵，下卦为坤☷，构成一个"水地比"。由此可知，"遇屯之比"是屯卦的第一爻发生爻变，其爻辞为"磐桓，利居贞，利建侯"。

辛廖解卦：大吉。屯，有坚固之意；比，有亲密之意。还有比这更吉利的吗？此子必定繁衍昌盛。震的象征为车，为足，为长子；坤的象征为马，为母；坎象征众人，其数为六。震卦变为坤卦，车跟随马走，脚踏实地，兄长教导他，母亲养育他，众人归附他。坎卦不变，集合而能坚固，安定而有威武，这是公侯的卦象啊！公侯的子孙，必定光复祖宗的荣耀。

算卦的解释，总是高深莫测，似是而非。唯独最后一句，却是明白地告诉毕万：你作为毕公高的后人，此去必能恢复诸侯的地位，光耀门庭。

鲁闵公二年

公元前660年，鲁闵公二年。

二年春，虢公败犬戎于渭汭。舟之侨曰："无德而禄，殃也。殃将至矣。"遂奔晋。

汭是河流拐弯的地方。

虢公丑在军事上持续成功,于这一年春天大败犬戎于渭汭。虢国大夫舟之侨不喜反忧,以为虢公丑无德受禄,很快就会大祸临头,于是逃奔晋国。

客观地说,虢公丑打败犬戎,乃是有利于"诸夏"的好事,为什么总是受到批评呢?先秦儒家似乎有这样一种观念:有德之人,做什么都对;无德之人,做什么都错。这是典型地对人不对事,当然也是不对的。

关于舟之侨逃奔晋国这件事,《国语》的记载与《左传》不同。

话说有一天,虢公丑做了一个噩梦,梦见一位人脸、白毛、虎爪的神明,手持金钺站在屋顶上警告他:"上天将派晋国人袭击你的国门。"梦醒之后,虢公丑找史嚚占梦。史嚚根据他的描述,认为这个神明是刑杀之神,是来降祸的。虢公丑便将史嚚抓起来,又令全国人庆贺他做了这样一个梦。舟之侨由此看出,虢公丑已经昏乱了,于是带着家人逃到晋国。

夏,吉禘于庄公,速也。

禘即大祭。诸侯死后,新君为之服三年之丧,以尽孝心。三年之后,将死者的灵位移至宗庙,并举行大祭,称之为吉禘。鲁庄公于前年八月去世,当于今年八月举行吉禘。而且据《春秋》记载:"夏五月乙酉,吉禘于庄公。"整整提前了三个月,当然是太快了。

初,公傅夺卜齮田,公不禁。秋八月辛丑,共仲使卜齮贼公于武闱。成季以僖公适邾。共仲奔莒。乃入,立之。以赂求共仲于莒,莒人归之。及密,使公子鱼请。不许,哭而往。共仲曰:"奚斯之声也。"乃缢。

当初,鲁闵公的老师抢夺大夫卜齮的土地。卜齮将官司打到鲁闵公这里,但是鲁闵公偏向自己的老师,这件事便不了了之。这一年八月,庆父唆使卜齮潜入公宫,在寝殿的侧门刺杀了鲁闵公。

庆父为什么要杀鲁闵公,当然是因为控制不住这个小娃儿。这是短短的两年内,他谋杀的第二位国君。而季友的反应,和上次如出一辙——逃。而且还带上了鲁庄公的另一个儿子公子申,逃到邾国。

很显然,季友的第二次逃亡,比第一次"老到"。鲁国朝野,上至公室宗亲,下至士农工商,无不对庆父的所作所为感到强烈愤慨。这个胆大妄为的家伙,不但谋刺了两任国君,两次逼走了自己的弟弟,而且还给先君鲁庄公戴了一顶绿帽子——他和哀姜之间那种说不清道不明的关系,渐渐浮出水面,成为曲阜街头八卦的话题。人们甚至传闻,庆父谋杀鲁闵公,是想自己成为国君。而哀姜也参与了这一阴谋,可谓恶毒之至。

庆父知道危险已近,仓皇出逃莒国。季友得到消息,立即返回鲁国,在万众欢呼下拥立公子申为君,也就是史上的鲁僖公。

新君上台的第一件事,当然是拨乱反正,惩办奸党。鲁国使者带着财礼来到莒国,求取庆父。莒国人便将庆父送回鲁国。走到密地,庆父派兄弟公子鱼(字奚斯)先行一步,去找季友说情,希望季友顾念兄弟之情,放他一条生路。庆父也不想想,当年叔牙仅仅因为一句话表露了不忠之心,便被季友毒死;他做了那么多大逆不道的事,怎么可能获得原谅呢?公子鱼哭着回来,在庆父的营帐外徘徊,不知怎么将这个坏消息告诉庆父。庆父听到,说:"这是奚斯的声音啊!"于是不待公子鱼进来,自缢身亡。

闵公,哀姜之娣叔姜之子也,故齐人立之。共仲通于哀姜,哀姜欲立之。闵公之死也,哀姜与知之,故孙于邾。齐人取而杀之于夷,以其尸归,僖公请而葬之。

前面已经说过,鲁闵公是叔姜的儿子,所以齐国假庆父之手而立他为君。庆父与哀姜通奸,鲁闵公死后,哀姜便想立庆父为君。鲁闵公被刺一事,哀姜完全知情,甚至有可能参与其中。所以庆父逃亡到莒国,哀姜也逃亡到邾国。齐桓公为了表明他与鲁国的乱局无关，大义灭亲，派人将哀姜逮捕，在夷国处死，尸体运回齐国。

鲁僖公向齐桓公请求归还哀姜的尸体，以妥善安葬。再怎么说，哀姜也曾是鲁国的夫人，死后给予足够的尊重，也是顾全先君鲁庄公的面子。

成季之将生也，桓公使卜楚丘之父卜之。曰："男也，其名曰友，在公之右；间于两社，为公室辅。季氏亡，则鲁不昌。"又筮之，遇大有☰之乾☰，曰："同复于父，敬如君所。"及生，有文在其手曰"友"，遂以命之。

当年，季友将要出生的时候，鲁桓公命卜楚丘的父亲（其名不详）占卜，得到如下信息：

一、"男也。"这不用解释。

二、"其名为友。"这也不用解释。

三、"在公之右。"意思是站在国君的右手边，当国君的副手，可堪大用。

四、"间于两社，为公室辅。"社是土地神庙。鲁国有两社：周社是周民族的精神寄托，亳社则是商民族的精神寄托（商人发祥于亳）。

前面介绍过，周朝刚刚建立的时候，为了妥善安置商朝遗民，确保政权稳定，将商朝贵族中的强宗分给姬姓诸侯，由他们带回各自的封国去安置。周公旦的儿子伯禽被封为鲁侯，带走了"殷民六族"；周武王的弟弟康叔被封为卫侯，得到了"殷民七族"；周成王的弟弟唐叔被封到晋国，则分到了"怀姓九宗"。商朝贵族虽然被拆分，势力仍然很强大，在各自新的居住国，都是举足轻重的政治力量。鲁国将周社与亳社并立，体现的是对境内商朝遗民的尊重。所谓"间于两社"，即立于两社之间，意思是能够团结国人，辅佐公室。

五、"季氏亡，则鲁不昌。"季友的后人以季为氏，号称"季孙"。这句话的意思是,如果季氏灭亡,则鲁国也就衰败了。季友出生之前,其排行可知,称其后为季氏,也不算离谱。

所谓占卜,是以龟甲的裂纹预测未来。占卜之后,又以蓍草算卦,结果是"遇大有之乾"。

大有卦的上卦为离☲,下卦为乾☰,即所谓的"火天大有"。如果第五爻由阴变阳,则上卦为乾☰,下卦为乾☰,构成一个乾卦。由此可知,"遇大有之乾"是大有卦的第五爻发生爻变,其爻辞为"厥孚交如,威如,吉"。

对于此卦的解释是:"同复于父,敬如君所。"意思是这个孩子的尊贵,与其父亲相同;国人敬畏他,如同敬畏国君。说白了,他将享受国君的尊荣。

原文中的"君所",字面意思是国君的住所,也就是以宫代指国君。

说来也是奇事,季友出生,手上果然有个"友"字,所以也就被命名为"友"了。

冬十二月,狄人伐卫。卫懿公好鹤,鹤有乘轩者。将战,国人受甲者皆曰:"使鹤,鹤实有禄位,余焉能战?"公与石祁子玦,与宁庄子矢,使守,曰:"以此赞国,择利而为之。"与夫人绣衣,曰:"听于二子!"渠孔御戎,子伯为右;黄夷前驱,孔婴齐殿。及狄人战于荧泽,卫师败绩,遂灭卫。卫侯不去其旗,是以甚败。狄人囚史华龙滑与礼孔,以逐卫人。二人曰:"我,大史也,实掌其祭。不先,国不可得也。"乃先之。至,则告守曰:"不可待也。"夜与国人出。狄入卫,遂从之,又败诸河。

接下来说个玩物丧志——不,玩物丧国的故事。

卫懿公有个爱好,养鹤。本来这也不是件坏事,鹤毕竟是一种很可爱的动物嘛!可是,做任何事情都应该有个度。尤其是作为国君,一举一动都是国人的表率,切切不可乱来。卫懿公爱鹤,爱到了痴迷的程度,甚至安排鹤坐轩车出行,招摇过市。

所谓轩车,是大夫以上官员乘坐的车。"鹤有乘轩者",是对周礼的公然挑衅,也是对整个社会准则的蔑视。所以,这一年十二月,当狄人入侵卫国,卫懿公准备起兵抵抗的时候,本应披甲而战的国人都说:让鹤去吧,鹤有官禄爵位呢,我们能干啥呀?

卫懿公便是在这种背景下出战了。出发之前,他授予石祁子玉玦,授予宁庄子箭,令他们坚守都城朝歌,说:"以此报国,选择有利的去做。"又赠予夫人绣衣,要她听命于石祁子和宁庄子。

古人赠物,必有其义。玉玦是半块环形玉,寓意为决断。箭一去不返,寓意为果断。绣衣的花纹图案由外绣成,寓意为采纳建议。

卫懿公以渠孔为御戎,子伯为戎右,黄夷为先锋,孔婴齐殿后,与狄人在荥泽展开大战。卫军战败。狄人长驱直入,遂将卫国灭掉。

卫懿公作为一国之君,当然是不称职的。但是在战场上,他倒是无愧于国君的称号。当卫军全线溃败的时候,他坚持不拔掉戎车上的大旗,力战而死。

又据《吕氏春秋》记载,荥泽之战后,狄人找到卫懿公的尸体,"尽食其肉,独舍其肝",可谓惨烈。

狄人在战场上俘虏了卫国史官华龙滑与礼孔。他们对狄人说:"我们是卫国的大史,掌握卫国的祭祀大权。如果不让我们先进城去做内应,你们也得不到卫国。"狄人到底是头脑简单,便放他们先进城。见到守城的石祁子和宁庄子,华龙滑与礼孔便说:"赶紧逃,这里不能待了。"

夜里,卫国人偷偷打开城门,倾城而出。

狄人得到了一座空城。对他们来说,显然没有达到预期目的。他们需要的是粮食、女人、壮丁、金银财宝,而不是城池。如果没有掳获到足够的俘虏和财物,这一趟就等于白跑。于是,狄人又追上去,在黄河边将卫国人大杀了一阵,才满意而归。

初,惠公之即位也少,齐人使昭伯烝于宣姜,不可,强之。生齐子、戴

公、文公、宋桓夫人、许穆夫人。文公为卫之多患也,先适齐。及败,宋桓公逆诸河,宵济。卫之遗民男女七百有三十人,益之以共、滕之民为五千人。立戴公以庐于曹。许穆夫人赋载驰。齐侯使公子无亏帅车三百乘、甲士三千人以戍曹。归公乘马,祭服五称,牛、羊、豕、鸡、狗皆三百与门材。归夫人鱼轩,重锦三十两。

这是追述卫国往事。

卫惠公即位的时候,还是个少年。他的母亲宣姜,半老徐娘,风韵犹存。这一对母子,在卫国是不怎么受欢迎的。卫宣公年间,他们合谋害死当时的卫国世子急子,连带宣姜的长子公子寿也送了性命,卫惠公才得以坐上国君的宝座。再后来,卫国人激于义愤,将卫惠公赶走。再再后来,在齐国的帮助下,卫惠公才又复国。但是,据《史记》记载,直到卫惠公死后,卫懿公即位,卫国的大臣和百姓对这一家子仍然不感冒,而且"常欲败之"。由此亦可知,卫懿公因鹤亡国,只是表面现象,深层次的原因,是卫国人本来就想看他的笑话。

齐僖公老谋深算,就在卫惠公即位的那一年(鲁桓公十三年),他以强硬的态度干涉了卫国的内政,也就是"齐人使昭伯烝于宣姜,不可,强之"。

昭伯是急子的同胞弟弟,名顽,应该叫作公子顽。从辈分上讲,宣姜是公子顽的母亲。

"烝"的意思,前面已经解释过,是晚辈男性与长辈女性通奸。

齐僖公命令公子顽与宣姜通奸。公子顽不愿意,齐国就施加政治影响,强迫他!

这道匪夷所思的命令体现了血缘政治的荒唐与无赖。齐僖公深知卫国人怀念急子而憎恶卫惠公,担心卫惠公势单力薄,地位不稳。因此他未雨绸缪,要公子顽与宣姜通奸,目的是要他们生出既有齐国血统又有夷姜(急子的生母)血统的后代——齐国可以通过他们来加强对卫国的控制，同时这些后代在感情上也能被卫国人民接受。

公子顽一开始强烈反对，但是在齐国人的威逼之下，不得已跟宣姜睡了。没想到，徐娘半老的宣姜仍然魅力无穷，公子顽很快就乐不思蜀，两个人翻云覆雨，如胶似漆，竟然生了五个儿女，大大超出了齐僖公的期望。

老大是个女儿，嫁给舅舅齐桓公做小妾，被称为齐子，也就是齐国的长卫姬，深受齐桓公宠爱。

老二公子申。狄人屠灭卫国，洗劫朝歌后，卫国遗民在宋桓公的帮助下，趁夜渡过黄河。说来真是惨，这时候清点人口，竟然只有七百三十人！当然，这里要说清楚的是，所谓"卫之遗民"，严格地说是卫国首都朝歌的遗民。齐桓公领导下的国际社会发挥了作用，从卫国的共、滕两邑迁徙民众五千人，借曹国的地盘修建宫殿和城池，并立公子申为新君，是为卫戴公。齐桓公还派公子无亏带兵车三百乘、甲士三千人保护卫国的新都，赠送牛、羊、猪、鸡、狗各三百只，还有一批建筑材料，连衣服、衣料甚至连女眷乘坐的车马都一一馈赠。这里面有没有长卫姬的功劳？多半是有的。可惜的是，卫戴公无福消受，不久就去世。

老三公子燬，早就预料卫国会有灾难，所以跑到齐国躲避。等到卫戴公去世，他顺理成章地继承了君位，是为卫文公。

老四是个女儿，即宋桓公夫人。宋桓公如此积极地援助卫国人，其夫人功不可没。

最有意思的是老五。她嫁给了许穆公，即原文中的"许穆夫人"。在齐国、宋国热火朝天地帮助卫国重建的时候，许国一直袖手旁观，没有任何表示。对此，许穆夫人非常郁闷，作了一道《载驰》之诗：

"载驰载驱，归唁卫侯。驱马悠悠，言至于漕。大夫跋涉，我心则忧。既不我嘉，不能旋反。视尔不臧，我思不远。既不我嘉，不能旋济。视尔不臧，我思不閟。陟彼阿丘，言采其蝱。女子善怀，亦各有行。许人尤之，众稚且狂。我行其野，芃芃其麦。控于大邦，谁因谁极。大夫君子，无我有尤。百尔所思，不如我所之。"

诗中之意,既痛心于卫国的危难,又抱怨老公许穆公对重建卫国的大事不闻不问,使得自己在两位姐姐面前很没面子。

相比齐桓公、宋桓公两位姑爷的阔绰,这位许穆公实在是寒碜了点,也难怪老婆抱怨。但是,如果考虑一下许国的实际情况,他不参加卫国重建也在情理之中:许国国小,人少,自己的日子都过得紧巴巴,哪有余粮去支援卫国建设?

这事给男人们一个教训,自身实力不强的话,娶老婆之前最好先看看老婆的姐妹嫁得好不好,如果遇上一两位财大气粗的连襟,这辈子都别想在老婆面前抬起头来了。

郑人恶高克,使帅师次于河上,久而弗召,师溃而归,高克奔陈。郑人为之赋清人。

高克是郑国大夫,清邑人,为郑文公所厌恶。

这一年狄人劫掠卫国,郑文公派高克带兵在黄河一线设防,以防狄人渡河入侵郑国。很长一段时间,既不召他回来,又不供应粮食。部队最终不战而溃,高克逃亡陈国。

郑文公这件事做得很不厚道。《诗经·郑风》中的《清人》一诗,即为嘲讽此事而作,其诗云:

"清人在彭,驷介旁旁。二矛重英,河上乎翱翔。清人在消,驷介麃麃。二矛重乔,河上乎逍遥。清人在轴,驷介陶陶。左旋右抽,中军作好。"

晋侯使大子申生伐东山皋落氏。里克谏曰:"大子奉冢祀、社稷之粢盛,以朝夕视君膳者也,故曰冢子。君行则守,有守则从。从曰抚军,守曰监国,古之制也。夫帅师,专行谋,誓军旅,君与国政之所图也。非大子之事也。师在制命而已。禀命则不威,专命则不孝,故君之嗣适不可

以帅师。君失其官，帅师不威，将焉用之？且臣闻皋落氏将战。君其舍之！"公曰："寡人有子，未知其谁立焉！"不对而退。

见大子。大子曰："吾其废乎？"对曰："告之以临民，教之以军旅，不共是惧，何故废乎？且子惧不孝，无惧弗得立。修己而不责人，则免于难。"

晋国继续扩张。这一年，晋献公派太子申生讨伐东山皋落氏。

皋落氏是狄人的一支，颇为强悍。大夫里克对这一命令感到不解，在他看来，太子是负责祭祀祖先社稷、照顾国君饮食起居的人，片刻不离左右，所以才又被称为"冢子"。国君出行，则太子守国，叫作监国；国君抵抗外敌入侵，则太子侍奉左右，叫作抚军。而讨伐异族，劳师远征，独当一面，是国君与执政大臣的责任，不该派太子去。因为领兵打仗需要统帅临机决断，如果事事向君父禀报，则没有权威，而且延误战机；如果独断专行，不向君父报告，则又是不讲孝道，所以自古以来，太子不可以统兵出征，出征则必陷于"失威"与"失孝"的两难境地，无所适从。

里克苦劝晋献公："国君如果一定要这么做，则失去了选任官员的准则，太子统率部队也没有威严。而且，听说皋落氏也在积极备战，请您收回成命。"

晋献公很直接地回答："我那么多儿子，到底立谁还不一定呢。"

里克哑口无言，出来之后，立马去找申生。

申生愣了半晌，问道："这么说来，我要被废了吗？"

答案是肯定的，但是里克不能这样回答，只能以长辈的身份劝告申生：国君命令你在曲沃治理万民，又令你为下军统帅，现在又派你讨伐东山皋落氏，这都是委以重任啊！你现在应该担心的是能不能完成任务，说什么"被废"啊！而且，为人之子，所担心的只有自己孝不孝，而不是得不得立。好自为之，不责怪别人，则可以免于祸患。

大子帅师,公衣之偏衣,佩之金玦。狐突御戎,先友为右,梁余子养御罕夷,先丹木为右。羊舌大夫为尉。先友曰:"衣身之偏,握兵之要,在此行也,子其勉之!偏躬无慝,兵要远灾,亲以无灾,又何患焉?"狐突叹曰:"时,事之征也;衣,身之章也;佩,衷之旗也。故敬其事,则命以始;服其身,则衣之纯;用其衷,则佩之度。今命以时卒,闷其事也;衣之尨服,远其躬也;佩以金玦,弃其衷也。服以远之,时以闷之;尨,凉;冬,杀;金,寒;玦,离;胡可恃也?虽欲勉之,狄可尽乎?"梁余子养曰:"帅师者,受命于庙,受脤于社,有常服矣。不获而尨,命可知也。死而不孝,不如逃之。"罕夷曰:"尨奇无常,金玦不复,虽复何为?君有心矣。"先丹木曰:"是服也。狂夫阻之。曰'尽敌而反',敌可尽乎?虽尽敌,犹有内谗,不如违之。"狐突欲行。羊舌大夫曰:"不可。违命不孝,弃事不忠。虽知其寒,恶不可取,子其死之!"

大子将战,狐突谏曰:"不可。昔辛伯谂周桓公云:'内宠并后,外宠二政,嬖子配嫡,大都耦国,乱之本也。'周公弗从,故及于难。今乱本成矣,立可必乎?孝而安民,子其图之!与其危身以速罪也。"

申生领军出征之际,晋献公派人给他送来两件礼物:一件偏衣和一块金玦。偏衣是左右两色的衣服;玦是半圆环形的玉器,金玦则是用金做成的玦形饰物。衣和玦并非稀罕之物,但是偏衣和金玦委实少见。

当时,晋军摆出的阵容十分强大。申生亲率上军,狐突为其御戎,先友为戎右;罕夷率领下军,梁余子养为御戎,先丹木为戎右;军尉则由羊舌大夫担任。这些人都是晋国的精英。

出发之前召开会议,讨论的议题不是如何对付东山皋落氏,而是:国君赐给太子偏衣和金玦,究竟用意何在?

先友首先发言:"两色衣服意味着国君将自己的衣服分了一半给您,

又让您掌握兵权,成败在此一举,请您自勉。分出一半的衣服没有恶意,手握重兵可以远离灾祸,还用担心什么!"

狐突与先友的看法完全不同,他认为:时令,是事情的象征;衣服,是身份的标识;佩饰,是心志的旗帜。如果真的在意一件事,应该在春夏发布命令;赐予衣服,当用纯色;期望其衷心为自己所用,则让他佩戴适合的饰物。年终发令,是存心让事情不能顺利进行;赐穿杂色衣服,意在使其疏远;令其佩戴金玦,那就摆明了是要抛弃太子。"现在国君令您冬天出征,四季将尽,万物萧条,是想让您事事不顺;赐给您两色衣服,杂乱无章,是想要您远离他身边;要您佩戴金玦,黄金代表寒冷,玦则代表决绝。国君赐给您这些东西,有什么可高兴的?况且,就算咱们再努力,怎么可能杀尽狄人?"

梁余子养的看法与狐突一致:"大将统率军队出征,本来应该受命于宗庙,而且在祭坛下分受祭肉,穿着常规的军服。现在太子得不到常服,而获赐这么奇怪的一件衣服,国君的用心,由此可见。与其背着不孝之名战死他乡,不如现在就逃跑。"

罕夷说得更为吓人:"这衣服很奇怪,不合常规。金玦代表有去无回。即使回来又怎么样呢,国君已经有杀太子之心了。"

先丹木也说:"这样的衣服,就算是神经病都不会穿。主公还命令您'杀尽敌人才可以回师',敌人是杀得完的吗?就算杀完敌人,国内还有奸人向主公进谗言。不如离去!"

中军帐内,群情激愤。狐突性急,当场就打算走人,撂挑子,不干了。羊舌大夫连忙劝住他:"此事万万不可!违反君父之命,是为不孝;弃国家大事于不顾,是为不忠。虽然天气和人心都很寒冷,不忠不孝的事却不能做,您还是怀着必死的心态来做这件事吧!"

申生决定出战。狐突劝道:"当年辛伯劝阻周桓公,说:'内宠妾比于王后,外宠臣贰于国政,嬖人之子和嫡子同等待遇,大城规模相当于国都,这都是祸乱的根源。'周桓公不听,所以惹祸上身。现在祸乱的根源已经形成,您觉得您还会被立为嗣君吗?与其将自身置于险境而加速罪责的到来,不如顺从孝道,安定百姓。您认真考虑一下吧!"

周桓公即周公黑肩,曾为周桓王、周庄王卿士。周桓王宠爱嬖人之子王子克,将其托付给周桓公,辛伯以为不妥,是以有此一劝,但是未能说服周桓公。鲁桓公十八年,周桓公阴谋刺杀周庄王而立王子克,为辛伯所杀。

狐突言下之意,现在晋献公内有骊姬为乱,外有二五耦助纣为虐。此战申生如果失败,晋献公不高兴,有罪;如果得胜,晋献公更加不高兴,还是有罪。不如别打这仗了,主动让出太子之位,既尽了孝心,也为晋国的老百姓求个安定。

前有士芳,后有狐突,都劝申生不要恋栈。确实,申生如果一走了之的话,晋献公称心如意,晋国百姓不用为内乱而担忧,申生本人也逍遥自在,而且得个孝顺、不争的好名声,一举多得,何乐而不为? 可是,申生又一次拒绝了。

成风闻成季之繇,乃事之,而属僖公焉,故成季立之。

成风是鲁庄公的侧室,鲁僖公的母亲。当初听说了季友出生时的卜筮之辞,成风便留了个心眼,私下结交季友,将鲁僖公托付给他照顾。这便是季友立鲁僖公为君的原因。

僖之元年,齐桓公迁邢于夷仪。二年,封卫于楚丘。邢迁如归,卫国忘亡。

《左传》叙事,既有追述,也有预告。这里是以鲁闵公二年的记载,预告明年、后年发生的事情。

鲁僖公元年,齐桓公领导国际社会,将邢国迁到了夷仪。鲁僖公二年,又在楚丘重建卫国新都。由于照顾周到,邢国迁移后,好像回到原来的国土；卫国重建后，也忘掉了被灭亡的惨痛经历。当然不是真的忘掉了，这是用夸张的手法赞扬齐桓公干的好事。

卫文公大布之衣、大帛之冠，务材、训农，通商、惠工，敬教、劝学，授方、任能。元年，革车三十乘；季年，乃三百乘。

卫文公对得起大伙的帮助。他穿着粗布衣服，戴着粗帛帽子，致力于生产建设，教导务农；发展商业，惠利百工；重视教育，鼓励求学；劝勉官员，任用贤能。即位的第一年，只有齐国赠送的战车三十乘；执政的末期，这一数量上涨至三百乘，由此足见其治国有方。

第五章
鲁僖公

鲁僖公名申,是鲁庄公与侧室成风的儿子、鲁闵公的弟弟。即位的时候,也是个小孩。

鲁僖公元年

公元前659年,鲁僖公元年。

元年春,不称即位,公出故也。公出复入,不书,讳之也。讳国恶,礼也。

老规矩,新君去年上台,今年才算正式即位。但是《春秋》不予记载,是因为去年八月鲁闵公去世,鲁僖公随同季友出逃邾国,九月才回来。国内政局混乱导致这样的事情发生,所以讳莫如深,不予记载。避讳国家的恶事,这是合礼的。

诸侯救邢。邢人溃,出奔师。师遂逐狄人,具邢器用而迁之,师无私焉。
夏,邢迁于夷仪,诸侯城之,救患也。凡侯伯,救患、分灾、讨罪,礼也。

邢国遭到狄人进攻,向齐国发出简书求救,是前年(鲁闵公元年)的事。齐桓公和管仲答应得好好的,可是一直没有动静。今年,齐国终于组织诸侯联军救援邢国。《春秋》记载:"齐师、宋师、曹师次于聂北,救邢。"古人行军,停驻一晚称为"舍",两晚为"信",超过两晚则为"次"。有道是救兵如救火,诸侯联军姗姗来迟便也罢了,来了之后又在聂北按兵不动,这是为什么?

说穿了,不敢和狄人硬拼。

联军袖手旁观,邢国自然崩溃。城破之后,邢人纷纷跑到聂地,请求联军保护。等到狄人撤走,联军才终于开动,象征性地追逐了一下,然后将邢国的"器用"全部搬走,帮助邢国迁往夷仪。原文中的"师无私焉",是强调诸侯没有趁火打劫。

这里有个疑问:狄人既然攻破了城池,为什么没有将邢国的"器用"席卷而去?

原来,所谓"器用",是指宫廷和宗庙中使用的礼器,也就是那些重得要命的鼎、簋、簠、盨之类,狄人徒步而来,自然搬不走。再说,他们对这些玩意儿也不感兴趣。

齐桓公又发动诸侯到夷仪为邢国筑城,这是扶危救难的好事。既然以诸侯之长自居,领导国际社会救助患难,分担灾害,讨伐罪人,那就是合乎礼的了。

秋,楚人伐郑,郑即齐故也。盟于荦,谋救郑也。

秋天,楚军入侵郑国,主要原因是郑国与齐国亲近。齐桓公当然不能坐视不管,于是召集诸侯在荦地会盟,谋划援救郑国。

九月,公败邾师于偃,虚丘之戍将归者也。

九月,鲁国与邾国之间发生战争。鲁僖公率军在偃地打败结束虚丘驻防即将回国的邾军。

这条记载无头无尾,甚为难解。鲁国与邾国打仗不奇怪,可为什么要攻击"虚丘之戍将归者"呢?

奇哉怪也。

冬,莒人来求赂,公子友败诸郦,获莒子之弟挐。——非卿也,嘉获之也。公赐季友汶阳之田及费。

去年,庆父出逃莒国,鲁国派使者带着财礼请求莒国将其送回。今年,莒国又派人来要求更多的财物。这简直是贪得无厌。于是,季友带兵在郦地打败莒军,俘获莒子的弟弟公子挐。公子挐非卿,但是记载在案,是为了表彰季友。鲁僖公还赏赐给季友汶水以北的土地和费城。

夫人氏之丧至自齐。君子以齐人之杀哀姜也为已甚矣,女子,从人者也。

齐国归还了哀姜的尸体。鲁国人对于齐桓公杀死哀姜一事深表不满,认为他做得太过分了。依周礼,女子未嫁从父,既嫁从夫,夫死从子。哀姜既然嫁到了鲁国,就是鲁国人,即便是有罪,也应当由鲁国人来处罚,轮不到齐国人越俎代庖。当然,这也就是一说,当时的鲁国,恐怕连个屁都不敢放。

鲁僖公二年

公元前658年,鲁僖公二年。

二年春,诸侯城楚丘而封卫焉。不书所会,后也。

齐桓公号召诸侯在楚丘筑城,重建卫国新都。所谓"封卫"者,卫国已灭于狄人之手,而今重新建国,犹如天子再封。不难想象,各路诸侯必定齐聚一堂,一则庆祝卫国再生,二则对齐桓公歌功颂德。而《春秋》之所以没有记载这件盛事,是因为鲁僖公去得晚了。

晋荀息请以屈产之乘与垂棘之璧假道于虞以伐虢。公曰:"是吾宝也。"对曰:"若得道于虞,犹外府也。"公曰:"宫之奇存焉。"对曰:"宫之奇之为人也,懦而不能强谏。且少长于君,君昵之;虽谏,将不听。"乃使荀息假道于虞,曰:"冀为不道,入自颠䡞,伐鄍三门。冀之既病,则亦唯君故。今虢为不道,保于逆旅,以侵敝邑之南鄙。敢请假道,以请罪于虢。"虞公许之,且请先伐虢。宫之奇谏,不听,遂起师。夏,晋里克、荀息帅师会虞师,伐虢,灭下阳。先书虞,贿故也。

晋献公终于吹响了进攻虢国的号角。大夫荀息建议不要正面进攻,而是借道虞国,打他个出其不意。

虞国和虢国一样,也是姬姓公爵。前面说过,当年吴太伯为了让贤给自己的弟弟季历,和长弟仲雍逃到南方的荆蛮之地,在那里建立了吴国。太伯死后无子,吴国便由仲雍及其后人继承。传到第五代周章的时候,周武王灭商,建立了周朝。王室感念吴太伯的仁德,不但正式承认吴国为诸侯,还将周章的弟弟虞仲接到中原,封为公爵,建立了虞国。

借道虞国来进攻虢国,当然是一条好计,但是并不容易做到,因为虢国和虞国唇齿相依,世代友好。于情于理,虞公都不会答应晋国军队通过自己的领地去攻打虢国。不过,荀息早有算计,他向晋献公提出,可以用"屈产之乘与垂棘之璧",也就是屈地出产的良马和垂棘出产的宝玉来贿赂虞公。

晋献公说:"这两样东西,可都是寡人的宝贝哟。"一副小气巴拉的样子。

荀息说:"假如得以借道虞国,这些宝贝就像放在外府。"

古代并无外府,但有内府。据《周礼》,内府的职责为"掌受九贡、九赋、九功之货贿、良兵、良器,以待邦之大用",亦即天子或诸侯的宝库。所谓外府,大概是荀息自创的,意思很明白:只要可以从虞国借道灭虢,则顺势吞并虞国也只是举手之劳。这些宝物放在虞国,有如放在外府,终归是跑不掉的。

晋献公说:"可是虞国有宫之奇。"

宫之奇是虞国的大夫,素有谋略,晋献公担心宫之奇会看穿他的阴谋。荀息说:"宫之奇为人懦弱,不敢强硬地发表自己的意见。而且他和虞公从小一起长大,两个人关系过于亲近,就算宫之奇劝谏,虞公也不会听。"

晋献公终于下定决心,派荀息为使者,带着名马和宝玉前往虞国买路。荀息对虞公说:"当年冀国无道,自颠軨入侵贵国,攻打鄍城的三座城门。敝国讨伐冀国,使其受损,那也为了虞公您啊。现在虢国无道,在商旅之道上修筑堡垒,侵犯敝国的南部边境。请允许敝国借道,以讨伐虢国之罪。"

冀国是个什么样的国家，史料上没有记载。晋献公在位期间，晋国不断扩张，号称"并国十七，服国三十八"，冀国应该就是被他消灭的一个小国吧。

虞公欣然应允，而且提出：虞国也要参与这场战事，先行出兵讨伐虢国。这便是要分一杯羹了。宫之奇果然劝阻，虞公不听。于是这年夏天，晋国的里克、荀息带兵取道虞国，会合虞军进攻虢国，攻占其陪都下阳。

《春秋》记载："虞师、晋师灭下阳。"是因为虞公贪图贿赂，见利忘义，所以将"虞师"写在前面，以示批评。

秋，盟于贯，服江、黄也。

江国、黄国，都在今天的河南省境内，受到楚国的威胁。看到齐桓公的霸业如日中天，两国主动派人前来朝见，表示愿意臣服。《春秋》记载：这一年秋天，齐、宋、江、黄四国君主在宋国的贯地举行了会盟。

齐寺人貂始漏师于多鱼。

寺人貂又名竖貂，有的文献中也写作竖刁，是齐桓公极为宠信的一名宦官。

漏师，就是泄露军事机密。

在多鱼这个地方，寺人貂第一次泄露齐国的军事机密。国君身边出现这样的人，可不是一个好兆头。

虢公败戎于桑田。晋卜偃曰："虢必亡矣。亡下阳不惧，而又有功，是天夺之鉴，而益其疾也。必易晋而不抚其民矣。不可以五稔。"

稔是谷物成熟之意。谷物一年一熟，五稔引申为五年。

虢公丑在桑田打败戎人，这本来是一件好事，但在卜偃看来却是虢国必亡的征兆：下阳被晋国灭亡却不知畏惧，而现在又有功于戎事，是上天夺去了他的镜子，而加重了他的罪恶。他必定轻视晋国的威胁而不安抚百姓。这样过不了五年啦！

冬，楚人伐郑，斗章囚郑聃伯。

冬天，楚国入侵郑国，楚将斗章俘虏了郑国大夫聃伯。这是公然挑战齐桓公刚刚建立的国际新秩序，齐楚两个大国之间的较量临近了。

鲁僖公三年

公元前657年，鲁僖公三年。

三年春不雨，夏六月雨。自十月不雨至于五月。不曰旱，不为灾也。

春天不下雨，直到六月才下。自去年十月到今年五月，一直没有下雨，而《春秋》不记录说"旱"，是因为没有造成灾害。

秋，会于阳谷，谋伐楚也。
齐侯为阳谷之会来寻盟。冬，公子友如齐莅盟。

秋天,齐、宋、江、黄四国君主又在阳谷相会,商量讨伐楚国。江、黄两国的军事实力,对于讨伐楚国并没有太大的帮助,但是这两个国家与楚国打交道甚多,叫他们来开会,是要他们提供楚国方面的情报。

阳谷之会,鲁国没有参与。所以齐桓公派人来"寻盟",也就是重温旧好。这是客气的说法,其实是提醒鲁僖公:寡人组织诸侯重建邢国、卫国,你都没有参加;现在商量讨伐楚国的大事,你又缺席,这样不太好吧?

鲁僖公不敢怠慢,赶紧派季友到齐国"莅盟",也就是主动请求参加会盟。

楚人伐郑,郑伯欲成。孔叔不可,曰:"齐方勤我,弃德,不祥。"

那边厢,齐桓公紧锣密鼓地谋划讨伐楚国;这边厢,楚成王也没闲着,再一次向郑国发起了进攻。

郑文公害怕了,想向楚国求和。大夫孔叔以为不可,理由是:齐国正在为我国的事情而忙碌,背弃他们的恩德,大为不祥。

齐侯与蔡姬乘舟于囿,荡公。公惧,变色;禁之,不可。公怒,归之,未之绝也。蔡人嫁之。

蔡姬是蔡穆侯的妹妹,嫁给齐桓公为夫人(齐桓公有三位夫人,蔡姬是其中之一,以后还会讲到)。一天,蔡姬陪着齐桓公在园林中泛舟游玩。蔡姬大概是童心未泯,将小船弄得左摇右晃,戏弄齐桓公。齐桓公是北方人,自幼不习水性,加上年事已高,难免怕死,双手紧紧抓住船帮,要蔡姬赶快住手。蔡姬觉得十分好玩,反而将小船摇晃得更厉害。

齐桓公下船之后,立马命人把蔡姬送回蔡国去,但是又不跟她离婚。这是一件很缺德的事。古代妇女地位低下,如果得罪了公婆或老公,被夫家退婚并不稀奇。但是,退婚有退婚的规矩,你好歹写封休书,声明

"一别两宽,各生欢喜"啊!这样不明不白地将人家送回娘家,算是怎么回事呢?

蔡穆侯一怒之下,把这个妹妹又嫁出去了。这当然是个错误的决定。齐桓公是很缺德,可无论怎么说,按照当时的规矩,在他没有休掉蔡姬之前,蔡姬还是齐国的夫人啊,堂堂霸主的老婆,怎么能够嫁给别人?这不是严重地伤害了齐国人民的感情嘛。

鲁僖公四年

公元前656年,鲁僖公四年。

四年春,齐侯以诸侯之师侵蔡。蔡溃。遂伐楚。楚子使与师言曰:"君处北海,寡人处南海,唯是风马牛不相及也,不虞君之涉吾地也,何故?"管仲对曰:"昔召康公命我先君大公曰:'五侯九伯,女实征之,以夹辅周室!'赐我先君履,东至于海,西至于河,南至于穆陵,北至于无棣。尔贡苞茅不入,王祭不共,无以缩酒,寡人是征。昭王南征而不复,寡人是问。"对曰:"贡之不入,寡君之罪也,敢不共给?昭王之不复,君其问诸水滨!"师进,次于陉。

夏,楚子使屈完如师。师退,次于召陵。

齐侯陈诸侯之师,与屈完乘而观之。齐侯曰:"岂不穀是为?先君之好是继。与不穀同好如何?"对曰:"君惠徼福于敝邑之社稷,辱收寡君,寡君之愿也。"齐侯曰:"以此众战,谁能御之?以此攻城,何城不克?"对曰："君若以德绥诸侯，谁敢不服？君若以力，楚国方城以为城，汉水以为池，虽众，无所用之。"

屈完及诸侯盟。

鲁僖公四年春天，齐桓公集合了齐、鲁、宋、陈、卫、郑、许、曹等国进攻蔡国。击溃蔡国，俘虏了蔡穆侯之后，诸侯联军顺势南下，浩浩荡荡地开往楚国，这就很明白地透露了一个信息：齐桓公此次用兵，真正目标不是蔡国，而是楚国。攻打蔡国不过是战略掩护，目的是打楚国一个猝不及防。由此推论，去年蔡姬因为划船的事被送回蔡国，很有可能也是齐桓公早就策划好的阴谋。这个可怜的女人，不明不白地成了国际政治游戏中的一颗棋子。可是，普天之下，除了"齐桓公+管仲"和"楚成王+子文"这两对黄金组合，谁又不是棋子呢？

齐桓公这一手瞒天过海做得很漂亮，可是楚成王的反应也不慢。联军还没到楚国边境，楚国的使者便站在路边迎候了。

楚国使者向齐桓公转达了楚成王的（故作）惊讶："君侯您居住在北海之滨，而寡人我居住在南海之滨，好比马儿牛儿即使发情也不可能发生什么关系，没想到您不远千里跑到我国来，到底是想干什么哟？"

时隔两千多年，仍能感受楚国使者操着楚地方言，摇头晃脑地在诸侯面前说"风马牛不相及也"带来的喜剧效果。

管仲代表齐桓公回答："当年周成王派召康公对我齐国的先祖姜太公说：'五等诸侯、九州之伯，你都可以讨伐他们，以辅佐王室。'并且规定我先君征讨的范围，东至大海，西至黄河，南至穆陵，北至无棣，普天之下，莫不能至。现在楚国长期不按规定进贡苞茅以供祭祀，以至于天子不能漉酒敬神，寡人特来问责。当年周昭王南巡到楚国而没有回去，寡人特来问罪。"

所谓苞茅，就是捆成一束的菁茅。天子祭祀鬼神，将苞茅树立，以酒自上浇下，酒糟留在茅中，酒汁渗透向下，象征鬼神饮之。

周昭王是周成王的孙子,南巡的时候在汉江坐船,溺水身亡,所以没有回去。

管仲引经据典,义正词严。楚国使者的回应却仍然是云淡风轻:"说起不向天子进贡这件事,确实是敝国之罪,今后岂敢不供给?至于昭王没有回去,那都是哪一年的陈芝麻烂谷子哟,请您找汉水之滨居住的老人家问问情况,跟我们楚国确实是没有一毛钱关系。"

会谈没有效果,诸侯联军继续向楚国推进,抵达汉水之滨的陉地。在这里,联军一待就是两个月,没有任何进攻楚国的实际行动。等到夏天,楚成王又派大夫屈完为全权代表,来到联军大营。

按常理,这个时候谁先提出和谈,谁就处于心理弱势,在谈判中会做更多的让步。出人意料的是,联军很快就撤退到召陵。这是为了表示谈判的诚意,还是因为受到了楚国的威胁而不得不退?或许二者兼而有之吧。

在召陵,联军举行了一次盛大的阅兵仪式。齐桓公请屈完坐上他的戎车,共同检阅部队。联军兵强马壮,阵列整齐,欢声雷动,蔚为壮观。齐桓公对屈完说:"这些人不远千里从中原跑到这里,难道是为不榖而来的吗?不是。他们是为了继承先君的传统友谊而来。屈大夫你说,我们两国也建立这种友好关系如何?"

"不榖"是天子自谦之称。齐桓公自称不榖,其实是僭越了。屈完还是不卑不亢地回答:"君侯惠临敝国,求福于社稷之神,又承蒙您安抚寡君,这正是寡君的愿望。"

齐桓公话锋一转:"屈大夫你看,如果用这样的军队来作战,有谁能抵挡?用这样的军队来攻城,有什么样的城池攻不破?"

屈完笑道:"君侯您如果以德服人,谁敢不服?如果想以武力服人,我楚国以方城山为城,以汉水为池,就算您的人再多,恐怕也没有用处哦。"

齐桓公知道,用胁迫的手段是不可能逼楚国就范了。他和管仲权衡再三,决定接受和谈。于是,屈完代表楚国和各路诸侯举行了盟誓,史称

"召陵之盟"。

陈辕涛涂谓郑申侯曰："师出于陈、郑之间，国必甚病。若出于东方，观兵于东夷，循海而归，其可也。"申侯曰："善。"涛涂以告齐侯，许之。申侯见曰："师老矣，若出于东方而遇敌，惧不可用也。若出于陈、郑之间，共其资粮、屝屦，其可也。"齐侯说，与之虎牢。执辕涛涂。

秋，伐陈，讨不忠也。

这是一个坑人的故事。

诸侯联军从召陵返回。陈国大夫辕涛涂对郑国大夫申侯说："如果大军取道陈、郑两国之间回师，则贵国和敝国都要供应粮草物资，负担十分沉重。如果大军能取道东方，震慑东夷，自海滨回师，就不会有这些麻烦。"申侯说："您说得对。"辕涛涂便向齐桓公建议自海滨回师，齐桓公大概是觉得走海边看看风景也好，表示同意。

没想到，申侯这家伙听到大军改道而行的消息，立刻跑去劝谏齐桓公："大军劳师远征，已经很疲惫，如果再绕到海边，万一遇到夷人袭挠，恐怕难以抵挡。还是取道陈、郑两国之间，物资粮草的供应都有保障，才是万全之策啊。"

齐桓公何等聪明，立刻明白自己上了辕涛涂的当，于是做了两个决定：

第一，将虎牢赏赐给申侯。

第二，逮捕辕涛涂。

前面说过，虎牢是制的别称，是郑国境内的军事重镇。齐桓公所谓"与之虎牢"，当然是慷他人之慨。当年武姜要求郑庄公把虎牢封给段叔，郑庄公犹且不肯。现在齐桓公要求郑文公把虎牢封给申侯，郑文公心里一万个不乐意，却也只能表示同意。

联军各自回国之后，齐桓公仍然觉得不解恨，又于当年冬天组织联军讨伐陈国,以惩"不忠"之罪。

许穆公卒于师,葬之以侯,礼也。凡诸侯薨于朝、会,加一等;死王事,加二等。于是有以衮敛。

> 许穆公在军中病逝。
> 前面说过,许穆公娶了宣姜的小女儿为夫人,而齐桓公娶了宣姜的大女儿为小妾,两个人是连襟。许穆公对齐桓公唯命是从,而齐桓公对这位穷亲戚也相当不薄:许穆公本来是男爵,在他死后,齐桓公命人以侯爵的礼仪为他举行葬礼。这也是合礼的。诸侯在朝会时死去,葬礼加一等;在尽忠王事的时候死去,葬礼加二等。所以许穆公享受了以衮服入殓的待遇。

冬,叔孙戴伯帅师会诸侯之师侵陈。陈成,归辕涛涂。

> 叔孙戴伯为叔牙之子,名兹,戴为其谥号。
> 冬天,叔孙兹率军参加诸侯联军,入侵陈国。陈国服输认错后,齐桓公放回了辕涛涂。

初,晋献公欲以骊姬为夫人,卜之,不吉;筮之,吉。公曰:"从筮。"卜人曰:"筮短龟长,不如从长。且其繇曰:'专之渝,攘公之羭。一薰一莸,十年尚犹有臭。'必不可!"弗听,立之。生奚齐,其娣生卓子。

及将立奚齐,既与中大夫成谋,姬谓大子曰:"君梦齐姜,必速祭之!"大子祭于曲沃,归胙于公。公田,姬置诸宫六日。公至,毒而献之。公祭之地,地坟。与犬,犬毙。与小臣,小臣亦毙。姬泣曰:"贼由大子。"大子奔新城。公杀其傅杜原款。

或谓大子:"子辞,君必辩焉。"大子曰:"君非姬氏,居不安,食不饱。我辞,姬必有罪。君老矣,吾又不乐。"曰:"子其行乎?"大子曰:"君实不察其罪,被此名也以出,人谁纳我?"

十二月戊申,缢于新城。

姬遂谮二公子曰:"皆知之。"重耳奔蒲。夷吾奔屈。

又说晋国的事。

当初,晋献公想立骊姬为夫人,为此而举行卜筮。

卜是通过观察龟甲裂纹来预测未来,筮是以蓍草算卦。但凡重要的事情,既卜又筮,以示隆重。卜筮皆吉,事情可行;卜筮不吉,事必不成。可是,如果一吉一不吉,那就不太好办了。

晋献公想立骊姬为夫人,就遇到了这样的尴尬——卜的结果是不吉,筮的结果是吉。怎么办?晋献公的意见是"从筮",以筮的结果为准。可是卜人不同意。

卜人以为:"筮短龟长,不如从长。"

筮用蓍草,卜用龟甲。龟甲提供的是物象,蓍草提供的是物数,凡事先有象而后有数,是以"筮短龟长",当以卜的结果为准。另外,周朝的官制,亦体现卜筮的轻重:"大卜,下大夫二人;卜师,上士四人;卜人,中士八人。"而筮仅有"筮人,中士二人"。卜重于筮,是显而易见的。

而且,卜的繇词相当难听:"专宠使人逾越本分,将要偷走国君的公羊。香草和臭草放在一起,过十年仍有臭味。"这不是暗讽骊姬恃宠为乱嘛!

晋献公听不进去,还是立骊姬为夫人。

骊姬生公子奚齐,其妹生公子卓子。

等到晋献公想要废申生而立奚齐为太子,骊姬也亲自操刀上阵,与东关五、梁五等人商量计谋。

一日,骊姬使人对申生说:"国君梦到了你母亲,快去祭祀她吧!"

古人梦见先人，必具酒食祭祀。申生是个孝子，赶紧在曲沃举行了祭祀。按当时的规矩，臣下祭祀，必须向国君敬献祭肉，称为"归胙"。所以申生派人将祭祀用的酒肉送往绛都的公宫。晋献公正好外出打猎，骊姬收下祭肉，在宫中放了六日。等到晋献公回来，骊姬便在酒肉中下了毒，然后献给他。

晋献公以酒祭地，这也是当时的礼俗，以示对天地的尊重。

没想到，可怕的事情发生了。地面隆起来，有如一座小坟堆。再将肉喂狗，狗被毒死了。又喂给小宦官，小宦官也死了。在场的人面面相觑，骊姬则装作很害怕的样子，大哭起来，说："这都是太子的阴谋！"

老左的这段描述，显然不够戏剧性。因此，《穀梁传》进行了适当的加工——

骊姬跑下堂，边哭边喊："天哪，天哪！这国家，始终是你的国家，你就那么等不及吗？"晋献公喟然长叹："我与你没有过节，你为何恨我如此之深？"当下派人告诉申生："你看着办吧！"

到了司马迁笔下，故事就更精彩了——

骊姬哭着说："太子何其残忍！自己的父亲都想弑而代之，对其他人岂不是更狠？况且您都那么大年纪了，今日不知明日事，他就不能多等几天，非要下毒手！"又对晋献公说："太子之所以这样做，不过是因为妾身与奚齐罢了。我们母子宁愿逃到他国，或早早自杀，不要白白让我母子俩被太子残害。当初您想废掉他，我还觉得于心不忍；直到今天，我才知道我大错特错了。"

说句题外话，太史公的戏剧天赋，委实不亚于莎士比亚。

言归正传。申生当时也在绛都，听到这样的事，赶紧逃回了新城。新城也就是曲沃，因新修筑加固而得名。晋献公抓不到申生，于是杀死了申生的老师杜原款。

有人劝申生："您去跟国君解释一下嘛！他一定能够分辨是非。"

申生说："国君如果没有骊姬，寝之不安，食之不饱。我如果去说明了真相，骊姬必定获罪。国君那么老了，失去骊姬，必定伤心，那我也就随之不乐了。"

人家又说:"那您打算逃跑吗?"

申生回答:"国君不能明察罪责,我背负谋弑君父的罪名而逃,谁会接纳我?"

怀着这种纠结的心情,十二月,申生自缢于曲沃。

申生这一死,倒把谋刺的罪名给坐实了。骊姬乘胜追击,诬陷重耳、夷吾两位公子,说他们都参与了申生的阴谋。二人没作任何解释,分别逃到了蒲城和屈城,也就是当初晋献公令他们镇守的城池。

鲁僖公五年

公元前655年,鲁僖公五年。

五年春王正月辛亥朔,日南至。公既视朔,遂登观台以望,而书,礼也。凡分、至、启、闭,必书云物,为备故也。

朔即月初。天子、诸侯每月朔日祭告祖庙后,在太庙听政,称为"视朔"。

日南至,太阳直射南回归线,在北半球为冬至。

分即春分、秋分;至即夏至、冬至;启即立春、立夏,万物生长,所以叫作启;闭即立秋、立冬,秋收冬藏,所以叫作闭。

这年春天,正月初一,冬至。鲁僖公在太庙听政之后,登上观台以望云气。《春秋》加以记载,是因为合礼。但凡春秋二分、春秋二至、四季之立的节气,必须记载云气云色,那是因为害怕有灾荒,提早准备。

说句题外话,望云而知气候,恐怕是一厢情愿。但是通过这种郑重其事的传统仪式,表达国君对农业生产的重视,是一件好事。

晋侯使以杀大子申生之故来告。

晋献公派使者到鲁国,告知杀太子申生的原因。由此可知,废立和处分太子虽是一国内政,却必须谨慎行事,要对国际舆论有个交代。否则的话,"友邦人士,莫名惊诧",那就不太好了。

初,晋侯使士蒍为二公子筑蒲与屈,不慎,置薪焉。夷吾诉之。公使让之。士蒍稽首而对曰:"臣闻之:'无丧而戚,忧必雠焉;无戎而城,雠必保焉。'寇雠之保,又何慎焉?守官废命,不敬;固雠之保,不忠。失忠与敬,何以事君?诗云:'怀德惟宁,宗子惟城。'君其修德而固宗子,何城如之?三年将寻师焉,焉用慎?"退而赋曰:"狐裘龙茸,一国三公,吾谁适从?"

及难,公使寺人披伐蒲。重耳曰:"君父之命不校。"乃徇曰:"校者,吾雠也。"逾垣而走。披斩其祛,遂出奔翟。

当初,晋献公派士蒍为公子重耳修固蒲城,为公子夷吾修固屈城。士蒍漫不经心,在城墙里塞进了木柴。这不是豆腐渣工程吗?夷吾很恼火,将这事上告晋献公。晋献公很奇怪,士蒍不是那样的人啊!他一向做事都很靠谱,为官也还算清廉,怎么会偷工减料呢?于是派人责怪士蒍。

士蒍叩首回答:"下臣听说,没有丧事而悲伤,忧愁马上就随之而来了;没有战事而筑城,国内的仇人就会据而守之。仇人既然可以占据那些城池,我又何必那么认真呢?在其位而不接受命令,是为不敬;为仇人修固城池,是为不忠。不忠不敬,我又拿什么来侍奉国君呢?《诗》云:'心存仁德便是安宁,宗族子弟就是城池。'国君只要修养仁德,巩固亲情,哪里用得着筑城?三年之后就要打仗了,哪里用得着那么认真?"

出来之后,士蒍还摇头晃脑地念了几句诗,大意是:狐皮袍子蓬蓬松松,一个国家竟有三个主公,我该一心跟随哪一位?

申生自杀后,晋献公果然派兵讨伐蒲城的公子重耳。带兵的将领叫寺人披,也就是宦官披。重耳以为,君父的命令不能违抗,下令:"谁敢抵抗就是我的仇人。"匆匆忙忙翻墙逃跑。寺人披紧追不舍,差点将重耳抓住,但是最终只砍下他的一只袖子。

重耳逃到狄人建立的翟国,从此走上了漫长的逃亡之路。

夏,公孙兹如牟,娶焉。

夏天,公孙兹到牟国娶了老婆。

会于首止,会王大子郑,谋宁周也。

齐桓公的霸业向纵深发展。《春秋》记载,这一年夏天,齐桓公召集宋、陈、卫、郑、许、曹各国诸侯,在首止会见了周惠王的太子郑。这是为了安定王室。

王室出了什么事?

当年郑厉公跑到王城雒邑,正好遇上虢公、晋侯朝见天子,三个人做了一件好事,促成了周惠王与陈国公主的婚事,将一个叫陈妫的女人娶到王室来了。这位陈妫,历史上称为惠后。惠后深得周惠王宠爱,给他生了一个儿子,叫带。周惠王爱屋及乌,想立王子带为太子,而废除原来的太子郑。太子郑意识到自己的地位岌岌可危,于是向中原的霸主齐桓公求援。

齐桓公很乐意帮太子郑这个忙，这笔政治生意一本万利，即使没有管仲的教导，他也会主动去做。但是如何才能促使周惠王放弃废长立幼的念头呢？人家好歹是天子，废长立幼又是内政，齐桓公纵使强势，也不能明目张胆地干涉天子的家事呀！这个时候，还是管仲给他支了一个高招：会盟。

齐桓公自称"九合诸侯"，那是谦虚。据不完全统计，自齐桓公首次举行北杏会盟以来，终其一生，总共举办了十五次诸侯会盟。会盟成了齐桓公实施霸业的主要手段。欲修霸业，会盟；讨伐不臣，会盟；扶危救难，会盟；讨伐楚国，会盟；与楚国息兵罢战，会盟；这次干涉王室内政，还是会盟。

齐桓公派使者到雒邑，向天子请求：诸侯举行大会，请求天子派太子参加，以示重视。

周惠王没办法拒绝，于是就有了以"谋宁周"为主题的首止之会。

陈辕宣仲怨郑申侯之反己于召陵，故劝之城其赐邑，曰："美城之，大名也，子孙不忘。吾助子请。"乃为之请于诸侯而城之，美。遂潛诸郑伯，曰："美城其赐邑，将以叛也。"申侯由是得罪。

陈国大夫辕涛涂深恨郑国大夫申侯当年在召陵返回时挖坑陷害自己，故意劝申侯在其封邑虎牢筑城，说："把城池建得美观大方，您的名声就更响了，子孙万代都忘不了。我来为你请求帮助。"遂四处游说诸侯出资为申侯筑城。很难理解，这种国际化缘居然有了收获，申侯的城池筑起来了，非常壮观。

辕涛涂再去找郑文公，说："申侯这家伙建起这么漂亮的城池，恐怕是想叛乱吧。"郑文公将虎牢封给申侯，本来就是被逼无奈，听辕涛涂这么一说，更加恼火。申侯在郑文公心里，已经是一个罪臣了。

秋,诸侯盟。王使周公召郑伯,曰:"吾抚女以从楚,辅之以晋,可以少安。"郑伯喜于王命,而惧其不朝于齐也,故逃归不盟。孔叔止之,曰:"国君不可以轻,轻则失亲;失亲,患必至。病而乞盟,所丧多矣。君必悔之。"弗听,逃其师而归。

首止之会从夏天开到秋天,其实并没有讨论什么实际问题。所谓"谋宁周",就是将太子郑摆上台。诸侯众星拱月一般陪着太子郑,白天举行酒会请他坐中间,晚上看演出请他坐第一排。齐桓公更是早问安,晚问寝,让他好好过了一把当王太子的瘾。这是中国人的政治智慧,要巩固一个人的地位,将他摆得高高的就是了。远在雒邑的周惠王自然知道齐桓公的意图,他又急又气,但是又没办法——人家尊重王太子,天子除了赞许,还能说什么?

等到大会接近尾声,诸侯们准备盟誓的时候,周惠王耍了一个小心眼,令周公忌父(周公黑肩之孙)召见郑文公,责问他为什么跟着齐桓公胡闹。

郑文公心里大概在想,你是真不知道还是假不知道?郑国现在的地位不比从前,楚国三天两头来攻打,还好有齐侯帮忙,否则早被楚国灭掉了。我不跟着他,难道跟着你啊?

郑文公本来不打算搭理周公忌父,可是当周公忌父提出"天子可以安排郑国跟随楚国,再令晋国在一旁辅助,郑国就可以稍微安定"的时候,郑文公的态度立马发生了转变。说实话,郑文公对于齐桓公,或者说郑国对齐国,历来没有太多好感。鲁庄公十七年,齐桓公因为郑厉公不肯朝见他,甚至逮捕了前来访问的郑国大夫郑詹。郑文公即位十八年,表面上服从齐国的领导,但没有到齐国去朝见过一次齐桓公。对此,郑文公心里也不踏实,害怕齐桓公记恨他。现在,既然有天子担保,跟随楚国和跟随齐国又有什么不同呢?要知道,楚国近,齐国远,与其讨好齐国,不如讨好楚国。几经考虑之后,郑文公决定:不参加盟誓了,偷偷回国。

大夫孔叔觉得很不可思议:这也太轻率了!他劝郑文公:"国君不可以轻举妄动,否则会失去党援,没有朋友,祸患将随时而至。等到陷入困境了,再来乞求结盟,失去的东西就多了,您会后悔的!"

郑文公不听。他急急忙忙逃离首止,又怕被发现,于是将护卫他前来的大队人马留在首止撑场面,自己仅仅带着几个随从跑回郑国去了。

楚斗穀於菟灭弦,弦子奔黄。

于是江、黄、道、柏方睦于齐,皆弦姻也。弦子恃之而不事楚,又不设备,故亡。

齐桓公在首止开会,楚成王也没闲着。这一年秋天,他派令尹子文带兵消灭弦国,弦子逃奔黄国。

当时,江、黄、道、柏几个小国正和齐国打得火热,这几个小国都是弦国的姻亲。弦子因为这层关系,以为抱上了齐桓公的大腿,可以什么都不怕,于是不侍奉楚国,也不防备楚国来进攻,所以就灭亡了。

晋侯复假道于虞以伐虢。宫之奇谏曰:"虢,虞之表也;虢亡,虞必从之。晋不可启,寇不可玩。一之谓甚,其可再乎?谚所谓'辅车相依,唇亡齿寒'者,其虞、虢之谓也。"公曰:"晋,吾宗也,岂害我哉?"对曰:"大伯、虞仲,大王之昭也;大伯不从,是以不嗣。虢仲、虢叔,王季之穆也;为文王卿士,勋在王室,藏于盟府。将虢是灭,何爱于虞?且虞能亲于桓、庄乎?其爱之也,桓、庄之族何罪?而以为戮,不唯逼乎?亲以宠逼,犹尚害之,况以国乎?"公曰:"吾享祀丰洁,神必据我。"对曰:"臣闻之,鬼神非人实亲,惟德是依。故周书曰:'皇天无亲,惟德是辅。'又曰:'黍稷非馨,明德惟馨。'又曰:'民不易物,惟德繄物。'如是,则非德,民不和,神不享矣。神所冯依，将在德矣。若晋取虞，而明德以荐馨香，神其吐之乎？"弗听，许晋使。宫之奇以其族行，曰："虞不腊矣。在此行也，晋不更举矣。"

晋献公第二次向虞国借道讨伐虢国，虞公准备答应，遭到大夫宫之奇的反对。

宫之奇说："虢国和虞国互为表里，虢国如果灭亡，虞国也就差不多了。晋国的野心不能开启，让外国军队过境不是闹着玩的事，一次已经很过分了，难道还可以再来一次吗？所谓'辅车相依，唇亡齿寒'，正是虢国和虞国关系的写照。请您三思。"

虞公说："晋国与虞国同宗，岂会害我？"

晋国先祖叔虞，是周成王的弟弟。

虞国的先祖虞仲，是周太王的次子。周太王有三个儿子，长子太伯，次子虞仲，幼子季历。太伯和虞仲为了让贤，出走南方，是以季历即位。季历生周文王，周文王生周武王，周武王生周成王。

以此看来，晋国和虞国的关系，倒也确实是同宗。

虢国的先祖虢仲、虢叔，则是季历的儿子，周文王的弟弟。因此，虢国和晋国、虞国也是同宗。

事实上，周朝几十个姬姓诸侯，都是同宗。可是同宗之间，难道一直不就是打来打去，互相伤害吗？

因此，听到虞公这么说，宫之奇只能苦笑："太伯、虞仲是周太王之昭，太伯没有跟随周太王，所以没有嗣位为君。虢仲、虢叔是王季历之穆，当过周文王的卿士，有功于王室，记载于盟府。晋国既然想灭掉虢国，对虞国又有什么可爱惜的？而且，虞国与晋国同宗，能比桓、庄之族更亲近吗？如果他们爱惜桓、庄之族，桓、庄之族又有何罪而被杀戮，不就是因为势力大吗？这么亲的关系，而且曾经有宠于公室，尚且可以除掉，何况是虞国？"

这里要特别解释一下,什么叫"昭"和"穆"。

古人在宗庙为祖先的灵位排序,以始祖居中;第二代居左,称为"昭";第三代居右,称为"穆"。以后第三、五、七代,以及所有的奇数代皆为昭;第四、六、八代,以及所有的偶数代皆为穆。虞仲为周太王之昭,意即虞仲为周太王之子;虢仲、虢叔为王季历之穆,意即虢仲、虢叔为季历之子。昭穆制度的意义,在于别父子、序长幼、明亲疏,厘清大家族内部关系。

宫之奇的话已经说得很清楚了,不要幻想晋国会对虞国抱有什么同宗之情。虞公也明白这个道理,于是又说:"我献上的祭品丰盛而洁净,鬼神必定会保佑我。"

接下来宫之奇说的这段话,可以说是先秦儒家鬼神观、天命观、道德观的集中体现,值得认真一读。

"下臣听说,鬼神并非亲近某一个人,而是依从德行。所以《周书》说,上天没有私亲,只对有德行的人加以辅助。又说,祭祀的谷物无所谓芳香,美德才有芳香。又说,人不能改变祭物,只有德行可以充当祭物。如果君王不具备美德,百姓就不祥和,鬼神就不会享用。鬼神所依存的,只在于德行。如果晋国攻取了虞国,而且发扬美德作为芳香的祭品献祭于鬼神,鬼神难道会吐出来吗?"

西方封建统治的合法性,来自"君权神授"。中国的封建统治,当然也依赖于"君权神授"。但中国与西方不同之处在于,中国人认为,神授君权不是无条件的,而是以德行作为唯一标准。一个王朝兴起,是因为具有美好的德行,得到神的青睐;一个王朝衰落,是因为抛弃了美好的德行,被神抛弃。

宫之奇苦口婆心,虞公就是不听,答应了晋国使者的要求。宫之奇于是带着自己的族人出走,说:"虞国过不了今年的腊祭了。晋国灭虞,就在这一次,不用再次举兵了。"

八月甲午,晋侯围上阳。问于卜偃曰:"吾其济乎?"对曰:"克之。"公

曰："何时？"对曰："童谣云：'丙之晨，龙尾伏辰；均服振振，取虢之旂。鹑之贲贲，天策焞焞，火中成军，虢公其奔。'其九月、十月之交乎！丙子旦，日在尾，月在策，鹑火中，必是时也。"

冬十二月丙子，朔，晋灭虢。虢公丑奔京师。师还，馆于虞，遂袭虞，灭之。执虞公及其大夫井伯，以媵秦穆姬，而修虞祀，且归其职贡于王。

故书曰"晋人执虞公"，罪虞，且言易也。

八月，晋军借道虞国，包围虢国首都上阳。晋献公问卜偃："这次我能够成功吧？"卜偃回答："此事必成。"晋献公又问："什么时候？"卜偃说："街上的孩子传唱：'丙子之晨，日光照耀，尾宿无光，军装威武，夺虢之旗。鹑火星闪亮，天策星无光。在鹑火星下整顿军马，虢公就要逃跑了。'想必是在九月底十月初吧。丙子日的清晨，太阳在尾宿，月亮在天策星上，鹑火星在日月中间，一定是在这天。"

果如卜偃所言，十二月丙子日，正是初一，晋军占领上阳，灭虢。虢公逃亡雒邑，请求天子庇护。晋军回师途中，驻扎在虞国，乘机袭击虞国，灭虞。虞公和大夫井伯被俘，后来成为晋献公女儿的陪嫁奴仆。

晋献公的这个女儿，就是申生的姐姐，《左传》上称其为"秦穆姬"，是因为她嫁给了秦穆公为夫人。

关于井伯这个人，《史记》上以为他就是秦穆公的名臣百里奚，但是《左传》没有任何这方面的记载，只能是姑妄听之。

晋献公对于虞国，倒也不是完全没有同宗之情。消灭虞国之后，依然保持了对虞仲的祭祀，而且承担了虞国对王室的朝贡义务。所以《春秋》记载："晋人执虞公。"这是归罪于虞公，而且以为，虞国的灭亡也未免太容易了。

鲁僖公六年

公元前654年,鲁僖公六年。

六年春,晋侯使贾华伐屈。夷吾不能守,盟而行。将奔狄,郤芮曰:"后出同走,罪也,不如之梁。梁近秦而幸焉。"乃之梁。

晋献公继续对自己的儿子开刀,派贾华讨伐夷吾镇守的屈城。夷吾自忖守不住,于是与屈城人订立盟约,然后逃跑。所谓盟约,大概是约定日后若能回国,不追究屈城人投降贾华的责任吧。

夷吾想步重耳的后尘,也逃到狄人居住的地方,被郤芮劝阻:"在重耳之后逃亡而又一起去狄地,这就是坐实你俩都参与了申生的阴谋,有罪。不如去梁国。梁国靠近秦国,而且与秦国关系很好,一有风吹草动,可以随时逃往秦国。"夷吾于是逃亡到梁国。

夏,诸侯伐郑,以其逃首止之盟故也。围新密,郑所以不时城也。
秋,楚子围许以救郑,诸侯救许,乃还。
冬,蔡穆侯将许僖公以见楚子于武城。许男面缚,衔璧,大夫衰绖,士舆榇。楚子问诸逢伯。对曰:"昔武王克殷,微子启如是。武王亲释其缚,受其璧而祓之。焚其榇,礼而命之,使复其所。"楚子从之。

夏天,齐桓公纠集鲁、宋、陈、卫、曹等诸侯,兴兵讨伐郑国,包围郑国的新密。郑国的罪名有二：第一个当然是郑文公逃离首止之会，不与诸侯结盟；第二个则是郑国没有征得齐国同意就加高新密的城墙，意在防御诸侯的进攻，图谋不轨。

去年，周惠王在唆使郑文公逃离首止的时候，说过"可以安排郑国跟随楚国"之类的话。他倒是言而有信。楚成王听说郑国遭受入侵，立马出兵进攻许国。这也算是春秋版的围魏救赵。许国这些年跟齐国跟得很紧，齐桓公如果见死不救的话，感情上过不去，面子上也过不去。所以，诸侯联军只好放过郑国，转而救援许国。

楚成王主动选择了回避，将军队撤至武城观望。齐桓公也不敢追击，不久也撤兵了。可是，对于许国来说，楚军的威胁还在啊！楚成王的铁杆拥趸蔡穆侯不失时机地劝说许僖公，让他看清楚形势：齐侯号称霸主，却只知道会盟，不敢和楚王面对面硬拼。去年，弦国被楚国消灭，齐侯有没有放个屁？没有。许国离楚国那么近，楚王说来就来，你不跟随楚王，这不是自讨苦吃吗？再说了，楚王不是坏人，他很讲道理，甚至比齐侯还讲道理。不信？你去见见他嘛！

许僖公被说服了，于是跟随蔡穆公去武城朝见楚成王。说是朝见，实际上是投诚：许僖公反绑双手，嘴里衔着一块玉璧；许国的大夫们则披麻戴孝，士人抬着一口棺材，跟在许僖公后面。

楚成王反倒是为难了。他自幼生活在南蛮之地，没见过中原这种大阵仗，搞不明白对方这是什么意思，也不敢乱表态，生怕人家笑话他没文化。于是求教于大夫逢伯。逢伯回答：当年周武王灭商，商纣王自焚，纣王的哥哥微子也是用这种方式向周武王表示投降的。周武王的做法是亲自给微子松绑，接受了玉璧，然后举行除凶趋吉的仪式，烧毁棺材，以礼相待，并且让微子及商朝遗民仍居住在原来的地方，后来便建立了宋国。

楚成王依葫芦画瓢，接受了许僖公的投诚。

许僖公投诚一事说明，齐、楚两国争霸，楚国实力强横，直接威胁中原，而齐国地处山东，鞭长莫及，楚国掌握了战略优势。靠近楚国的中原各国，均因楚国的直接威胁而摇摆不定，更倾向于向楚国靠拢。

鲁僖公七年

公元前653年，鲁僖公七年。

七年春，齐人伐郑。孔叔言于郑伯曰："谚有之曰：'心则不竞，何惮于病？'既不能强，又不能弱，所以毙也。国危矣，请下齐以救国。"公曰："吾知其所由来矣，姑少待我。"对曰："朝不及夕，何以待君？"

夏，郑杀申侯以说于齐，且用陈辕涛涂之谮也。

初，申侯，申出也，有宠于楚文王。文王将死，与之璧，使行，曰："唯我知女。女专利而不厌，予取予求，不女疵瑕也。后之人将求多于女，女必不免。我死，女必速行，无适小国，将不女容焉。"既葬，出奔郑，又有宠于厉公。子文闻其死也，曰："古人有言曰'知臣莫若君'，弗可改也已。"

鲁僖公七年春，齐国再度兴师讨伐郑国。

郑国的体量，郑国的地理位置，以及郑国的政治地位，都使得它在齐楚争霸的大局中显得极为重要。楚国如果得到郑国，西可联结王室，北可饮马黄河，东可威逼鲁宋。因此，对于齐桓公来说，许国或可失去，郑国却是绝对不能放弃的。

大夫孔叔劝郑文公和谈："俗话说，没有争强好胜之意，屈服于人又有何妨？以郑国现在的情况，想强大又强大不了，俯身事人又于心不甘。

高不成，低不就，正是亡国的征兆。请您放下架子，向齐侯屈服，挽救郑国。"

郑文公满不在乎地说："我知道他们是为什么而来，你就等着看我的吧。"

孔叔急得跳脚："朝不保夕，哪里等得了？"

郑文公杀了申侯，认为这样可以讨好齐国。当然，这也是因为辕涛涂在他面前说了不少申侯的坏话。

这里有个问题：申侯不是甚得齐桓公欢心吗？申侯的封地虎牢不是齐桓公做主赏赐的吗？郑文公为什么会认为杀申侯可以取悦齐桓公呢？

原来，申侯还有一个身份，他是楚文王的外甥。

楚文王有个姐姐嫁到申国，生下了申侯。楚文王对姐姐的感情很好，爱屋及乌，因而对申侯也十分宠爱。楚文王快要死的时候，将申侯叫到身边，赐给玉璧，要他赶紧离开楚国，原因是："只有我了解你。你仗着是我的外甥，垄断市场，大获其利，从来没有满足的时候。你从我这里要什么，我就给什么，从来不怪罪于你。但以后，人家必会向你索取你从我这里得到的东西，你很难免于罪责。我死后，你一定要马上逃离楚国，不要到小国去，那里容不下你。"楚文王的丧事办完后，申侯便逃到了郑国，受到郑厉公的宠信。郑厉公死后，又在郑文公朝中继续为官。

郑文公投靠楚成王，固然有周惠王的安排，但更主要的原因，还是申侯利用他在楚国的人脉，从中牵线搭桥吧。从这种关系上讲，郑文公寄望于"杀申侯以说于齐"，是有一定道理的。

令尹子文在楚国听到申侯的死讯，不无感叹地说："知臣莫若君，这话真是无法改变的啊！"

秋，盟于宁母，谋郑故也。

管仲言于齐侯曰："臣闻之：招携以礼，怀远以德。德、礼不易，无人不怀。"齐侯修礼于诸侯，诸侯官受方物。

秋天，诸侯在宁母会盟，商量怎么解决郑国的问题。就是在这次会上，管仲向齐桓公提出：咱们搞点新意思吧！我听说，招安有二心的人，用礼；使远方的人向往，用德。凡事不违背德和礼，那就无人不服了。齐桓公说，好啊！于是对到会的诸侯以礼相待，并给诸侯带来的官员发土特产。

郑伯使大子华听命于会，言于齐侯曰："洩氏、孔氏、子人氏三族，实违君命。若君去之以为成，我以郑为内臣，君亦无所不利焉。"齐侯将许之。管仲曰："君以礼与信属诸侯，而以奸终之，无乃不可乎？子父不奸之谓礼，守命共时之谓信。违此二者，奸莫大焉。"公曰："诸侯有讨于郑，未捷；今苟有衅，从之，不亦可乎？"对曰："君若绥之以德，加之以训，辞，而帅诸侯以讨郑。郑将覆亡之不暇，岂敢不惧？若揔其罪人以临之，郑有辞矣，何惧？且夫合诸侯，以崇德也。会而列奸，何以示后嗣？夫诸侯之会，其德、刑、礼、义，无国不记。记奸之位，君盟替矣。作而不记，非盛德也。君其勿许！郑必受盟。夫子华既为大子，而求介于大国以弱其国，亦必不免。郑有叔詹、堵叔、师叔三良为政，未可间也。"齐侯辞焉。子华由是得罪于郑。

冬，郑伯使请盟于齐。

郑文公终于怕了，派世子华为代表来参加会议。

相比郑文公的自作聪明，世子华有过之而无不及。他对齐桓公说："郑国屡次违背您的命令，主要是因为大夫洩氏、孔氏、子人氏从中作梗。如果您除掉这几个家族，我保证郑国将像齐国的内臣一样听命于您。对您来说，这可是有百利而无一害。"

齐桓公怦然心动。要控制一个国家，最好的办法是在这个国家制造内乱,并培植自己的代理人,然后趁火打劫,趁乱取势。世子华说这些话,显然不是郑文公的意思,而是世子华自作主张。作为郑国未来的国君,居然靠出卖国家的大臣来讨好一个外人,郑庄公、郑厉公泉下有知,恐怕连棺材板都盖不住了。

管仲表示反对:"您本来是以礼义诚信对待诸侯,到头来却又以奸佞欺诈告终,始善终乱,恐怕不太好吧?父子无欺,乃人之常伦,叫作礼义;恪守君命,是为臣的根本,叫作诚信。现在郑世子跑到您这里来挑拨离间,对不起自己的父亲,也没有尽到为臣的责任,还有比这更离谱的事吗?"

管仲之意,既然身为霸主,就要有霸主的气概,不要参与这些鬼鬼祟祟的事情,自掉身价,让人看不起。齐桓公却不理解:"我们率领诸侯讨伐郑国,一直不得其门而入,现在郑国内部有矛盾,正好让我们钻空子,有什么不好?"

管仲说:"您如果以德安抚,再对其背叛行为进行批评,郑伯若死不悔改,我们再去讨伐他,郑国连挽救危亡都来不及,岂能不害怕?但是,如果和他的罪人勾结在一起来对付他,他反倒有道理了,不怕了。而且,您让诸侯团结在一起,是为了弘扬美德。如果让奸佞之人参与其中,让后人怎么评说呢?诸侯会见,其德行、刑政、礼仪、道义,没有一个国家不会记录在册。如果记录奸人与会,您的盟约就废掉了。事情做了又见不得光,那就不是美好的品德了。您千万不要答应世子华,郑国一定会接受同盟的。世子华身为世子,却想凭借大国来削弱自己的国家,必定会受到惩罚。再说,郑国有叔詹、堵叔、师叔三位贤大夫把握大局,就算您要离间他们也很难。"

管仲的意见,齐桓公总还是听得进,于是拒绝了世子华的"好意"。

事情传到郑文公那里,产生了两个结果:

第一,世子华由此得罪郑文公,确切地说是得罪了整个郑国。

第二,这一年冬天,郑文公派使者到齐国,请求结盟。

闰月，惠王崩。襄王恶大叔带之难，惧不立，不发丧，而告难于齐。

闰十二月，周惠王驾崩。太子郑即位为王，也就是历史上的周襄王。

周襄王还在当太子的时候，受到弟弟王子带的威胁，嗣君之位几乎不保。而且，朝中也有一班人明里暗里在支持王子带。由于担心王子带作乱，周襄公隐瞒了周惠王的死讯，派使者到齐国，把消息告诉齐桓公，请他来主持大局。

鲁僖公八年

公元前652年，鲁僖公八年。

八年春，盟于洮，谋王室也。郑伯乞盟，请服也。襄王定位而后发丧。

接到周襄王的密信，齐桓公迅速行动，号召诸侯会盟，商量安定王室的大事。按《春秋》记载，响应号召前来参会的有鲁、宋、卫、许、曹、陈等各国诸侯，王室也派出代表莅临指导。郑文公这次很积极，虽然没有受到邀请，主动要求参加会盟，以示臣服。

周襄王得到齐桓公和各路诸侯的拥护，稳住了大局，这才为周惠王发丧。

晋里克帅师，梁由靡御，虢射为右，以败狄于采桑。梁由靡曰："狄无耻,从之,必大克。"里克曰:"拒之而已,无速众狄。"虢射曰:"期年狄必至,示之弱矣。"

夏,狄伐晋,报采桑之役也。复期月。

> 狄人入侵晋国。晋国大夫里克统率大军,以梁由靡为御戎,虢射为戎右,在采桑打败狄人。梁由靡建议:"狄人无羞耻之心,跟踪追击,必大获全胜。"里克说:"我们就是来抵抗他们入侵而已,没有必要追击,以免招来更多的狄人。"虢射说:"只要一年,狄人还会再来,因为我们不去追击,就是向他们示弱了。"
>
> 以上是追述去年发生的事。
>
> 鲁僖公八年夏天,狄人果然入侵晋国,以报复去年的采桑之役。"期月"即"期年"。"复期月"的意思是,印证了虢射一年前的预言。

秋,禘,而致哀姜焉,非礼也。凡夫人,不薨于寝,不殡于庙,不赴于同,不祔于姑,则弗致也。

> 前面说过,禘是大祭。诸侯或夫人去世,三年之后,将死者的灵位移至宗庙,并举行大祭,称之为吉禘。
>
> 这年秋天,鲁国为哀姜举行吉禘,移其神位于宗庙,这是不合礼的。举凡夫人之丧,如果不是死于寝宫,不停棺于祖庙,不向同盟诸侯发布讣告,不陪祀于祖姑,就不能将其神位迁入宗庙。
>
> 既然不合礼,为什么还要这么做?
>
> 答案只有一个:讨好齐国。

冬,王人来告丧,难故也,是以缓。

> 冬天,王室派人来通报周惠王的丧事。周惠王死于去年,但是《春

秋》记载是今年。为什么迟了？原因前面已经说过，不再赘述。

宋公疾，大子兹父固请曰："目夷长且仁，君其立之！"公命子鱼，子鱼辞，曰："能以国让，仁孰大焉？臣不及也，且又不顺。"遂走而退。

兹父是宋桓公的世子。目夷是兹父的庶兄，字子鱼。

宋桓公病危。世子兹父再三请求："目夷年长，而且有仁德，请立他为君。"宋桓公于是打算立目夷为君。目夷不答应，说："兹父能够让出君位，还有比这更大的仁德吗？单凭这一点，我就比不上。而且，废嫡立庶，不合礼法。"快步退了出去。

兹父，就是著名的宋襄公。

鲁僖公九年

公元前651年，鲁僖公九年。

九年春，宋桓公卒，未葬而襄公会诸侯，故曰"子"。凡在丧，王曰"小童"，公侯曰"子"。

《春秋》记载："九年春王三月丁丑，宋公御说卒。夏，公会宰周公、齐侯、宋子、卫侯、郑伯、许男、曹伯于葵丘。"

宋公御说即宋桓公。

宋桓公三月去世。夏天，丧事未毕，宋襄公便参加了齐桓公召集的诸侯大会。之所以记载为"宋子",是因为:在先君丧事期间,天子称为"小童",公侯称为"子"。

夏,会于葵丘,寻盟,且修好,礼也。

王使宰孔赐齐侯胙,曰:"天子有事于文、武,使孔赐伯舅胙。"齐侯将下、拜。孔曰:"且有后命——天子使孔曰:'以伯舅耋老,加劳,赐一级,无下拜!'"对曰:"天威不违颜咫尺,小白、余敢贪天子之命,无下拜?——恐陨越于下,以遗天子羞。敢不下拜?"下,拜;登,受。

夏天,诸侯在葵丘相会,重温过去的盟约,延续友好的关系,这当然是合于礼的。

周襄王感念齐桓公拥戴之恩,特别派周公忌父(即宰孔,其官职为王室太宰,名孔)到会,将王室的祭肉赏赐给齐桓公,说:"天子祭祀文王、武王,特命孔将祭肉赐给伯舅。"

一般来说,王室的祭肉只分给关系亲近的同姓诸侯,以示同享祖宗的福德。将祭肉赏赐给异姓诸侯,可以说是相当特殊的礼遇。至于"伯舅",是天子对异姓诸侯的尊称;如果是同姓诸侯,则尊称伯父或叔父。

齐桓公将要下拜,领受天子的赏赐。宰孔说:"天子还有交代,伯舅年纪大了,加之有功劳,赐加一级,不用下拜。"

齐桓公说:"天子威严的面容好像就在眼前,小白岂敢接受天子的命令而不下拜?"于是在堂下下拜行礼,再登堂接受祭肉。

秋,齐侯盟诸侯于葵丘,曰:"凡我同盟之人,既盟之后,言归于好。"

宰孔先归,遇晋侯,曰:"可无会也。齐侯不务德而勤远略,故北伐山戎,南伐楚,西为此会也。东略之不知,西则否矣。其在乱乎!君务靖乱,无勤于行。"晋侯乃还。

葵丘之会从夏天开到秋天,终于举行了盟誓,誓词为:"凡是与我们同盟之人,既然已经结盟,就要不计前嫌,友好相处。"可谓言简意赅。但是,据《孟子》记载,葵丘之会的誓词还有如下几条:

第一条,不得废除已立的太子,不得立妾为妻,严惩不孝之子;

第二条,尊重人才,加强教育,弘扬美德;

第三条,尊老爱幼,不得怠慢各国之间往来的使节和旅人;

第四条,不得独断专行,杀戮大夫;

第五条,不得筑堤拦水,妨害下游国家;不得阻碍诸侯国之间的粮食流通;不得私自分封土地,而不告知各国。

如果《孟子》的记载属实,这些条款已经颇具现代国际公约的味道了。

葵丘之会,是齐桓公霸业成功的标志性事件,也可以说是齐桓公一生辉煌的顶点。

然而,到达顶点也就意味着接下来要走下坡路了。

晋献公本来也打算前来参加大会,在路上遇到了提前回国的周公忌父。周公忌父劝他不用去了:"齐侯这个人不注重道德修养而好高骛远,所以北伐山戎,南攻楚国,西边举行了这次会盟。至于还会不会在东方搞点什么事,很难预测。但是可以肯定的是,他不会向西打晋国的主意。他的祸乱恐怕就要到来了。也提醒您一下,搞好晋国的内政,平定晋国的内乱,不要跑来跑去,瞎掺和国际上的事。"

晋献公听了这番话,半路返回晋国去了。为什么?周公忌父说得有道理,一个国家如果内部的事情都没搞好,就成天想着怎么称霸天下,是会出问题的。而且,晋国自世子申生自杀、重耳和夷吾出逃,就一直不怎么稳定,连周公忌父都知道了,难道不应该引起重视吗?

九月,晋献公卒,里克、丕郑欲纳文公,故以三公子之徒作乱。

被周公忌父言中,晋国果然大乱。

九月,晋献公去世。里克和丕郑想安排公子重耳(也就是后来的晋文公)回国为君,所以发动申生、重耳、夷吾三位公子在晋国的亲信作乱。

初,献公使荀息傅奚齐。公疾,召之,曰:"以是藐诸孤辱在大夫,其若之何?"稽首而对曰:"臣竭其股肱之力,加之以忠、贞。其济,君之灵也;不济,则以死继之。"公曰:"何谓忠、贞?"对曰:"公家之利,知无不为,忠也;送往事居,耦俱无猜,贞也。"

及里克将杀奚齐,先告荀息曰:"三怨将作,秦、晋辅之,子将何如?"荀息曰:"将死之。"里克曰:"无益也。"荀叔曰:"吾与先君言矣,不可以贰。能欲复言而爱身乎?虽无益也,将焉辟之?且人之欲善,谁不如我?我欲无贰,而能谓人已乎?"

冬十月,里克杀奚齐于次。书曰"杀其君之子",未葬也。荀息将死之,人曰:"不如立卓子而辅之。"荀息立公子卓以葬。十一月,里克杀公子卓于朝。荀息死之。

君子曰:"诗所谓'白圭之玷,尚可磨也;斯言之玷,不可为也',荀息有焉。"

当初,晋献公命荀息当公子奚齐的老师。病重的时候,晋献公将荀息召来,问:"寡人将这么弱小的孤儿托付给大夫,您打算怎么办?"

这便是所谓的托孤了。荀息知道轻重,当即行大礼,郑重地说:"老臣竭尽全身之力,再加上忠贞不贰的决心。事成,那是托您在天的威灵;不成,那就让老臣随您去。"

晋献公又问:"什么叫作忠贞?"

荀息回答:"只要对国家有利的事,知道了没有不做的,是为忠;恭送过去的,事奉活着的,两者都没有猜疑,是为贞。"

晋献公大概长叹了一声。事奉幼君,自然要忠贞,要尽力而为,可是更重要的是要有智慧,有手段。荀息难道不知道吗?

等到里克等人想要杀奚齐,先警告荀息:"三位公子的怨气就要发作了,秦国和晋国都有人在帮助他们,您打算怎么办?"

话说得这么白,就不是阴谋而是阳谋了。荀息心里有数,骊姬祸害申生,驱逐重耳、夷吾,在晋国已经是天怒人怨。这个女人处心积虑将自己的孩子推上君位,实际上是让他处于险境,成为造反者围猎的目标。所以,奚齐被杀,是大势所趋,谁也阻挡不了。"那我就以死报答先君的嘱托吧。"荀息这样回答。

里克说:"您就是死也无济于事啊!"

荀息说:"我答应先君的事,不能改变。难道有既实现诺言又爱惜自身的办法吗?就算知道无济于事,我又能躲到哪里去呢?而且,每个人都重信诺,谁会不如我?我自己不想改变诺言,又怎么会要求别人改变?"言下之意,我不改变对先君的承诺,效忠奚齐,也不会干涉你们效忠重耳。

诸侯五月而葬。先君遗体下葬前的五个月里,嗣君只能居住在宫外,称为"五月居庐"。这一年的十月,里克派人杀死"居庐"的奚齐。

《春秋》记载:"晋里克杀其君之子奚齐。"由于晋献公还没有安葬,这里用的是"杀",而不是"弑",并没有把奚齐当作君父来对待。

荀息想死。可是,有人劝他,你还可以立卓子啊!这个人如果不是骊姬,便是骊姬的同党。骊姬显然还没搞明白,此时再将一个更小的孩子推上君位,无非是将他也给害了。荀息果然听从建议,又立卓子为君,并给晋献公办了丧事。十一月,里克又派人在朝堂之上刺杀了卓子。

这一次,荀息真的死了。是自杀,或是为了保护卓子而被杀?不得而知。君子对此评价:"白玉圭上有斑点,还可以打磨;说话有问题,那就不可挽回了。"言下之意,荀息当初答应晋献公辅佐奚齐就是错误的,为了错误的承诺而履行错误的使命,真是可悲啊!

顺便说一下,《左传》没有交代骊姬的下场。《国语》则明确记载,她也被里克派人杀死了。

齐侯以诸侯之师伐晋,及高梁而还,讨晋乱也。令不及鲁,故不书。

晋郤芮使夷吾重赂秦以求入,曰:"人实有国,我何爱焉。入而能民,土于何有?"从之。

齐隰朋帅师会秦师纳晋惠公。

秦伯谓郤芮曰:"公子谁恃?"对曰:"臣闻亡人无党,有党必有雠。夷吾弱不好弄,能斗不过,长亦不改,不识其他。"公谓公孙枝曰:"夷吾其定乎?"对曰:"臣闻之,'唯则定国'。诗曰'不识不知,顺帝之则',文王之谓也。又曰'不僭不贼,鲜不为则',无好无恶,不忌不克之谓也。今其言多忌克,难哉!"公曰:"忌则多怨,又焉能克?是吾利也。"

晋国的内乱引起了齐桓公的关注——这么好的题材,他这个霸主怎么能够没兴趣?于是,他再一次发动诸侯联军讨伐晋国,以平乱为名干涉晋国内政。鲁国没有接到命令,所以《春秋》不书。

联军开到晋国的高梁,便撤出来了。为什么?是因为有人做了工作。

奚齐和卓子死后,晋国君位的两个最强有力的竞争者,便是公子重耳和公子夷吾。据《史记》记载,里克杀死卓子,本来是想立重耳为君。没想到,重耳却将这桩送上门的好事拒绝了:"当年我为了逃避父亲的责备而逃亡,已经是有罪之人;父亲死后又不能亲自为他送葬,更是罪上加罪。我哪里还敢指望回到晋国去,请各位考虑其他人选!"

重耳拒不接受,是有道理的。在当时那种情况下,如果贸然回到晋国去争夺君位,很容易被人怀疑他与里克等人是同党。那么,里克杀奚齐、卓子二君的事情,他也有参与的嫌疑。这个黑锅重耳不愿意背。更何况,当时晋国的政局并不稳定,形势不明朗,匆匆返回的话,很难说会有什么变数,重耳留在国外静观其变,不失为稳妥之策。

里克等人只能退而求其次,派人去迎接夷吾。

相对于重耳的持重,夷吾则显得急不可耐。他立刻打点行装,准备回国。追随他的郤芮劝阻:"国内政局不稳,咱们不如借助齐国、秦国的力量,恃强而入,方可万无一失。"

郤芮还出主意,要夷吾重重地贿赂秦穆公,请秦穆公支持。

可是,夷吾流亡在外,哪有资本"重赂"秦穆公呢?郤芮一语道破天机:"如果别人得到了国家,我们有什么好爱惜的?回国而得到百姓,土地有什么了不起的?"说白了,就是要用土地来贿赂秦国,许诺事成之后给秦国一大片土地。

秦穆公得到这样的许诺,果然答应支持夷吾。

在秦穆公的斡旋下,诸侯联军讨伐晋国,变成了护送夷吾回国的行动。齐国大夫隰朋为统帅,联合秦军,送夷吾踏上了归国的旅程。

秦穆公问郤芮:"公子夷吾在国内有谁支持?"

郤芮回答:"臣听说逃亡在外的人没有亲党,有了亲党就必定有仇敌。夷吾小时候不喜欢玩耍,能够争斗而不过分,年纪大了也没有改变,其他我就不了解了。"这个回答很巧妙,也可以说很滑头。它透露的信息,第一是夷吾在国内并没有多少支持者;第二是夷吾人畜无害,也没得罪什么人。

秦穆公又问公孙枝:"你觉得夷吾可以安定国家吗?"

公孙枝原本是晋国人,被秦穆公招揽来秦国做官,对晋国的情况比较了解。他回答:"只有行为合乎准则,才能安定国家。不用后天知识,自然而然顺应上天的准则,说的是周文王。待人以信,不害他人,很少能成为典范。没有爱好,也没有厌恶,这就是说既不猜忌,也不好胜。可是从夷吾的言行来看,既多疑又要强,要他安定晋国,恐怕很难!"

秦穆公说:"多疑则容易招致怨恨,焉能成事?不过那样也好,对我们有利。"

宋襄公即位，以公子目夷为仁，使为左师以听政，于是宋治。故鱼氏世为左师。

> 宋襄公即位后，感念公子目夷的仁德，封其为左师，参与国家大政，于是宋国大治。
> 目夷字子鱼，其后人遂以鱼为氏，世代担任宋国左师之职。

鲁僖公十年

> 公元前650年，鲁僖公十年。

十年春，狄灭温，苏子无信也。苏子叛王即狄，又不能于狄，狄人伐之，王不救，故灭。苏子奔卫。

> 苏子即王室大夫苏氏，温为其封邑。
> 鲁庄公十九年，苏氏参与五大夫叛乱，因而得罪王室，于是私通狄人，以求保护。但是，苏氏与狄人相处也不好。所谓"无信"，估计是保护费没交足吧。所以这一年春天，狄人进攻温邑，王室不救，温邑灭亡，苏氏出逃卫国。

夏四月，周公忌父、王子党会齐隰朋立晋侯。晋侯杀里克以说。将杀里克，公使谓之曰："微子，则不及此。虽然，子杀二君与一大夫，为子君者，不亦难乎？"对曰："不有废也，君何以兴？欲加之罪，其无辞乎？臣闻命矣。"伏剑而死。于是丕郑聘于秦,且谢缓赂,故不及。

四月,周公忌父、王子党作为王室代表,与齐国大夫隰朋一道,立夷吾为晋侯,这就是历史上的晋惠公。

晋惠公上台第一件事,便是杀大夫里克,以示讨好——毕竟,齐桓公派兵干涉晋国内政,打的旗号是平乱,不杀几个乱党,怎么对得起他老人家?

但是,明眼人很容易看出,晋惠公杀里克的真正原因,并不是为了讨好齐国,是因为里克拥护重耳。晋惠公派人对里克说:"如果没有你杀死奚齐、卓子和荀息,我也就没有今天。可是,你毕竟杀了两位国君和一位大夫,当你的国君不是太危险了吗?"里克回答:"我不杀他们,哪里轮得到您?欲加之罪,何患无辞?我明白您的意思了。"于是自刭身亡。

至于里克的同党丕郑,当时正在秦国访问,为推迟割让土地而向秦穆公致歉,所以祸不及身。

晋侯改葬共大子。

秋,狐突适下国,遇大子。大子使登,仆,而告之曰:"夷吾无礼,余得请于帝矣,将以晋畀秦,秦将祀余。"对曰:"臣闻之:'神不歆非类,民不祀非族。'君祀无乃殄乎?且民何罪?失刑、乏祀,君其图之!"君曰:"诺。吾将复请。七日,新城西偏将有巫者而见我焉。"许之,遂不见。及期而往,告之曰:"帝许我罚有罪矣,敝于韩。"

共通恭,是申生的谥号。"共大子"即故太子申生。

申生因为得罪晋献公而自杀,身后之事想必办得极其草率。现在,晋惠公下令重新厚葬申生。这本来是件好事,但是不知道为什么,办成了坏事。

这年秋天,狐突到曲沃办事,途中遇到了申生的鬼魂。如果要黑泽明来拍这一幕,大概是这样的——

狐突坐在车上,不知不觉,四周起了雾,白茫茫一片,连路都看不清,只有曲沃的城楼在远方若隐若现。四下寂然无声,马蹄声和车轮声也消失了。狐突正在狐疑,猛然发现有一辆马车与自己的马车平行。他转头望去,发现那辆马车竟然没有御者,而端坐在车厢中的,赫然是盛装打扮的故太子申生。

狐突赶紧拍御者的肩膀,示意停车。旁边那辆车也停下来了。申生不说话,只是做了一个动作,示意狐突上他的车,坐到御者的位置上。拿起缰绳的一瞬间,狐突想起,他原本就是申生的御者。申生讨伐东山,正是由他驾车冲锋陷阵,大破皋落氏。狐突百感交集,潸然泪下。只听得申生在背后缓缓地说:"夷吾无礼,我已向上天禀告并获得同意,将晋国给予秦国。秦国将祭祀我。"

狐突这一惊非同小可。他不喜欢晋惠公,甚至很讨厌他,可是把晋国给予秦国,这样的事他无论如何不能接受。而且,晋惠公下令厚葬申生,怎么就无礼了呢?狐突回头想对申生说点什么,一下子就呆住了。

狐突看到的,是一张残破不堪的脸。他久经战阵,什么样恐怖的场景都经历过,但是看到这张脸,还是禁不住打了个冷战。他突然想起来,听说申生改葬的时候,尸体早已经腐烂,臭不可闻,围观的百姓都感叹:"真是好人没好报啊,要不然的话,他的尸体怎么会那么臭呢?"敢情申生是因为这个而抱怨晋惠公无礼?

不管怎么样,晋国不能灭亡。本着这样的想法,狐突战战兢兢地对申生说:"我听说,神明不会接受异族人的祭祀,而人民也不会祭祀异族的祖先,您这样做,不是自绝香火吗?况且,就算夷吾有罪,晋国的百姓也不应该受牵连,请您再好好考虑一下!"

申生沉默了半天,那张残破的脸竟然慢慢地恢复了血肉,变成了丰润如玉的模样。"你说得对。"申生轻轻说道,"我再向上天请示一次,七日之后到曲沃城西找我,我将在一个巫师身上显灵。"

说完这些,申生就不见了。狐突大叫一声醒来,才明白自己是做了一个梦。

七日之后,狐突如约前往曲沃城西,果然见到了一个巫师。狐突走过去打招呼。那巫师一说话,狐突便听出那是申生的声音了。

申生告诉他:"上天已经改变主意,允许我只惩罚夷吾一个人,我将在韩地打败他。"

丕郑之如秦也,言于秦伯曰:"吕甥、郤称、冀芮实为不从,若重问以召之,臣出晋君,君纳重耳,蔑不济矣。"

冬,秦伯使泠至报、问,且召三子。郤芮曰:"币重而言甘,诱我也。"遂杀丕郑、祁举及七舆大夫,左行共华、右行贾华、叔坚、骓歂、累虎、特宫、山祁,皆里、丕之党也。

丕豹奔秦,言于秦伯曰:"晋侯背大主而忌小怨,民弗与也。伐之,必出。"公曰:"失众,焉能杀?违祸,谁能出君?"

晋惠公派丕郑出使秦国,其实也没安好心。他交给丕郑的是一个相当危险的任务:告诉秦穆公,当初答应给秦国的一大片土地,现在不能兑现,要推后再说。

据《史记》记载,晋惠公是这么说的:"大臣们都说,地是先君之地,我身在国外,怎么能够擅自许给秦国。我据理力争,无奈大臣们就是不答应,没办法啊!"

不管找什么理由,不守承诺就是不守承诺。秦穆公很生气,当即就想杀了丕郑。但是,丕郑说了一句话,保住了自己的性命。

"那都是因为吕甥、郤称、冀芮三人极力反对,敝国才不能将河外土地划给贵国。如果您派人持厚礼回访晋国,请这三个人到秦国来做客,而我趁机将夷吾赶出去,您则扶立公子重耳回晋国为君,问题不就解决了吗?"

吕甥是晋侯的外甥,具体是晋献公还是晋惠公的外甥则不得而知。

此人名饴,获封吕、瑕、阴三地,因此又记载为瑕甥,或阴饴甥,或瑕吕饴甥。

郤称和郤芮是兄弟。因为郤芮在晋惠公回国为君的事情上出力甚多,获封冀地,所以又称为冀芮。

秦穆公同意了丕郑的建议。冬天,秦国使者泠至回访晋国,询问吕甥、郤称、郤芮三人情况,并邀请他们访问秦国。郤芮一眼就看出了不对劲:"莫名其妙送那么贵重的礼物,而且甜言蜜语,那是想引诱我们上当。"

无事献殷勤,非奸即盗,这个道理谁都明白。晋惠公于是诛杀里克、丕郑党徒,包括丕郑本人在内,共计九人。

丕郑的儿子丕豹出逃秦国,请求秦穆公兴兵为他父亲报仇:"晋侯背叛大国君主而忌恨小仇小怨,百姓不拥护他。如果讨伐他,百姓一定会赶走他。"

秦穆公这回倒是清醒了:"如果没有百姓支持,他哪里能够诛杀这么多大夫? 如果晋国人都像你这样出来避祸,又有谁来赶走他?"

鲁僖公十一年

公元前649年,鲁僖公十一年。

十一年春,晋侯使以丕郑之乱来告。

晋惠公平定了丕郑的叛乱,派使者将有关情况通报鲁国。

天王使召武公、内史过赐晋侯命,受玉惰。过归,告王曰:"晋侯其无后乎！王赐之命,而惰于受瑞,先自弃也已,其何继之有？礼,国之干也；敬,礼之舆也。不敬,则礼不行；礼不行,则上下昏,何以长世？"

> 周襄王派召武公、内史过到晋国,为晋惠公举行传统的赐命仪式,表示王室承认晋惠公的合法性。对于非正常即位的晋惠公来说,这本来是一件非常重要的事。可是,他大概是打心底瞧不起天子,在接受作为信物的玉璧的时候,竟然露出颇为不屑的表情。内史过回去告诉周襄王:"晋侯的后代恐怕不能享有禄位了吧。天子赐命于他,他却漫不经心地接受瑞玉,这是自己抛弃自己,怎么可能还有下一代的荣禄？礼是一国之躯干,敬是承载礼的车辆。不敬,则礼不能实施；礼不能实施,则上下昏乱,如何能够长久？"

夏,扬、拒、泉、皋、伊雒之戎同伐京师,入王城,焚东门,王子带召之也。秦、晋伐戎以救周。秋,晋侯平戎于王。

> 夏天,扬、拒、泉、皋以及伊雒之间的戎人共同入侵京师,进入王城雒邑,焚其东门,这是王子带把他们引过来的。
> 秦、晋两国共同出兵讨伐戎人。秋天,晋惠公与戎人谈判,希望促成戎人与王室之间媾和。

黄人不归楚贡。冬,楚人伐黄。

> 这些年来,黄国向齐国靠拢,以为可以依靠齐国,不向楚国进贡。这一年冬天,楚国入侵了黄国。

鲁僖公十二年

公元前648年,鲁僖公十二年。

十二年春,诸侯城卫楚丘之郭,惧狄难也。

齐桓公再度发动诸侯做好事,为卫国修筑楚丘的外城,以防备狄人入侵。

黄人恃诸侯之睦于齐也,不共楚职,曰:"自郢及我九百里,焉能害我?"夏,楚灭黄。

黄国看到诸侯都团结在齐国周围,以为可以依仗,所以不向楚国进贡,说:"郢都到我这里有九百里呢,楚国能把我怎么样?"
于是楚国就派兵北上九百里,把黄国给灭了。

王以戎难故,讨王子带。秋,王子带奔齐。

王子带犯下这样大的罪行,周襄王当然不能原谅他,要追究他的责任。有意思的是,王子带为了逃避惩罚,居然一口气跑到齐国,请求政治避难。
当年周襄王还是太子的时候,受到王子带的威胁,正是找了齐桓公帮忙才保住太子的地位，顺利继承了王位；现在王子带犯了罪，第一个想到的居然也是投靠齐桓公。可见，"有困难，找齐侯"，已经成为人们的共识。

冬，齐侯使管夷吾平戎于王，使隰朋平戎于晋。

王以上卿之礼飨管仲。管仲辞曰："臣，贱有司也。有天子之二守国、高在，若节春秋来承王命，何以礼焉？陪臣敢辞。"王曰："舅氏！余嘉乃勋！应乃懿德，谓督不忘。往践乃职，无逆朕命！"管仲受下卿之礼而还。

君子曰："管氏之世祀也宜哉！让不忘其上。诗曰：'恺悌君子，神所劳矣。'"

齐桓公接受了王子带的避难请求，并派管仲斡旋，促使戎人与王室媾和，并派隰朋促成戎人与晋国媾和。

周襄王十分感谢齐桓公，有意提高对管仲的礼遇，以上卿之礼来宴请管仲。管仲谦让："陪臣是低贱的官员，齐国还有天子任命的国、高二位上卿，如果他们到雒邑来聆听王命，您又以什么礼来对待他们呢？请恕陪臣斗胆推辞。"

所谓陪臣，是诸侯之臣在天子面前的自称。

前面已经介绍过，周朝初年，王室为了加强对各诸侯国的监管，确立了一套由王室来任命诸侯卿士的制度。一般而言，侯国设置三卿，其中两卿由周天子任命，称为上卿；一卿由诸侯自行任命，称为下卿。齐国的世袭贵族国、高二氏，便是周天子任命的上卿。管仲作为齐桓公的心腹，虽然执掌齐国军政大权，却终归只是下卿。

现在天子为了讨好齐桓公，要以上卿之礼来对待管仲，当然是非礼的。管仲坚决不接受，最终还是以下卿的身份接受了天子的款待，便回国了。

君子对此评价:"管氏应该千秋万代、香火不绝了吧,谦让而不忘爵位比他高的上卿,这正是《诗》所说的:和乐平易的君子,自受神灵护佑。"

鲁僖公十三年

公元前647年,鲁僖公十三年。

十三年春,齐侯使仲孙湫聘于周,且言王子带。事毕,不与王言。归,复命曰:"未可。王怒未怠,其十年乎?不十年,王弗召也。"

十三年春天,齐桓公派仲孙湫出使王室,除了办理公事,还有一个附带的使命:请周襄王原谅王子带,召回雒邑。

仲孙湫把公事办完,却没有向天子提及王子带的事。回来复命说:"这事办不成。天子对王子带的怒气仍未平息,至少还要十年才行。不到十年,天子不会同意召他回去。"

对于敏感的事项,察言观色,旁敲侧击,便知道能不能提、该不该提,是一个合格的外交家应该具备的素质。

夏,会于咸,淮夷病杞故,且谋王室也。
秋,为戎难故,诸侯戍周。齐仲孙湫致之。

《春秋》记载:这一年夏天,"(鲁桓)公会齐侯、宋公、陈侯、卫侯、郑伯、许男、曹伯于咸"。那是因为东方的少数民族淮夷危害杞国,所以要商量对策。同时,也是为了解决王室面临的戎人威胁。

根据这次会议的决定,秋天,诸侯派出部队戍守雒邑,由齐国的仲孙湫带去。

冬,晋荐饥,使乞籴于秦。秦伯谓子桑:"与诸乎?"对曰:"重施而报,君将何求?重施而不报,其民必携;携而讨焉,无众,必败。"谓百里:"与诸乎?"对曰:"天灾流行,国家代有。救灾、恤邻,道也。行道,有福。"丕郑之子豹在秦,请伐晋。秦伯曰:"其君是恶,其民何罪?"秦于是乎输粟于晋,自雍及绛相继,命之曰泛舟之役。

冬天,晋国因为连年歉收,发生饥荒,派使者向秦国请求购买粮食。

秦穆公问大夫公孙枝(字子桑):给不给他?

公孙枝回答:您帮助夷吾即位,现在又卖粮给他们的话,那就是双重恩德了。夷吾如果为此而报答您,您还要求什么呢?如果他不报答您,那么他的百姓都会背叛他。那个时候再讨伐他,他失去众人的支持,必然失败。

秦穆公又问百里奚:给不给他?

百里奚回答:天灾流行,今年到这国,明年到那国,谁都免不了。救济灾民,周济邻国,这是正道。行正道者,必有福报。

丕郑的儿子丕豹留在秦国做官,此时向秦穆公建议趁机讨伐晋国。秦穆公说:"我们的确讨厌晋国的国君,可晋国的百姓有什么罪过?"于是下令卖粮食给晋国。自秦国的首都雍城到晋国的绛都,送粮的人跨越黄河,络绎不绝,史称"泛舟之役"。

欲成大事者,先要有成大事的格局。秦穆公那句"其君是恶,其民何罪",充分体现了仁者的格局。后世有人以为,秦穆公作为春秋五霸之一,其霸业正是在这次泛舟之役中奠定了基础。

鲁僖公十四年

公元前 646 年，鲁僖公十四年。

十四年春，诸侯城缘陵而迁杞焉，不书其人，有阙也。

去年夏天的咸之会，诸侯商量如何帮助杞国对抗淮夷入侵。今年春天，便在缘陵修筑城池，将杞国迁到那里。《春秋》不记载有哪些国家参与了建设，是因为"有阙"，也就是城池没有完全修好，工程没有最后完工，诸侯便撤退了，留下一座"烂尾城"，不配青史留名。

鄫季姬来宁，公怒，止之，以鄫子之不朝也。夏，遇于防，而使来朝。

季姬是鲁僖公的女儿，嫁到鄫国为夫人，史称鄫季姬。

这一年春天，季姬回娘家省亲。这本来是件好事，鲁僖公却大为恼火，将季姬留在鲁国，不让她回去。究其原因，是鄫子不曾前来朝见。直到夏天，季姬才有机会在防地和鄫子会面，说服他朝见鲁僖公。

秋八月辛卯，沙鹿崩。晋卜偃曰："期年将有大咎，几亡国。"

八月，沙鹿山发生地震，山体崩裂。沙鹿山地处河北，并不在晋国境内。可是卜偃掐指一算，算出：晋国一年之内将有大灾难，几至于亡国。

冬，秦饥，使乞籴于晋，晋人弗与。庆郑曰："背施，无亲；幸灾，不仁；贪爱，不祥；怒邻，不义。四德皆失，何以守国？"虢射曰："皮之不存，毛将安傅？"庆郑曰："弃信、背邻，患孰恤之？无信，患作；失援，必毙。是则然矣。"虢射曰："无损于怨，而厚于寇，不如勿与。"庆郑曰："背施、幸灾，民所弃也。近犹雠之，况怨敌乎？"弗听。退曰："君其悔是哉！"

被百里奚的乌鸦嘴说中，天灾流行，今年轮到秦国闹饥荒。秦国向晋国请求购粮，晋国却不同意。

大夫庆郑觉得这未免也太不厚道了，劝谏晋惠公说："忘恩负义则无人亲附，幸灾乐祸是为不仁，贪吝爱惜的东西导致不祥，惹怒邻国陷于不义。亲、仁、祥、义四德皆失，您拿什么守护国家？"

虢射说："皮之不存，毛将焉附？"意思是，当年失信于秦国，没有割让土地，已经惹怒他们了。现在就算卖给他们粮食，也无济于事。这位虢大夫的思路，显然是比较清奇的。按照他的逻辑，一个人如果做了对不起别人的事，干脆不要做任何补救，继续伤害别人反而是对的。

庆郑气不打一处来："不讲信用，背弃邻国，如果再有患难，谁来帮忙？不讲信用就会发生灾祸，无人帮助必定灭亡。这么简单的道理，难道你不懂吗？"

虢射满不在乎地说："卖给他们粮食也不能减少怨恨，反而增强了仇人的力量，不如不给。"

庆郑说："忘记恩惠，幸灾乐祸，这是老百姓都唾弃的。即便是亲近的人都会产生怨恨，何况是仇敌？"

晋惠公不听庆郑的话。

庆郑出来后便说，国君会为这件事后悔的。

鲁僖公十五年

公元前645年，鲁僖公十五年。

十五年春，楚人伐徐，徐即诸夏故也。三月，盟于牡丘，寻葵丘之盟，且救徐也。孟穆伯帅师及诸侯之师救徐，诸侯次于匡以待之。

诸夏就是华夏各国，或者说中原各国。

这些年来，齐桓公领导的诸侯联盟搞得有声有色，除了鲁、宋、卫、郑等核心成员，还吸引了很多小国参加，徐国便是其中之一。作为齐桓公的死对头，楚成王也没闲着，利用强大的武力和地缘优势，不断吞并周边小国，挑战齐国的霸权。

鲁僖公十五年春天，楚军入侵徐国。齐桓公迅速反应，在牡丘大会诸侯，一则重温葵丘之盟，二则商量救援徐国。会后，诸侯联军救援徐国，在匡地驻扎，等待公孙敖带领的鲁军前去会合。

孟穆伯即公孙敖。公孙敖是庆父的儿子，穆为其谥，伯为排行。庆父的后人，以孟为氏，是以称作孟穆伯。

夏五月，日有食之。不书朔与日，官失之也。

五月发生日食，《春秋》没有记载朔日与日期，那是史官记漏了。

秋,伐厉,以救徐也。

> 秋天,诸侯讨伐楚国的同盟厉国,以救援徐国。

晋侯之入也,秦穆姬属贾君焉,且曰"尽纳群公子"。晋侯烝于贾君,又不纳群公子,是以穆姬怨之。晋侯许赂中大夫,既而皆背之。赂秦伯以河外列城五,东尽虢略,南及华山,内及解梁城,既而不与。晋饥,秦输之粟;秦饥,晋闭之籴,故秦伯伐晋。

> 当初,晋惠公得到秦穆公帮助,从秦国回到晋国。秦穆公夫人(申生的胞姐,当然也是晋惠公的姐姐)交给他两个任务:一是照顾好晋献公的小妾贾君;二是将流亡到各国的"桓、庄之族"召回晋国来,共同搞好晋国的建设。这两个要求合情合理,而且也不难办到,第二个要求更是有利于晋国团结的好事。晋惠公答应得好好的,一回到晋国便将姐姐布置的任务执行得走了样:"桓、庄之族"仍然在国外过着朝不保夕的日子,贾君他倒是照顾得很好,只是好得过了头——照顾到床上去了。秦穆公夫人对此意见很大。
>
> "中大夫"是指里克和丕郑。晋惠公能够回国,当然有里克和丕郑的功劳。据《国语》记载,晋惠公回国之前,曾经亲口说过:"中大夫里克愿意助我为君,我答应给他汾阳土地百万亩;丕郑愿意助我为君,我答应给他负蔡土地七十万亩。"结果呢,他一当上国君,便把这两个人给杀了。背信弃义,对晋惠公来说不过是家常便饭。
>
> 欺骗了姐姐和大臣便也罢了,晋惠公最不应该做的,是欺骗了秦穆公。他承诺给秦国的一大片土地,包括河外地区五座城池,东到虢略,南到华山,外加河内的解梁城,一直没有兑现。晋国发生饥荒,秦国慷慨相助;秦国发生饥荒,晋国一颗粮食也不卖给秦国。所以,秦穆公忍无可忍,终于决定讨伐晋惠公。

卜徒父筮之，吉："涉河，侯车败。"诘之。对曰："乃大吉也。三败，必获晋君。其卦遇蛊䷑，曰：'千乘三去，三去之余，获其雄狐。'夫狐蛊，必其君也。蛊之贞，风也；其悔，山也。岁云秋矣，我落其实，而取其材，所以克也。实落、材亡，不败，何待？"

出征之前，秦穆公命卜徒父算卦，得了个"吉"。其爻辞为："涉河，侯车败。"秦穆公就奇怪了，这明明是不吉啊！从字面上理解，过河的时候，公侯的车坏了，怎么是吉呢？

卜徒父解释，这确实是大吉，预示着秦军三次打败晋军之后，必定擒获晋惠公。这一卦得"蛊"，其爻辞为："带领千乘兵车三次出战，三战之后，获得那条雄狐。"所谓狐蛊，就是晋国的君主。蛊卦的下卦为巽䷑，代表风；上卦为艮䷑，代表山。现在已经是秋天了，秦国的风吹过晋国的山，吹落其果实，取得其木材，所以可以获胜。晋国果实落地而木材丧失，岂能不败？

卜徒父这段话，为历代周易大师所烦恼。为什么？后世流传的周易版本，根本没有他说的"千乘三去，三去之余，获其雄狐"这句爻辞。是不是周易还有另外一种算法，或是有另外一本《易经》？众说纷纭，莫衷一是。总之，秦穆公听了卜徒父的解释深信不疑，信心满满地出发了。

三败及韩。晋侯谓庆郑曰："寇深矣，若之何？"对曰："君实深之，可若何！"公曰："不孙！"卜右，庆郑吉。弗使。步扬御戎，家仆徒为右。乘小驷，郑入也。庆郑曰："古者大事，必乘其产。生其水土，而知其人心；安其教训，而服习其道；唯所纳之，无不如志。今乘异产，以从戎事，及惧而变，将与人易。乱气狡愤，阴血周作，张脉偾兴，外强中干。进退不可，周旋不能，君必悔之。"弗听。

秦军气势如虹,果然三次打败晋军,抵达韩地。

这里已经是晋国腹地,晋惠公也害怕了,问庆郑:"敌人深入国土,该怎么办?"

庆郑回答:"那都是您把他们招来的,能怎么办呢?"

晋惠公说:"放肆!"

交战前,按惯例要通过占卜来选择戎右,居然是庆郑得了个"吉"。晋惠公想都没想,就否定了。于是让步扬为御戎,家仆徒为戎右,以郑国进献的小驷马驾车。

庆郑以为不妥:"古代发生战争,必用本土出产的战马,因为它们生长于此水此土,知道主人的心意,安于接受调教,熟悉这里的道路,无论放在哪里,没有不如意的。现在用外国的马来驾车作战,它们一害怕就会失去常态,不听主人使唤。粗气乱喷表示不服和愤怒,血脉偾张,不可控制,外表强壮而内心枯竭,进退两难,周旋不得。您一定会后悔的!"

晋惠公不听。

九月,晋侯逆秦师,使韩简视师。复曰:"师少于我,斗士倍我。"公曰:"何故?"对曰:"出因其资,入用其宠,饥食其粟,三施而无报,是以来也。今又击之,我怠、秦奋,倍犹未也。"公曰:"一夫不可狃,况国乎?"遂使请战,曰:"寡人不佞,能合其众而不能离也。君若不还,无所逃命。"秦伯使公孙枝对曰:"君之未入,寡人惧之;入而未定列,犹吾忧也。苟列定矣,敢不承命。"

韩简退曰:"吾幸而得囚。"

九月,晋惠公迎战秦军,派大夫韩简前去侦察敌情。韩简回报:"秦军人数少于我军,然而主动请战之士多出我军一倍。"

晋惠公问:"这是为什么啊?"

韩简说："当年您出逃梁国,受到秦国的照顾;回到晋国,也是因为秦国的帮助;遇到饥荒,吃的是秦国的粮食。秦国三次有恩于您,却没有收到任何回报,所以前来讨伐。现在双方交战,我军将士也觉得理亏,士气低落;而秦军正处于亢奋状态,斗志昂扬,恐怕不止高出我军一倍。"

晋惠公自知理亏,但仍然嘴硬:"士尚且不可侮辱,何况是一个国家?"于是派韩简前去下战书,说:"寡人倒也没有什么才能,只是能团结晋国的人民,不使其离散罢了。您若是再不回秦国去,恐怕就回不去了。"

秦穆公令公孙枝回答:"您没有回到晋国的时候,我担心您回不去;回去之后未列入诸侯,我还是操心,怕您得不到承认;现在您既然都已经列好阵了,我哪敢不遵命与您一战?"

天下诸事,总绕不开一个理字。韩简出来,便自言自语道:"看来我是要有幸成为秦国的俘虏了。"

壬戌,战于韩原。晋戎马还泞而止。公号庆郑。庆郑曰:"愎谏、违卜,固败是求,又何逃焉?"遂去之。梁由靡御韩简,虢射为右,辂秦伯,将止之。郑以救公误之,遂失秦伯。秦获晋侯以归。晋大夫反首拔舍从之。秦伯使辞焉,曰:"二三子何其戚也!寡人之从晋君而西也,亦晋之妖梦是践,岂敢以至?"晋大夫三拜稽首曰:"君履后土而戴皇天,皇天后土实闻君之言,群臣敢在下风。"

九月十三日,双方在韩原开战。

这一战打得相当激烈,两位国君亲自操戈上阵,全力厮杀。

果如庆郑所担心的,晋惠公的战马水土不服,将戎车拉到一片泥泞之中,不肯再向前。眼看越来越多的秦兵包围过来,晋惠公顾不得面子,呼叫正在附近的庆郑来救他。

庆郑说:"您不听劝谏,宁可违背天命也不肯让我当您的戎右,不就是固执地想求败吗？现在求败得败了,还跑什么呢？"说完扬长而去。

另一方面,秦穆公也陷入了险境。韩简以梁由靡为御者、虢射为车右,一下子冲到秦穆公的戎车跟前,几乎要将他俘虏。恰在此时,庆郑经过,告诉韩简,晋惠公被包围了,非常危险。韩简救主心切,于是放过秦穆公,去救晋惠公。结果晋惠公没救到,秦穆公又跑了。

韩原之战的结果:秦军完胜,秦穆公带着晋惠公回到了秦国。

又据《史记》记载,韩简等人包围了秦穆公,秦穆公一度十分危险,这时不知从哪里跳出来三百余名壮汉,将晋军士兵一阵乱砍,替秦穆公解了围。原来这些人是秦国岐下的山野之人。某一年秦穆公到岐下打猎,被人偷走数匹良马,官吏前去侦察,发现原来是山里人给偷了,正围着篝火在烤马肉吃。官吏建议调动军队剿灭这些偷马贼,秦穆公却说:"君子不因畜生而加害于人。我听说,吃好马的肉而不喝酒,对人有害。"干脆派人送了几坛好酒过去给山民喝,赦免了他们的盗马之罪。后来,这些人听说秦国和晋国要打仗,偷偷地跟在秦军后面,一直跟到晋国,在关键时刻终于派上了用场。

《史记》的这段记载确实精彩,只是太像小说了,姑妄听之吧。

韩原之战虽然失败,晋国的大夫们却表现出了值得尊重的一面。他们解开发髻,蓬头垢面地跟在秦军后面,以示不抛弃自己的国君。

秦穆公派人对他们说:"你们几位为什么要那么担心呢？我带你们的国君往西去,只不过是应验了晋国的妖梦罢了,岂敢做得太过分？"

所谓妖梦,指的是鲁僖公十年,狐突梦见申生的故事。当时,申生的鬼魂附体于巫师,告诉狐突他将在韩地打败晋惠公,现在果然应验。

晋国的大夫们跪在地上,三拜磕头,说:"君侯您顶天立地,所说的话有天地为证,我等都在下风听着。"

处于下风而听人说话,倍感真切。这是一语双关:既表明晋国愿赌服输、甘认失败的态度,又希望秦穆公言而有信,不要食言,好好对待晋惠公。这便是古文的魅力,不仅言简意赅,传情达意,而且意味深长,耐人寻味。

穆姬闻晋侯将至，以大子䓖、弘与女简璧登台而履薪焉。使以免服衰绖逆，且告曰："上天降灾，使我两君匪以玉帛相见，而以兴戎。若晋君朝以入，则婢子夕以死；夕以入，则朝以死。唯君裁之！"乃舍诸灵台。

大夫请以入。公曰："获晋侯，以厚归也；既而丧归，焉用之？大夫其何有焉？且晋人戚忧以重我，天地以要我。不图晋忧，重其怒也；我食吾言，背天地也。重怒，难任；背天，不祥，必归晋君。"公子絷曰："不如杀之，无聚慝焉。"子桑曰："归之而质其大子，必得大成。晋未可灭，而杀其君，只以成恶。且史佚有言曰：'无始祸，无怙乱，无重怒。'重怒，难任；陵人，不祥。"乃许晋平。

秦穆公夫人得知晋惠公被俘虏到秦国，立刻带上太子䓖、公子弘和公主简璧登上高台，并在高台四周堆满柴薪，摆出一副举火自焚的架势。然后派使者穿着丧服去迎接秦穆公，说："天降灾祸，让秦晋两国之君不以玉帛相见，而以刀兵相见。如果晋侯早上进入雍城，臣妾就晚上自焚；如果晋侯晚上进入雍城，臣妾就早上自焚。请国君决定吧。"

前面说过，晋惠公因为贾君和群公子的事得罪了秦穆公夫人。但是得罪归得罪，如果将晋惠公以俘虏的身份带到秦国的首都，对于晋国来说乃是奇耻大辱，这是秦穆公夫人不能接受的。她出此下策来要挟秦穆公，不是为了晋惠公本人，而是为了晋国的颜面。

秦穆公被夫人的举动吓坏了，命令将晋惠公临时囚禁在雍城郊外的灵台。秦国的大臣们纷纷要求将晋惠公带进雍城。不为别的，大伙实在是太恨这个人渣了！秦穆公当然也恨他，可是秦穆公也很无奈：俘虏了晋惠公，本来以为可以带来一笔丰厚的收入，可是一回来就要发生丧事，叫人怎么办？而且，"晋国的大夫用忧愁来感动我，用天地之誓来约束我。如果不考虑他们的情绪，他们就会更加愤怒。我说话不算数，那就是违背天地。那么大的愤怒,我负担不起;违背天地誓言,是为不祥。各位大夫如果没意见的话,咱们还是把这个赔钱货送回去吧!"

公子縶说:"还是杀了他吧,免得积聚怨气。"这句话有两层意思:第一,大伙都想把晋惠公带回雍城去展览,如果不答应的话,可能会有很多牢骚,比如说,"国君原来是个炻耳朵啊!"这样对秦穆公的影响很不好。第二,晋惠公这个人根本就不懂知恩图报,放他回去他也不会感激,反而会和晋国那班大夫商量着怎么报复咱们,那还不如杀了省事。

公孙枝则建议:"不如放了他,要他派太子为人质,这样才能实现秦国利益的最大化。既然不可能消灭晋国,那么杀了它的国君,只会造成很坏的后果。史佚说得好,不要轻启祸端,不要趁乱行事,不要增加怨恨。增加怨恨只会让人难以承受,欺凌别人实为不祥。"

公孙枝说到了点子上。搞政治就像做生意,做生意是要好好算一算账的。秦国与晋国,谁也吃不掉谁,没有必要把关系搞得太僵。杀了晋惠公,对于秦国来说,无非是得了一个"爽"字;对于晋国来说,则势必同仇敌忾,与秦国死磕到底。所以,不如因势利导,为将来的谈判争取主动。秦穆公采纳了公孙枝的意见,同意与晋国媾和。

晋侯使郤乞告瑕吕饴甥,且召之。子金教之言曰:"朝国人而以君命赏。且告之曰:'孤虽归,辱社稷矣,其卜贰圉也。'"众皆哭,晋于是乎作爱田。吕甥曰:"君亡之不恤,而群臣是忧,惠之至也,将若君何?"众曰:"何为而可?"对曰:"征缮以辅孺子。诸侯闻之,丧君有君,群臣辑睦,甲兵益多。好我者劝,恶我者惧,庶有益乎!"众说,晋于是乎作州兵。

晋惠公派身边的随从郤乞回国,把秦国的情况告诉吕甥,并且要吕甥到秦国来交涉,好让他快点回国。

原文中的"子金",是吕甥的字,他应该相当于晋惠公的军师吧。这是个很聪明的人。周朝的传统,所谓"国有大故,则致万民于王门",相当

第五章 鲁僖公

于古希腊城邦开公民大会。晋惠公被秦国俘虏,当然是国有大故,士大夫和首都各界代表都自发地来到公宫门口,想听听郤乞带回了什么样的消息。"不好意思了各位,国君没有任何话带给你们,他只是想快点回国,在秦国当俘虏的日子可不好受。"郤乞本来应该实话实说,然后大伙就回家洗洗睡了。但是,按照吕甥教给他的说辞,郤乞实际上是这么说的:"国君要我告诉各位大夫,拿出国库所存的财物,好好赏赐国人。他还要我告诉父老乡亲们,就算他回来了,也已经给国家带来耻辱,无颜面对大伙。请你们还是占卜一下,准备立太子圉为君吧。"

大伙听到这样的话,一下子就感动了,都哭。哭完之后,便搞了一件大事:"作爰田"。

春秋前期,各国基本采用历史悠久的"井田制",田地有"公田"和"私田"之分。公田即公室直接占有的土地,公室分封给士大夫阶层的土地。公田的赋税收入是公室的经济来源。随着铁器的出现,生产力大幅增长,大量荒地被开垦出来,私田数量日渐增加,逐渐影响到公田的劳动力分配,各国均出现了"公田不治"的现象。所谓"作爰田",实际上是将公室土地的使用权直接赏赐给贵族,不再区分公田、私田,按照实际耕地面积征收赋税。这对于提高种田积极性、增加公室的赋税收入都是有好处的事,已经有"开阡陌,废井田"的趋势,恐非一时头脑发热就能想出来的,而是酝酿了多年的改革计划,正好借机提出来实施罢了。

吕甥又趁机鼓动:"国君不为自己在外而担忧,反而为咱们这些做臣子的担忧,惠莫大焉!咱们拿什么来报答他?"

大伙都说:"是啊,拿什么来报答他呢?"

吕甥说:"征收赋税,修整武备,团结在太子周围。诸侯知道我们失去了国君,但是又有了新的国君,群臣和睦,武装增加,那么,对我们友好的国家就会勉励我们,对我们仇视的国家就会害怕我们。这样做,应该是有好处的吧!"

大伙都说:"好啊!"于是又搞了一件大事:"作州兵"。

周朝对于庶民的管理,实行"国野制",将居民分为"国人"和"野人"。国人居住在城市和聚居点,是那个年代的城市户口;野人则居住在乡野,是那个年代的农村户口。国人享有较大的公民权利,也有披甲作战的义务;而野人基本上没有公民权,亦无须当兵。"州"是国野制下的野人居住区,所谓"作州兵",意味着将当兵的义务扩大到野人阶层,达到了增加兵源的目的。但是,增兵是要增加财政负担的。所以不难看出,"作爰田"实际上是"作州兵"的配套政策。公室的赋税增加了,才能建立更强大的武装。

这两项改革,在后人看起来也许稀松平常,但是对于春秋时期的中国来说,却是不得了的突破。通过改革田税制度,晋国大幅度增加了财政收入;通过改革征兵制度,大大丰富了兵源,为此后不断扩充军备奠定了基础。晋文公之后,晋国长盛不衰,称霸天下达两百余年,直至战国初年分裂,尚且造就了"战国七雄"中的三个国家。这一切,与其积极进取、大胆改革的精神是分不开的。

初,晋献公筮嫁伯姬于秦,遇归妹☰☰之睽☰☰。史苏占之,曰:"不吉。其繇曰:'士刲羊,亦无衁也;女承筐,亦无贶也。西邻责言,不可偿也。归妹之睽,犹无相也。'震之离,亦离之震。'为雷为火,为嬴败姬。车说其輹,火焚其旗,不利行师,败于宗丘。归妹睽孤,寇张之弧。侄其从姑,六年其逋,逃归其国,而弃其家,明年其死于高梁之虚。'"及惠公在秦,曰:"先君若从史苏之占,吾不及此夫!"韩简侍,曰:"龟,象也;筮,数也。物生而后有象,象而后有滋,滋而后有数。先君之败德,及可数乎?史苏是占,勿从何益?诗曰:'下民之孽,匪降自天。僔沓背憎,职竞由人。'"

又到了八卦时间。

当年,晋献公拟将女儿嫁给秦穆公,为此而令史苏算卦,结果是"遇归妹之睽"。

归妹卦的下卦为兑☱，上卦为震☳；睽卦的下卦为兑☱，上卦为离☲。归妹之睽，乃是归妹卦的第六爻由阴变阳，据后世流传的周易版本，其爻辞为："女承筐，无实；士刲羊，无血；无攸利。"与《左传》的记载，文字上稍有出入，意思却差不多。古代的贵族结婚，大概是保留了原始社会的一些习俗。献祭宗庙之时，男以刀刲羊，以其血祭神；女以筐盛果实，以果实献神。《左传》原文爻辞之意，羊无血，筐无实，所以史苏认为不吉。据此爻辞，秦国于晋国而言为西邻，晋献公以女嫁秦穆公，不足以加强两国关系，反而使秦国多有责言，晋国无以应付。

归妹，有男婚女嫁之意；睽，有离别之意。归妹卦变为睽卦，乃凄然无助之象。震☳为雷，离☲为火。雷变为火，也就是火变为雷。雷火交加，嬴胜姬败，车辄脱落，大火焚旗，不利出师，败于宗丘（韩原的别称）。

睽卦第六爻的爻辞："睽孤，见豕负涂，载鬼一车，先张之弧，后说之弧；匪寇，婚媾；往遇雨则吉。"归妹卦的第六爻由阴变阳，是说女儿出嫁而有如离家在外的孤儿，仇人张开手里的木弓，侄子跟随姑母，六年之后抛弃家人，逃回自己的国家，再过一年则死于高梁的废墟。

晋惠公被俘虏到秦国，大概是和身边的人说起这段故事，非但不感谢姐姐秦穆公夫人的救命之恩，反而说："如果先君听从了史苏的建议，不将伯姬（指秦穆公夫人）嫁到秦国，也许我就不会到今天这个地步了吧。"将自己战败的责任全部推到先君头上。

韩简看不下去，毫不客气地说："占卜，是依据龟甲的纹路；算卦，是依据数理。万物生长，先有形象，才能衍生，再有数字。先君的道德败坏，可以说得完吗？史苏的算卦，即使听从了又有什么用？如《诗》所言，下民的灾难，非从天降，当面奉承，背后怨恨，主要还是人祸。"

韩简这段话，值得细细品味。一个国家的运气，是由"德"来决定的，而"德"又体现在具体的行为中。晋献公道德败坏，已经决定了晋国在一段时期要走下坡路；晋惠公本人的所为，更是加快了下行的速度。至于占卜，只是预测必然之事。天威不可预测，人心却可挽留。所以说，要怪，还是怪自己吧！

震夷伯之庙,罪之也,于是展氏有隐慝焉。

> 雷击中夷伯的庙,这是上天降罪,由此可知展氏家族中有不可告人的罪行。
>
> 夷伯是谁?没有人知道。从整句话来看,当为鲁国大夫展氏的先祖。可是,据鲁隐公八年的记载,展氏的先祖为公子无骇。以此推论,夷伯即为无骇?杜预以为,夷为无骇之谥,伯为其字,也只能是姑妄听之了。

冬,宋人伐曹,讨旧怨也。

> 宋军入侵曹国,那是因为旧恨。至于旧恨是什么,只能大致推测,也许是指鲁庄公十四年,曹国与齐国讨伐宋国吧。
>
> 可是,鲁庄公十四年,已经是齐桓公年代了。曹国参与齐桓公主导的军事行动,宋襄公竟然敢秋后算账?
>
> 就算不是因为这件事,曹国这些年唯齐国之命是从,指哪打哪,积极参会,从不落后,宋襄公为什么敢对曹国动武?
>
> 只有一个解释,齐桓公的影响力变弱了。

楚败徐于娄林,徐恃救也。

> 楚军入侵徐国,大败徐军于娄林。徐国自恃有齐国撑腰,以为齐桓公会发动诸侯来救。

十月,晋阴饴甥会秦伯,盟于王城。
秦伯曰:"晋国和乎?"对曰:"不和。小人耻失其君而悼丧其亲,不惮

征缮以立圉也,曰:'必报仇,宁事戎狄。'君子爱其君而知其罪,不惮征缮以待秦命,曰:'必报德,有死无二。'以此不和。"秦伯曰:"国谓君何?"对曰:"小人戚,谓之不免;君子恕,以为必归。小人曰:'我毒秦,秦岂归君?'君子曰:'我知罪矣,秦必归君。贰而执之,服而舍之,德莫厚焉,刑莫威焉。服者怀德,贰者畏刑。此一役也,秦可以霸。纳而不定,废而不立,以德为怨,秦不其然。'"秦伯曰:"是吾心也。"改馆晋侯,馈七牢焉。

十月,秦晋两国正式就战后问题进行交涉,地点选在王城雒邑。秦国方面,秦穆公亲自出马;晋国方面,则根据晋惠公的指示,以吕甥为全权代表。

秦穆公问吕甥:"贵国国内还和睦吧?"问这样的问题,显然没安好心,至少是想给吕甥一个难堪。没想到,吕甥很干脆地回答:"不和睦。"反倒把秦穆公的胃口给吊起来了。

晋国怎么不和睦了?吕甥是这样解释的——

小人都在为失去国君感到耻辱,为在战争中失去亲人而悲伤,不怕被征收赋税和当兵打仗,而且吵着嚷着要立太子圉为君,说:"此仇不报,不如服侍戎狄。"但是晋国的君子不这样看,他们虽然爱自己的主公,但也知道他犯了不可饶恕的错误,所以同样也在整兵备战,只不过不是想向秦国报仇,而是在等着秦国的命令,说:"一定要报答秦国的恩德,死而无憾。"君子和小人针锋相对,因此不安定。

秦穆公心里大概在想:好你个吕甥,这哪里是不和睦,明明是君子和小人团结一致,上下一心;说什么"等待秦国的命令",就是等着看我秦国下一步有什么举动,你们便采取相应的措施;你们的君子和小人不是针锋相对,而是在和秦国针锋相对!说到底,你们就是在整军备战。

能够把狠话说到这个水平,吕甥在外交修辞方面,基本可以和当年的郑庄公媲美了。

秦穆公又问:"贵国国内对国君有什么看法?"

吕甥说："小人很忧虑，说他肯定不免一死；君子则很放心，说他肯定会回来。小人说，我国冒犯了秦国，秦国哪有可能放了他呢？君子则说，我国已经知罪了，秦国一定会放了他。他对秦国有二心，秦国就把他抓起来；他认错了，就会放过他。秦国这样做，可谓是功德无量，威严无限，服从秦国的人感念秦国的恩德，对秦国有二心的人害怕刑罚。如果放了我国国君，秦国可以称霸于诸侯了！"

秦穆公心想：你就别再演戏了，什么君子小人，全是你一张嘴。一下子忽悠我，一下子又给我戴高帽子，还说什么称霸诸侯，人家齐侯会同意吗？罢了罢了，晋国有这样的臣子，看来是不好欺负。所以，秦穆公也很爽快地说："那正是我的想法。"

会谈结束，秦国立马提高了晋惠公的待遇，让他从灵台搬到宾馆去住，并且用"七牢"来招待他。

按照春秋时期的礼俗，牛、羊、猪各一头叫作"一牢"，"七牢"则为诸侯之礼。换句话说，秦穆公这是把晋惠公当作诸侯对待，准备送他回去了。

蛾析谓庆郑曰："盍行乎？"对曰："陷君于败，败而不死，又使失刑，非人臣也。臣而不臣，行将焉入？"十一月，晋侯归。丁丑，杀庆郑而后入。

有人欢喜有人愁。晋惠公将要回国，对庆郑来说不是一个好消息。他的朋友蛾析劝他："何不逃跑？"庆郑说："我在战场上使国君陷于失败，战败而又不战死，现在如果跑了，那就让国君没法惩罚我，失于刑政，不是人臣所为。身为人臣而不合于臣道，就算逃跑又能到哪去呢？"

十一月，晋惠公回国，先杀庆郑而后进入国都。

是岁，晋又饥，秦伯又饩之粟，曰："吾怨其君，而矜其民。且吾闻唐叔之封也，箕子曰：'其后必大。'晋其庸可冀乎？姑树德焉，以待能者。"

于是秦始征晋河东,置官司焉。

这一年,晋国又发生饥荒。秦穆公又下令赠送粮食,对臣下解释说:"我恨他们的国君,却怜悯他们的民众。而且,我听说当年唐叔始封晋国时,箕子说过,他的后人必定繁荣昌盛。晋国的未来还是很有希望的。我们姑且树立仁德,等待他们将来有一个强有力的领导吧。"

好人做到这个份上,连晋惠公之流也不好意思再自食其言了。秦国也终于得到了晋国的河东之地,并在那里设置了官员和机构进行管理。

鲁僖公十六年

公元前644年,鲁僖公十六年。

十六年春,陨石于宋五,陨星也。六鹢退飞,过宋都,风也。周内史叔兴聘于宋,宋襄公问焉,曰:"是何祥也?吉凶焉在?"对曰:"今兹鲁多大丧,明年齐有乱,君将得诸侯而不终。"退而告人曰:"君失问。是阴阳之事,非吉凶所生也。吉凶由人,吾不敢逆君故也。"

这年春天,宋国接连发生怪事。先是有五块陨石从天而降,悉数落到宋国境内;接着有六只水鸟倒退着飞过宋国的首都睢阳。

陨石降落,是一种自然现象;水鸟倒飞,是因为风太大了。但是在当时的人看来,这两件事非同小可。正好王室的内史叔兴在宋国访问,宋襄公便问他:"这是什么预兆?是凶还是吉?"叔兴回答:"今年鲁国有丧事,明年齐国大乱,而您将号令诸侯,然而不长久。"

叔兴出来便说:"其实宋公问错了。陨石降落,水鸟倒飞,都是因为阴阳不调,不关凶吉之事。凶吉由人而定,根本没有必要问。我是怕宋公生气,不得已才这么回答的。"

夏,齐伐厉,不克,救徐而还。

去年,楚军入侵徐国,在娄林大败徐军。今年,楚军还没有撤走,估计是在围攻徐国的城池吧。齐国再度出兵,还是采用围魏救赵的战术,讨伐与楚国同盟的厉国,结果"不克",只得移师向徐,与楚军直接对阵。

楚军选择了回避,齐军完成救援徐国的任务,也撤回了国内。

这里有个问题:以齐国军队的战斗力,为什么连一个小小的厉国也攻克不了呢?

老左没有作任何解释。但如果翻开《史记》,我们也许可以找到原因:去年,管仲去世了。

管仲是春秋时期首屈一指的政治家。他主政齐国期间,对内大胆改革,锐意进取,齐国的国力大振,成为名副其实的东方大国;对外尊王攘夷,建立广泛的国际联盟,南与楚国抗衡,北则抵抗少数民族入侵,为中原地区的稳定与繁荣做出了重大的贡献。后人对管仲,却总是褒贬参半,欲说还休。褒者,成绩摆在那里了,无须赘述;贬者,主要集中在两点:

其一,他原来是公子纠的师傅,在公子纠被杀之后却为仇人所用,是为不忠。关于这件事,孔子的学生子路曾请教孔子:"齐桓公杀死了公子纠,召忽追随公子纠而死,管仲却不肯,这是仁人吗?"孔子没有正面回答,说:"齐桓公九合诸侯而没有使用武力,这就是管仲的仁啊!"而且说:"如果没有管仲,我今天恐怕也是披发左衽之人了。如果他也像召忽那样自缢,死在沟渎中,有什么价值啊?"意思是,管仲如果为公子纠而死,不过是小仁;他辅助齐桓公抵御外族入侵,保护了中原文化,这才是大仁。

第二，他生活奢侈，富比王侯。关于这一点，孔子是持批判态度的，曾经说："管仲有三个家，每个家都有专人打理，完全没有节俭的意识。"又说："国君在大门外设有屏壁，管仲家门口也设有屏壁；国君宴客，堂上有安放酒杯的土几，管仲也这么办。如果说管仲知礼，谁不知礼呀？"在孔子看来，功是功，礼是礼，劳苦功高绝不是骄奢自满的理由，更不能破坏等级秩序。

又据《史记》记载，管仲去世之前，齐桓公问了他一个问题："群臣之中，谁可担当大任？"

这是关系到齐国未来的大事，本以为管仲会郑重其事地提出一两个人选，没想到，管仲只是不冷不热地回答："知臣莫如君。"意思是，您自己看着办吧。

齐桓公于是试探性地提了三个人的名字。

第一个，雍巫，字易牙。雍巫本来是一个厨子，而且是个很优秀的厨子，也许还是古往今来最有名的厨子。传说齐桓公的爱妾长卫姬生病，易牙做了一道菜给她吃，不但美味无比，而且菜到病除，因而受到长卫姬的宠信，推荐给齐桓公，成为齐桓公的御用厨师。

有一天，齐桓公开玩笑说："山珍海味我都尝过了，就是人肉没有尝过，不知道是什么滋味。"到了中午，易牙端上来一盘蒸肉，味道甘美，齐桓公吃得津津有味，只是吃完了还不知道是什么肉，于是问易牙。易牙回答说："这就是人肉啊！"

齐桓公大惊："这人肉从何而来？"

易牙轻描淡抹地说："这是下臣的长子，刚刚三岁。下臣听说，爱君者不顾其家，所以将儿子杀了，满足您的胃口。"

这就是易牙。

第二个，公子开方，原本是卫懿公的世子。卫懿公派开方访问齐国，开方见齐国强盛，便要求留在齐国为臣。齐桓公很惊奇，问道："你是卫国的世子，总有一天会列为诸侯，何必侍奉我呢？"开方说："能够在您殿下为臣,胜过在小国为君。"齐桓公大喜,于是拜开方为大夫,引为亲信。

第三个,寺人貂,又称为竖貂,前面已经介绍过,在此不赘。

当时齐桓公在管仲面前,先是提了易牙的名字,管仲说:"为了讨好您,不惜杀掉自己的儿子,连最起码的人情都没有,这样的人怎么可以用?"

齐桓公又提到开方,管仲说:"为了侍奉您,忍心离开年迈的父母,同样是没人情味,不可用。"

齐桓公于是又提到了寺人貂。管仲万念俱灰,说:"为了服侍您,他连男人都不想做,这样的人怎么可以治国?"

从齐桓公提出的这三个人选,可知管仲为什么一开始就不冷不热——齐桓公已经不是原来那个齐桓公,他已经昏聩了,身边尽是些阿谀谄媚之徒,无论管仲怎么说,齐桓公最终还是会重用那些人的。

果然,管仲死后,易牙、开方、竖貂都成了齐国的权臣,人称"三贵"。

从管仲到"三贵",齐国执政大臣的水平一夜之间连降十八个档次,加上齐桓公年迈力衰,连一个小小的厉国都对付不了,也在情理之中了。

秋,狄侵晋,取狐、厨、受铎,涉汾,及昆都,因晋败也。

晋国因韩原之战的失败而元气大伤。狄人瞅准了这个机会,大举入侵晋国,连取狐、厨、受铎等地,渡过汾水,直抵昆都。

王以戎难告于齐,齐征诸侯而戍周。

狄人趁火打劫,戎人也不消停。自鲁僖公十一年以来,戎人不断侵扰王室。其间虽有齐桓公和管仲调停,但显然没有达到效果,"戎难"依然存在。天子没办法,只能向齐国求救。于是,齐桓公再度号召诸侯出兵戍守王畿。

冬十一月乙卯，郑杀子华。

鲁僖公七年，郑国的世子华参加宁母之会，企图出卖国家利益以换取齐桓公的支持，被齐桓公拒绝。世子华由此得罪父亲郑文公，终于遭到杀身之祸。

十二月，会于淮，谋鄫，且东略也。城鄫，役人病。有夜登丘而呼曰："齐有乱！"不果城而还。

十二月，齐桓公召集鲁、宋、陈、卫、郑、许、邢、曹等各路诸侯在淮地会见，商量救援饱受淮夷之苦的鄫国，以及平定东方的大事。会议决定，帮助鄫国筑城。

说句良心话，齐桓公这个霸主当得可真够累的。可是，更累的是各路诸侯和各国百姓。以当时的生产力，修城可不是小事，而是劳民伤财的大工程。诸侯接到齐桓公修城的命令，就好比接到一张巨额罚单，不但要从国库中拿出真金白银，还要役使国民不远千里前往工地充当民工。这样的好事，做一次已经很不容易，而齐桓公做好事上了瘾，屡屡发动诸侯做好事，仅在鲁僖公年间，上规模的建设记录便已经有五次。卫国、邢国、杞国的新都，全赖诸侯之力才得以修建。大伙嘴上不说，心里不可能没有意见。

比基建更频繁的是会盟，几乎年年都搞，会一开就是一两个月，甚至半年，开得人家夫妻感情都出问题了还没结束。有时候还得附带出兵打仗，虽然多数以威慑为主，不见得流血牺牲，但仍然需要耗费大量的人力和财力。各路诸侯在齐桓公的领导下，日子过得委实不轻松。

这一次为鄫国修城，不只是诸侯受不了，连前来参加建设的民工也受不了了。一天晚上，有人发疯似的奔上附近的山丘，大声疾呼："齐国有乱！"

没想到，这一呼居然很有效，齐桓公听得心惊肉跳，城也不筑了，草草收兵回国。

鲁僖公十七年

公元前643年，鲁僖公十七年。

十七年春，齐人为徐伐英氏，以报娄林之役也。

春天，齐国出兵为徐国讨伐英氏，以报前年的娄林之仇。

说实话，在齐桓公的霸业日薄西山之际，能够发动这样一次战争，算是很对得起徐国这个小兄弟了。

夏，晋大子圉为质于秦，秦归河东而妻之。

惠公之在梁也，梁伯妻之。梁嬴孕，过期。卜招父与其子卜之。其子曰："将生一男一女。"招曰："然。男为人臣，女为人妾。"故名男曰圉，女曰妾。及子圉西质，妾为宦女焉。

根据秦、晋两国的协定，晋国太子圉以人质的身份来到秦国。秦国则归还晋国的河东之地，而且将公主嫁给太子圉为妻。

该怎么说呢，秦穆公真是位仁厚的长者。

回想当年晋惠公以公子的身份逃亡梁国，梁伯也将女儿嫁给他。梁国嬴姓，因此这个女人在史料上被记载为梁嬴。梁嬴怀孕，过了预产期还没有生。于是找卜招父和他的儿子来占卜。儿子说:"哇,是双胞胎,而且是龙凤胎!"卜招父说:"是的,只不过男的给人当奴仆,女的给人当奴婢。"出生之后,男孩便取名为圉,意思是养马的;女孩则取名为妾。不要奇怪,古人命名就是这么不讲究。等到太子圉到秦国为质,公主妾便跟着去当了侍女。

师灭项。淮之会,公有诸侯之事,未归,而取项。齐人以为讨,而止公。

秋,声姜以公故,会齐侯于卞。九月,公至。书曰"至自会",犹有诸侯之事焉,且讳之也。

其实,在淮之会进行的过程中,各路诸侯已经是三心二意。鲁僖公一边开会,一边遥控国内的大臣,不声不响地出兵,消灭了小国项国。齐桓公对此十分恼火,将鲁僖公拘禁起来,带回了齐国。

秋天,鲁僖公夫人声姜,也就是齐桓公的女儿亲自前往齐国求情,在卞地会见了齐桓公。九月,鲁僖公获释回国。

《春秋》记载:"公至自会。"这是因为诸侯之事没有处理完,而且避讳被拘禁一事。

齐侯之夫人三,王姬、徐嬴、蔡姬,皆无子。齐侯好内,多内宠,内嬖如夫人者六人:长卫姬,生武孟;少卫姬,生惠公;郑姬,生孝公;葛嬴,生昭公;密姬,生懿公;宋华子,生公子雍。公与管仲属孝公于宋襄公,以为大子。雍巫有宠于卫共姬,因寺人貂以荐羞于公,亦有宠。公许之立武孟。管仲卒,五公子皆求立。冬十月乙亥,齐桓公卒。易牙入,与寺人貂因内宠以杀群吏,而立公子无亏。孝公奔宋。十二月乙亥,赴。辛巳,夜殡。

八卦一下齐桓公的家务事。

齐桓公有三位夫人：王姬、徐嬴、蔡姬。究竟是同时拥有三位夫人，还是先后有过三位夫人，则不得而知。按照周朝的规矩，妾可以有多个，夫人却只有一位，这也是考虑到嫡长子继承制的配套性：如果同时有几位夫人的话，哪位夫人生的儿子才算是嫡子呢？

不过，齐国并不存在这个问题。因为齐桓公的三位夫人，都没有生下儿子。当然这不代表齐桓公没有生育能力，或者性功能有问题。事实上齐桓公喜好女色，而且有很多宠爱的女子。宫内得宠的女人，如同夫人者有六位，都给他生了儿子：

长卫姬，生公子无亏，字武孟。

少卫姬，生公子元，也就是后来的齐惠公。

郑姬，生公子昭，即齐孝公。

葛嬴，生公子潘，即齐昭公。

密姬，生公子商人，即齐懿公。

宋华子，生公子雍。

六个儿子中，公子昭是齐桓公钦定的太子。齐桓公还曾与管仲一道，将公子昭托付给宋襄公照顾，也就是请宋襄公充当公子昭的外援，一旦齐国政局不稳，则可借助宋国的力量安危定倾。

齐桓公和管仲的未雨绸缪，绝非多余。六位公子均非嫡出，从地位上讲，原本是平等的。公子昭被立为太子，其余五位公子都不服气，都认为自己将来是继承君位的最佳人选，而且暗中展开了竞争。

当初，易牙受到长卫姬的宠信，又通过竖貂推荐受到齐桓公的赏识。这两个人自然成为长卫姬的党羽，多次在齐桓公面前说公子无亏的好话，并曾得到齐桓公口头承诺，要立无亏为君。当然，那只是随口一说，或者是某一次酒后的醉话，很快就被忘记了。

十月，齐桓公去世。易牙与竖貂拥护长卫姬，发动宫廷政变，杀死宫吏，立无亏为君。公子昭，也就是齐孝公逃到宋国。

齐桓公死于十月七日。因为内乱，直到十二月八日，齐国才发布讣告。十二月十四日，才在夜间草草入殓。

《史记》则记载：齐桓公死后，公子相攻，宫廷大乱，以至于齐桓公的尸体无人理睬，在床上躺了六十七日，蛆虫爬到了门外。作为一代霸主，他的身后之事可谓凄惨。可是，造成这一切的是他自己。

鲁僖公十八年

公元前642年，鲁僖公十八年。齐桓公去世后，天下大乱。

十八年春，宋襄公以诸侯伐齐。三月，齐人杀无亏。

宋襄公不负齐桓公的重托，立即联合曹、卫、邾三国诸侯讨伐齐国，帮助齐孝公复国。

三月，齐国的大夫们杀死公子无亏。

郑伯始朝于楚。楚子赐之金，既而悔之，与之盟曰："无以铸兵。"故以铸三钟。

齐桓公刚死，郑国便向楚国靠拢。郑文公亲自跑到郢都去朝见楚成王。楚成王当然很高兴，赏赐给郑文公一批"金"，实际上也就是铜。赏完之后又后悔，为什么？郑国的军事力量历来不弱，如果用楚地出产的这些优质铜铸造兵器，哪天反水的话（这种可能性是显而易见的），那不是对楚国不利吗?所以在盟誓的时候,又特别在誓词中写上:"不能用这些铜铸造兵器。"郑文公倒也不含糊,拿这些铜铸造了三座大钟,好让楚成王放心。

回过头来想想,楚成王也真是很傻很天真。郑国如果一定要用那些铜造兵器的话,把三座大钟熔掉不就是了?

齐人将立孝公,不胜四公子之徒,遂与宋人战。夏五月,宋败齐师于甗,立孝公而还。

秋八月,葬齐桓公。

无亏死了,齐国的大夫们准备迎接齐孝公即位。公子元、公子潘、公子商人、公子雍联合起来造反,将齐孝公拒之城外。五月,宋军在甗地打败齐军,进入齐国首都临淄,立齐孝公为君,然后回师。

八月,齐桓公的葬礼终于举行了。

冬,邢人、狄人伐卫,围菟圃。卫侯以国让父兄子弟。及朝众,曰:"苟能治之,燬请从焉。"众不可,而后师于訾娄。狄师还。

邢人和狄人联合进攻卫国,包围菟圃……等一等,邢人不是经常被狄人欺负,靠了齐桓公的帮助才得以安定下来吗?现在怎么和狄人搞到一块去了呢?乱了,乱了,齐桓公一死,天下就真的大乱了。

按照"国有大故,则致万民于王门"的传统,卫文公将国人召集起来,提出:"谁能够治理国家,我卫燬(卫文公名燬)愿意主动让贤,服从他的领导。"这句话的逻辑大概是:因为我卫燬无才无德,没有让卫国变得更强大,才招致外敌入侵,所以我很内疚,自认为没有资格继续统治卫国,那我也就不素餐尸位了,让有才有德者来领导大家。这当然不是真的想撂挑子,撒手不干了,而是鼓励民众的一种策略。所谓"万方有罪,罪在朕躬",还有比统治者将所有责任都揽在自己身上更能打动人的吗？卫国人听了,果然很感动,都说那怎么行,我们只认你！于是群情激愤,同仇敌忾,派出部队到訾娄去抵抗侵略者。

狄人一看,卫国人士气高涨,小宇宙都快爆发了,知道惹不起,主动撤军了事。

梁伯益其国而不能实也,命曰新里,秦取之。

梁伯增修城邑,命名为新里,但是又没有那么多百姓可以迁到那里去居住。所以,秦国便轻而易举地将新里占领了。说句题外话,梁伯这家伙,上辈子大概是房地产开发商吧？

鲁僖公十九年

公元前641年,鲁僖公十九年。

十九年春,遂城而居之。

秦国得到新里后,马上加固城防,将百姓迁到那里去居住。
没有人居住的城市,不叫城市,叫作鬼城。

宋人执滕宣公。
夏,宋公使邾文公用鄫子于次睢之社,欲以属东夷。司马子鱼曰：

"古者六畜不相为用,小事不用大牲,而况敢用人乎?祭祀以为人也。民,神之主也。用人,其谁飨之?齐桓公存三亡国以属诸侯,义士犹曰薄德。今一会而虐二国之君,又用诸淫昏之鬼,将以求霸,不亦难乎?得死为幸。"

现在该说说宋襄公的事了。

自打齐桓公去世,宋襄公便以霸主的继承人而自居,加上帮助齐孝公复国有功,更是志得意满,信心百倍,于是开始行霸主之事,号召诸侯会盟。

《春秋》记载,这一年夏天,"宋公、曹人、邾人盟于曹南"。

区区三个国家会盟,当然不够热闹。事实上,宋襄公还叫了滕宣公和鄫子这两个小诸侯前来参加会议。但是滕宣公姗姗来迟,居然没赶上盟誓。宋襄公一怒之下,下令将滕宣公抓了起来。更离谱的是鄫子,一直到会议结束都没有露面。等到大家散了伙,各自回家,他倒是气喘吁吁地跑到邾国,向邾文公作了一番检讨。邾文公根据宋襄公的指示,将鄫子杀了,献祭于次睢神社。

睢水是汴水的支流,次睢神社是供奉睢水之神的场所,东方诸夷也大都信奉睢水之神。宋襄公这么做,主要有两个目的:一是杀鸡儆猴,给自己立威;二是讨好东夷,谋划东方的布局。可是,不管出于什么目的,都不能拿个大活人去献祭啊!更不能拿一国之君去献祭啊!

司马子鱼,也就是公子目夷便批评宋襄公:"古人祭祀天地鬼神,该用什么牲畜都有明确的规定,马、牛、羊、猪、狗、鸡六种牲畜不可混杂使用。如果是小规模的祭祀,连大牲口都不能用,何况是用人?祭祀是为了给人祈福,人民就是神的主宰,如果用人献祭,什么样的神能够享受?齐桓公称霸天下,帮助卫国、邢国、杞国重建国家,义士们仍然说他的德行微薄。今天您开一次大会,就关押了两国君主,还想去祭祀莫明其妙的睢水之神,让祖先蒙羞。以这种方式建立霸业,能行吗?我还不如早点死了,免得看到您胡作非为。"

秋,卫人伐邢,以报菟圃之役。于是卫大旱,卜有事于山川,不吉。宁庄子曰:"昔周饥,克殷而年丰。今邢方无道,诸侯无伯,天其或者欲使卫讨邢乎?"从之,师兴而雨。

秋天,卫国讨伐邢国,以报去年邢人和狄人联合围攻菟圃之仇。当时,卫国正遭遇旱灾,为了祭祀山川之神而举行占卜,结果不吉。在这种情况下,出兵还是不出兵就成了问题。老臣宁庄子说:"当年周国饥荒,打败商纣王就丰收了。现在邢国不守道义,诸侯又没有个做主的,这恐怕是老天要让咱们去讨伐邢国吧?"

卫文公听从宁庄子的建议。部队刚刚出发,就下雨了。看来真是天意。

宋人围曹,讨不服也。子鱼言于宋公曰:"文王闻崇德乱而伐之,军三旬而不降。退修教而复伐之,因垒而降。诗曰:'刑于寡妻,至于兄弟,以御于家邦。'今君德无乃犹有所阙,而以伐人,若之何?盍姑内省德乎!无阙而后动。"

宋襄公又派兵入侵曹国,理由是曹国不服。且慢,曹国不是参加了夏天的会盟,还充当了东道主吗(会盟的地点就在曹国南部)?曹国怎么就不服了?很有可能是曹共公看到滕宣公和鄫子的下场,后悔与宋襄公搞到一起了吧。

公子目夷再一次劝宋襄公:"当年周文王听说崇国德行昏乱而去讨伐,打了一个月崇国还不投降,周文王马上反思,撤军回国,修明教化,然后再次发兵攻打。结果崇国便在周文王过去所筑的营垒里投降了。《诗》云:'礼乐教化和法制,要从老婆开始抓,然后推广到兄弟,最后推广到亲族与国家。'现在您自己德行还有缺陷,就急着去讨伐曹国,试问又怎么能够取胜?何不暂且退军,反省自己的德行,等到没有缺陷了再来攻打?"

陈穆公请修好于诸侯,以无忘齐桓之德。冬,盟于齐,修桓公之好也。

宋襄公这种称霸的路子,搞得天下诸侯都很怀念齐桓公。想想看,齐桓公稳居霸主之位数十年,虽然搞得大伙都很累,可何曾轻易杀人,轻易开战?于是陈穆公出面,请求各路诸侯重修旧好,不要再自相残杀了。

《春秋》记载,这一年冬天,齐、鲁、陈、蔡、楚、郑各国诸侯在齐国会盟,主题是感念齐桓公的恩德,重新建立和平友好的国际秩序。

关于这次会议,主要有两个看点:

第一,以齐桓公继承人自居的宋襄公居然没有参加。很显然,没有人邀请他参加。

第二,齐桓公的死对头楚成王居然参会了。这可是国际斗争新动向,非常耐人寻味。

梁亡,不书其主,自取之也。初,梁伯好土功,亟城而弗处。民罢而弗堪,则曰"某寇将至"。乃沟公宫,曰:"秦将袭我。"民惧而溃,秦遂取梁。

梁国灭亡了。《春秋》不写是谁灭它,是因为梁伯自取其祸。当初,梁伯喜欢大兴土木,建了不少城邑却无人居住。筑城的民工疲惫不堪,难以忍受,诈称"某敌寇就要来啦"。于是在公宫外面挖深沟,说:"秦国将要袭击我国。"百姓听了,都十分害怕,全部溃散逃难。秦国轻而易举地消灭了梁国。

这还真是 no zuo no die。

鲁僖公二十年

公元前640年,鲁僖公二十年。

二十年春,新作南门。书,不时也。凡启塞,从时。

曲阜的南门又称为稷门。

这一年春天,鲁僖公下令新修南门。《春秋》记载此事,是因为有违时令。在鲁庄公二十九年的记载中已经提到:但凡土木工程,秋天龙现(苍龙之角、亢二宿早晨出现在东方),农事完毕的时候,就要开始做准备。火现(苍龙之心宿早晨出现在东方)时候,各种工具都要摆放在施工现场。水昏(营室星黄昏出现在南方)时候,筑墙打夯。冬至以后不再施工。之所以这样规定,主要是考虑不违农时,也就是不要影响农业生产。

修城门(启)和门闩(塞)之类的工程,应该不违农时。

滑人叛郑,而服于卫。夏,郑公子士、泄堵寇帅师入滑。

滑国姬姓,伯爵,地处郑国和卫国之间,一直听命于郑国。鲁庄公十六年,滑伯参加了齐桓公组织的幽地会盟,也可以说是幽盟成员吧。现在,滑国不知出于什么原因,背叛郑国而听命于卫国。所以郑国派公子士和泄堵寇带兵入侵滑国。如果齐桓公在世,这种事情应该是不会发生的。

秋,齐、狄盟于邢,为邢谋卫难也。于是卫方病邢。

前年,"邢人、狄人伐卫,围菟圃"。去年,"卫人伐邢,以报菟圃之役"。今年,齐国居然和狄人搞到一块,在邢国会盟,为邢国谋划如何对付卫国的进攻。卫国这才意识到问题严重,开始担心起邢国的威胁来了。

随以汉东诸侯叛楚。冬,楚斗穀於菟帅师伐随,取成而还。

君子曰:"随之见伐,不量力也。量力而动,其过鲜矣。善败由己,而由人乎哉?诗曰:'岂不夙夜,谓行多露。'"

随国带领汉水以东的诸侯背叛楚国。冬天,楚国令尹子文带兵讨伐随国,迫使随国媾和后回国。君子对此评价:随国挨打,主要是因为不自量力。量力而行,一般就不会犯过错啦。世上的事情,成败在于自己,难道还在于别人吗?

"岂不夙夜,谓行多露。"见于《诗经·国风·召南》。字面上理解:难道不想趁清晨夜晚的时候行走吗?无奈路上太多露水啊!引申之义:做任何事情,先要考虑不利的一面。如果不担心露水沾衣,尽管夙夜行走;如果担心受凉感冒或得风湿病,那就要小心了。广东人说"食得咸鱼抵得渴",大概也就是这个意思。

宋襄公欲合诸侯。臧文仲闻之,曰:"以欲从人,则可;以人从欲,鲜济。"

宋襄公坚持称霸的梦想,想会合诸侯干一番大事业。鲁国大夫臧孙辰听了，说："如果让自己的欲望服从众人的愿望，就可以；如果要别人服从自己的欲望，鲜有成功者。"

说穿了：宋襄公一厢情愿，不可能成事。

鲁僖公二十一年

公元前639年，鲁僖公二十一年。

二十一年春，宋人为鹿上之盟，以求诸侯于楚。楚人许之。公子目夷曰："小国争盟，祸也。宋其亡乎！幸而后败。"

宋国、齐国、楚国的代表在宋国的鹿上举行会盟，共商大事。宋国向楚国提出，让那些一时依附于楚国的中原诸侯脱离楚国的控制，奉宋襄公为盟主。

有意思，这不是与狐谋皮吗？

没想到的是，楚国人很爽快地答应了。

公子目夷对此很担心：小国和大国争夺盟主之位，这是祸事。宋国恐怕将要灭亡了，如果能够推迟败亡就算是幸运的了。

公子目夷是个明白人。宋国虽然也算一个大国，但是和楚国不在一个量级上。齐桓公鼎盛时期，尚且只能与楚成王分庭抗礼，宋襄公哪里来的自信与楚成王争夺盟主呢？

夏，大旱。公欲焚巫、尪。臧文仲曰："非旱备也。修城郭、贬食、省用、务穑、劝分,此其务也。巫、尪何为?天欲杀之,则如勿生;若能为旱,焚之滋甚。"公从之。是岁也,饥而不害。

夏天,鲁国久旱不雨。鲁僖公急火攻心,迁怒于求雨的巫师,想要烧死他们。臧孙辰出来劝阻说,这哪是对付旱灾的办法啊!修理城墙,减少饮食,节省开支,致力于农事,劝人施舍,这些才是应该做的。巫师能够有什么作用啊?老天如果想杀他们,就不应当让他们出生;如果是他们造成了旱灾,那么焚烧他们只会使得灾情更重。鲁僖公听进去了。这一年虽然因大旱而饥荒,但是因为准备工作做得好,没有给百姓造成太大的危害。

臧孙辰是个明白人。

其实,每个国家都有明白人,关键是看当权者能不能够听得进明白人的意见。

秋,诸侯会宋公于盂。子鱼曰:"祸其在此乎!君欲已甚,其何以堪之?"于是楚执宋公以伐宋。

冬,会于薄以释之。子鱼曰:"祸犹未也,未足以惩君。"

得到楚国的承诺,宋襄公在宋国的盂地召开了诸侯大会。据《春秋》记载,前来参会的有楚成王、陈穆公、蔡庄公、郑文公、许僖公、曹共公。各路诸侯济济一堂,场面好不热闹。宋襄公想必很开心,公子目夷却忧心忡忡,认为大祸将要临头:"国君的欲望已经太过分了,谁能受得了呢?"

果然,就是在这次大会上,楚成王绑架了宋襄公,顺势带着诸侯们前去讨伐宋国。

冬天,诸侯与宋国在薄地谈判,释放了宋襄公。

这里有一个问题:楚成王为什么能够在宋国的地盘上反客为主,绑架宋襄公？

《公羊传》是这样解释的——

宋襄公一早和楚成王约定，这次大会是"乘车之会"，大家都不带部队参加。公子目夷劝谏，楚国乃是蛮夷之国，不讲道义，还是按"兵车之会"的规矩，多带点战车和武士前往为妙。宋襄公却说，这怎么行？我和他说好是乘车之会，这是我提出来的，现在又不遵守，以后还怎么号令天下？最终没有带兵车前去。楚国人果然不讲信用，埋伏了兵车，将宋襄公俘虏。

宋襄公被俘的时候，要公子目夷逃回去固守国都，说："国家是你的国家，我不听从你的建议才有这样的下场。"目夷回答："就算您不说，国家一直就是为臣的国家。"于是潜回首都睢阳，带领军民固守城池。楚成王见睢阳守备森严，知道占不了便宜，威胁宋国人说："你们如果不投降，我就杀死你们的国君。"宋国人回答："有赖祖先保佑，我们已经有国君了。"楚成王无计可施，只得释放了宋襄公。

宋襄公获释之后，不回睢阳，反而出走卫国。公子目夷亲自去卫国接他，说："我只不过是为您守国而已，您怎么就不回来了呢？"宋襄公这才回来。

如果《公羊传》的记载属实，宋襄公还是蛮有羞耻之心的。

任、宿、须句、颛臾，风姓也，实司大皞与有济之祀，以服事诸夏。邾人灭须句。须句子来奔，因成风也。成风为之言于公曰："崇明祀，保小寡，周礼也；蛮夷猾夏，周祸也。若封须句，是崇皞、济而修祀、纾祸也。"

任、宿、须句、颛臾，俱为风姓小国，负责祭祀太皞（即远古传说中的伏羲）与济水之神，为华夏诸国的附庸。邾国灭须句国，须句子逃亡鲁国。这是因为鲁僖公的母亲成风原本是须句公主。成风当然要为娘家人说话，对鲁僖公说："尊崇明祀，保护小寡之国，这是周礼的精神；蛮夷扰乱华夏,这是周朝的祸患。如果续封须句,则可以尊崇太皞、济水神而延续他们的祭祀,延缓祸患。"

鲁僖公二十二年

公元前638年,鲁僖公二十二年。

二十二年春,伐邾,取须句,反其君焉,礼也。

鲁僖公听从了母亲的教导,讨伐邾国,占领须句之地,将须句子送了回去。所谓"兴灭国,继绝世,举逸民,天下之民归心焉",鲁僖公此举,当然是大大的"礼也"。

三月,郑伯如楚。
夏,宋公伐郑。子鱼曰:"所谓祸在此矣。"

郑文公前往楚国,朝见了楚成王。
眼看郑国和楚国打得火热,宋襄公很不开心,率军讨伐郑国。公子目夷以为,所谓灾祸,已经来临了。

初,平王之东迁也,辛有适伊川,见被发而祭于野者,曰:"不及百年,此其戎乎! 其礼先亡矣。"秋,秦、晋迁陆浑之戎于伊川。

当年，周平王东迁雒邑，王室大夫辛有经过伊川，看到当地的居民披头散发在野外祭祀，便预测：不用百年，这里将是戎人的土地，因为礼仪已经先灭亡了。

原文中的"礼"，其实不应单纯地解释为礼仪，而应该解释为文化。

要灭亡一个国家，先灭亡这个国家的文化，说的就是这个道理。

果然，这一年秋天，秦国和晋国将本来居住在今天甘肃酒泉一带的陆浑戎部落迁到河南的伊川，将这里变成了戎人的定居点。近几十年来，王室不断受到戎人的侵扰，就算齐桓公和管仲出面，也未能彻底解决问题。秦国和晋国将陆浑戎迁到伊川，大有"以戎制戎"之意，相当于在雒邑外围设置了一道屏障。至于效果如何，有待检验。

晋大子圉为质于秦，将逃归，谓嬴氏曰："与子归乎？"对曰："子，晋大子，而辱于秦。子之欲归，不亦宜乎？寡君之使婢子侍执巾栉，以固子也。从子而归，弃君命也。不敢从，亦不敢言。"遂逃归。

晋国的太子圉在秦国当人质已经有六个年头，计划逃回晋国。他希望自己的老婆，也就是秦穆公的女儿嬴氏和他一起逃走。嬴氏说："您是晋国的太子，而在秦国辱为人质，您想回去，不是应该的吗？可是，寡君命婢子侍候您，就是为了让您在秦国安心居住。如果跟随您回去，那就是背弃君父之命了。恕不敢从，但也不敢泄露您的计划。"太子圉于是独自逃回了晋国。

富辰言于王曰："请召大叔。诗曰：'协比其邻，昏姻孔云。'吾兄弟之不协，焉能怨诸侯之不睦？"王说。王子带自齐复归于京师，王召之也。

王室大夫富辰恳求周襄王召回大叔，也就是十年前流亡齐国的王子带。"协比其邻，昏姻孔云"是《诗经·小雅·正月》中的句子，意为邻里融洽,姻亲友好。富辰问天子:如果王室兄弟尚且不能融洽,又怎么能够抱怨诸侯不和睦相处呢?天子以为然,于是派人将王子带从齐国召回了雒邑。

邾人以须句故出师。公卑邾,不设备而御之。臧文仲曰:"国无小,不可易也。无备,虽众,不可恃也。诗曰:'战战兢兢,如临深渊,如履薄冰。'又曰:'敬之敬之!天惟显思,命不易哉。'先王之明德,犹无不难也,无不惧也,况我小国乎!君其无谓邾小。蜂虿有毒,而况国乎!"弗听。

八月丁未,公及邾师战于升陉,我师败绩。邾人获公胄,县诸鱼门。

因为须句之事,邾国出兵报复鲁国。鲁僖公看不起小小的邾国,没认真准备,就起兵应战。臧孙辰以为不妥:国家无所谓弱小,皆不可轻视。无备而战,就算拥有兵力优势,也不足以依靠。

"战战兢兢,如临深渊,如履薄冰"是《诗经·小雅·小旻》中的句子,常被后人引用,以示小心谨慎之意。"敬之敬之,天惟显思,命不易哉"则是《诗经·周颂·敬之》中的句子,意为获天命不易,必须谨慎又谨慎。臧孙辰以为,以周朝先王的美德,对于战事,尚且觉得没有不困难的,没有不害怕的,区区鲁国有什么理由不戒惧?千万不要认为邾国弱小好欺负,黄蜂蝎子都有毒,何况是一个国家?

鲁僖公不听劝告。八月,两军在升陉交战,鲁军大败。鲁僖公逃跑的时候,连头盔都丢了,被邾国人捡回去,挂在国都的鱼门(城门之名)之上炫耀。

楚人伐宋以救郑。宋公将战,大司马固谏曰:"天之弃商久矣,君将兴之,弗可赦也已。"弗听。

冬十一月己巳朔,宋公及楚人战于泓。宋人既成列,楚人未既济。

司马曰："彼众我寡，及其未既济也，请击之。"公曰："不可。"既济而未成列，又以告。公曰："未可。"既陈而后击之，宋师败绩。公伤股。门官歼焉。

国人皆咎公。公曰："君子不重伤，不禽二毛。古之为军也，不以阻隘也。寡人虽亡国之余，不鼓不成列。"子鱼曰："君未知战。勍敌之人，隘而不列，天赞我也；阻而鼓之，不亦可乎？犹有惧焉。且今之勍者，皆吾敌也。虽及胡耇，获则取之，何有于二毛？明耻、教战，求杀敌也。伤未及死，如何勿重？若爱重伤，则如勿伤；爱其二毛，则如服焉。三军以利用也，金鼓以声气也。利而用之，阻隘可也；声盛致志，鼓儳可也。"

宋国进攻郑国，楚国便进攻宋国。

宋襄公起兵迎击楚军，大司马公孙固劝谏道："老天已经厌弃商人很久了，而您想复兴，这是违背上天而不可赦免的。"

前面说过，宋国是商朝遗民建立的国家，宋人即为商人。公孙固从天命的角度来分析问题，认为早在商朝灭亡的时候，上天便已经抛弃了商人，而且现在也没有迹象表明商人将会复兴。在这种情况下，宋襄公不是为了保家卫国，而是为了争霸天下而与楚成王作战，是逆天而行。

大司马是最高军事长官，相当于今天的国防部长。连他都觉得没有把握，那就确实应该好好考虑一下，这仗能不打就别打了。

但是宋襄公坚持要打。

十一月初一，楚宋两军在泓水相遇。楚军远道而来，将要渡过泓水；宋军则以逸待劳，在河的对岸严阵以待。战前的形势，无疑是对宋军有利的。就在楚军渡河的时候，公孙固建议："敌众我寡，趁着他们还没有全部渡河，请赶紧进攻吧。"

公孙固的建议是对的。《孙子兵法》有言："客绝水而来，勿迎之于水内，令半渡而击之利。"孙子告诫那些沉不住气的指挥官，如果敌人还在河中间就出击,很难给敌人沉重的打击,反而令敌人很快退缩回去,浪费了战机。如果敌人已经过了一半再发动攻击,则已经上岸的敌军尚未立住阵脚,很容易被击溃,而仍在渡河的敌军也因此进退两难,最终导致全军覆灭。

宋襄公显然不用孙子来提醒。事实上,他是太沉得住气了。对于公孙固提出的建议,他很干脆地说:"不行。"

等到楚国人全部渡过了泓水,乱哄哄地在河边列阵,还没有成列的时候,公孙固再一次请求进攻,宋襄公的回答还是"不行"。

直到楚军列阵完毕,宋襄公才下令进攻。战争的结果,宋军大败。宋襄公的护卫死伤殆尽,他本人也被楚军的箭射穿大腿,伤势严重。

战后,宋国人都指责宋襄公不懂军事,瞎指挥。宋襄公不接受指责,反而觉得自己有理:"君子不伤害已经受伤的敌人,不俘虏已有白发的老人。古代作战,不在险隘的地方阻击敌人。寡人虽然是已经灭亡的商朝的后人,对于没有摆开阵势的敌人,是绝不会击鼓进攻的。"

大伙儿听了,面面相觑。公子目夷说:"国君不懂什么叫打仗。强大的敌人,由于地形狭隘而不能成列,那是天助我也。半渡而击,有什么不可以的?纵然如此,犹且担心不能取胜。现在那些强大的国家,都是我们的敌人。就算是老头子,只要俘虏了就抓回来,管他头发花白不花白。以勇往直前为荣,以懦弱退缩为耻,如此教导士兵作战,不就是为了杀死敌人?敌人受伤而未死,为什么不能再伤他?如果怜惜而不再伤他,那不如开始就不伤害他。可怜其年老,那就不如投降。军队就是要在自己有利的情况下使用,而且要用金鼓来鼓舞士兵的斗志。把部队带到有利的位置,在狭隘处阻击敌人是可以的,鼓声大作鼓舞士气,攻击没有摆开阵势的敌人也是可以的。"

宋襄公的"仁义之师",历来遭人耻笑。当然,也有人为他抱不平,以为他的仁义虽然很傻很天真,毕竟是心存善念,不应该一棒子打死。关于这件事,我想多说几句:

首先,宋襄公绝对不是什么良善之辈。鲁僖公十九年,他囚禁滕宣公,用鄫子祭祀睢水之神,这是仁君所为吗?分明是个暴君。

其次,他在泓水之战中的表现,不是因为迂腐,而是因为要挽回面子。一直以来,宋襄公都以齐桓公的继承人自居,视自己为霸主,没想到小国不服,反而与楚国交好,让他感觉很难受。在盂地会盟上,楚成王将他绑架,各路诸侯不但不为他说话,反而跟着楚成王来攻打宋国,更是搞得他灰头土脸,颜面尽失。宋襄公想拾回自尊,重获信心,唯一的途径就是打败楚成王,这是他不接受公孙固的建议,一定要在泓水迎战楚军的主要原因。而且,他之所以不对楚军进行半渡而击,也是受伤的自尊心在膨胀:他不但要在军事上打败楚成王,更要在道义上打败楚成王,让天下人都看到,楚成王在盂地之会上采取如此卑鄙的手段对待他,他却要与楚成王堂堂正正地厮杀。可惜的是,他不明白一个道理:胜利者是不受指责的,失败者则将遭受各种质疑。仗打不赢,什么都是白搭。

丙子晨,郑文夫人芈氏、姜氏劳楚子于柯泽。楚子使师缙示之俘馘。君子曰:"非礼也。妇人送迎不出门,见兄弟不逾阈,戎事不迩女器。"

丁丑,楚子入飨于郑,九献,庭实旅百,加笾豆六品。飨毕,夜出,文芈送于军。取郑二姬以归。叔詹曰:"楚王其不没乎!为礼卒于无别。无别不可谓礼。将何以没?"诸侯是以知其不遂霸也。

楚成王劳师袭远救援郑国,用实际行动让郑文公感动了一把。回想起来,当年郑文公跟着齐桓公混的时候,楚成王曾经派兵攻打郑国,攻郑国的聃地,俘虏了守将聃伯,而齐桓公直到两年后才做出实质性的反应,组织诸侯联军讨伐楚国;四年之后,郑文公在周天子的安排下,一度与楚国亲密接触,齐桓公因此纠集诸侯,包围了郑国的新密,楚成王为了救郑国,立刻派兵攻打许国,迫使齐桓公放下郑国前去救援许国。这回宋襄公攻打郑国,楚国又是迅速做出反应,真刀真枪和宋国人打了一仗。楚国人雷厉风行的办事作风,和齐国人的虚情假意形成了鲜明的对比。

楚成王于十一月初一在泓水打败宋国人，七天之后在柯泽接受了郑国人的慰劳。

为了招待好楚成王，郑文公大费心思。他派自己的两位夫人——芈氏和姜氏前往柯泽，代表郑国犒劳楚军。芈是楚国的国姓，芈氏也许是楚成王的妹妹吧。

楚成王很高兴，带她们参观了两样东西：一是宋国的俘虏，二是战死的宋国士兵的耳朵。

这当然是非礼的。当时的规矩，妇人迎送客人都是足不出户，即使见兄弟也不能跨过门槛。何况这是军国大事，更不能参观。

楚成王在柯泽逗留了几天，又前往新郑接受郑文公的招待。郑文公量郑国之物力，结楚国之欢心，举行了盛大的宴会来欢迎楚成王。庭中陈列的物品多达百种，外加笾豆食品六种，郑文公更向楚成王行"九献"大礼，大大地满足了楚成王的虚荣心。

按照周礼，主人向客人敬酒，客人回敬，主人再回敬，视为一"献"。招待侯爵、伯爵用"七献"，招待公爵以上的人物才可以用"九献"。郑文公对楚成王用"九献"，自然也是非礼的。

宴会结束后，已经是深夜，郑文公又派夫人芈氏送楚成王回大营，附带将自己的两个女儿也送到楚成王的寝帐中，供他享乐。楚成王欣然接受。

此情此景，令郑国大夫叔詹颇有感触："楚王恐怕难以寿终正寝了，执行礼节以混淆男女之别而告终，无男女之别则无以为礼，他怎么能得好死呢？"

诸侯们知道了这件事，也都认为楚成王终究难以完成霸业。

鲁僖公二十三年

公元前637年,鲁僖公二十三年。

二十三年春,齐侯伐宋,围缗,以讨其不与盟于齐也。

二十三年春,齐孝公趁着宋国新败,元气大伤,率军入侵宋国,包围缗地。理由是:鲁僖公十九年各路诸侯在齐国会盟,"以无忘齐桓之德",宋襄公居然没有参加。

这真是欲加之罪何患无辞!

夏五月,宋襄公卒,伤于泓故也。

五月,宋襄公因为伤重去世。

对于宋襄公来说,泓水之战的失败或许可以承受,齐孝公的恩将仇报却着实难以下咽。想当年,齐孝公被兄弟们赶出齐国,如果不是宋襄公热心相助,他岂能重登宝座?就算宋襄公假仁假义,志大才疏,也没有做任何对不起齐孝公的事啊!天下人都可以嘲笑宋襄公,唯独齐孝公不能。退一万步说,就算齐孝公不赞同宋襄公的做法,大可以疏远他或回避他,为什么要趁火打劫,而且吃相那么难看呢?

秋,楚成得臣帅师伐陈,讨其贰于宋也。遂取焦、夷,城顿而还。子

文以为之功,使为令尹。叔伯曰:"子若国何?"对曰:"吾以靖国也。夫有大功而无贵仕,其人能靖者与有几?"

秋天,楚将成得臣率军讨伐陈国,理由是陈国与宋国暗中勾搭,背叛楚国。

成得臣是令尹子文的弟弟,字子玉。未来几年中,成得臣将展现非凡的军事才能。今年的伐陈只算是牛刀初试,战果相当显著:攻克焦、夷两座城池,并在顿地修筑城池后回国。

子文认为成得臣有大功,准备把令尹的位置让给他。叔伯,也就是大夫芳吕臣劝谏道:"您让国家怎么办呢?"这句话包含了两层意思:第一,您在这个位置上干得太好了,现在却要不干了,国家可怎么办啊!第二,成得臣并不是接替您的合适人选,如果让他上台的话,国家可怎么办啊!子文回答:"我这样做,正是要安定国家啊!如果有大功而不能居高位,又有几个人能安定国家?"

九月,晋惠公卒。怀公立,命无从亡人。期,期而不至,无赦。狐突之子毛及偃从重耳在秦,弗召。冬,怀公执狐突,曰:"子来则免。"对曰:"子之能仕,父教之忠,古之制也。策名、委质,贰乃辟也。今臣之子,名在重耳,有年数矣。若又召之,教之贰也。父教子贰,何以事君?刑之不滥,君之明也,臣之愿也。淫刑以逞,谁则无罪?臣闻命矣。"乃杀之。

卜偃称疾不出,曰:"周书有之:'乃大明,服。'已则不明,而杀人以逞,不亦难乎?民不见德,而唯戮是闻,其何后之有?"

九月,晋惠公去世,太子圉即位,是为晋怀公。此君即位第一件事,是命令臣下不得跟随在外逃亡的人,为此规定了一定的期限,过期不回国者,不予赦免。

所谓"亡人",说白了,就是指公子重耳。一直以来,晋惠公父子都将重耳视为最有威胁的竞争者,即便是当上了国君,坐稳了位置,也对流亡在外的重耳放心不下。晋怀公这一招,大有釜底抽薪之意——重耳之所以危险,是因为他身边聚集了一批晋国的精英,他们能文能武,而且与国内家族势力有千丝万缕的联系。假如能够将他们从重耳身边召回,那重耳便变成了孤家寡人,再也掀不起风浪了。

狐突的儿子狐毛和狐偃都在晋怀公的通缉名单上,当时正陪着重耳在秦国,狐突却没有写信要他们回来。于是,晋怀公逮捕了狐突,说:"你的儿子回来就赦免你。"晋怀公要求流亡者限期回国,没有问题。但是,以流亡者家人的生命作为威胁,就大有问题了。狐突便不吃晋怀公这一套,说:"儿子能够做官了,父亲就要教导他忠心事主,这是自古以来的传统。将名字写在简策上,给主子送了进见的礼物,再三心二意就是罪过了。臣的两个儿子,将名字写在公子重耳的名策上已经有多年了。如果召他们回来,不是要他们三心二意吗?父亲教导儿子三心二意,又将如何侍奉国君呢?不滥用刑罚,那是国君的英明,臣下的愿望。滥用刑罚以图一时之快,谁又没有罪?下臣已经明白您的意思了,请随便吧。"坦然受死。

大夫卜偃称病不朝,也不出家门,说:"《周书》有言,君王伟大贤明,臣民顺服。不贤明而通过杀人来逞一时之快,还想人心归服吗?老百姓看不到德行而只听说杀戮,他的后人还能享受荣禄吗?"

十一月,杞成公卒。书曰"子",杞,夷也。不书名,未同盟也。凡诸侯同盟,死则赴以名,礼也。赴以名,则亦书之,不然则否,辟不敏也。

十一月,杞成公去世。《春秋》记载:"杞子卒。"是因为杞国是夷人之国。不写死者的名字,是因为没有同盟关系。但凡同盟诸侯,死后要在讣告上写上名字,这是合于礼的。讣告上写了名字,史书上就加以记载,否则就不记载,这是为了避免"搞乌龙"。

晋公子重耳之及于难也,晋人伐诸蒲城。蒲城人欲战,重耳不可,曰:"保君父之命而享其生禄,于是乎得人。有人而校,罪莫大焉。吾其奔也。"遂奔狄。从者狐偃、赵衰、颠颉、魏武子、司空季子。狄人伐廧咎如,获其二女,叔隗、季隗,纳诸公子。公子取季隗,生伯儵、叔刘,以叔隗妻赵衰,生盾。将适齐,谓季隗曰:"待我二十五年,不来而后嫁。"对曰:"我二十五年矣,又如是而嫁,则就木焉。请待子。"处狄十二年而行。

说重耳,道重耳,这些年重耳究竟在干吗呢?

且说鲁僖公五年,也就是十八年前,太子申生自杀,晋献公派寺人披讨伐重耳居住的蒲城。蒲城人想要抵抗,重耳以为不可:"因为君父的命令而享有俸禄,安抚百姓。得到百姓的拥护而反抗君父,没有比这更大的罪过了。我还是逃吧。"于是逃到狄人建立的翟国。

关于重耳的随从,原文中写到了狐偃、赵衰、颠颉、魏犨、胥臣臼季五人。这里有必要说明一下:

狐偃是狐突的儿子,重耳的舅舅,字子犯,史书上又称为舅犯、咎犯或臼犯。重耳的母亲大戎狐姬,当为狐偃的姐妹。

赵衰的身份,史上众说纷纭,有人说是赵夙的弟弟,有人说是赵夙的儿子,有人说是赵夙的孙子。总之,他和赵夙有血缘关系,从时间上考察,二人为父子的可能性比较大。战国七雄中的赵国,就是由赵衰的后人建立。

魏武子即魏犨,武为其谥。司马迁以为魏犨是毕万的儿子。战国七雄中的魏国,即由魏犨的后人建立。

胥臣臼季即司空季子,司空为其官,季子为其字。其实他是胥氏,名臣,获封臼邑,也叫作胥臣、臼季或者胥季子。

随同重耳逃亡的大臣,当然不止五个人,而有十余人之多。《左传》

所列,应该是其中最有名的五人。

翟国对重耳还不错,有一次攻打廧咎如(赤狄的一个部落),抢回来廧咎如首领的两个女儿叔隗和季隗,都献给了重耳。

对于流亡在外的人来说,晚上睡觉时有人暖被窝,当然是一件求之不得的好事。不过重耳并不贪心,他娶了季隗为妻,而将叔隗赏赐给赵衰。季隗为重耳生了伯儵、叔刘;叔隗则为赵衰生了赵盾。这两桩婚事在历史上传为美谈,后世有人甚至将重耳、赵衰的二隗比拟为孙策、周瑜的二乔。

重耳在翟国一住就是十二年。鲁僖公十六年,也就是秦晋韩原之战后的第二年,他决定去齐国寻找新的生活。当然,据《史记》记载,重耳之所以离开翟国这个安乐窝,也并非完全自愿,而是因为得到消息,说晋惠公准备派寺人披前来刺杀他。

临走的时候,重耳与季隗依依惜别,很通情达理地说:"我这一走,不知什么时候才能回来,请你等我二十五年,如果二十五年还不回来,你就改嫁吧。"

季隗虽然生自狄夷,脑子却一点也不傻:"我今年二十五岁了,再等你二十五年,我都行将就木了,还嫁给谁去?你就别假惺惺地装大方了,放心去吧,我在这里等你回来,谁也不嫁。"

过卫。卫文公不礼焉。出于五鹿,乞食于野人,野人与之块。公子怒,欲鞭之。子犯曰:"天赐也。"稽首受而载之。

重耳和他的伙伴们经过卫国,卫文公对他们没有好感,所谓"不礼",大概是连顿饭都没请他们吃吧。于是他们只好离开卫国的首都,经过五鹿的时候,实在是饿得不行了,只好放下贵族老爷的架子,向在田野里干活的农民乞求给点吃的。农民丢过来一块土:"吃吧!"重耳大怒,当场发作,想用鞭子打那农民。狐偃一看,这要出问题啊!赶紧拉住重耳,捧着那块土疙瘩说:"公子您瞧,这是上天赏赐给您的土地啊!"重耳猛然醒悟过来,这不是晋国,也不是翟国,这一鞭子打下去,恐怕要吃不了兜着走了,于是顺水推舟,郑重其事地下跪,叩首,接受了上天赏赐的土疙瘩。

及齐,齐桓公妻之,有马二十乘。公子安之。从者以为不可。将行,谋于桑下。蚕妾在其上,以告姜氏。姜氏杀之,而谓公子曰:"子有四方之志,其闻之者,吾杀之矣。"公子曰:"无之。"姜曰:"行也。怀与安,实败名。"公子不可。姜与子犯谋,醉而遣之。醒,以戈逐子犯。

重耳一行历经艰险,终于到了齐国。

齐桓公早就听说过重耳的贤名,招待极其热情,并且将自己的女儿嫁给了重耳。作为陪嫁品,齐桓公还送给重耳马车二十乘。

重耳一下子又阔绰了起来。

临淄是当时闻名天下的大都会,远非狄戎之地的翟国可比;齐国公室的女儿历来以美艳闻名,想必比赤狄部落的季隗更具风情;更重要的是,齐桓公雄霸中原数十年,霸主政治趋于成熟,令重耳和他的追随者们激动不已,他们几乎是怀着一种朝圣的心情,好奇地观察着身边的所有事物。但是他们没想到,自己所看到的,却是齐桓公霸业的落日余晖。

第二年冬天,齐桓公去世了。接下来发生的事情有如一部杂乱无章的电影,他们接二连三地目睹了五子争位、三贵专权、齐孝公上台等事件,而齐国的霸业也在一夜之间坍塌,天下重归大乱。

这些事情在重耳的心中留下了不可磨灭的印象。一个疑问产生了:雄图霸业,究竟有多大的意义,是否值得他这个大半截身子入土的人继续折腾下去?

孔子说,五十而知天命,重耳早就过了知天命的年龄了。但是,天命究竟在哪?

带着这些疑问,重耳逐渐沉迷在声色犬马的生活之中。接下来发生的事情,有一些不在《左传》的记载中,而是出自《史记》,容我将二者糅合,再小小润色一下。

此间乐,不思晋,重耳在齐国一住就是五年。

现在他已经过了耳顺之年了。一个人过了六十岁还在外漂泊,你还能指望他有什么作为?

但是,重耳不是一个人在外漂泊,自始至终追随着他的,还有好几十号人。这些人都是晋国的精英,别人可以不指望重耳有所作为,他们却不能。

以狐偃为首,这群人在一棵桑树下密谋,准备挟持重耳启程回国。没想到,重耳的老婆姜氏的侍女此时正好在树上采摘桑叶,将他们的计划全听了去。

等他们散去,侍女连忙跳下树来,跑到姜氏那里去告密。这可怜的姑娘显然不知道政治是一件多么可怕的事情。姜氏随便找了一个借口,将她给杀了。

然后,姜氏催重耳赶紧启程离开齐国。因为天下没有不透风的墙,如果让齐孝公知道这件事,对重耳不利,甚至有性命之忧。

重耳回答:"人生安乐就好,就让我死在这里吧!"

姜氏大怒:你堂堂一国公子,穷困潦倒来到齐国,还有这么多人跟着你卖命。现在你不思回国报答他们,而留恋闺房之乐,真不害羞!于是与赵衰等人密谋,找个机会把重耳灌醉,抬到车上就出发了。

重耳醒来,发现自己已经离开临淄很远了。这就相当于私自出逃,回去显然是不可能的了。他急怒攻心,操起一支长戈朝狐偃刺去。

狐偃一边闪开一边说:"杀了下臣成就公子的大业,下臣倒是很乐意。"

重耳气呼呼地说:"如果成不了事,我就剥你的皮,吃你的肉!"

狐偃说:"我的肉又臊又腥,有什么好吃的?"

就这样骂骂咧咧,开始了归国之旅。

及曹，曹共公闻其骈胁，欲观其裸。浴，薄而观之。僖负羁之妻曰："吾观晋公子之从者，皆足以相国。若以相，夫子必反其国。反其国，必得志于诸侯。得志于诸侯，而诛无礼，曹其首也。子盍蚤自贰焉！"乃馈盘飧，置璧焉。公子受飧反璧。

及宋，宋襄公赠之以马二十乘。

及郑，郑文公亦不礼焉。叔詹谏曰："臣闻天之所启，人弗及也。晋公子有三焉，天其或者将建诸，君其礼焉。男女同姓，其生不蕃。晋公子，姬出也，而至于今，一也。离外之患，而天不靖晋国，殆将启之，二也。有三士，足以上人，而从之，三也。晋、郑同侪，其过子弟固将礼焉，况天之所启乎！"弗听。

从齐国一路向西，重耳的第一站是曹国。

曹共公早就听说重耳生得奇怪，肋骨连成一片，很想亲眼看看。于是趁重耳洗澡的时候，躲在帘子外面偷看。

曹国大夫僖负羁的老婆对僖负羁说："我观察了晋国公子重耳的随从，个个都有辅国之才。重耳得他们相助，必定能够回到晋国为君，而且将得志于诸侯。到时候他要惩罚对他无礼的国家，曹国首当其冲，您何不早点和他搞好关系呢？"

僖负羁以为然，派人给重耳等人送去饭食，而且在装饭食的盒子里放上了一对上等玉璧。

重耳接受了食物，但是将玉璧退了回去。

接下来到宋国，宋襄公倒也大方，送给重耳马车二十乘。

然后是郑国，郑文公和卫文公一样，对重耳"不礼"。大夫叔詹劝谏："下臣听说，上天所帮助的人，其他人是赶不上的。有三件事说明重耳得到老天的眷顾，必成大器，您最好对他以礼相待。第一，男女如果同姓为婚，所生的孩子必定夭折，晋国姬姓，重耳的母亲大戎狐姬也是姬姓，而他一直活到今天,是很少见的;第二,重耳出逃在外,恰好现在晋国又不安宁,大概是老天想助他一臂之力;第三,跟随他的那些人,至少有三个是人上人,却都心甘情愿为他效命。晋国和郑国同为姬姓大国,就算是公室子弟,也应该以礼相待,何况是重耳这样天命所归的人物?"

郑文公听不进去,他是出了名的墙头草,谁的实力雄厚,他就投靠谁。对于重耳这种潜力股,他没有任何兴趣。

及楚,楚子飨之,曰:"公子若反晋国,则何以报不穀?"对曰:"子、女、玉、帛,则君有之;羽、毛、齿、革,则君地生焉。其波及晋国者,君之余也;其何以报君?"曰:"虽然,何以报我?"对曰:"若以君之灵,得反晋国。晋、楚治兵,遇于中原,其辟君三舍。若不获命,其左执鞭、弭,右属櫜、鞬,以与君周旋。"子玉请杀之。楚子曰:"晋公子广而俭,文而有礼。其从者肃而宽,忠而能力。晋侯无亲,外内恶之。吾闻姬姓唐叔之后,其后衰者也,其将由晋公子乎!天将兴之,谁能废之?违天,必有大咎。"乃送诸秦。

重耳又到了楚国。楚成王设宴招待他,极其热情,但是提了一个不太好回答的问题:"公子您如果回到晋国,将如何报答不穀啊?"

前面说过,所谓"不穀",是天子自谦的称谓。楚成王在重耳面前以不穀自称,有托大之嫌。

重耳的回答很滑头:"玉帛美女您都有,珍禽异兽在楚国广阔的土地上都有出产。晋国所拥有的,不过是楚国人看不上的物品,我还真不知道怎么报答您!"

话说到这个份上,也就可以打住了。但是楚成王不依不饶,想听到实质性的内容。他大概在想,当年夷吾为了回国,一挥手便答应给秦国五座城池,你重耳好歹给我楚国打张白条吧?于是死乞白赖地追问:"话虽如此,我还是想听听公子究竟想以什么报答我?"

重耳只好说:"如果能够借重大王的英名回到晋国,以后两国万一在中原发生战事,我将退避三舍。如果还是得不到大王的宽恕,那就左手执鞭执弓,右边挂着弓袋箭袋,跟大王比画比画。"

古代以三十里为一舍,退避三舍则是后退三次,累计九十里。重耳的意思,就算是天大的恩情,到了两国交兵的战场上,我也就让你九十里,其余的别想。单从这一点上看,他比夷吾(晋惠公)强多了。

宴会之后,成得臣请求楚成王杀掉重耳,以除后患。

楚成王不同意:"重耳志向远大,作风俭朴,温文尔雅,有礼有节。他手下那些人,外表严肃,内心宽厚,忠诚可靠,而且很有能力。现在的晋侯没有人亲近他,国内国外的人都很讨厌他。我听说,姬姓诸侯中,唐叔的后人将最后衰落,大概就是因为有重耳这个人吧。老天要他兴旺,谁又能够废掉他?逆天而行,必有大难。"

于是,楚成王将重耳礼送出境,送到了秦国。

秦伯纳女五人,怀嬴与焉。奉匜沃盥,既而挥之。怒,曰:"秦、晋,匹也,何以卑我?"公子惧,降服而囚。

他日,公享之。子犯曰:"吾不如衰之文也,请使衰从。"公子赋河水。公赋六月。赵衰曰:"重耳拜赐!"公子降,拜,稽首,公降一级而辞焉。衰曰:"君称所以佐天子者命重耳,重耳敢不拜?"

相对于齐桓公、宋襄公、楚成王的热情招待,秦穆公有过之而无不及,他不顾重耳六十二岁的高龄,一股脑将五位公室的女儿嫁给了重耳,其中包括原来嫁给晋怀公的怀嬴。

对于这一安排,重耳感激之余,觉得难以接受。毕竟晋怀公是自己的侄子,怀嬴是自己的侄媳妇,太亲了,下不了手。然而怀嬴又是秦穆公最喜欢的女儿,娶了怀嬴,可以加强晋国与秦国的关系,这恐怕也是秦穆公的本意。

据《史记》记载,重耳感到相当为难,他不断对自己的手下说,抢侄子的老婆,于心何忍?胥臣臼季用一句话打消了他的疑虑:"您还要抢人家的国家呢,抢人家老婆算得了什么?"

重耳于是放下包袱,娶了怀嬴。可是,就在新婚的第二天早上,怀嬴侍奉他洗漱,重耳的道德感突然涌现,厌恶地拿手挡了一下,将怀嬴推开了。

怀嬴自太子圉逃回晋国后,一直闷闷不乐;不得已嫁给眼前这个糟老头,就更不开心。重耳这一推,终于使得她爆发了:"秦国和晋国地位相等,凭什么看不起我?!"

重耳愣了一下,没想到怀嬴会将夫妻之间的小事上升到这个政治高度。他立刻意识到自己做了一件错事。如果怀嬴跑到秦穆公那里去告他一状,说他看不起秦国,这十几年的苦就白吃了。他甚至怀疑,怀嬴是不是心里还想着前夫,因而演这么一出戏来破坏他的大事。

重耳脑子里飞快地计划着如何挽救局面。

那个年代不兴跪搓衣板,重耳选择了另外一种方式来向怀嬴认错:他将衣服脱下来,光着上身,将自己囚禁在房间里,不吃不喝。

这一招很有效果。怀嬴有没有就此原谅他,谁也不知道;但秦穆公听到这件事,倒是很开心地笑了一阵。男人打骂老婆,本来就是天经地义的事,哪有像重耳这样,推了一下老婆就立马自囚认罪的?

秦穆公想,重耳这样做倒不是怕老婆,而是打心底里尊重秦国吧。过了几天,秦穆公请重耳吃饭。重耳要狐偃陪他去,狐偃推辞:"我不如赵衰有文才,带赵衰去吧。"

宴会上,重耳给秦穆公祝酒,赋了一首《河水》。这首诗现在已经失传了。据后人考证,有可能是笔误,应该是《诗经·小雅》中的《沔水》:

"沔彼流水,朝宗于海。鴥彼飞隼,载飞载止。嗟我兄弟,邦人诸友。莫肯念乱,谁无父母?沔彼流水,其流汤汤。鴥彼飞隼,载飞载扬。念彼不迹,载起载行。心之忧矣,不可弭忘。鴥彼飞隼,率彼中陵。民之讹言,

重耳返國

宁莫之恤？我友敬矣，谗言其兴。"

重耳赋这首诗的意思是，河水奔流，最终归于大海。我回到晋国，也会心向秦国。

秦穆公很高兴，回了一首《六月》。这首诗亦见于《诗经·小雅》，诗中有"王于出征，以匡王国""共武之服，以定王国"之句。

重耳没听出门道，赵衰却听明白了，说："重耳拜谢秦伯之赐！"

重耳连忙吭哧吭哧地跑到阶下，朝秦穆公再拜稽首。秦穆公则走下一级台阶，郑重地答谢重耳。

赵衰说："君侯以辅佐天子的事命令重耳，重耳岂敢不拜？"

原来，《六月》之诗写的是尹吉甫辅佐周宣王出征时的场景。秦穆公以此诗相赠，是希望重耳也担负起辅佐天子的重任。换句话说，便是希望重耳建立像齐桓公那样的霸业。

鲁僖公二十四年

公元前636年，鲁僖公二十四年。

二十四年春王正月，秦伯纳之。不书，不告入也。

在秦穆公的帮助下，重耳终于回到晋国，当上了国君。《春秋》不书此事，是因为晋国没有向鲁国通报。

及河，子犯以璧授公子，曰："臣负羁绁从君巡于天下，臣之罪甚多

矣,臣犹知之,而况君乎？请由此亡。"公子曰："所不与舅氏同心者,有如白水!"投其璧于河。

  从秦国前往晋国,渡过黄河的时候,狐偃手捧玉璧还给重耳,说："下臣牵着马络头,扯着马缰绳,跟随您巡游天下,有不少事情得罪了您。下臣自己心里都有数,何况是您呢？请允许我从此逃亡,不再出现在您眼前。"

  狐偃是个聪明人,他并不是真的担心自己在旅途中得罪了重耳,那些都是小事,而是担心有些人可以共患难,不可共富贵。重耳自然明白他是什么意思,接过玉璧投入河中,发誓说："如果不能和舅父同心同德,有如这大河之水!"

  济河,围令狐,入桑泉,取臼衰。二月甲午,晋师军于庐柳。秦伯使公子絷如晋师。师退,军于郇。辛丑,狐偃及秦、晋之大夫盟于郇。壬寅,公子入于晋师。丙午,入于曲沃。丁未,朝于武宫。戊申,使杀怀公于高梁。不书,亦不告也。

  重耳在秦军的护送下渡过黄河,连取令狐、桑泉、臼衰三城。晋怀公派兵在庐柳阻击秦军。然而,这个时候已经没有人能够挡住重耳了。秦穆公派大夫公子絷前往晋军大营,告诉他们公子重耳在军中,要求晋军让路。晋军便立刻拔寨起营,退到了郇城。

  在郇城,秦、晋两军将领和狐偃举行了三方会晤。第二天,重耳进入晋军大营,接管了晋军。紧接着,占领曲沃,在武宫（祭祀晋武公的宗庙）接见群臣,被拥立为国君,这就是历史上的晋文公。

  至于晋怀公,则被晋文公派人杀死在高梁。《春秋》不记载这件事,还是因为晋国没有向鲁国通报。

吕、郤畏逼，将焚公宫而弑晋侯。寺人披请见，公使让之，且辞焉，曰："蒲城之役，君命一宿，女即至。其后余从狄君以田渭滨，女为惠公来求杀余，命女三宿，女中宿至。虽有君命，何其速也？夫袪犹在。女其行乎！"对曰："臣谓君之入也，其知之矣。若犹未也，又将及难。君命无二，古之制也。除君之恶，唯力是视。蒲人、狄人，余何有焉？今君即位，其无蒲、狄乎！齐桓公置射钩，而使管仲相。君若易之，何辱命焉？行者甚众，岂唯刑臣？"公见之，以难告。三月，晋侯潜会秦伯于王城。己丑晦，公宫火。瑕甥、郤芮不获公，乃如河上，秦伯诱而杀之。晋侯逆夫人嬴氏以归。秦伯送卫于晋三千人，实纪纲之仆。

晋文公王者归来，得到大多数晋国人的支持；也有人害怕，那就是晋惠公的亲信吕甥和郤芮。虽然晋文公并没有对他们怎么样，但是以他们的聪明才智，不可能不知道什么叫秋后算账。于是，他们计划放火焚烧公宫，趁乱杀死晋文公。

同谋者当中，有当年奉晋献公之命到蒲城讨伐重耳的寺人披。这位公公真是个聪明角色，前脚去吕甥家里结盟发誓，后脚便去公宫求见晋文公。

晋文公命人责备他，拒绝接见，说："当年国君派你到蒲城来杀我，命你第二天到，你马上就来了。后来我随狄君在渭水边打猎，你为惠公来杀我，惠公给了你三天时间，你第二天晚上就到了。虽然是奉命行事，你也未免太快了。当年你在蒲城砍下我的衣袖，那衣服我还留着做纪念呢。你快走吧！"

寺人披回答："我以为，您既然能够回国为君，必定懂得为君之道；如果不懂为君之道，马上又会有灾难降临。自古以来，君命只下达一次，不用说第二次。为君主铲除心腹大患，就应当全力以赴。蒲人、狄人，对于我来说算什么呢？您即位做了国君，也会同我一样，心中没有蒲人、狄人吧！齐桓公被管仲射了一箭,仍然任命管仲为相,您如果改变做法,我会自己走的,哪里需要您的命令呢？离开的人会很多,难道只有我一个受过宫刑的小臣吗？"所谓刑臣,是寺人披自称,意为受过宫刑之臣,也就是宦官。

晋文公一听,有道理啊！于是接见寺人披,得知了吕甥的阴谋。

三月,晋文公秘密出行,与秦穆公在王城郏邑相会。三十日,公宫起火,吕甥、郤芮杀入宫中,没有找到晋文公。后来得知晋文公在王城,又带人到黄河边,想等他回来的时候进行伏击。

秦穆公找了个借口,将他们骗到秦国杀掉。

晋文公再一次在秦国人的护送下回到了绛都。这一次,他不但把怀嬴这个宝贝给带回来了,还带回了秦穆公赠送的三千人,都是得力的仆从。

关键时刻,还得靠岳父啊。

初,晋侯之竖头须,守藏者也。其出也,窃藏以逃,尽用以求纳之。及入,求见。公辞焉以沐。谓仆人曰:"沐则心覆,心覆则图反,宜吾不得见也。居者为社稷之守,行者为羁绁之仆,其亦可也,何必罪居者？国君而雠匹夫,惧者其众矣。"仆人以告,公遽见之。

当初晋文公等人自翟国出来,掌管盘缠的小跟班头须携款潜逃回国,又将这笔钱用于赞助密谋迎接重耳回国的大夫们。晋文公当上国君之后,头须前往公宫求见。对于这样一个人,见还是不见？晋文公感觉很为难。见吧,当年最艰苦的时候,这小子干了最对不起大伙的事,搞得他们差点当了乞丐;不见吧,他居然又是迎立自己的有功之臣。想来想去,找了个借口,命人传话说国君正在洗头发,没空接见。

头须对晋文公的仆人说:"洗头的时候,俯首躬身,心在上,头在下,位置颠倒,难免说出反常的话,也难怪我见不到国君。但是,留在国内的人，是国家的守卫；跟随在外的人，是牵着马络头、扯着马缰绳的仆从。对于国君来说，都是可以的嘛！何必要以为留在国内的人就有罪呢？国君如果记恨匹夫，那害怕国君的人就多了。"

晋文公听到这些话，马上接见了头须。

狄人归季隗于晋，而请其二子。文公妻赵衰，生原同、屏括、楼婴。赵姬请逆盾与其母，子余辞。姬曰："得宠而忘旧，何以使人？必逆之！"固请，许之。来，以盾为才，固请于公，以为嫡子，而使其三子下之；以叔隗为内子，而己下之。

晋文公在翟国的时候，和季隗生了两个儿子。赵衰则和叔隗生了赵盾。现在晋文公既然已经回国，狄人便将季隗送到晋国，但是请求留下那两个儿子。

晋文公将女儿（史称赵姬）嫁给赵衰，两个人原本是连襟，现在又成了翁婿，真是亲上加亲。赵姬生了赵同、赵括、赵婴三兄弟，因其各自所封之地，史上称为原同、屏括、楼婴。赵姬请求赵衰将叔隗和赵盾接回晋国，赵衰（原文中的"子余"为赵衰之字）不同意。赵姬严肃地批评了这个春秋时期的陈世美："得到新欢而忘记旧好，以后还怎么领导别人？必须将她接回来！"赵衰只得应从。叔隗母子回来后，赵姬认为赵盾是个人才，坚决向晋文公请求，把赵盾作为赵衰的嫡子，而让她生的三个儿子居于赵盾之下；又让叔隗当了赵衰的正室，自己则做了侧室。

晋侯赏从亡者，介之推不言禄，禄亦弗及。推曰："献公之子九人，唯君在矣。惠、怀无亲，外内弃之。天未绝晋，必将有主。主晋祀者，非君而谁？天实置之，而二三子以为己力，不亦诬乎？窃人之财，犹谓之盗，况贪天之功以为己力乎？下义其罪，上赏其奸；上下相蒙，难与处矣。"其母曰:"盍亦求之?以死,谁怼?"对曰:"尤而效之,罪又甚焉。且出怨言,不食其食。"其母曰:"亦使知之,若何?"对曰:"言,身之文也。身将隐,焉用文之?——是求显也。"其母曰:"能如是乎?与女偕隐。"遂隐而死。晋侯求之不获,以绵上为之田,曰:"以志吾过,且旌善人。"

晋文公赏赐跟随他流亡的人。这本来是一件皆大欢喜的事,可是不知道为什么,漏了一个叫作介之推的人。介之推本人没有主动提及要禄位,禄位也就没有赏赐给他。总之,他就是被忘记了。介之推当然不开心,对母亲说:"先君献公有九个儿子,现在只剩下国君了。惠公、怀公刻薄寡恩,没有人愿意亲近他们,因此遭到国内外的遗弃。老天不抛弃晋国,必定会派人主持大局,所以国君回国,也是天意。而跟着国君流亡的这些人,竟然认为是他们的功劳,不是很搞笑吗?拿人家的财物,尚且叫作偷盗,何况贪天之功为己有?做臣子的以自己的罪行为义举,当国君的还赏赐他们的罪行,上下一起自欺欺人,我很难和他们相处!"

介之推这番话,不是没有道理,但更多是个人情绪的发泄。晋文公回国自然是天命所赐,可是如果没有这么多人帮助他,鼓励他,甚至是督促他,他八成还睡在齐姜的绣榻之上,做着他那恍恍惚惚的春秋大梦呢,怎么有可能坐在绛都南面称君?所谓"听天命,尽人事",天命固然重要,人事也不可或缺。介之推觉得自己很难和原先的伙伴相处,只能说明他本身就是个很难相处的人。晋文公没赏赐他,有可能是真的忘记了,也有可能是不喜欢他,有意而为之。

老母亲说:"那你多少也向国君请求一下,否则的话,就算死了又有谁会记得?"

介之推还是坚持:"明知不对而去效仿,那就是罪上加罪。而且,我既然口出怨言,就不能再吃他的俸禄。"

老母亲说:"那你好歹让国君知道嘛!"

介之推说:"语言是身体的纹饰。身体将要归隐,哪里用得着纹饰?

我如果去跟他说,就是为了显露罢了。"

老母亲说:"你能够这样吗?那我们就隐居起来。"

老太太也许只是想将他一军,没想到他立刻就说好。于是真的隐居起来,从此没有再出现。晋文公后来终于想起了介之推,派人到处去寻找都没有找到,只好将绵上封给介之推,说:"用以记载我的过失,表彰好人。"

这里有一个问题,既然介之推都找不到了,绵上之地又是如何封给他的呢?有两种解释:其一,此乃虚封,让绵上的百姓世代祭祀介之推,以志不忘;其二,实际上是封给了介之推的兄弟或侄辈。

以上所述,是介之推的故事的原始版本。但是,流传更广的是另外一个改编的版本。

话说晋文公流亡途中,经过卫国的时候,一度陷于饥困,饿得有气无力。介子推(名字也改了)偷偷地割下自己大腿上的一块肉,给晋文公做了一碗肉羹。晋文公吃完之后,觉得鲜美无比,但是不知道这是人肉,更不知道是介子推身上的肉。后来,晋文公回国,论功行赏,唯独忘了介子推。经身边的人提醒,他回忆起当年的事情,大为愧疚,于是想方设法打听到介子推隐居的地方,亲自跑来找他。介子推得到消息,带着母亲逃到山里。晋文公想,介子推是个孝子,如果放火烧山,他一定会背着母亲出来。于是,命令放火烧山,结果火一下蔓延数十里,连烧三日不熄,但介之推没有出来。火熄之后,进山察看,才发现介子推和他的老母相抱在一起,已经被烧死了。这一天正是清明节的前一天。为了纪念被火烧死的介子推,人们在这天都不忍心生火做饭,宁愿吃冷食,称之为"寒食节"。

郑之入滑也,滑人听命。师还,又即卫。郑公子士、洩堵俞弥帅师伐滑。王使伯服、游孙伯如郑请滑。郑伯怨惠王之入而不与厉公爵也,又怨襄王之与卫滑也。故不听王命,而执二子。王怒,将以狄伐郑。富辰谏曰:"不可。臣闻之:大上以德抚民,其次亲亲,以相及也。昔周公吊二叔之不咸,故封建亲戚以蕃屏周。管、蔡、郕、霍、鲁、卫、毛、聃、郜、雍、曹、滕、毕、原、酆、郇,文之昭也。邘、晋、应、韩,武之穆也。凡、蒋、邢、茅、胙、祭,周公之胤也。召穆公思周德之不类,故纠合宗族于成周而作诗,曰:'常棣之华,鄂不韡韡,凡今之人,莫如兄弟。'其四章曰:'兄弟阋于墙,外御其侮。'如是,则兄弟虽有小忿,不废懿亲。今天子不忍小忿以弃郑亲,其若之何?庸勋、亲亲、昵近、尊贤,德之大者也。即聋、从昧、与顽、用嚚,奸之大者也。弃德、崇奸,祸之大者也。郑有平、惠之勋,又有厉、宣之亲,弃嬖宠而用三良,于诸姬为近,四德具矣。耳不听五声之和为聋,目不别五色之章为昧,心不则德义之经为顽,口不道忠信之言为嚚。狄皆则之,四奸具矣。周之有懿德也,犹曰'莫如兄弟',故封建之。其怀柔天下也,犹惧有外侮;扞御侮者,莫如亲亲,故以亲屏周。召穆公亦云。今周德既衰,于是乎又渝周、召,以从诸奸,无乃不可乎?民未忘祸,王又兴之,其若文、武何?"王弗听,使颓叔、桃子出狄师。

夏,狄伐郑,取栎。

鲁僖公二十年,因为滑国叛郑亲卫,郑军入侵滑国,滑国服软认错。等到郑军一撤,滑国又和卫国打得火热。所以这一年,郑国又派公子士和洩堵俞弥率军讨伐滑国。

周襄王派大夫伯服和游孙伯前往郑国,为滑国说情。郑文公想起当年郑厉公和虢公丑帮助周惠王复国,周惠王赏赐给虢公丑酒爵,却没有赏赐给郑厉公;又怨恨周襄王拉偏架,袒护卫国和滑国,一怒之下,不但不听天子的命令,而且将王室的两位大夫扣留了。

周襄王大为恼怒,决定好好教训一下郑文公这个不知天高地厚的家伙,准备向狄人发出邀请,要狄人去进攻郑国。

大夫富辰赶紧劝阻：

下臣听说，治理天下，最高级的方式是以德服人，其次是亲近亲属，由近及远。从前周公有感于管叔、蔡叔不得善终（管叔、蔡叔均为周武王的弟弟，与商纣王的儿子武庚阴谋作乱，管叔被周公诛杀，蔡叔被流放），所以将土地分封给亲属建立国家，以作为周朝的屏障。管、蔡、郕、霍、鲁、卫、毛、聃、郜、雍、曹、滕、毕、原、酆、郇，都是周文王的儿子；邘、晋、应、韩，都是周武王的儿子；凡、蒋、邢、茅、胙、祭，都是周公的后嗣。召穆公为周德衰微而忧虑，召集宗族在成周作诗，说："常棣之华，鄂不韡韡，凡今之人，莫如兄弟。"其诗第四章又说："兄弟阋于墙，外御其侮。"如此，兄弟之间虽然有些小小的怨恨，不能离弃好的亲属。

召穆公所作之诗，见于《诗经·小雅》，其意为："常棣（即小叶杨）的花儿，漂亮艳丽。如今的人们，总不能像兄弟般亲近。"第四章之意："兄弟们在墙内吵架，在墙外就一致对敌。"全诗强调兄弟之情不能因为小事而断绝，这也是求大同、存小异之意。

富辰接着说：

现在您不能忍受小小的怨恨而抛弃郑国这门近亲，又能把他怎么样？酬报勋劳，亲近亲属，亲昵近臣，尊敬贤人，这是德中之大德。跟随昏庸的人，赞成固陋的人，使用奸诈的人，这是恶中之大恶。抛弃德行，崇尚邪恶，这是祸中之大祸。郑国有辅助周平王、周惠王的勋劳；又有周厉王、周宣王的亲属关系；现在的国君，舍弃宠臣而任用三良（叔詹、堵叔、师叔）；在姬姓诸侯中，郑国又属于近亲；有此四条，郑国可谓四德齐备。耳朵不能听到五声的唱和叫作耳背，眼睛不能辨别五色的纹饰叫作昏暗，内心不以德行义理为准则叫作固陋，嘴上不说忠义诚信的语言叫作奸诈；狄人就是这样的，四恶齐备。周朝还拥有美好的品德的时候，尚且说"总不能像兄弟般亲近"，所以分封建国。当它怀柔天下的时候，尚且害怕有外来的入侵；抵抗入侵的办法，没有比亲近亲属更好的了，所以将亲属作为王室的屏障。召穆公说的也就是这个意思。现在周朝的德行已经衰落，这时候却要改变周公、召公的做法，行各种邪恶之事，恐怕不好吧！百姓们没有忘记狄人带来的祸乱，您又将它挑起来，将来怎么去见文王、武王呢？

富辰说得很对，内部矛盾内部解决，不要让外人插手。可是，周襄王不听，非要派大夫颓叔、桃子带着狄人入侵郑国，攻取栎城。

王德狄人，将以其女为后。富辰谏曰："不可。臣闻之曰：'报者倦矣，施者未厌。'狄固贪惏，王又启之。女德无极，妇怨无终，狄必为患。"王又弗听。

初，甘昭公有宠于惠后，惠后将立之，未及而卒。昭公奔齐，王复之，又通于隗氏。王替隗氏。颓叔、桃子曰："我实使狄，狄其怨我。"遂奉大叔以狄师攻王。王御士将御之。王曰："先后其谓我何？宁使诸侯图之。"王遂出，及坎欿，国人纳之。

秋，颓叔、桃子奉大叔以狄师伐周，大败周师，获周公忌父、原伯、毛伯、富辰。王出适郑，处于氾。大叔以隗氏居于温。

周襄王对狄人感恩戴德，竟然突发奇想，要娶狄人首领的女儿为后。富辰以为不可，理由是：施惠者期望报偿太甚，永无满足；而受惠者觉得报答已够，心生厌倦。狄人本来就贪婪，您又引导他们开启更大的贪婪。女子的德行，没有边界；妇人的怨恨，永无终了。狄人必将成为祸患。

周襄王不听，还是将狄女娶了回来，史称隗后。

甘昭公就是王子带，甘是其封地，昭是其谥号。前面也曾经提到，周惠王的王后惠后宠爱王子带，力主立王子带为嗣君，但是事情没有成功，惠后就去世了。鲁僖公十二年，王子带逃亡到齐国。直到鲁僖公二十二年，周襄王才将他召回雒邑。不知道为什么，王子带居然和隗后勾搭上，给周襄王戴了一顶绿帽子。所以，周襄王娶了隗后不久，就将她废掉了。

周襄王爱折腾，有人受不了。颓叔和桃子商量："当初我们好说歹说,说服狄人去进攻郑国。现在又发生这样的事情,狄人肯定恨死我们了。"干脆事奉王子带,领着狄人去攻打周襄王。王室的卫队准备抵抗,周襄王却说:"这叫先后(指惠后)如何说我呢?宁可让诸侯来处理这件事。"于是弃城而逃,来到坎欿避难。周襄王这么一让,雒邑城中的士民们反倒不干了,硬是把他给接了回来。

秋天,颓叔、桃子事奉王子带,领着狄人进攻雒邑,大败王师,俘虏周公忌父、原伯、毛伯、富辰等一干大臣。周襄王出逃郑国,居住在氾城——因为这件事,氾城后来便改名为襄城了。王子带则带着隗后,居住在温地。

郑子华之弟子臧出奔宋,好聚鹬冠。郑伯闻而恶之,使盗诱之。八月,盗杀之于陈、宋之间。

君子曰:"服之不衷,身之灾也。诗曰:'彼己之子,不称其服。'子臧之服,不称也夫!云'自诒伊戚',其子臧之谓矣。夏书曰'地平天成',称也。"

鲁僖公十六年,郑文公杀世子华。世子华的胞弟公子臧出逃宋国。这位公子哥儿有点意思,虽然逃亡在外,却喜欢收集和佩戴鹬冠,也就是鹬的羽毛装饰的帽子。在春秋时期,戴这种帽子的人,多为上知天文、下晓地理的术士,一般人是不敢戴的。郑文公听说这件事,心下厌恶。为什么?你说你一个逃亡者,仰人鼻息而生存,本来应该谨小慎微,怎么能够如此高调呢?于是,郑文公派出刺客,把公子臧骗出宋国,在陈、宋之间的三不管地带将他杀掉了。

君子以为,衣服不得体,是身体的灾祸。《诗经·曹风·候人》一诗写道:"彼其之子,不称其服。"意思是:那个人啊,和自己的服饰不相称。公子臧的服饰,不也是和自己的身份不相称吗?《诗经·小雅·小明》云:"自诒伊戚。"意思是自己给自己找麻烦,说的也就是公子臧这种人。

《夏书》亦云,地平其化,天成其施,上下相称,方为合适。

宋及楚平,宋成公如楚。还,入于郑。郑伯将享之,问礼于皇武子。对曰:"宋,先代之后也,于周为客。天子有事,膰焉;有丧,拜焉。丰厚可也。"郑伯从之,享宋公,有加,礼也。

宋国和楚国实现和平,宋襄公的儿子宋成公亲自前往楚国拜访楚成王。

宋成公回国的时候经过郑国,郑文公设宴招待他,但是不知道该用什么样的礼仪标准,于是问大夫皇武子。皇武子说:"宋国是先朝的后代,对于周朝来说是客人。天子祭祀宗庙,要分给宋国祭肉;王室有丧事,宋公前来吊唁,天子也是要答拜的。招待这位客人,尽管丰盛就是了。"郑文公听从建议,对宋成公礼遇有加。

这是合礼的。

冬,王使来告难,曰:"不穀不德,得罪于母弟之宠子带,鄙在郑地氾,敢告叔父。"臧文仲对曰:"天子蒙尘于外,敢不奔问官守?"王使简师父告于晋,使左鄢父告于秦。

天子无出,书曰"天王出居于郑",辟母弟之难也。天子凶服、降名,礼也。

郑伯与孔将鉏、石甲父、侯宣多省视官、具于氾,而后听其私政,礼也。

冬天,天子派使者到鲁国来告知王室发生灾难:"不穀缺乏德行,得罪了母亲所宠爱的儿子带,现在鄙居郑国氾地,谨敢将此事禀告叔父。"前面说过,不穀是天子的自谦之称,伯父或叔父则是天子对同姓诸侯的尊称。鲁国大夫臧孙辰代鲁僖公回答："天子在外蒙受尘土,岂敢不马上去问候左右？"天子又派大夫简师父到晋国报告,派左鄢父到秦国报告。

从理论上讲,"普天之下,莫非王土",所以天子没有出逃一说。《春秋》记载"天王出居于郑",意思是天子躲避胞弟造成的灾祸。在这种情况下,天子穿着凶服,自称不穀,是合礼的。

郑文公带着大夫孔将鉏、石甲父、侯宣多到氾地问候天子的随员,检查供应天子的器物,然后听取与郑国有关的政事,这也是合礼的。

卫人将伐邢,礼至曰："不得其守,国不可得也。我请昆弟仕焉。"乃往,得仕。

卫国将要讨伐邢国。两国之间的矛盾,已经闹了很多年。这一次,卫文公想要一劳永逸地解决邢国的问题。大夫礼至认为,如果不杀死其守国之卿,便不能消灭邢国,于是向卫文公请求带着自己的兄弟去邢国做官。说白了,就是去潜伏。卫文公同意了。礼至兄弟"逃亡"到邢国,果然在那里做了官。

鲁僖公二十五年

公元前635年,鲁僖公二十五年。

二十五年春,卫人伐邢,二礼从国子巡城,掖以赴外,杀之。正月丙午,卫侯燬灭邢。同姓也,故名。礼至为铭曰："余掖杀国子,莫余敢止。"

邢国人也太不小心了，对礼氏兄弟没有任何防范。这一年春天，卫军入侵邢国。礼氏兄弟跟随国子（邢国的执政卿）巡视城墙，趁其不备，左右挟持着将他扔到城外，摔死了。卫军趁机攻城，消灭了邢国。

《春秋》记载："卫侯燬灭邢。"直呼其名，是因为他消灭了同姓的国家。礼至却为这件事而洋洋自得，命人在铜器上镌刻铭文："我挟持杀死国子，没有人敢阻拦。"

秦伯师于河上，将纳王。狐偃言于晋侯曰："求诸侯，莫如勤王。诸侯信之，且大义也。继文之业，而信宣于诸侯，今为可矣。"

使卜偃卜之，曰："吉。遇黄帝战于阪泉之兆。"公曰："吾不堪也。"对曰："周礼未改。今之王，古之帝也。"公曰："筮之！"筮之，遇大有☰之睽☱，曰："吉。遇'公用享于天子'之卦。战克而王飨，吉孰大焉？且是卦也，天为泽以当日，天子降心以逆公，不亦可乎？大有去睽而复，亦其所也。"

晋侯辞秦师而下。三月甲辰，次于阳樊。右师围温，左师逆王。夏四月丁巳，王入于王城。取大叔于温，杀之于隰城。

周襄王的"告难"起了作用。秦穆公率军驻扎在黄河边上，准备送周襄王回雒邑。狐偃向晋文公建议："求得诸侯的拥护，没有比勤于王事更有效的了。勤王可以得到诸侯的信任，而且又符合大义。继承文侯的事业，宣扬信用于诸侯，现在正是时候。"

前面说过，晋文侯是一位相当有作为的君主。周平王东迁的时候，晋文侯和卫武公、秦襄公等诸侯一道，参与了护送，因而受到王室的嘉奖。所谓继承文侯的事业，也就是要为王室服务，再建功勋。

但凡国家大事，谋定而动，而且要举行卜筮，以测吉凶。这件事，交给了晋国的老牌算命先生卜偃。先是占卜，得了一个"吉"，说是有"黄帝战于阪泉"的预兆。

上古传说，黄帝与炎帝在阪泉之野交战，三战之后，炎帝臣服。得到这样的卜辞，当然是极好的预兆。晋文公听了，以为是预示他将要开创像黄帝一样的事业，又高兴又紧张，连连摆手说："我哪当得起啊！"

卜偃奇怪地看了他一眼，说："古礼还没有更改呢！今天的王，就是古代的帝。"意思是，别给自己脸上贴金了，这卜辞说的是天子将要获胜，跟您有什么关系啊！

晋文公闹了个大红脸，说寡人知道了，你赶紧算卦吧。

算卦的结果是"遇大有之睽"。

大有卦的上卦为离☲，下卦为乾☰；睽卦的上卦为离☲，下卦为兑☱。所谓"遇大有之睽"，即大有卦的第三爻由阳变阴，其爻辞为："公用享于天子，小人弗克。"意为诸侯战胜之后，天子设宴款待。对于晋文公来说，这当然是大吉大利。

而且这一卦，天（乾为天）变为泽（兑为泽），以承受太阳（离为日）的照耀，可理解为天子放下架子而迎接晋文公。天子富有四海，自是大有。大有之睽，最终还是要回到大有之卦。以此而论，天子回到王城雒邑，也是理所当然的了。

晋文公于是辞退秦军，将勤王的事情揽了下来。三月十九日，晋军驻扎在阳樊，右翼部队包围王子带居住的温城，左翼部队则去迎接周襄王。四月初三，周襄王顺利进入雒邑。王子带在温城被抓获，在隰城被处死。

戊午，晋侯朝王。王享醴，命之宥。请隧，弗许，曰："王章也。未有代德，而有二王，亦叔父之所恶也。"与之阳樊、温、原、欑茅之田。晋于是始启南阳。

四月初四，晋文公朝见天子。天子以甜酒招待晋文公，并命晋文公给自己敬酒。这也是相当高的礼遇。可是回想一下，当年郑厉公和虢公送周惠王回国，周惠王分别赐给他们铜镜和酒爵，郑厉公犹且不满。相比之下，周襄王对晋文公的赏赐未免就太小气了。

晋文公于是提出一个匪夷所思的请求：隧。也就是当他百年之后，要开凿隧道运送灵柩到墓室。

现代人也许觉得好笑：一则大喜的场合，提什么丧事啊；二则你自家的坟地，想怎么挖就怎么挖，干吗要天子同意？但是，对于春秋时代的人，尤其是对于周天子来说，这个要求就非同一般了。

按照周礼，诸侯下葬，只能用绳索将灵柩吊放到墓穴里；通过隧道运送灵柩，乃是天子专享的大礼。晋文公提出"请隧"，说白了就是要享受天子的待遇，周襄王岂能答应？在这种大是大非的问题上，千万不能含糊。所以，周襄王明确回答："这是天子的典章，不适用于诸侯。周朝的天命虽然衰落，但还没有能取代它的。叔父如果要用王的葬礼，等于天下有二王，这难道不是您所厌恶的吗？"

周襄王说得不错，晋文公讨伐王子带，就是因为天无二日、国无二主，现在晋文公本人又想僭用天子之礼，岂不是自己打自己的脸？

当然，晋文公提出这种非分之想，也许是一种讨价还价的战术——先开出一个对方难以接受的条件，遭到拒绝后，再抛出另外一个方案，对方便不那么好砍价了。最终，晋国从王室手上得到了阳樊、温、原、櫕茅的土地，从此将疆域扩展至南阳。

阳樊不服，围之。苍葛呼曰："德以柔中国，刑以威四夷，宜吾不敢服也。此，谁非王之亲姻，其俘之也？"乃出其民。

阳樊的居民不服，晋文公派兵包围阳樊，打算以武力征服。苍葛，大概是阳樊大夫吧，站在城墙上对晋军喊话：德行用来安抚中原诸国，兵刑用来威慑四方蛮夷。你们现在这种搞法,我们实在不敢臣服。这城里谁不是王室的亲戚,你们难道要俘虏他们吗?

确实,从周朝建立至此已经有五百年之久,王畿内哪一座城池的居民不与王室沾亲带故?晋文公既然以勤王为功,又怎么能够对他们动武呢?最终,晋文公允许阳樊的百姓出城,只取其地。

秋,秦、晋伐鄀。楚斗克、屈御寇以申、息之师戍商密。秦人过析,隈入而系舆人,以围商密,昏而傅焉。宵,坎血加书,伪与子仪、子边盟者。商密人惧,曰:"秦取析矣!戍人反矣!"乃降秦师。秦师囚申公子仪、息公子边以归。楚令尹子玉追秦师,弗及。遂围陈,纳顿子于顿。

鄀是秦、楚边界上的小国,商密为其国都。

这一年秋天,秦、晋联军讨伐鄀国,楚国派申公斗克(字子仪)、息公屈御寇(字子边)带着申、息两县的部队戍守商密。秦军经过鄀国的析城,避开楚军的必经之路,将自家的役夫绑起来,装作是从析城抓获的俘虏,绕道包围商密,趁夜逼近城池。

半夜里,秦国人装神弄鬼,在城下挖了个坑,杀了一头牛,以血祭神,装作与斗克、屈御寇歃血结盟,将盟书埋入坑中。商密人看在眼里,不免害怕,以为秦军已经攻取析城,楚国人已经背叛,于是开城投降。秦军趁机进攻楚军,俘虏了斗克和屈御寇。

楚国令尹成得臣得到消息,亲自率领大军追赶秦军,无奈秦军已经扬长而去,没有追上。成得臣不敢空手而归,带兵包围陈国。两年前的鲁僖公二十三年,成得臣就曾经进攻陈国,并在顿地筑城。顿原来是姬姓小国,被陈国兼并后,顿子南逃,请求楚成王庇护。现在,成得臣将顿子送回了顿城。这也是"兴灭国,继绝世"的义举,而且还是帮助姬姓诸侯复国,老左居然也不表扬一下。

冬，晋侯围原，命三日之粮。原不降，命去之。谍出，曰："原将降矣。"军吏曰："请待之。"公曰："信，国之宝也，民之所庇也。得原失信，何以庇之？所亡滋多。"退一舍而原降。迁原伯贯于冀。赵衰为原大夫，狐溱为温大夫。

王室割让给晋国的城池中，原城也不愿意臣服。冬天，晋文公带兵围攻原城，志在必得，只备了三日军粮。三日之后，原城不降，晋文公命令军队回国。这时间谍来报告，说原城已经准备投降了。这种情况下，部下都建议再等等看。晋文公说："信用，是国之宝，民之庇护，如果得到原城而失去信用，我又拿什么来庇护百姓？得不偿失。"于是全军后退，摆出一副打道回府的架势。走了不到三十里，原城主动要求投降了。

晋文公说得很对，信用是统治的基础。对于当权者来说，言而有信不仅仅是一种美德，更是一种必备的政治素质。老百姓最怕什么？最怕当权者任性，说话不算数。所以有的时候，就算是演戏，也要演出一副绝不食言的姿态。老百姓看到了，便会觉得安心，觉得可以将身家性命相托付。

事后，晋文公将原伯贯，也就是王室的原城大夫迁到冀城。又任命赵衰为原城大夫，狐毛的儿子狐溱为温城大夫。

卫人平莒于我，十二月，盟于洮，修卫文公之好，且及莒平也。

自鲁僖公元年鲁国和莒国发生战争以来，两国关系一直不好。现在卫国从中调停，三国在洮地举行了会盟。对于鲁国来说，这是延续卫文公时代的友好关系，同时与莒国媾和。

为什么说"修卫文公之好"呢？《左传》没有记载：这一年春天，卫文公去世了。现在的卫国国君是他的儿子卫成公。

晋侯问原守于寺人勃鞮，对曰："昔赵衰以壶飧从，径，馁而弗食。"故使处原。

> 这一段是补述晋文公为什么将原城封给赵衰。
>
> 晋文公就原城大夫的人选问寺人披（即勃鞮）。寺人披回答：当年国君流亡国外，赵衰用壶携带食物跟随，一个人走在小路上，就算是饿了也没有偷吃它。
>
> 于是晋文公让赵衰当了原城大夫。为什么？因为从寺人披说的这件事可以看出，赵衰是个绝对忠于职守的人。

鲁僖公二十六年

> 公元前634年，鲁僖公二十六年。

二十六年春王正月，公会莒兹㔻公、宁庄子盟于向，寻洮之盟也。

齐师侵我西鄙，讨是二盟也。

夏，齐孝公伐我北鄙。卫人伐齐，洮之盟故也。

公使展喜犒师，使受命于展禽。齐侯未入竟，展喜从之，曰："寡君闻君亲举玉趾，将辱于敝邑，使下臣犒执事。"齐侯曰："鲁人恐乎？"对曰："小人恐矣，君子则否。"齐侯曰："室如县罄，野无青草，何恃而不恐？"对曰："恃先王之命。昔周公、大公股肱周室，夹辅成王。成王劳之，而赐之盟，曰：'世世子孙无相害也。'载在盟府，大师职之。桓公是以纠合诸侯，而谋其不协,弥缝其阙,而匡救其灾,昭旧职也。及君即位,诸侯之望曰:'其率桓之功!'我敝邑用不敢保聚,曰:'岂其嗣世九年,而弃命废职？其若先君何？君必不然。'恃此以不恐。"齐侯乃还。

继去年在洮地会盟之后,今年正月,鲁僖公又与莒兹丕公、卫国大夫宁速在向地会盟,加深友好关系。

这件事情竟然引起了齐孝公的愤怒,认为鲁国、卫国两次私下结盟,简直是没把齐国放在眼里,于是出兵入侵鲁国西部边境。夏天,齐孝公又亲自带兵入侵鲁国北部边境。卫成公倒是很仗义,出兵讨伐齐国,以尽盟友的责任。

鲁国方面的对策,是一边备战,一边派大夫展喜前去迎接齐孝公,名为劳军,实为探听齐军虚实,见机行事。

展喜是公子展的后人。鲁僖公对展喜委以重任,但是又让他听命于其兄展禽。这位展禽,也就是以坐怀不乱而闻名于世的柳下惠,其名为获,字禽,居于柳下,惠则是其死后的谥号。

齐国大军还没到达鲁国国境,展喜已经赶到求见。他对齐孝公说:"寡君听说您亲抬玉趾,不嫌辱没自己的身份,来到敝国,特意派在下前来犒劳您的左右侍从。"展喜不说犒劳齐孝公,而说犒劳他的侍从,是当时的外交辞令,表示位卑者不敢逾越自己的身份而慰问位尊者。

齐孝公问:"鲁国人害怕了吗？"

展喜说:"小人很害怕,君子不怕。"类似的话,当年吕甥也对秦穆公说过。天下文章一大抄,不足为奇。

齐孝公说:"你们的仓库有如悬罄,空空如也,田间连棵青草都没长,凭什么不害怕呢？"

展喜回答:"凭的是先王的遗命。当年姜太公和周公都是王室的股肱之臣,如同左膀右臂一般辅佐周成王。周成王慰劳两位先君,并且赐给他们盟约,要求他们'世世子孙无相害也'。当年的誓约,现在还保存在王室的档案馆里,由太史掌管。齐桓公团结诸侯,协商解决他们之间的矛盾与分歧,救助他们的灾难,这都是昭显过去的职责。等到您即位之后,各国都盼望您能继续桓公的事业,敝国因此而不敢动员士卒保卫城池,说:'齐侯怎么可能即位才九年就放弃自己的使命,如果这样,他哪有脸面对先君齐桓公呢?'所以一点也不害怕。"

齐孝公听完,就将部队撤回国了。为什么?丢不起脸啊!

东门襄仲、臧文仲如楚乞师,臧孙见子玉而道之伐齐、宋,以其不臣也。

东门襄仲是鲁庄公的儿子公子遂,字仲,襄为其死后的谥号,也作襄仲、仲遂、东门遂或东门氏。所谓东门,一说是其居所近于曲阜东门,一说是其治军于曲阜东门,总之是个地名。

因为遭到齐国进攻,鲁国在派展喜劳军的同时,又派公子遂和臧孙辰前往楚国请求救援。臧孙辰在拜会令尹成得臣的时候,建议他讨伐齐国、宋国,理由是它们不肯臣服于楚国。

公子遂和臧孙辰也许没有想到,他们这一次楚国之行,拉开了春秋时期第一场大规模争霸战争的序幕。

夔子不祀祝融与鬻熊,楚人让之。对曰:"我先王熊挚有疾,鬼神弗赦,而自窜于夔,吾是以失楚,又何祀焉?"秋,楚成得臣、斗宜申帅师灭夔,以夔子归。

前面说过,楚国的先祖出自上古五帝中的颛顼高阳氏。高阳有个孙子叫重黎,在帝喾时期担任"火正",被封为祝融氏。商、周时期,祝融氏有个后代叫鬻熊,在今天湖北荆门一带建立政权。周成王年代,鬻熊的后人熊绎"桃弧棘矢以共王事",被封为子爵,建立楚国。因此,祝融和鬻熊，历来是楚国人祭祀的对象。

夔是楚国的附庸小国。其先祖熊挚，是熊绎的六世孙，本来应该继承王位，但是因为身患恶疾，被楚国人废除，而立其弟熊延为王。熊挚出走夔地，并在那里立足。后来，熊挚的子孙有功于楚国，被封为夔子，世代为楚国附庸。

不知道出于什么原因，这一代的夔子不祭祀祝融和鬻熊，楚国派人去责备，夔子回答：我先王熊挚得了疾病，列祖列宗不肯赦免他，所以自己跑到夔地。我国因此失去了楚国的帮助，为什么还要祭祀他们呢？

这真是没事找事，授人以口实。秋天，楚国令尹成得臣和司马斗宜申（字子西）率军灭夔，将夔子俘虏回国。

宋以其善于晋侯也，叛楚即晋。冬，楚令尹子玉、司马子西帅师伐宋，围缗。

前面说到，宋襄公死后，宋成公主动跑到楚国去朝见楚成王。可是，晋文公即位后，宋成公因为宋襄公曾经有恩于晋文公，背叛楚国而亲近晋国。经过公子遂和臧孙辰的挑拨，这一年冬天，楚国令尹成得臣和司马斗宜申再度联袂出兵，讨伐宋国，包围缗地。

公以楚师伐齐，取谷。凡师，能左右之曰以。置桓公子雍于谷，易牙奉之以为鲁援。楚申公叔侯戍之。桓公之子七人，为七大夫于楚。

另一方面，鲁僖公也在楚军的支持下入侵齐国，攻取谷城。《春秋》是这样记载的："公以楚师伐齐，取谷。"《左传》对此解释：虽然是借楚国的军队讨伐齐国，但我方能够左右其行动，所以说是"以楚师伐齐"。鲁国人真是好面子！事实上，占领谷城的是楚国的申公叔侯，鲁僖公只是配角。

前面说到，齐桓公有六位"如夫人"，给他生了六个儿子，除现任国君齐孝公外，另外几位公子一直都在觊觎齐国的君位。楚军攻下谷城之后，将五公子之一公子雍接到谷城，由易牙侍奉他，作为鲁国的后援。

齐桓公还有另外七个儿子，是由"如夫人"之外的小妾所生，地位比五公子低。现在，楚国人将他们全部找过来封为大夫。

这可真是世事无常，白云苍狗。

鲁僖公二十七年

公元前633年，鲁僖公二十七年。

二十七年春，杞桓公来朝。用夷礼，故曰子。公卑杞，杞不共也。

二十七年春，杞桓公前来朝见鲁僖公。《春秋》记载："杞子来朝。"是因为他用的夷人的礼节。鲁僖公看不起他，是因为觉得他对自己不够恭敬。

夏，齐孝公卒。有齐怨，不废丧纪，礼也。

夏天，齐孝公去世，其弟公子潘即位，是为齐昭公。虽然近年来两国之间结怨颇深，鲁国人却秉承周礼，派人参加了齐孝公的葬礼。

秋，入杞，责无礼也。

秋天，鲁军入侵杞国，讨伐其无礼。

回想起来，六十多年前的鲁桓公二年，鲁国也曾经以同样的理由入侵杞国。鲁国人对"礼"的执着，确实是非同一般。

楚子将围宋，使子文治兵于睽，终朝而毕，不戮一人。子玉复治兵于蒍，终日而毕，鞭七人，贯三人耳。国老皆贺子文，子文饮之酒。蒍贾尚幼，后至，不贺。子文问之，对曰："不知所贺。子之传政于子玉，曰：'以靖国也。'靖诸内而败诸外，所获几何？子玉之败，子之举也。举以败国，将何贺焉？子玉刚而无礼，不可以治民，过三百乘，其不能以入矣。苟入而贺，何后之有？"

楚成王将要对宋国发动大规模战争，命前令尹子文在睽地训练部队。这件事情有点蹊跷：攻打宋国确实是大事，可子文都已经退居二线了，现任令尹成得臣也干得蛮好，为什么还要老将出马呢？

说明楚成王对成得臣还是不太放心。

子文当然知道楚成王的用心。他接受任务，每天从早上开始训练，到吃早餐就结束，不曾杀一个人。这哪里叫军训，简直就是儿戏！楚成王一看这架势，也明白子文的用意：这是逼他起用成得臣啊！没办法，楚成王只好命令成得臣接手军训，地点改到了蒍地。

成得臣不负所望，一到蒍地就严肃军纪，将训练的时间延长到天黑。一天下来，有七个人受到鞭笞、三个人被以箭穿耳游营。部队一下子紧张起来，迅速进入临战状态。

楚国的"国老"，也就是退了休的高级干部，都对子文表示祝贺，以为他知人善用。子文也很高兴，举行宴会招待这些老头子。

蒍吕臣的儿子蒍贾当时还小，赴宴姗姗来迟，也不向子文表示祝贺。子文不免觉得奇怪，问他为什么。蒍贾回答：不知道该祝贺什么。

"当年您将国政交给子玉,嘱咐他说,要保持国家安定。但如果对内保持了安定,而对外遭到失败,得到的又是什么?子玉失败,是您举荐的结果。用错了人而导致国家失败,有什么好祝贺的?子玉性格刚猛而且无礼,不可以治理百姓。给他兵车超过三百乘,肯定有去无回。如若不是,等他出征回来,我再向您表示祝贺,应该也不算晚吧。"

芮贾仅凭"无礼"就断定成得臣必将失败,现在看来未免武断。但是,在春秋时期,礼是一个相当宽泛的概念,绝非礼仪、礼貌、礼节那么简单,它还包含了制度、体制、文化、修养等诸方面内容。说一个人无礼,可能是在说他任性、狂妄、固执。事实上,芮贾就是这么看待成得臣的。

剧透一下,芮贾有一个儿子,叫作孙叔敖。

冬,楚子及诸侯围宋,宋公孙固如晋告急。先轸曰:"报施、救患,取威、定霸,于是乎在矣。"狐偃曰:"楚始得曹,而新昏于卫,若伐曹、卫,楚必救之,则齐、宋免矣。"于是乎蒐于被庐,作三军,谋元帅。赵衰曰:"郤縠可。臣亟闻其言矣,说礼、乐而敦诗、书。诗、书,义之府也;礼、乐,德之则也;德、义,利之本也。夏书曰:'赋纳以言,明试以功,车服以庸。'君其试之。"乃使郤縠将中军,郤溱佐之。使狐偃将上军,让于狐毛,而佐之。命赵衰为卿,让于栾枝、先轸。使栾枝将下军,先轸佐之。荀林父御戎,魏犨为右。

冬天,楚国完成了战备,召集陈、蔡、郑、许等诸侯围攻宋国。宋国派公孙固向晋国求救。

晋文公召开会议研究对策。

先轸以为:"报答施舍,救援患难,获得威望,成就霸业,在此一举。"主张救宋。

狐偃分析:"楚国刚刚得到曹国,最近又和卫国结成姻亲。如果攻打曹、卫两国，楚国必定救援。那么，驻扎在谷城的楚军便不能对齐国构成威胁，而宋国的危机也可以解除了。"这是围魏救赵之计，兵家常用之术。

晋文公于是在被庐检阅部队，将晋国原有的上、下二军扩编为上、中、下三军。

三军之中，中军的地位最高，上军次之，下军又次。因此，选择中军元帅至关重要。赵衰推荐郤縠担任这个重要职务，理由是"我经常听郤縠说话，此人喜爱礼、乐，而且熟读诗、书"。

儒家所谓六艺经传，即为诗、书、礼、乐、易、春秋。在赵衰看来，诗、书是承载道义的府库，礼、乐是确立德行的准则。美德和道义，是利益的根本。"如《夏书》所说，好的建议全部采纳，用实践去印证它是否正确，以车马衣服作为奖赏。试用一下郤縠如何？"

现代人看来，郤縠也许更应该去当教育部长而非中军元帅。但在那个年代，军政文教均为一体，还没有政治家、教育家与军事家的区分。管仲和子文都是又当爹又当妈的全能型选手，在内则主政，在外则主兵，经济、政治、文化、法律、军事、外交一把抓。在选拔人才的时候，"德"是最重要的依据，郤縠既然能胜任教育部长，也就能胜任中军元帅。

晋文公采纳赵衰的建议，任命郤縠为中军元帅，郤溱为中军副帅。任命狐偃为上军元帅，狐偃让位于兄长狐毛，自己则当了上军副帅。任命赵衰为卿，赵衰让贤于栾枝、先轸。于是任命栾枝为下军元帅，先轸为下军副帅。又以荀林父为晋文公御戎，魏犨为戎右。三军的正副元帅，也就是卿一级的高官，比一般的大夫级别都高，有时候又称为"六卿"。晋国的军政体制由此确立，此后两百多年，晋国都沿用这一体制。

晋侯始入而教其民，二年，欲用之。子犯曰："民未知义，未安其居。"于是乎出定襄王，入务利民，民怀生矣。将用之。子犯曰："民未知信，未宣其用。"于是乎伐原以示之信。民易资者，不求丰焉，明征其辞。公曰："可矣乎？"子犯曰："民未知礼，未生其共。"于是乎大蒐以示之礼，作执秩

以正其官。民听不惑,而后用之。出谷戍,释宋围,一战而霸,文之教也。

回想起来,晋文公自打回国当上国君,便将"教其民"作为头等大事来抓。"教"是教育,也是治理。儒家的社会管理理念,从来都是以礼乐教化为基础,晋文公抓住了关键。

两年之后,晋文公想驱使百姓,称霸天下,狐偃说:"百姓还不知道道义,未能各安其居。"晋文公于是帮助周襄王安定王室,回来后致力于各项利民事业,百姓安居乐业。晋文公又想使用他们,狐偃说:"百姓还不知道什么叫诚信,未能发挥他们的作用。"晋文公于是通过讨伐原城,展示了自己的诚信。百姓做生意都不求暴利,明码实价。晋文公说:"这下可以了吧?"狐偃说:"百姓还不知礼,不能发自内心地产生恭敬。"晋文公于是举行了大蒐,让百姓知道礼,同时建立制度来规定官员的职责,确保百姓听到命令不会产生任何疑惑,然后才带着他们去干大事——这是预告接下来将发生的事了——赶走谷城的楚国驻军,解除宋国的包围,一战而称霸诸侯。这一切,都是晋文公教化的功劳。

这里多说两句,晋文公的教化,与其说是对百姓的,不如说是对自己的。首先,百姓要安居乐业,这是对统治者最基本的要求。统治者清正廉明,勤于政事,不折腾,不扰民,不乱纲,百姓才能安居乐业,才会对这个国家产生依赖之情,才会心甘情愿地为国家做任何事情。其次,百姓要知道信用,这还是对统治者的要求。统治者言出必行,诚实守信,不朝令夕改,不凭空画饼,不自食其言,百姓心里自然踏实,民风自然淳厚,契约精神自然形成。再次,百姓要知道礼。礼就是规矩,是政令,是冲锋号和集结号。这也是对统治者的要求。统治者要制定合理的制度,明确官吏的职守,让百姓知道听谁的,而且要听明白,落实到行动上,执行起来不能走样。用这样的百姓组成军队去打仗,不敢说百战百胜,至少是能经受得住考验的。

鲁僖公二十八年

公元前632年,鲁僖公二十八年。

二十八年春,晋侯将伐曹,假道于卫。卫人弗许。还,自南河济。侵曹、伐卫。正月戊申,取五鹿。二月,晋郤縠卒。原轸将中军,胥臣佐下军,上德也。晋侯、齐侯盟于敛盂。卫侯请盟,晋人弗许。卫侯欲与楚,国人不欲,故出其君,以说于晋。卫侯出居于襄牛。

二十八年春,晋文公准备讨伐曹国,为此而向卫国借道。卫国当然不干。当年晋文公在流亡途中经过卫国,卫文公"不礼",由此得罪晋文公,两国之间的关系本来就不好。对于这样一个充满敌意的国家,卫国怎么可能同意借道?就算没有敌意,假道伐虢的故事,谁又不知道?谁又能担保晋国不会故伎重施,顺手牵羊,把卫国给灭了?

卫成公不答应,晋文公也不强求。说白了,他本来也没指望卫国答应,只不过是想给攻打卫国找个借口罢了。大军原路返回,从南河(地名)渡过黄河,绕了一个大圈,入侵曹国和卫国。

正月,晋军攻取五鹿。

回想当年,晋文公一行经过五鹿,向当地的农民乞食,农民扔给他一块土。狐偃以为这是上天赐予土地的征兆,巧妙地化解了一场冲突。现在,晋军攻取五鹿,也许并不是战略上的需要,而是晋文公想借此应验狐偃所说的征兆吧。

二月,中军元帅郤縠去世。于是提拔先轸为中军元帅,胥臣臼季替补为下军副帅。选人用人的原则,还是以德为先。

晋国一出兵,齐国的压力立马减轻。齐昭公跑到卫国的敛盂来与晋文公会盟。卫成公感觉不妙。卫国所处的地理位置,正在齐、晋之间。如果这两个大国联合起来对付卫国,休说是楚成王,就算是天王老子也救不了。卫成公赶紧主动要求参加会盟。当然,被晋文公拒绝了。

这种情况下,卫成公只能铁了心跟着楚成王干,可是卫国人不干了。为了讨好晋国,他们将卫成公赶出国都,让他住到一个叫作襄牛的地方。

此举并不像表面上看到的那样简单。国人赶走国君,很有可能是在唱双簧,以求得晋文公对卫国的宽恕。这是一种责任上的切割,意思是:"寡君得罪了您,敝国却从来是心向晋国的。"

公子买戍卫,楚人救卫,不克。公惧于晋,杀子丛以说焉。谓楚人曰:"不卒戍也。"

同样,这场战争的挑起者——鲁国看到风向不对,也在作责任上的切割。

晋军攻卫的时候,鲁国派公子买(字子丛)率军前去帮助卫国防守,楚国也派兵救援卫国,未能成功。鲁僖公害怕了,他没想到晋国的实力那么强,于是杀了公子买以取悦晋国。又欺骗楚国人说:公子买擅离职守,没到戍期结束就回来了,所以杀了他。

公子买:敢情我是临时工?

晋侯围曹,门焉,多死。曹人尸诸城上,晋侯患之。听舆人之谋,称"舍于墓"。师迁焉。曹人凶惧,为其所得者,棺而出之。因其凶也而攻之。三月丙午,入曹,数之以其不用僖负羁,而乘轩者三百人也,且曰献状。令无入僖负羁之宫,而免其族,报施也。魏犨、颠颉怒,曰:"劳之不

图,报于何有?"爇僖负羁氏。魏犨伤于胸。公欲杀之,而爱其材。使问,且视之。病,将杀之。魏犨束胸见使者,曰:"以君之灵,不有宁也!"距跃三百,曲踊三百。乃舍之。杀颠颉以徇于师,立舟之侨以为戎右。

卫国既然服软,晋文公便挥师南下,包围了曹国的国都陶丘。

晋军攻城,死伤累累。曹国人不但打退了进攻,还采取心理战术来削弱敌人的斗志——将晋军留下的尸体挂在城墙外边。这一招非常狠毒,晋军士兵看到如此场景,又愤恨又惊惧,箭不敢射,石头不敢扔,梯子也不敢搭,怕伤害同胞的尸体,攻城陷于停顿。

有人给晋文公献了一计:公开宣称"将到曹人的墓地去宿营",将部队转移到那里。

前面说过,曹国也是姬姓诸侯。按照周人的习俗,"坟墓相连,民乃有亲",可知曹国的士大夫阶层,甚至于国人的墓地必定连在一起,形成了当时的国家公墓。

对于中国人来说,祖坟被撬,那是比天塌下来还严重的大事。反过来说,挖人家的祖坟,是伤天害理,大损阴德,一般人是不敢干的。所以,晋文公也没有明确表示会挖曹国人的祖坟,只是将部队驻扎过去,把想象空间留给了曹国人。这也是一种心理战术。

曹国人果然害怕,主动将晋军的尸体用棺材装好,礼送出城。

心理战的结果,晋国人占了上风。趁着曹国人士气低落,晋军发动进攻,攻破了城池。

晋文公数落曹共公的罪状,总共有三条:

第一,不用僖负羁这样的贤臣;

第二,小小曹国,居然有"乘轩者"(即大夫)三百人,政府官员严重超编;

第三,不尊重贵人,偷看人家洗澡。

僖负羁当年背着曹共公给重耳送饭,并非出于他自己的意愿,而是他老婆劝说的结果。就算是他自己的意愿，因为送过一顿饭，就被称为贤臣，也实在是有点过了。但是对于晋文公来说，滴水之恩，涌泉相报，现在正是时候。他命令，不许任何人闯进僖负羁的宅子，并且赦免僖负羁的族人，以示报答。

晋国军中，有两个人情绪不佳，那就是魏犨和颠颉。这两个人都曾跟随晋文公流亡列国，然而回国之后并没有受到重用，看到僖负羁因为一饭之恩而大受其赏，发牢骚说："不为辛苦卖力的人打算，报答个什么恩惠呢！"两个人喝了不少酒，乘着酒兴，带人抱着柴火，把僖负羁家给烧了。

魏犨大概是不小心被烧毁的柱子砸到，胸部受伤。

事后，晋文公追责，想杀了魏犨，但是又爱惜他是个大力士，于是派人去看望魏犨，观察他的伤情。如果伤得太重，没有利用价值，就杀掉算了。魏犨知道使者来意，包扎好胸部，强忍着伤痛，对使者说："因为国君的威灵，下臣岂敢图安逸？"一口气做了三百个跳跃，又做了三百个俯卧撑。使者一看，还挺生龙活虎的嘛，于是回报晋文公，没有杀魏犨，仅仅是免去其戎右之职，改由舟之侨接任。

颠颉就没有这么好命了，被拉出去砍头示众。

宋人使门尹般如晋师告急。公曰："宋人告急，舍之则绝，告楚不许。我欲战矣，齐、秦未可，若之何？"先轸曰："使宋舍我而赂齐、秦，借之告楚。我执曹君，而分曹、卫之田以赐宋人。楚爱曹、卫，必不许也。喜赂、怒顽，能无战乎？"公说，执曹伯，分曹、卫之田以畀宋人。

楚子入居于申，使申叔去谷，使子玉去宋，曰："无从晋师！晋侯在外，十九年矣，而果得晋国。险阻艰难，备尝之矣；民之情伪，尽知之矣。天假之年，而除其害，天之所置，其可废乎？军志曰：'允当则归。'又曰：'知难而退。'又曰：'有德不可敌。'此三志者，晋之谓矣。"子玉使伯棼请战,曰:"非敢必有功也,愿以间执谗慝之口。"王怒,少与之师,唯西广、东宫与若敖之六卒实从之。

宋国派门尹般为使者来告急。自去年冬天到现在,宋国以区区一国之力,抵抗楚国及盟国的进攻已经三个多月,首都睢阳岌岌可危。

晋军伐卫侵曹,目的就是牵制楚国,救援宋国。现在卫、曹两国均已告臣服,楚成王仍然不为所动,死死咬住宋国不放。显然,楚成王不是那么容易上当的。

晋文公面临决策上的困难:如果不救宋国,宋国就和晋国断绝关系了。请求楚国解围吧,那是与狐谋皮,不可能答应。如果要救援宋国,只能继续挥师南下,与楚军面对面地决战。但这样一来,晋军劳师袭远,而楚军以逸待劳,战争的主动权在楚国手里。而且,晋国的盟友秦国和齐国也不会答应。该怎么办?

最好的办法,是继续牵制并调动楚军,迫使其离开宋国,主动来寻找晋军决战。为此,先轸建议:

一、要宋国装作舍弃晋国的样子,转而贿赂齐、秦二国,请他们向楚国呼吁停战。

二、与此同时,将曹共公囚禁起来,并把卫、曹二国的土地赠送给宋国,以作为继续坚持抵抗的补偿。

楚国爱护卫国和曹国,必定不同意齐、秦二国的停战呼吁。而齐、秦二国喜于宋国的重金贿赂,恼怒楚国人的蛮不讲理,岂能不全力与之一战?

先轸的计谋,真是高超,好比将一个烫手的山芋强行塞到楚成王手里,不管他接或是不接,都将处于不利的位置。

晋文公采纳了先轸的建议。

先轸的计谋高超,楚成王的警惕性更高。他觉察到了晋文公的阴谋。他当然不会答应齐、秦两国提出的停战呼吁,让晋文公坐收渔翁之利。但是拒绝的话,齐、秦两国就被彻底推向晋国那一方,成为楚国的敌人了。三个大国联合起来,在兵力上超过了楚军,而且很有可能导致鲁、郑、陈、蔡等同盟见风使舵,倒戈一击。在这种两难的情况下,最好的办法是——我不玩了。

楚成王雷厉风行,立即退回到楚国境内的申县,在那里继续指挥全局。同时命令镇守谷城的申叔侯撤军,命令围攻睢阳的成得臣放弃进攻宋国,将部队迅速撤回楚国。

楚成王深知成得臣不甘心就这样放弃,还派人专门给他带去一封信,说:"不要和晋军作战!晋侯在外流亡了十九年,最终还是得到了晋国。艰难险阻,他全尝试过了;民情真伪,他也都知道了。老天让他活了那么多年,又替他除去了祸害。天命如此,非人力所能废。兵书上说,适可而止。又说,知难而退。又说,有德之人不可战胜。这三条,都适用于晋国。"

成得臣果然不甘心,派部将斗椒(字伯棼,斗伯比之孙)向楚成王请战,说:"不敢说一定会立功,而是希望堵住邪恶小人的嘴。"

这是什么意思呢?

去年在芳地练兵的时候,芳贾不是说过"给子玉兵车超过三百乘,肯定有去无回"吗?

如果连个小孩都敢这样说,可想而知,楚国又有多少"邪恶小人"在等着看他成得臣的笑话?

成得臣咽不下这口气,所以急于通过战争来证明自己。

楚成王知道自己错了,错在没有坚持自己的意见,将国家的命运托付给了成得臣这样一个不知轻重的人。战争是国之大事,关系到成千上万人的生死,关系到江山社稷的存亡。每一场战争的目的,都是为国家的利益,而不是让某人逞一时之强,证明自己的才能。成得臣连这个最基本的道理都不懂,怎么能够当统帅呢?而且,当统帅有了这种心态,势必对形势产生错误的判断,举止失常,进退失据,那是相当危险的!

楚成王后悔不迭,可现在又有什么办法呢?远征军的主力还在宋国,如果此时撤换成得臣,势必引起军心混乱。更可怕的是,如果成得臣拥兵自重,反过来进攻楚国,事情就更不可收拾了。

既然成得臣要战,那就让他战吧,给他一个教训也好。楚成王这样想着,答应了成得臣的请求,但是只派了"西广、东宫与若敖之六卒"前去增援成得臣。

简单说明一下,春秋年间,各国公室都蓄养着一定规模的武装,称为"公卒"或"族兵"。公卒的规模不大,但是装备精良,训练有素,战斗力极强,是各国军中的精锐。楚王本人拥有的公卒,共计兵车三十乘,分为东西两广,每广十五乘,轮流值班。东宫之卒是楚国太子的亲兵。而若敖之六卒,则是若敖氏(即成得臣家族)的族兵六百人。

这支援兵不算大,但是贵在精锐。

子玉使宛春告于晋师曰:"请复卫侯而封曹,臣亦释宋之围。"子犯曰:"子玉无礼哉!君取一,臣取二,不可失矣。"先轸曰:"子与之!定人之谓礼,楚一言而定三国,我一言而亡之。我则无礼,何以战乎?不许楚言,是弃宋也;救而弃之,谓诸侯何?楚有三施,我有三怨,怨雠已多,将何以战?不如私许复曹、卫以携之,执宛春以怒楚,既战而后图之。"公说,乃拘宛春于卫,且私许复曹、卫,曹、卫告绝于楚。

子玉怒,从晋师。晋师退。军吏曰:"以君辟臣,辱也;且楚师老矣,何故退?"子犯曰:"师直为壮,曲为老,岂在久乎?微楚之惠不及此,退三舍辟之,所以报也。背惠食言,以亢其雠,我曲楚直,其众素饱,不可谓老。我退而楚还,我将何求?若其不还,君退、臣犯,曲在彼矣。"退三舍。楚众欲止,子玉不可。

得到楚成王的许可和少许支援,成得臣便行动起来了。但他没有马上挥师北上,而是派部将宛春前往晋军大营,向晋文公提出:请晋文公恢复卫侯的国君地位，把土地还给曹国；作为交换条件，成得臣愿意放弃围攻宋国。

成得臣这一手倒是高明：晋文公将一个烫手的山芋交到楚成王手里，他又给晋文公塞回去了。

晋文公开会研究对策。

狐偃以为，成得臣太无礼了。如果按照他提出的方案，晋文公作为国君，只得到救宋国一件功劳；而成得臣作为人臣，却得到了救卫国、曹国两件功劳。无礼之人必败！所以机不可失，一定要好好教训一下这个无礼之徒。

先轸的意见则是，不妨答应成得臣。理由：成得臣一句话，三个国家得到安宁；我们一句话，三个国家陷于灭亡。无礼的是我们，拿什么作战？不答应他的话，就等于放弃了宋国，我们本来就是来救宋国的，到头来却放弃了宋国，诸侯会怎么看？楚国人的这个建议，对宋、卫、曹三国都是恩惠，我们不答应，必定会引起这三个国家的怨恨。积聚那么多的怨恨，拿什么作战？不如私下和卫、曹两国交易，答应卫侯、曹伯复国，离间他们与楚国的关系。然后将宛春拘禁起来，激怒楚国人，引诱他们前来作战！

晋文公采纳先轸的计谋，将宛春拘禁在卫国，又派人与卫成公、曹共公达成秘密交易：晋国同意他们复国为君，条件是他们要与楚断绝关系。

成得臣给晋文公出这个难题，本意是想陷晋国于不义。不料先轸看穿了他的意图，反客为主。这个时候，成得臣再也沉不住气了，发动全军自宋国出发，进攻晋军。

晋文公采取的对策是：逃跑。

将士们想不通：以晋国国君之尊，逃避与楚国臣下交锋，这是耻辱。而且，楚军长期在外作战，师老无功，我们为什么要退？

狐偃解释："师出有名，则为壮；师出无名，则为老，哪里在于在外作战的时间久不久？当年如果没有楚王的支持，主公也没有今天，退三舍之地以避其锋芒,是为了信守诺言,报答楚王的恩情。如果忘记恩惠,自食其言,激起楚国人的同仇敌忾之心,我们理亏,他们理直。楚国人本来就士气饱满,怎么能够说是'师老'呢?如果我军退让,楚军也就此回去,我们还能有什么其他的要求吗?如果楚军不肯回去,我们的国君退却而他们的臣下进犯,理亏的就是他们了。"

按狐偃的说法,打仗就是讲理,谁有理,谁就会获胜。事实当然不是这样,狐偃还没有迂腐到这个程度。《孙子兵法》有言:"善战者,致人而不致于人。"意思是善于打仗的人,牵着敌人的鼻子走而不是被人牵着鼻子走。晋军避让楚军,表面上是兑现晋文公当年"退避三舍"的诺言,最根本的目的还是诱敌深入,寻找有利的战机。

晋军退了九十里,楚军将士都不想再追下去了,但是成得臣意犹未尽,不肯答应。

夏四月戊辰,晋侯、宋公、齐国归父、崔夭、秦小子慭次于城濮。楚师背酅而舍,晋侯患之。听舆人之诵曰:"原田每每,舍其旧而新是谋。"公疑焉。子犯曰:"战也。战而捷,必得诸侯。若其不捷,表里山河,必无害也。"公曰:"若楚惠何?"栾贞子曰:"汉阳诸姬,楚实尽之。思小惠而忘大耻,不如战也。"晋侯梦与楚子搏,楚子伏己而盬其脑,是以惧。子犯曰:"吉。我得天,楚伏其罪,吾且柔之矣。"

四月,双方终于在卫国的城濮对阵。

晋军方面,是晋文公、宋成公、齐国大夫国归父、崔夭,秦国公子慭率领的诸侯联军。

楚军则有陈、蔡等仆从国军队支持,背靠险要的山陵扎营。

一场大战即将爆发。

可就在这个时候,晋文公突然害怕了。他怕什么?怕楚军强悍的战斗力。想想看,齐桓公称霸中原三十年,却从来没有和楚成王真正交过锋。鲁僖公四年，诸侯联军都开到楚国边境了，硬是不敢闯进去一战。宋襄公以齐桓公的继承人自居，却没有学到齐桓公的隐忍不发，冒冒失失地在泓水和楚成王干了一仗，结果自取其辱，身败名裂。对于晋文公来说，前车之鉴，不可不察。

有一天，晋文公听到军营中的役夫在唱歌，大概意思是："休耕的田野里绿草油油，将要舍弃旧土而谋耕新田。"也许就是一首无厘头的歌，并无深意。晋文公听了，却觉得这是某种预示，心下疑惑不安。

狐偃给晋文公打气："战斗吧！战而获胜，必得诸侯而为霸主；战若不胜，晋国外有大河，内有高山，也没有什么好害怕的。"

晋文公扭扭捏捏地说："那怎么对待楚国的恩惠呢？"

这句话更加暴露了他的胆怯。大敌当前，不去想怎么打败敌人，而在念叨敌人的恩情，难道不是很滑稽吗？栾贞子(即栾枝)说："汉水以北的姬姓诸侯，楚国都给灭了。想着他对您的小恩小惠而忘记周朝的奇耻大辱，不如一战！"

晋文公还是犹豫。这天晚上，他做了一个非常可怕的梦，梦见自己和楚成王搏斗，楚成王将他打倒在地，伏在他身上，吸食他的脑髓。醒来之后，晋文公仍然胆战心惊。狐偃却说，这是个吉兆——因为我方仰面朝天，楚方朝地伏罪，胜负已判。

狐偃的解释倒也说得过去，可是最让人难以理解的是原文中的"吾且柔之矣"。这句话是什么意思呢？后人有各种诠释，比较一致的意见是：脑髓是阴柔之物，晋文公的脑髓被楚成王吸食，意味着晋文公以柔克刚，战胜楚成王。总之，就是一个梦嘛，正说、反说、胡说、乱说都没问题。关键是，以狐偃为首的晋国群臣，都在制止晋文公打退堂鼓。可以说，城濮之战是楚国的大夫和晋国的大夫坚持要打的一场战争，至于晋文公和楚成王，倒是没那么想打。

子玉使斗勃请战，曰："请与君之士戏，君冯轼而观之，得臣与寓目

焉。"晋侯使栾枝对曰:"寡君闻命矣。楚君之惠,未之敢忘,是以在此。为大夫退,其敢当君乎?既不获命矣,敢烦大夫,谓二三子:'戒尔车乘,敬尔君事,诘朝将见。'"

成得臣派部将斗勃到晋营挑战,说:"请求和您的勇士玩玩,您靠着车轼观看,得臣和您一道寓目以视。"

晋文公派栾枝应答:"寡君听到命令了。楚王的恩惠一直不敢忘记,所以才退避三舍,来到这里。原以为大夫您会撤退——再怎么说您也是臣,难道敢对抗我这个国君吗?既然大夫不肯退兵,那就麻烦您告诉手下将士,准备好你们的战车,忠于你们的国事,明天早上见!"

说句题外话,这是古代,什么话都说得文绉绉的。如果是现代,想必是这样的——

成得臣:"你来啊!你来啊!你来啊!"

晋文公:"来就来,谁怕谁!"

晋车七百乘,韅、靷、鞅、靽。晋侯登有莘之虚以观师,曰:"少长有礼,其可用也。"遂伐其木,以益其兵。

己巳,晋师陈于莘北,胥臣以下军之佐当陈、蔡。子玉以若敖之六卒将中军,曰:"今日必无晋矣。"子西将左,子上将右。胥臣蒙马以虎皮,先犯陈、蔡。陈、蔡奔,楚右师溃。狐毛设二旆而退之。栾枝使舆曳柴而伪遁,楚师驰之,原轸、郤溱以中军公族横击之。狐毛、狐偃以上军夹攻子西,楚左师溃。楚师败绩。子玉收其卒而止,故不败。

当时,晋军有战车七百乘。"韅、靷、鞅、靽",皆为驾车的战马身上的装备,意指装备齐全。晋文公登上古代有莘国的废墟检阅部队,满意地说:"年少的年长的排列有序,合于礼,可以用来作战了。"于是砍伐树木,修造兵器，进一步增强武备。

四月初二，两军在莘北开战。

楚军摆出的阵势：成得臣以"若敖六卒"为核心，自领中军，斗宜申率领左军，斗勃率领右军。成得臣发表战前演讲，只有六个字："今日必无晋矣！"

晋军如何列阵，老左没有明确记载，但是从字里行间不难推测：晋军以中军直面楚军中军，以上军抵挡楚军左军，以下军进攻楚军右军。

晋军寻找的突破点，正在楚军右军——由陈、蔡两国军队组成的盟军，排在楚军右军前列，是整支部队的薄弱环节。胥臣臼季带领下军的精锐，将战马蒙上虎皮，猛攻陈、蔡军队。陈、蔡军队一战即败，导致楚军右军全线崩溃。

与此同时，晋军的上军、中军分别与楚军的左军、中军发生战斗。看到楚军右军崩溃，晋军上军不进反退，栾枝更命人在战车后面拖着树枝奔驰，造成晋国上军溃败的假象。楚军左军穷追不舍，经过晋国中军阵地之时，先轸、郤溱率领中军的精锐——公卒，从中横插到楚军的队列之中。而晋国上军也杀了个回马枪，两面夹攻，又将楚国左军击溃。

至此，楚军败局已定。但是，成得臣在战场上的指挥能力还是相当强的，在如此不利的情况下，仍然保持了中军的阵势不乱，有条不紊地撤离了战场。

晋师三日馆、谷，及癸酉而还。甲午，至于衡雍，作王宫于践土。

乡役之三月，郑伯如楚致其师。为楚师既败而惧，使子人九行成于晋。晋栾枝入盟郑伯。五月丙午，晋侯及郑伯盟于衡雍。

丁未，献楚俘于王：驷介百乘，徒兵千。郑伯傅王，用平礼也。己酉，王享醴，命晋侯宥。王命尹氏及王子虎、内史叔兴父策命晋侯为侯伯，赐之大辂之服、戎辂之服，彤弓一、彤矢百，玈弓矢千，秬鬯一卣，虎贲三百人。曰："王谓叔父：'敬服王命，以绥四国。纠逖王慝。'"晋侯三辞，从命,曰:"重耳敢再拜稽首,奉扬天子之丕显休、命。"受策以出,出入三觐。

城濮之战后,晋军在楚军的营地里逗留了三天,吃了楚军留下来的粮食,直到初六才启程回国。二十七日,晋军抵达郑国的衡雍,并在衡雍附近的践土建造了一座王宫,准备迎接周襄王的到来。当然,所谓王宫,仅仅是象征性地修筑了方圆三百步的矮围墙,四面开门,作为诸侯朝见天子的场所,并非真的宫殿。

战前三个月,郑文公曾经跑到楚国,表示要派军队协助楚军作战。现在,楚军已经败退,晋军又大摇大摆地开到了郑国,郑文公赶紧派大夫子人九(子人氏,名九)向晋国媾和。晋文公派栾枝进入新郑,和郑文公盟誓。五月初九,郑文公亲自来到衡雍,与晋文公结盟。

晋文公为什么会如此爽快地放过郑文公呢?往下看就知道了。

五月初十,在践土举行了盛大的献俘仪式。晋文公向周襄王进献楚国战俘,计有披甲战车一百乘、步兵一千人。前面说过,根据周礼,诸侯献捷于天子,是因为讨伐四夷有功;如果是对华夏诸国作战获胜,则不存在献俘一说。这样的话,等于把楚国视为蛮夷之邦,排除在中国之外了。这走的还是齐桓公的老路子——尊王,攘夷。

郑文公担任了献俘仪式的司仪,用的是周平王年代的礼乐。这一切,仿佛一百多年前的历史重演。那还是周平王东迁的时候,晋文公的先祖晋文侯打败犬戎部落,曾在雒邑举行大规模的献俘仪式,当时担任司仪的是郑国的先君郑武公。由此可知,安排郑文公担任司仪,是为了仿照当年的盛况,增加这次献俘仪式的神圣感。

十二日,周襄王设宴,以甜酒招待晋文公,命他向自己敬酒。王室的卿士尹氏、王子虎和内史叔兴父三人受天子之命,策命晋文公为"侯伯",也就是诸侯之长。周襄王还赐给晋文公如下物品:

一、大辂之服和戎辂之服——大辂是天子的乘车,戎辂是作战的戎车,连同相应的旗帜、配饰和服装,由天子颁给诸侯,象征特殊的礼遇。

二、红弓一张、红箭一百支、黑色弓箭一千副——这是仪仗,不是用来打仗的。

三、秬鬯一卣——秬为黑黍，鬯即用黑米和香草酿造的好酒，古人用以祭祀鬼神，当然也可以开怀畅饮。卣是装酒的青铜器。秬鬯一卣也可以理解为御酒一缸。

四、虎贲之士三百人——字面上解释，虎贲之士就是像老虎一样奔跑的武士。依周礼，守卫王宫的卫士称为虎贲，为天子独有。因此，这也是荣誉多于实质，象征晋文公的特殊地位。

周襄王颁给晋文公的策书上写着："天子命令叔父，恭敬地服从王命，安抚四方诸侯，纠察驱逐怀恨天子之人。"这就相当于授予其征伐大权了，相比当年的齐桓公，有过之而无不及。

晋文公三次辞谢，然后从命，说："重耳谨再拜叩首，接受和宣扬天子的命令。"接过策书，出宫而去。

在践土期间，晋文公三次朝见周襄王，以示尊崇。

卫侯闻楚师败，惧，出奔楚，遂适陈，使元咺奉叔武以受盟。癸亥，王子虎盟诸侯于王庭，要言曰："皆将王室，无相害也！有渝此盟，明神殛之，俾队其师，无克祚国，及而玄孙，无有老幼。"君子谓是盟也信，谓晋于是役也，能以德攻。

卫成公听说楚军战败，害怕了。他本来已经被国人赶到襄牛，现在觉得襄牛也不安全，决定逃亡到楚国。经过陈国的时候，却又停下来，指示大夫元咺辅佐他的弟弟叔武暂摄国政，代表卫国接受盟约。《春秋》记载，五月十六日，晋、齐、鲁、宋、蔡、郑、卫、莒等各国诸侯在践土会盟，王室代表王子虎出席并主持盟誓，约定："都要支持王室，不要互相伤害。如果背弃盟约，将遭神明诛杀，使其军队败亡，不能享有国家，直至其玄孙，不分老幼。"君子以为，这个盟约是值得信任的；又认为晋国在这次战争中，能够以德为攻，是道义的胜利。

初,楚子玉自为琼弁、玉缨,未之服也。先战,梦河神谓己曰:"畀余!余赐女孟诸之麋。"弗致也。大心与子西使荣黄谏,弗听。荣季曰:"死而利国,犹或为之,况琼玉乎?是粪土也,而可以济师,将何爱焉?"弗听。出,告二子曰:"非神败令尹,令尹其不勤民,实自败也。"既败,王使谓之曰:"大夫若入,其若申、息之老何?"子西、孙伯曰:"得臣将死。二臣止之,曰:'君其将以为戮。'"及连谷而死。

晋侯闻之而后喜可知也,曰:"莫余毒也已。蒍吕臣实为令尹,奉己而已,不在民矣。"

当初,成得臣有点小手艺,自己打造了一套琼弁玉缨,也就是镶玉的马冠马鞅,还没来得及给马套上。城濮之战前,他梦见黄河之神对自己说:"将你打的那套玩意儿给我,我将赐给你孟诸之麋。"孟诸是宋国境内的大湖,麋是湖边的水草丰美之地。孟诸之麋,就是指宋国的土地。这是一笔划算的交易,可是不知道为什么,成得臣竟然拒绝了。

成得臣的儿子成大心和斗宜申听说这件事,派荣黄(字季)前来相劝,可成得臣就是不听。荣黄说:"如果利于国家,就算是死也值得,何况是些许琼玉?那不过是粪土罢了,如果对战争有所帮助,有什么舍不得的?"成得臣还是不听。荣黄出来,对成大心和斗宜申说:"不是神要令尹失败,而是令尹不以国事为重,委实是自取其败。"

战败之后,楚成王派使者责备成得臣:"大夫如果回到楚国,将如何面对申、息两县的父老?"

前面说过,申、息两县是楚国北部的军事重镇。城濮之战中,这两个县的子弟死伤最重。楚成王这样说,实际上也就是要成得臣自寻了断,不要回来了。成得臣岂能不明白?楚国自古以来的规矩,就是败将不回国。当年楚文王战败归来,尚且被鬻拳拒之门外。现在楚国遭受如此重大的失败，就算楚成王肯原谅，成得臣本人好意思回国吗？

成得臣准备自杀。成大心和斗宜申制止了他，说："还是等待国君的处罚吧！"回到靠近楚国边境的连谷，楚成王的第二个使者还没有到。成得臣自知无望，还是自杀了。

得知成得臣的死讯，最高兴的是晋文公。他情难自禁，喜形于色地说："这下可再也没人害我了。"又得知继任楚国令尹的是芳吕臣，晋文公就更放心了："他就是奉养自己而已，不会为百姓考虑。"

不为百姓考虑就是不为国家考虑，这样的对手确实不足为虑。

或诉元咺于卫侯曰："立叔武矣。"其子角从公，公使杀之。咺不废命，奉夷叔以入守。

六月，晋人复卫侯。宁武子与卫人盟于宛濮，曰："天祸卫国，君臣不协，以及此忧也。今天诱其衷，使皆降心以相从也。不有居者，谁守社稷？不有行者，谁扞牧圉？不协之故，用昭乞盟于尔大神以诱天衷。自今日以往，既盟之后，行者无保其力，居者无惧其罪。有渝此盟，以相及也。明神先君，是纠是殛。"国人闻此盟也，而后不贰。

卫侯先期入，宁子先，长牂守门，以为使也，与之乘而入。公子歂犬、华仲前驱，叔武将沐，闻君至，喜，捉发走出，前驱射而杀之。公知其无罪也，枕之股而哭之。歂犬走出，公使杀之。元咺出奔晋。

夷叔就是叔武，夷为其死后的谥号。

有人在卫成公面前诬陷元咺，说他将要立叔武为君。当时，元咺的儿子元角正跟随卫成公流亡陈国，卫成公不问青红皂白，把元角杀了。虽然遭受不白之冤和丧子之痛，元咺却不敢忘记君命，始终如一地侍奉叔武，做好摄理国政的工作。

践土之盟后，晋文公开恩，允许卫成公回国。但是，卫成公毕竟是被驱逐出去的,他和国人之间,始终心存芥蒂,互怀戒心。在这种情况下回国,必须先消除心理上的隔阂。更重要的是,卫成公要确保自己的安全。所以,他先派了一个人回国,在宛濮和国人代表举行政治协商。

此人叫宁俞,死后谥"武",史称宁武子。在《论语》的记载中,孔子曾经这样赞扬宁俞:"宁武子,邦有道则知,邦无道则愚,其知可及也,其愚不可及也。"意思是宁武子这个人很有头脑,国家政治清明的时候,他就表现得很有智慧,大胆发言,慷慨陈词;国家昏暗无道的时候,他就表现得很愚蠢,人云亦云,甚至一问三不知。孔子认为,自己能够比得上宁武子的智慧,但是装疯卖傻的本领怎么都赶不上。

宁俞在宛濮发表的演讲,极其具有感召力,比之古希腊、古罗马那些巧舌如簧的政客也毫不逊色:

"上天降罪于卫国,致使君臣不和,所以才有今天这样的忧患。现在,上天开启了我们心中的善良愿望,让我们抛弃纷争,团结在一起。试问,如果没有留守在国内的人,谁来保卫社稷;如果没有在外奔波的人,谁来保护养牛牧马者?由于不和,因此在大神明面前明白宣誓,以求上天保佑。自今而后,在外奔波的人不要居功自傲,在内居守的人也不要担心秋后算账。如果违背誓言,互相攻击,请神明和祖宗明察秋毫,降罪于他!"

国人十分感动,纷纷表示同意。原文中所谓"不贰",就是对卫成公再无二心。

但是,卫成公的心病还没有消除。他真正担心的,倒不是国人,而是代为摄政的叔武。他本来已经和国人约定好了回国的日期,却别有用心地提前回来了。宁俞比他还先行一步,去打前站。大夫长牂负责看守城门,看到宁俞,以为他是卫成公的使者,尊重起见,便和宁俞同乘一车进城。不久,卫成公的前驱——公子歂犬和华仲到了,自城门长驱直入。叔武当时正准备沐浴,听说卫成公回来,很高兴,顾不上礼节,抓着头发就跑出来迎接,却被公子歂犬一箭射杀。

卫成公随后赶到。看到这番情景,再多疑的人也知道叔武确实是没有任何异心了。卫成公将头枕在叔武的大腿上，大哭。歂犬情知不妙，拔腿就跑，被卫成公派人追上杀死。

歂犬杀叔武，究竟是不是卫成公指使？

当然是的。元咺看着卫成公呼天抢地表演，悲从中来。他对于自己儿子的冤死，没有任何意见；但是对于叔武的惨死，无论如何难以释怀。所以，他逃到了晋国。

城濮之战，晋中军风于泽，亡大旆之左旃。祁瞒奸命，司马杀之，以徇于诸侯，使茅茷代之。师还。壬午，济河。舟之侨先归，士会摄右。秋七月丙申，振旅，恺以入于晋。献俘、授馘，饮至、大赏，征会、讨贰。杀舟之侨以徇于国，民于是大服。

君子谓文公"其能刑矣，三罪而民服。诗云'惠此中国，以绥四方'，不失赏、刑之谓也"。

城濮之战中，晋国的中军在沼泽地遇到大风，丢失了"大旆之左旃"——旆是带有飘带的军旗，一般竖立在先驱战车上，引申为前军之义。旃是大红的军旗。所谓"大旆之左旃"，即前军的左边大旗。祁瞒，大概是掌旗官吧，因此触犯军令，为军中司马所杀，并且通报诸侯，派茅茷取代他。大军返回途中，六月十六日渡过黄河，晋文公的戎右舟之侨不知道是思乡心切还是其他什么原因，竟然先行回国。于是，又选派士会代理戎右。秋天七月，大军胜利归来，高唱凯歌进入绛都，在宗庙祭告祖先，报告俘虏和杀死敌军的人数，犒赏有功之人；同时发布通告，征召诸侯会盟，准备讨伐有二心的国家。杀舟之侨，并通报全国，百姓因此而大为敬服。君子认为，晋文公能够严明刑罚，杀了三个罪人（颠颉、祁瞒、舟之侨）而使百姓敬服。《诗》云，"惠及中原国家，安定四方诸侯"，说的就是赏罚公正严明。

冬,会于温,讨不服也。

>《春秋》记载,冬天,晋、齐、鲁、宋、蔡、郑、陈、莒、邾、秦各路诸侯(有的国家派的是大夫)在温地会见,商量讨伐不服的国家。
>
>所谓"不服"是指谁呢?接下来会讲到。

卫侯与元咺讼,宁武子为辅,鍼庄子为坐,士荣为大士。卫侯不胜。杀士荣,刖鍼庄子,谓宁俞忠而免之。执卫侯,归之于京师,置诸深室。宁子职纳橐馈焉。元咺归于卫,立公子瑕。

>前面说到,卫成公指使公子歂犬杀死叔武,元咺出走晋国。他到晋国干什么呢?告状,告卫成公谋杀叔武。
>
>晋文公以"侯伯"的身份受理了这桩案件,而且借着在温地召开诸侯大会的机会,进行了公开审判。到场的有原告元咺、被告卫成公,还有被告的助手宁俞、被告的替身鍼庄子(原告与被告身份不对等,因此要用替身)和辩护律师士荣(卫国的刑法官)。审判的结果,卫成公败诉。法庭当场宣判:
>
>一、士荣死刑;
>
>二、鍼庄子刖刑;
>
>三、宁俞忠义可嘉,免于起诉;
>
>四、逮捕卫成公,送往王城雒邑,监禁于"深室",也就是幽深的囚室,宁俞负责给他送饭洗衣服;
>
>五、元咺即日回卫国,奉卫成公的弟弟公子瑕为君。

是会也,晋侯召王,以诸侯见,且使王狩。仲尼曰:"以臣召君,不可以训。故书曰'天王狩于河阳',言非其地也,且明德也。"

这次温地之会,晋文公还召周襄王前来参加。周襄王居然也来了。晋文公率领诸侯朝见周襄王,又请他打猎,气氛倒是搞得蛮热烈,想必周襄王也很高兴。孔子对此评价:以臣下的身份召请君王,这是不可以作为榜样的。言下之意,下不为例。而《春秋》记载,天子在河阳狩猎。是强调狩猎的地点已经不是王畿了,这当然是非礼的,要批评。但是与此同时,又表扬了晋文公勤于王事的功德。

司马迁对这件事则有另外一种解读:晋文公在温地会见诸侯,本来想带着他们到雒邑朝见天子,但是当时形势不太稳定,恐怕其中有人叛乱,所以只能请天子过来相见。考虑到以臣召君,实为非礼,所以找了个借口,说天子是到河阳来打猎的。

壬申,公朝于王所。

十月初七,鲁僖公到周襄王的住所朝见。

丁丑,诸侯围许。

十二日,诸侯联军围攻许国。这便是前面说到的"讨不服"了。城濮之战前跟随楚国的几个国家,鲁国见风使舵,悄然改换门庭;郑国主动媾和,郑文公还担任了践土之盟的司仪;卫国早在叔武摄政的时候就前来"受盟";陈国则参加了温地之会。唯独许国没有任何表示。所以,不服的就是许国,打的就是它。

然而,这么多国家去打区区一个许国,竟然没有下文。为什么?

可能有两个原因。

晋侯有疾,曹伯之竖侯獳货筮史,使曰以曹为解:"齐桓公为会而封异姓,今君为会而灭同姓。曹叔振铎,文之昭也;先君唐叔,武之穆也。

且合诸侯而灭兄弟,非礼也;与卫偕命,而不与偕复,非信也;同罪异罚,非刑也。礼以行义,信以守礼,刑以正邪。舍此三者,君将若之何?"公说,复曹伯,遂会诸侯于许。

第一个原因是,晋文公生病了。曹共公身边的小臣侯獳贿赂晋国的"筮史",也就是掌管卜筮的官,请他把晋文公得病的原因说成是因为灭了曹国:"齐桓公会盟诸侯而重建邢国、卫国这些异姓国家,现在您会盟诸侯而灭同姓国家。曹国的先祖曹叔振铎,乃是周文王之子;您的先祖唐叔,乃是周武王之子。您这样做,是会合诸侯而灭兄弟之国,这是非礼的。曹国与卫一同得到您的许诺(指城濮之战前晋国许诺两国复国),不让它们一同复国,这是不守信用。相同的罪过却受不同的惩罚,这是不合刑律。礼仪是用来推行道义,信用是用来保护礼仪,刑律是用来纠正邪恶。如果将这三者都抛弃,您打算怎么办啊?"晋文公于是同意让曹共公复国。曹共公重获自由,赶紧参加了诸侯围攻许国的行动。

第二个原因,狄人入侵了。

晋侯作三行以御狄。荀林父将中行,屠击将右行,先蔑将左行。

前面说过,晋国已经有三军的规模。为了应对狄人的入侵,晋文公打算再次扩编军队。但是按照周朝的规定,大国三军,已经是诸侯武装力量的极限,再扩军就是逾越体制了。所以晋国换了个名头,新组建的三军不叫作三军,而叫作三行,任命荀林父为中行元帅,屠击为右行元帅,先蔑为左行元帅。这样一来,晋国有三军三行,实际上已经是六军的规模,堪比王室了。

当然,还有一种解释:所谓的"行"就是步兵。随着战争规模的逐渐扩大,再加上与异族作战的过程中越来越感受到战车的局限性,自春秋中期以后,各国越来越重视步兵的建设。"晋侯作三行",就是组建了三支以步兵为主的部队，以别于传统的三军。

鲁僖公二十九年

公元前631年，鲁僖公二十九年。

二十九年春，介葛卢来朝，舍于昌衍之上。公在会，馈之刍、米，礼也。

介是东夷小国，葛卢是介君的名字。

介葛卢来朝见鲁僖公，被安排住在昌衍山上。当时，鲁僖公还和诸侯会见，并参加围攻许国的行动，不在国内，所以派人向介葛卢赠送草料和粮食，这是合礼的。

夏，公会王子虎、晋狐偃、宋公孙固、齐国归父、陈辕涛涂、秦小子慭盟于翟泉，寻践土之盟，且谋伐郑也。卿不书，罪之也。在礼，卿不会公侯，会伯子男可也。

夏天，鲁僖公与王子虎、晋国的狐偃、宋国的公孙固、齐国的国归父、陈国的辕涛涂、秦国的公子慭在翟泉举行盟誓，重温践土之盟，同时谋划进攻郑国。《春秋》对此记载："夏六月，（鲁僖公）会王人、晋人、宋人、齐人、陈人、蔡人、秦人盟于翟泉。"不写那些卿大夫的名字，是表示谴责。按周礼，诸侯的卿不能参加公、侯的会见，只能参加伯、子、男的会见。

秋,大雨雹,为灾也。

>秋天下了大冰雹,造成了灾害。

冬,介葛卢来,以未见公故,复来朝。礼之,加燕好。
介葛卢闻牛鸣,曰:"是生三牺,皆用之矣。其音云。"问之而信。

>冬天,介葛卢又来了。因为上一次没有见到鲁僖公,所以再度来朝见。这当然要礼遇有加,在一般的礼节性招待之外,再加上丰盛的宴会和上等的财物。
>
>介葛卢听到牛的叫声,说:"这头牛生了三头小牛,全部用来祭祀了,这是它的声音告诉我的。"找人来问,果然是这样!

鲁僖公三十年

>公元前630年,鲁僖公三十年。

三十年春,晋人侵郑,以观其可攻与否。狄间晋之有郑虞也,夏,狄侵齐。

>春天,晋国派兵入侵郑国。这是试探性的进攻,是为了看看郑国是否可以攻打。夏天,狄人趁着晋国有郑国的忧患,入侵齐国。

晋侯使医衍鸩卫侯。宁俞货医，使薄其鸩，不死。公为之请，纳玉于王与晋侯，皆十瑴，王许之。秋，乃释卫侯。

卫侯使赂周歂、冶廑曰："苟能纳我，吾使尔为卿。"周、冶杀元咺及子适、子仪。公入，祀先君，周、冶既服，将命，周歂先入，及门，遇疾而死。冶廑辞卿。

晋文公命医衍(医生，衍为其名)毒死卫成公。宁俞贿赂医衍，要他减少毒药的剂量，所以卫成公没有被毒死。鲁僖公为卫成公求情，向周襄王和晋文公各进献了十对玉。周襄王同意了。秋天，卫成公获释。

但是，卫成公面临一个问题：国内已经有公子瑕为君了，他还回得去吗？此君在国际上任人宰割，在国内玩弄权术却是老手。他派人贿赂大夫周歂、冶廑，说："假如你们能够帮助我夺回君位，我就封你们为卿。"周、冶二人应允，杀了元咺和公子瑕，以及公子瑕的胞弟公子仪。

卫成公回国，在宗庙祭祀先君。周、冶二人穿好了礼服，准备接受卿命。周歂先进宗庙，刚到门口，发病而死。这分明是祖先不同意啊！冶廑看到这种情景，吓得不轻，赶紧辞谢，不敢当卿了。

九月甲午，晋侯、秦伯围郑，以其无礼于晋，且贰于楚也。晋军函陵，秦军氾南。

佚之狐言于郑伯曰："国危矣，若使烛之武见秦君，师必退。"公从之。辞曰："臣之壮也，犹不如人；今老矣，无能为也已。"公曰："吾不能早用子，今急而求子，是寡人之过也。然郑亡，子亦有不利焉。"许之。夜，缒而出。见秦伯曰："秦、晋围郑，郑既知亡矣。若亡郑而有益于君，敢以烦执事。越国以鄙远，君知其难也，焉用亡郑以陪邻？邻之厚，君之薄也。若舍郑以为东道主，行李之往来，共其乏困，君亦无所害。且君尝为晋君赐矣,许君焦、瑕,朝济而夕设版焉,君之所知也。夫晋,何厌之有？既东封郑,又欲肆其西封,不阙秦,将焉取之？阙秦以利晋,惟君图之。"秦伯说,与郑人盟,使杞子、逢孙、杨孙戍之,乃还。

子犯请击之,公曰:"不可。微夫人力不及此。因人之力而敝之,不仁;失其所与,不知;以乱易整,不武。吾其还也。"亦去之。

九月十日,晋文公、秦穆公围攻郑国,理由是当年郑文公曾对晋文公无礼,而且现在又与楚国暗中勾结。

郑国有没有与楚国来往,不好说。但是,当年郑文公对晋文公无礼的事,不是已经翻篇了吗？怎么还拿来说事呢？可见欲加之罪,何患无辞！总之,如前所述,郑国是中原的门户,又离王畿最近。晋国也罢,楚国也罢,只要是想称霸天下,都必须先牢牢控制郑国,恐怕这才是晋文公攻打郑国的最主要原因。

晋军驻扎在函陵,秦军驻扎在氾水以南。对于郑国来说,这是生死存亡的紧急关头。大夫佚之狐向郑文公建议:"国家危险了,如果派烛之武去见秦伯,秦军必退。"

烛之武是谁？正史上没有找到出处。《左传》中出现过多个带"之"字的人名,如介之推、舟之侨、宫之奇、耿之不比,一般而言,可以理解为"某某地方的某某"或"从事某某职业的某某"。烛之武,大概是烛地的阿武吧。

郑文公请烛之武临危受命,烛之武推辞说:"臣年轻的时候,犹且不如别人;现在老了,更加无能为力了。"郑文公说:"我不能早重用您,现在事情紧急了才来求您,是我的过错。然而,如果郑国灭亡了,对您也是不利的事。"

覆巢之下,焉有完卵？这个道理一点即明,加上郑文公言辞恳切,烛之武便答应了。

夜里,烛之武縋城而出,来到秦军大营求见秦穆公,说:"秦、晋大军围攻郑国,郑国已经知道要灭亡了。如果灭亡郑国而对您有益,那我也就不敢来打扰了。越过晋国来将郑国变成秦国的边远之邑,您也知道那是一件很难的事。既然是那样,又何必灭亡郑国来为邻国增加土地呢?邻国得到加强,您就被削弱了。如果放过郑国,将其作为东道主,秦国的外交官员往来中原,郑国供给所缺乏的一切,对您也没有任何害处。而且,您曾经有恩于晋侯(指晋惠公),晋侯许诺给您焦、瑕之地,他早上渡过黄河回国,晚上就修筑城墙准备防御了,这您是知道的。有什么能让晋国满足呢?既要东向郑国开拓封疆,又要肆意开拓西边的领土。如不损害秦国的利益,它能去哪里获取土地?损秦利晋的事,请您三思。"

"东道主"一词,现在就是主人家的意思。烛之武所言"东道主",是因为郑国在秦国东边。秦国欲通中原,必须经过郑国。就当时而言,"南道主""北道主"也是有的,只不过后来都用"东道主"了。

秦穆公被打动了。确实,秦国帮助晋国打郑国,是得不到任何好处的,纯属替他人作嫁衣罢了。于是,秦穆公和郑国人结盟,派大夫杞子、逢孙、杨孙在郑国戍守,就带着军队回国了。他这一手,不但中途抛弃了晋国这个盟友,而且给晋文公出了个难题:如果继续攻打郑国的话,那就等于是要和秦国作战了。

狐偃的意见是,不管那么多,照打不误,连秦国的留守部队一并消灭。晋文公拒绝了:"如果不是秦伯出力,我也没有今天。依靠了别人的力量,反而损害他,不仁;失去盟国,不明智;以战乱取代两国之间的和谐,不符合用武的原则。我还是回去吧。"于是也撤兵回国。

秦晋两国的关系,开始出现裂痕。

初,郑公子兰出奔晋,从于晋侯伐郑,请无与围郑。许之,使待命于东。郑石甲父、侯宣多逆以为大子,以求成于晋,晋人许之。

公子兰是郑文公的儿子。鲁僖公十六年,世子华被郑文公诛杀,公

燭之武退秦師

子兰受到牵连，逃亡晋国。晋文公这次讨伐郑国，把公子兰也带来了。晋文公是想攻破郑国后，立公子兰为君，在郑国建立一个亲晋的政权。正因为如此，公子兰请求，不要让他参与围攻行动，否则的话，激起郑国人的反感，以后就不好进行统治了。晋文公答应了，令公子兰在郑国的东部边境待命。

秦、晋两国围攻郑国，看似无功而返，其实不然。秦国方面，与郑国私下结盟，在郑国留下了驻军。晋国方面呢？郑国派大夫石甲父、侯宣多迎接公子兰回国，立为世子，以此与晋国媾和，晋文公答应了。

政治问题，最终还是政治解决。

冬，王使周公阅来聘，飨有昌歜、白黑、形盐。辞曰："国君，文足昭也，武可畏也，则有备物之飨，以象其德；荐五味，羞嘉谷，盐虎形，以献其功。吾何以堪之？"

冬天，天子派周公阅访问鲁国，受到鲁僖公的热情接待。宴会上的食物有腌菖蒲根、白米糕、黑黍糕、虎形盐块。现代人看来，这不就几个素菜嘛。可是在当时，这就是很高的礼遇啦！周公阅不敢吃，辞谢道："国君文治昭示四方，武功令人畏惧，才用特殊的物品招待他，以象征他的功德。进献五味调和的食品，还有稻、黍之类的精粮，加上虎形的盐块，都是象征他的功绩，我哪里配得上？"

东门襄仲将聘于周，遂初聘于晋。

有来有往。鲁僖公派东门襄仲，也就是公子遂回访王室。借此机会，公子遂第一次访问了晋国。

鲁僖公三十一年

公元前629年，鲁僖公三十一年。

三十一年春，取济西田，分曹地也。使臧文仲往，宿于重馆。重馆人告曰："晋新得诸侯，必亲其共。不速行，将无及也。"从之。分曹地，自洮以南，东傅于济，尽曹地也。

襄仲如晋，拜曹田也。

鲁僖公二十八年，城濮之战前，晋文公曾经许诺将曹、卫的土地分给宋国，以作为其拼死抵抗楚军的补偿。现在，这一许诺终于兑现了。鲁国也分到了一杯羹，获得曹国在济水以西的土地。鲁国以臧孙辰为代表，参加分赃大会。臧孙辰尚未离境，住在重地的宾馆里。宾馆里的人告诉臧孙辰："晋侯新得诸侯拥护，必然亲近恭顺他的人，您如果不快点去，恐怕会赶不上。"臧孙辰听从了建议。结果鲁国分到了曹国洮水以南、东临济水的一大片土地。

这段记载值得细细体会。从前面的记录来看，臧孙辰是位君子，说起话来一套一套，很懂周礼。而瓜分曹国的土地，显然是不合周礼的。别忘了，曹国也是姬姓国家，和晋国、鲁国都是兄弟之国。哪有兄弟之间打家劫舍的？臧孙辰对于这样一项使命，想必有点不好意思，至少是不好意思去得太早，怕人家笑他吃相难看。所以他才待在宾馆里，磨磨蹭蹭。所谓"重馆人"，有可能是位小吏，也有可能是个仆人，也就是所谓的小人。小人是不讲礼的，只讲利。他只知道，分猪肉要去得早，去晚了连骨头都捡不到。而且要讨好分猪肉的人，因为刀在人家手上，怎么切、怎么分，全是这个人说了算。小人把君子教育了一番，没有用任何大道理。君子猛然醒悟：分不到肉，那才叫丢脸！马上放下架子，长趋前往，果然不辱使命，满载而归。

又据《国语》记载，臧孙辰此去，在诸侯中获地最多。回来之后，便向鲁僖公推荐这位"重馆人"，以为"善有章，虽贱，赏也；恶有衅，虽贵，罚也"，主张重赏此人。鲁僖公岂能不同意？于是赐予其爵位。同时又命公子遂再度前往晋国，就取得曹国的土地拜谢晋文公。

夏四月，四卜郊，不从，乃免牲，非礼也。犹三望，亦非礼也。礼不卜常祀，而卜其牲、日。牛卜日曰牲。牲成而卜郊，上怠、慢也。望，郊之细也。不郊，亦无望可也。

四月，四次因为郊祭而占卜，皆不吉，于是不杀牲口，不举行郊祭。这是非礼的。因为郊祭是为了祭天，是所谓的"常祀"，每年都要举行。祭前占卜，是为了选择用哪头牲口，或者选择具体的日期，而不是为了决定是否举行郊祭。郊祭的同时，一般还会举行望祭，也就是遥祭名山大川。鲁国的望祭，对象是东海、泰山和淮河，合称"三望"。鲁国不举行郊祭，却举行了望祭，舍大取小，舍本求末，当然又是非礼的。

另外，特别强调：牛，在占卜到吉日之后就称为牲。牛已成牲，还要占卜郊祭的吉凶，这是在上位者怠慢神明了。望祭是郊祭的附属，不举行郊祭，也就无所谓望祭。

秋，晋蒐于清原，作五军御狄。赵衰为卿。

秋天，晋国在清原举行大蒐，以抵御狄人为由，将原来的三军三行改为五军：三行撤销了，改为新上军和新下军。据《国语》记载，新上军元帅为赵衰，副帅箕郑；新下军元帅为胥婴，副帅先都。晋国的元帅、副帅，相当于卿，所以说"赵衰为卿"。

冬，狄围卫，卫迁于帝丘，卜曰三百年。

卫成公梦康叔曰："相夺予享。"公命祀相。宁武子不可，曰："鬼神非其族类，不歆其祀。杞、鄫何事？相之不享于此久矣，非卫之罪也，不可以间成王、周公之命祀，请改祀命。"

冬天，卫国再度遭到狄人进攻，迁都于帝丘。为此而举行占卜，结果是国家还可以延续三百年——事实上，卫国自此之后，又延续了四百三十年，直到秦朝的二世年间，是周朝的诸侯国中最长命的一个。

卫成公梦见先祖康叔对他说："相夺走了我的祭物。"

相是夏朝的第四位君王，曾经居住在帝丘。卫成公听说相抢走了老祖宗的祭物，当然很紧张，下令祭祀相。宁俞以为不可："如非同一族类的鬼神，就算是献祭，也无法享用。而且，杞国、鄫国都是夏朝的后代，为什么不去祭祀相？相在这里没有受到祭祀已经很久了，并非卫国之罪。不可以违反周成王、周公规定的祭礼，请收回祭祀相的命令。"

祭祀是一件很严肃的事。早在周朝建立之初，周公便建立了一整套祭礼，对诸侯国当祭祀谁，已有明确规定。一个最基本的原则是，谁家的孩子谁来抱，谁家的祖宗谁来祭。照此原则，张三不能祭祀李四的祖宗，就算祭了也没用，因为张家的祭品，李家的鬼神是收不到的。所以，不管鬼神之间闹什么纠纷，想通过祭祀别人家的鬼神来解决问题，纯属浪费表情。

孔子进一步说："非其鬼而祭之，谄也。"不是自家的鬼神，却要去祭祀他；明明知道鬼神收不到，还要装模作样地献上祭礼，这就是存心谄媚。

郑洩驾恶公子瑕，郑伯亦恶之，故公子瑕出奔楚。

公子瑕是郑文公的儿子。

郑国大夫洩驾（郑庄公年代，郑国亦有大夫名洩驾，距此已有九十年，不可能是同一个人，当为同名同姓者）讨厌公子瑕，郑文公也讨厌公子瑕，所以公子瑕逃到了楚国。

鲁僖公三十二年

公元前628年，鲁僖公三十二年。

三十二年春，楚斗章请平于晋，晋阳处父报之，晋、楚始通。

这一年春天，楚国派大夫斗章到晋国请求媾和，晋国亦派大夫阳处父回访楚国。春秋时期两个超级大国之间，第一次有了正式交往。

说晋国和楚国是春秋时期两个超级大国，是有道理的。秦国和齐国也是大国，也都在春秋时期建立了霸业，但是都不如晋国和楚国的霸业长久。事实上，晋文公称霸之后的春秋史，就是晋、楚两国的争霸史，别的国家只是配角。

夏，狄有乱，卫人侵狄，狄请平焉。秋，卫人及狄盟。

狄人部落发生内乱，卫国趁机派兵入侵，狄人请求媾和。秋天，双方缔结了盟约。

冬，晋文公卒。庚辰，将殡于曲沃。出绛，柩有声如牛。卜偃使大夫拜，曰："君命大事：将有西师过轶我，击之，必大捷焉。"

冬天，一代霸主晋文公去世了。十二月十日，准备将棺木送往曲沃的宗庙，等待出殡。可就在出绛城的时候，发生了怪事：棺木里传出牛叫的声音。卜偃令群臣下拜，说："这是国君在发布重大命令。将有来自西方的部队过境，攻击他们，必获大捷。"

西方只有秦国。所谓来自西方的部队，自然是指秦军。

杞子自郑使告于秦曰："郑人使我掌其北门之管，若潜师以来，国可得也。"穆公访诸蹇叔。蹇叔曰："劳师以袭远，非所闻也。师劳力竭，远主备之，无乃不可乎？师之所为，郑必知之，勤而无所，必有悖心。且行千里，其谁不知？"公辞焉。召孟明、西乞、白乙，使出师于东门之外。蹇叔哭之，曰："孟子！吾见师之出而不见其入也。"公使谓之曰："尔何知？中寿，尔墓之木拱矣。"蹇叔之子与师，哭而送之，曰："晋人御师必于殽，殽有二陵焉。其南陵，夏后皋之墓也；其北陵，文王之所辟风雨也。必死是间，余收尔骨焉。"秦师遂东。

秦军为什么要过境晋国呢？

据《春秋》记载，这一年的四月，郑文公去世了。公子兰即位，是为郑穆公。新老交替之际，政局不太稳定。秦国驻军将领杞子派人给秦穆公送了一封信，说："郑国人让我掌管新郑北门的钥匙，如果偷偷派兵前来，可以轻易得到郑国。"

秦穆公怦然心动，问大夫蹇叔的意见。蹇叔明确表示反对：派军队不顾疲劳地袭击远方的国家，这样的事情我没听过。军队筋疲力竭，而远方的国家已有防备，这样恐怕不行吧？军队的动向，郑国必定知道。让军队白白花费力气跑那么远，最终却无用武之地，将士们必定会产生怨言。而且，行军千里，谁人不知？

蹇叔说得有道理。在当时的战争条件下，行军千里，不可能不被人发现，偷袭郑国的可能性几乎为零。退一万步说，就算秦军能够成功地占领郑国，又有什么意义呢？秦国和郑国之间，始终隔着一个晋国，最终占便宜的不还是晋国？当年烛之武劝秦穆公退兵，已经把这个道理讲得很透了。现在，秦穆公大概是觉得晋文公死了，晋国已经不足为患，加上利欲熏心，头脑发热，遂不顾蹇叔的反对，派孟明、西乞、白乙率军出征，自雍城的东门启程。

蹇叔送部队出征，哭着对孟明说："孟子，我看到你们出去，却看不到你们回来了啊！"这简直是扰乱军心，破坏士气。秦穆公听了很不高兴，派使者对蹇叔说："你知道个啥？如果你和一般人一样的寿命，坟墓上的树木都已经合抱了。"言下之意，你个老不死的，尽说胡话，还不赶紧闭嘴！蹇叔的儿子也在军中，蹇叔哭着送走他，说："晋国人袭击我军，必在殽山。殽山有两座山陵，南陵是夏王后皋的陵墓所在，北陵是当年周文王躲避风雨的地方。你们必定死在两座山陵之间，我来给你收骨头吧！"哭归哭，部队还是向东出发了。

关于这里的人物关系，有必要多说两句。

第一，东征的主将孟明，是百里奚的儿子，名视，字孟明，也写作百里孟明视，或者孟明视，或者百里视。百里奚在中国历史上相当有名气，中学生都知道"百里奚举于市"。但是，《左传》对他几乎没有记载。可能与其有关的记录是：鲁僖公五年，晋献公消灭虞国，俘虏了虞公和他的大夫井伯。后来晋献公将女儿嫁给秦穆公，将这两个人作为陪嫁的奴仆，一并送到了秦国，从此再无下文。司马迁则认为，晋献公俘虏的是"虞君及其大夫井伯百里奚"，明确井伯和百里奚实为一人。

《史记》又记载，百里奚在前往秦国途中，趁人不注意，偷偷地跑出了送亲队伍，流亡到楚国。秦穆公听公孙枝说百里奚德才兼备，想花重金从楚国人手里将他赎回，但又怕动作太大，引起楚国人的警觉，于是派下人出面到楚国交涉，以"我国有一个逃亡的奴仆百里奚现在贵国，请允许我们用五张羊皮将他赎回，以惩戒逃亡之人"为由，将百里奚买了回来。当时百里奚已经七十多了，秦穆公和他谈了三天，如同当年周文王得到姜太公一般高兴，拜为大夫，令他主持国政。于是国人都戏称百里奚为"五羖大夫"，也就是"五张羊皮大夫"。百里奚又向秦穆公推荐了自己的朋友蹇叔，让他也到秦国做了官。

《史记》还写到，孟明等人出征郑国，百里奚和蹇叔都前往哭送。可是，如果鲁僖公五年百里奚就已经七十多岁的话，鲁僖公三十二年恐怕有将近一百岁了。春秋时期的人能否活到这个年龄，实在存疑。

第二，东征的另外两名将领，西乞（名术）和白乙（名丙），《左传》并未载其出处。可以肯定的是，二人并非蹇叔的儿子。但是《史记》以为，二人皆为蹇叔之子。也许司马迁觉得这样写，故事的情节更为生动吧。

鲁僖公三十三年

公元前627年，鲁僖公三十三年。

三十三年春，秦师过周北门，左右免胄而下，超乘者三百乘。王孙满尚幼，观之，言于王曰："秦师轻而无礼，必败。轻则寡谋，无礼则脱。入险而脱，又不能谋，能无败乎？"

这一年春天，秦军不远千里袭击郑国。经过王城雒邑北门的时候，将士们脱掉头盔，下车步行，只有御者还留在车上。这是向天子致敬的礼仪，但是执行得并不到位：首先，周礼有规定，诸侯部队经过王城，应该将盔甲都脱掉，把兵器都收起来，而不是仅仅脱掉头盔了事；其次，有的人下了车，却不肯好好走路，又立即跳回车上，动作轻佻，所谓向天子致敬，也就是意思一下——这样的战车，竟有三百乘之多。当时，王室有个小孩，不知道是周惠王之孙还是周襄王之孙，叫王孙满，站在城墙上看到这一幕，便对周襄王说："秦军轻慢无礼，必败无疑。轻慢则缺少谋划，无礼则漫不经心。兵行险境而漫不经心，岂能不败？"

王孙满说到了点子上。秦军对这次行动的危险性没有充分的认识，甚至可以说完全没有意识到危险，如果知道等待他们的是一场大屠杀，还会这么轻佻吗？

及滑，郑商人弦高将市于周，遇之，以乘韦先，牛十二犒师，曰："寡君闻吾子将步师出于敝邑，敢犒从者。不腆敝邑，为从者之淹，居则具一日之积，行则备一夕之卫。"且使遽告于郑。

郑穆公使视客馆，则束载、厉兵、秣马矣。使皇武子辞焉，曰："吾子淹久于敝邑，唯是脯资、饩牵竭矣，为吾子之将行也，郑之有原圃，犹秦之有具囿也，吾子取其麋鹿，以闲敝邑，若何？"杞子奔齐，逢孙、杨孙奔宋。

孟明曰："郑有备矣，不可冀也。攻之不克，围之不继，吾其还也。"灭滑而还。

秦军经过滑国。这里离郑国已经很近了。有个郑国商人，名叫弦高，正准备到成周去做生意，遇到秦国大军，吓了一跳。

中国古代的商人，政治地位相当低下。所谓"士、农、工、商"，商人排名最后。但是，郑国的情况有所不同。西周末年，郑国的先君郑桓公为了谋求后路，以大量的金钱贿赂雒东诸国，收买人心，背后如无巨商大贾支撑，显然是不可能的。自那个年代开始，商人便与郑国公室保持了良好的关系，甚至于"世有盟誓"，休戚与共。弦高也不是一般的商人，见到秦军之后，先以四张熟牛皮进献秦军统帅孟明，接着又送上十二头肥牛犒劳部队，说："寡君听说您将要行军从敝国经过，谨派在下来犒劳您的随从。敝国贫乏，为了您的人马在这里停留，住下就准备一天的粮食，离开就准备一夜的保卫。"

与此同时，弦高又派人跑回郑国去报告。郑穆公还真没想到秦国有这么一手，赶紧派人去杞子等人驻扎的地方打探，发现他们已经装束整齐，磨好武器，喂饱战马，分明是准备打仗了。郑穆公由此知道弦高所言不虚，派大夫皇武子去辞谢，说："大夫们在敝国逗留已久，敝国的干肉、粮食、牲口也都快被吃完了。听说你们将要离开，郑国有原圃，犹如秦国有具囿，请大夫们自己去射猎麋鹿，以让敝国清闲一点，如何？"

皇武子话说得客气，实际上就是告诉杞子等人：我们已经知道你们的计划，你们看着办吧。杞子见事情败露，逃奔齐国。逄孙、杨孙则出逃宋国。而孟明也知道郑国有了防备，偷袭是没有希望了。强攻的话，很难攻克。围城吧，又没有后援和粮草接济。因此只能打道回府，但又不想空着手回去，于是顺手牵羊，将滑国灭了。

齐国庄子来聘，自郊劳至于赠贿，礼成而加之以敏。臧文仲言于公曰："国子为政，齐犹有礼，君其朝焉！臣闻之：服于有礼，社稷之卫也。"

周礼，一国使者到他国访问，来到离其国都三十里的地方，受访国当派相应地位的卿大夫迎候，并以束锦相赠，称为"郊劳"。访问完毕，使者启程回国，受访国再派卿大夫送至郊外，并以礼物相赠，称为"赠贿"。

这一年春天，齐国派国庄子（也就是国归父）访问鲁国。从"郊劳"到

"赠贿"，每一个环节，他都行礼如仪，而且举止得体。臧孙辰对鲁僖公说："国子执政，齐国还是有礼的，国君可以去朝见齐侯。下臣听说，对有礼之国表示顺服，江山社稷便有保障。"

晋原轸曰："秦违蹇叔，而以贪勤民，天奉我也。奉不可失，敌不可纵。纵敌，患生；违天，不祥。必伐秦师！"栾枝曰："未报秦施，而伐其师，其为死君乎？"先轸曰："秦不哀吾丧，而伐吾同姓，秦则无礼，何施之为？吾闻之：'一日纵敌，数世之患也。'谋及子孙，可谓死君乎！"遂发命，遽兴姜戎。子墨衰绖，梁弘御戎，莱驹为右。

夏四月辛巳，败秦师于殽，获百里孟明视、西乞术、白乙丙以归。遂墨以葬文公，晋于是始墨。

秦军袭郑不成，灭滑而回。先轸以为，秦穆公不听蹇叔的忠告，以自己的贪欲劳动百姓，这是上天给晋国的机会。上天的赐予不可失，否则不祥；送上门的敌人不可放过，否则必有后患。因此，必须讨伐秦军。

栾枝表示反对："尚未报答秦国的恩情而讨伐他们的部队，心目中还有死去的国君吗？"

先轸反驳："秦国不因为我国有大丧而悲哀，反而讨伐与我们同姓的滑国，这就是无礼，还谈什么报答？我听说，一日放过敌人，将造成数代的忧患。为了子孙后代考虑，这可以有话对死去的国君说了吧！"

晋国于是下达了进攻的命令，紧急召姜戎部队参战。晋文公的儿子晋襄公还在服丧，为了上前线打仗，将白色的丧服染成黑色，以梁弘为御戎，莱驹为戎右。

战争的过程，忽略不书。四月十三日，晋军在殽山伏击并打败秦军，俘虏孟明、西乞和白乙三帅。晋襄公于是穿着黑色的丧服，为晋文公举行了葬礼。自此之后，晋国的葬礼都使用黑色的丧服。

文嬴请三帅,曰:"彼实构吾二君,寡君若得而食之,不厌,君何辱讨焉？使归就戮于秦,以逞寡君之志,若何？"公许之。先轸朝,问秦囚。公曰:"夫人请之,吾舍之矣。"先轸怒,曰:"武夫力而拘诸原,妇人暂而免诸国,堕军实而长寇雠,亡无日矣。"不顾而唾。公使阳处父追之,及诸河,则在舟中矣。释左骖,以公命赠孟明。孟明稽首曰:"君之惠,不以累臣衅鼓,使归就戮于秦,寡君之以为戮,死且不朽。若从君惠而免之,三年将拜君赐。"

仿佛历史轮回。当年韩原之战后,秦穆公夫人为晋惠公求情,说服秦穆公放回晋国君臣；现在殽山之战后,晋文公夫人文嬴又为秦国的三名将领求情,说:"是他们挑拨离间我们两国君主之间的关系,寡君如果能够得到他们,吃他们的肉都不能解恨,你又何必辱没自己去惩罚他们呢？让他们回去接受刑戮,以使寡君快意,如何？"

晋襄公答应了。

先轸朝见的时候,问起秦国的俘虏,晋襄公如实相告:"夫人为他们说情,我已经放走他们了。"

先轸大怒:"武夫们拼死在战场上抓到他们,女人使个诈就在国都放走他们,毁弃了战果而长敌人的志气,晋国快要灭亡了！"也不转头,向着晋襄公的方向,就往地上吐了一口痰。这恐怕是快要气疯了。晋襄公大概也吓得不轻,赶紧派阳处父去追孟明他们。等阳处父追到黄河边,孟明等人已经在船上了。

阳处父急中生智,解下战车左边的骖马,说是晋襄公赠送给孟明的。孟明在船上叩拜:"感谢君侯的恩惠,不用我们这些囚虏来祭鼓,让我们得以回秦国接受刑戮。寡君如果杀了我们,死而不朽。如幸赖君侯的恩惠而赦免我们,三年之后将拜谢君侯所赐。"

换句话说:君子报仇,三年不晚。

晉人及姜戎敗秦師於殽

秦伯素服郊次，乡师而哭，曰："孤违蹇叔，以辱二三子，孤之罪也。"不替孟明，曰："孤之过也，大夫何罪？且吾不以一眚掩大德。"

文嬴说的也不全是假话。按照当时的规矩，像孟明这些人，丧师辱国，还当了俘虏，回国之后肯定是要杀头的。但是没有想到，秦穆公穿着丧服，住在郊外，等到孟明等人回来了（同回的还有一些残兵败将），便朝着部队大哭，绝口不提孟明的责任，而是一味自责："孤不听蹇叔的话，导致你们受辱，这是孤的罪过！"命孟明仍旧担任秦军主帅，不派别人替换他，说："这是孤的过失，大夫有什么罪过呢？而且，我绝不能因为一次过失掩盖他的大德。"

狄侵齐，因晋丧也。

狄人入侵齐国，这还是因为晋国在办丧事，无暇顾及。

公伐邾，取訾娄，以报升陉之役。邾人不设备。秋，襄仲复伐邾。

升陉之战发生在鲁僖公二十二年。当时，鲁军被邾军打得大败，鲁僖公的头盔被邾人拾获，挂在城门上炫耀武功。十一年之后，鲁僖公亲自带兵讨伐邾国，攻取訾娄，报了一箭之仇。邾人没有防备，于是这一年秋天，公子遂再度讨伐邾国。

狄伐晋，及箕。八月戊子，晋侯败狄于箕。郤缺获白狄子。
先轸曰："匹夫逞志于君，而无讨，敢不自讨乎？"免胄入狄师，死焉。狄人归其元，面如生。

狄人入侵晋国，到达箕地。八月二十二日，晋襄公在箕地大败狄军，郤缺俘虏了狄人的首领白狄子。

战前,先轸说:"我这个老匹夫在国君面前逞一时之快而没有受到惩罚,岂敢不自己惩罚自己?"于是不戴头盔而冲向狄阵,力战而死。

战后,狄人归还先轸的首级,脸色如生。

初,臼季使,过冀,见冀缺耨,其妻馌之,敬,相待如宾。与之归,言诸文公曰:"敬,德之聚也。能敬必有德。德以治民,君请用之!臣闻之:出门如宾,承事如祭,仁之则也。"公曰:"其父有罪,可乎?"对曰:"舜之罪也殛鲧,其举也兴禹。管敬仲,桓之贼也,实相以济。康诰曰:'父不慈,子不祗,兄不友,弟不共,不相及也。'诗曰:'采葑采菲,无以下体。'君取节焉可也。"文公以为下军大夫。反自箕,襄公以三命命先且居将中军,以再命命先茅之县赏胥臣,曰:"举郤缺,子之功也。"以一命命郤缺为卿,复与之冀,亦未有军行。

郤缺是郤芮的儿子。

前面说过,郤芮是晋惠公父子的死党。晋文公回国后,郤芮企图刺杀晋文公,事败之后,被秦穆公诱杀。

但是,郤缺却为晋文公所用,而且为晋国立下汗马功劳,这里有胥臣臼季的推荐之功。

当初,胥臣臼季奉命出使外国,经过冀地的时候,见到郤缺在田野里锄地除草,郤缺的老婆给他送饭,两个人相敬如宾。胥臣臼季便将郤缺带了回来,对晋文公说:"恭敬,是德行的集中表现。恭敬之人,必有大德。德行可以用来治理万民,请国君用这个人!而且下臣听说,出门如见大宾,办事如承大祭,此乃仁爱的准则。"晋文公说:"他的父亲犯有大罪,这样的人也可以用吗?"

也不怪晋文公狭隘,现代人如果犯了罪,儿女考公务员便受影响,何

四季以薦
却缺受賞

况是古人？况且郤芮犯的是谋逆之罪，他的儿子没被株连便也罢了，还奢谈什么重用？

胥臣臼季说："舜惩罚罪人，杀了鲧；选拔贤才，却重用了禹。管仲曾经用箭射齐桓公，却辅佐齐桓公成就霸业。《康诰》说得好，'父不慈，子不敬，兄长不友好，弟弟不恭顺，其罪过不互相影响'。《诗》云：'采蔓菁，采萝卜，不要将它们的根部当作糟粕而丢弃。'"

晋文公到底是晋文公，道理一讲就明，于是任命郤缺为下军大夫。箕之战后，晋襄公论功行赏，一是任命先轸的儿子先且居为中军元帅，二是将故大夫先茅的封地赏赐胥臣臼季（先茅绝后，所以取其封地），并表彰说："举荐郤缺，是你的功劳。"三是任命郤缺为卿，并且将原来没收的郤芮的封地冀重新赏赐给郤缺，但是尚未担任军职（五军元帅都已经有人选，所以无法安排）。原文中的"三命""再命""一命"，是指诸侯任命卿的等级，三命最尊贵，享受的待遇和出行的仪仗也最高。

冬，公如齐朝，且吊有狄师也。反，薨于小寝，即安也。

冬天，鲁僖公到齐国朝见齐昭公，同时因为狄人入侵齐国而致以慰问。回来之后，死于小寝。

所谓小寝，是国君的休息室。小是小点，贵在舒服，自由自在。依周礼，国君应该死于正寝才对，所以鲁僖公死于小寝，只能说是"即安"，也就是"舒服就好"。

晋、陈、郑伐许，讨其贰于楚也。

冬天，晋国纠合陈国、郑国，讨伐许国，惩罚其私下与楚国勾搭。

楚令尹子上侵陈、蔡。陈、蔡成，遂伐郑，将纳公子瑕。门于桔柣之

门，瑕覆于周氏之汪，外仆髡屯禽之以献。文夫人敛而葬之郐城之下。

> 楚国采取反制行动，派令尹斗勃率军入侵陈国、蔡国。迫使这两个国家媾和后，顺势讨伐郑国。
>
> 鲁僖公三十一年，公子瑕为郑文公所厌恶，出逃楚国。这一次，斗勃进攻郑国，将公子瑕也带上了，准备学当年晋文公扶公子兰（即现在的郑穆公）上位的做法，在郑国扶持一个傀儡政权。但是，斗勃显然没有晋文公那么稳重，公子瑕也不如公子兰聪明。楚军进攻新郑城郊的桔柣之门的时候，公子瑕的战车掉进周氏的池塘。有个叫髡屯的奴仆，将公子瑕擒获，送到了郑穆公那里。
>
> 不消说，公子瑕被杀了。郑文公夫人派人给他收了尸，葬于郐城之下。

晋阳处父侵蔡，楚子上救之，与晋师夹泜而军。阳子患之，使谓子上曰："吾闻之：'文不犯顺，武不违敌。'子若欲战，则吾退舍，子济而陈，迟速唯命。不然，纾我。老师费财，亦无益也。"乃驾以待。子上欲涉，大孙伯曰："不可。晋人无信，半涉而薄我，悔败何及？不如纾之。"乃退舍。阳子宣言曰："楚师遁矣。"遂归。楚师亦归。

大子商臣谮子上曰："受晋赂而辟之，楚之耻也。罪莫大焉。"王杀子上。

> 晋国派阳处父入侵蔡国，楚国令尹斗勃率军相救，两军在泜水隔岸对峙。
>
> 阳处父有点害怕斗勃，但是装作很勇敢的样子，派人对斗勃说："我听说，比文不触犯理顺之人，比武不躲避仇敌之辈，您如果想好好打一仗，我就后退三十里，您渡河之后摆好阵势，早打晚打都由您说了算。或

者您让我过河来战也行。否则的话,这样耗日子,浪费钱财,也不是个办法。"阳处父还驾上战车,在河边摆出一副等待斗勃来攻的架势。

斗勃心动,想要渡河去进攻。大孙伯(即成得臣的儿子成大心)以为不可,因为晋国人肯定不会讲信用,等到楚军半渡而进攻,则楚军必败,后悔都来不及。不如让晋军渡河,将主动权掌握在自己手里。

斗勃听从建议,下令全军后退三十里,等晋军渡河来战。相比渡河去攻击晋军,这当然是明智之举。可是,没想到这是阳处父耍的一个花招。看到楚军撤退了,他便宣称:"楚军逃跑啦!"带着部队回国。楚军无仗可打,追又追不上,也只能回国了。

阳处父耍的这个花招,要了斗勃的命。楚国的太子商臣在楚成王面前构陷斗勃,说他接受了晋国的贿赂,躲避晋军的进攻,是楚国的耻辱,没有比这更大的罪了。楚成王听信谗言,杀了斗勃。

商臣为什么会和斗勃过不去,以后会讲到,在此不赘。

葬僖公,缓作主,非礼也。凡君薨,卒哭而祔,祔而作主,特祀于主,烝、尝、禘于庙。

鲁国为鲁僖公举行葬礼,但是推迟制作神主,这是非礼的。但凡国君去世,终止号哭,就要将死者的神主附祭于宗庙。附祭就要制作神主,而且要单独向其献祭。至于烝祭、尝祭、禘祭,则在宗庙中连同以前的祖先一起祭祀。

这里要说明一下,春秋时期的葬礼极其复杂,鲁国作为周礼最完备的国家,更是不厌其繁。比如说,原文中所谓"卒哭",是葬礼中的一个环节。父母去世之时,儿女悲痛至极,想哭就哭。死者下葬之后,要举行虞祭。诸侯的虞祭,前后多达七次,历时十二日。虞祭之后两日,行卒哭礼,意思是自此以后,只有早晚哭,其他时间不能哭了。接着就要举行祔礼,也就是将死者的神主移入宗庙,和列祖列宗一起接受祭祀。诸如此类的礼仪,大致了解一下即可。需要明白的是,中国的古人,真的将后事看得极其重要。孔子说,事死如事生,事亡如事存,绝对不是闹着玩的。

2020年2月14日,第一卷定稿

2020年3月4日,再校定